Razão & Caos no Discurso Jurídico

e outros ensaios de Direito Civil-Constitucional

A769r Aronne, Ricardo

Razão & caos no discurso jurídico e outros ensaios de direito civil-constitucional / Ricardo Aronne. – Porto Alegre: Livraria do Advogado Editora, 2010.

271 p.; 23 cm.

ISBN 978-85-7348-666-7

1. Direito Civil. 2. Direito Constitucional. 3. Teoria do Direito. I. Título.

CDU - 347

Índices para o catálogo sistemático:

Direito Civil	347
Teoria do Direito	340.12

(Bibliotecária responsável: Marta Roberto, CRB-10/652)

Ricardo Aronne

Razão & Caos no Discurso Jurídico

e outros ensaios de Direito Civil-Constitucional

Porto Alegre, 2010

Capa, projeto gráfico e diagramação
Livraria do Advogado Editora

Printura da Capa
Salvador Dalí - Imagem de Dalí Art Museum

Revisão
Rosane Marques Borba

Direitos desta edição reservados por
Livraria do Advogado Editora Ltda.
Rua Riachuelo, 1338
90010-273 Porto Alegre RS
Fone/fax: 0800-51-7522
editora@livrariadoadvogado.com.br
www.doadvogado.com.br

Impresso no Brasil / Printed in Brazil

Gracias a la vida...
Que me há dado tanto...

Mercedez Sosa

Dedicatória

Esse texto é dedicado aos pesquisadores do Grupo Prismas do Direito Civil-Constitucional (PUCRS/CNPq). Dos graduandos aos pós-doutores que edificam as linhas de pesquisa biografárias de minha produção científica e cujo indescritível apoio epistemológico e afetivo se projeta para todos os níveis daqueles que vivem na ciência, para a ciência e da ciência. Os mais sólidos ombros me ladeiam. Tal amparo é invencível.

É, também, dedicado ao Prof. Gilberto Aronne, meu pai; cujo tempo da vida, cada vez mais haverá de dar ouvidos para Lacan em detrimento a Descartes. De longe já se vai o tempo de arrancar os ponteiros do relógio e passar a contá-lo pelo pulsar, quiçá ainda emocionável, de nossos corações e afetos. A vida passa. Não passemos por ela, sob pena de perdê-la nas planícies de uma cartografia em gris.

Homenagem póstuma

Aos mestres que muito contribuíram na formação de meu pensamento e das muitas teorias com que o Prismas vem trabalhando há mais de uma década, falecidos no arco temporal de meu doutoramento até a edição desta obra, meus eternos professores: Leônidas Rangel Xausa, Carmem Lúcia Ramos, Ovídio Baptista da Silva, Jacques Derrida, Norberto Bobbio, Milton Santos e Darcy Ribeiro. Ao Prof. Ilya Prigogine e Jean Baudrillard. Aos mestres domésticos, que marcaram minha infância, juventude e maturidade, na Academia e na mesa familiar: Itália Aronne de Leão e Dante de Laytano. Pelo diálogo e debate: Miguel Reale. Pelo afeto: Túlio Aronne.

Homenagem especial

Luiz Edson Fachin é o responsável pela minha guinada na Ciência, infletindo do Direito Processual Civil para o Direito Civil, em perspectiva crítica e existencialista. Meu orientador no Mestrado e Doutorado, Fachin é um dos seres humanos mais fantásticos e geniais com quem pude privar em distintas fases e momentos. É um homem cujo caráter e coerência, para além da filosofia, pautam suas opções na vida. Tenho nele um exemplo de coerência e equilíbrio.

Gustavo Tepedino é responsável pela noção de Direito Civil-Constitucional no Brasil, é, ao lado de Fachin, um dos nossos mais significativos juristas, conforme reconhece Pietro Perlingieri. Um homem cuja solidez do caráter e consistência da pesquisa, aliados à condição humanista e visão de mundo, legitimam todos os aplausos que lhe são devidos pela comunidade científica, jurisprudência e letras jurídicas.

Agradecimentos

Para Felipe Aronne. Obrigado pelo amanhã das gerações vindouras. Melhores... Este texto reflete a profunda preocupação com o que estamos fazendo com o mundo e a sociedade que nossos filhos herdarão. E a necessidade das gerações vindouras estarem incluídas nos projetos do agora. Epistemológicos, metodológicos, pedagógicos ou hermenêuticos.

Para minha mãe, Walderez Aronne. Meu primeiro lar. Bar. Travessia. Travesseiro. Janela. Fortaleza que jamais assumiu papel expectador. Verdadeira e paradoxal muralha emocional impulsionadora. Muito obrigado. Seus olhares e expectativas são os combustíveis do querer latente que alimenta a caminhada dos que não se resignam, não se concebendo no ontem, diante do fascínio de reconstruir (-se).

Ao Prof. David Böhm (da USP à Universidade de Tel'a'Viv), pela introdução à Quântica e pelo que fez à Física, na sucessão da obra de Einstein. Ao proximamente distante Prof. Noam Chomsky, pela Crítica Política ensinada, assinada e coerentemente vivida. À minha madrinha, Helvécia Grendene Aronne, brilhante acadêmica, por mostrar-me os lúcidos instrumentos críticos da História Universal, desde muito cedo.

Aos advogados, consultores, estagiários e funcionários de Ricardo Aronne Advogados Associados. Nosso bureau. Nossa família, nos mais complexos sentidos que o termo guarde. Praia de admiração e afeto, na chegada de um oceano de inconsistências e incoerências. Meus mais íntimos amigos e cultores pragmáticos da desconstrução da vida, sem nunca perderem suas utopias. Obrigado por concretizarem, nos processos e dramas que nos são confiados, os sonhos de uma justiça includente no amadurecer de nosso Estado Social. Sem vocês, nada disso seria possível. Vocês dão sentido a tudo. Vocês realizam sonhos: Gustavo Pereira, Isadora Albornoz Cutin, Rodrigo e Paula Cassol Lima, Louise Caldana, Renan Bastos, Patrícia Almeida, Rose Dias Ribeiro, Juliana Brandelli, Ivan Rodrigues Quevedo, Andreza Saballa, André Xausa, Jordana Matzum Guilloux, Francis Maria G. Martinez, Chris Menna Barreto, Cristiano Seadi e Rildo Hofmann.

À minha Instituição. Minha morada epistemológica. Meu agradecimento à PUCRS, na pessoa do Magnífico Sr. Reitor Prof. Dr. Ir. Joaquim Clotet e seu Gabinete, à Faculdade de Direito, na pessoa do Excelentíssimo Sr. Prof. Dr. Fabrício Pozzebon, vice-diretores e coordenadores; ao corpo docente e funcional, na pessoa de meus grandes parceiros e admiráveis amigos, Ingo Wolfgang Sarlet, Eugênio Facchini Neto, Carlos Alberto Molinaro, Ricardo Timm de Souza, Salo de Carvalho, Clarice Sönghen, Wremyr Scliar, Araken de Assis, Luis Renato Ferreira da Silva, Àlvaro Severo, Marcelo Vicentini, Luis Carlos Madeira, Fabio S. Andrade, Adalberto Pasqualotto, Thadeu Weber, Ricardo Lupion, José Maria Rosa Tescheiner, Ruth Gauer, Clarice Sönghen, Alexandre Wunderlich , Átila Sá D'Oliveira e Regina Ruaro.

Ao talentoso diretor Edgar Arruda, que audaciosamente vem inserindo-me em seus projetos cinematográficos desde a França, Espanha e Marrocos, bem como os parceiros desta empreitada multimidiática, cuja marca de genialidade atravessa a respectiva obra para tocar-nos enquanto influência: Chico Buarque, Christian Cunha, Caetano Veloso, Ariano Suassuna, Abdias do Nascimento e Gilberto Gil.

Para aqueles que fazem minha vida melhor (seja na amizade, paixão ou intelecto), mesmo quando a distância se impõe como uma estranha geografia de um tempo ausente: Neka Aronne, Simone Tassinari, Mariane Bastos, Maria Sofia dos Santos, Márcia Walter, Gaby Wallau, Acácia Wakasugi, Kamila Machado, Atah Fidel, Mácia Moura, Camilinha Alexandre, Adri Burguer, Tati Azambuja, Naty Ruaro, Maurício, Rê Esmeraldino, Camila "MCC", Dê, Olga Medeiros, Rodrigo Galia, Daiane Fraga, Jabor, Preta, Ieda Rocha, Jana Cichelero, Maria Berenice Dias, Ana Clara Alves, Letícia Leczinski, Aninha Rosa, Paty Aronne, Carmela Grune, Karine Fortes, Bruníssima Santos, Pasqualini, Karla, Leila Almeida, Rô Veiga e a Livraria do Advogado Editora, na pessoa de Walter e Valmor.

Enfim, aos meus pesquisadores e alunos de todos os nossos programas. Graduandos, mestrandos, doutorandos, pós-graduandos dos programas lato ou das extensões, que forjarão o amanhã, obrigado. Sua inquietude não nos deixa esquecer a inevitável decadência da estagnação, no correto questionar dos dogmas e das imposições divinais das "grandes verdades jurídicas", curiosamente conflitantes com a teimosamente inventiva realidade social.

Obrigado a todos que, por ventura, venham a ler essas linhas. Obrigado por concederem-me a oportunidade de contribuir. Conceder a palavra... sem fazer concessões.

Prefácio

Razão e caos do espetáculo contemporâneo

O Professor Doutor Ricardo Aronne, com quem tenho o privilégio e a alegria de conviver, no âmbito do Programa de Pós-Graduação em Direito da PUCRS, onde temos tido a oportunidade de um profícuo diálogo acadêmico, é, mais do que um dedicado e competente Docente, Orientador e Pesquisador, um verdadeiro Cientista do Direito, dotado de um espírito positivamente inquieto e criativo, na busca permanente de uma abertura para outros saberes, repudiando todo e qualquer tipo de hermetismo metodológico e epistemológico. A construção de pontes entre a Arte, a Literatura, a Física Quântica, a Filosofia e o Direito, somada, como era de se esperar, a uma linguagem fluida, rica e criativa, especialmente para quem teve contato com o seu último e, como de hábito, instigante, trabalho monográfico sobre o *Direito Civil-Constitucional e a Teoria do Caos* (Livraria do Advogado Editora, 2006), também se fazem presentes na obra ora apresentada.

A obra, além da introdução, que por si só já constitui um ensaio de grande valor, inclusive estético, principia com uma preciosa incursão pelos meandros das relações entre Literatura e Direito, enfocando justamente um dos mais festejados e complexos autores do Século XX, no caso, Albert Camus, percorrendo, nos capítulos que seguem, a senda da constitucionalização do Direito Privado, no contexto da qual o autor revisita, agora pela lente multifocal da teoria do caos e da hermenêutica, o intrincado e atual problema que representa, ainda mais na ordem jurídica brasileira, o difícil mas necessário enfrentamento, das questões ligadas a um determinismo dogmático e a indeterminação jurisprudencial, a desafiar doutrina e jurisprudência, na busca de um equilíbrio em meio a complexidade. Na sequência, mais uma vez enfatizando aspectos nodais da linguagem e filosofia jurídica, retoma, em dois ensaios – designadamente os capítulos IV e VI – mas agora por outro (mas conexo) prisma, o temário do domínio e das titularidades, a respeito do qual, já há tanto tempo, tão bem tem escrito, ainda mais se considerarmos as monografias resultantes de sua dissertação de Mestrado (*Propriedade e Domínio*, Editora Renovar, 1999) e Doutorado (*Por uma nova hermenêutica dos direitos reais limitados*, Editora Renovar, 2001). O autor surpreende pela sua versatilidade, que, como era de se esperar, guarda relação com sua forte bagagem cultural, quando envereda pela seara do Direito Penal, ainda que priorizando, com a devida cautela a propriedade, tema que lhe é tão caro, como é o caso das relações entre o Público e o Privado (capítulo V). Como se já não bastasse para justificar a publicação da obra e os elogios que certamente lhe serão tributados, o autor oferece ao leitor três ensaios adicionais, destacando-se aqui as notas sobre a pesquisa e produção científica, ainda mais considerando sua larga experiência neste campo, do que dá conta não apenas a sua produção bibliográfica, mas a sua dedicação à formação de pesquisadores dotados de espírito crítico e intelectualmente honestos, em todos os níveis do ensino superior.

Por derradeiro, não sendo nosso intento aumentar a distância entre o leitor e a obra ora apresentada, resta-nos, mais uma vez, parabenizar o autor e a editora por este oportuno lançamento, almejando que venha a obter a merecida acolhida, não apenas, mas especialmente na esfera jurídica, onde uma lufada de ares oriundos de outras fontes do saber cada vez mais se faz necessária.

Porto Alegre, agosto de 2008.

Prof. Dr. Ingo Wolfgang Sarlet

Sumário

Apresentação

Mestiçando saberes e bricolando olhares

Trata-se de tarefa difícil – talvez impossível ou inapropriada –, para um professor de Ciências Criminais, "analisar" academicamente e apresentar obra inscrita na área do Direito Civil. E a dificuldade é amplificada quando se tem pelo autor profunda admiração e grande amizade. Este problema é insuperável e saberá o leitor realizar seu próprio juízo. Aliás, o convite para a apresentação está diretamente relacionado a estes vínculos afetivos.

No entanto, a primeira e maior dificuldade apresentada é transposta no instante em que a obra ultrapassa as barreiras disciplinares e alcança universalidade que permita diálogo com "ciências estrangeiras" ao saber que se situa no centro do debate. Pois é exatamente nesta margem, nesta fronteira, nesta ruptura e neste avanço que se situa o mais recente livro de Ricardo Aronne. Não por outro motivo anuncia, na abertura da obra, que o "estudo parte de recortes na busca de uma bricolagem transdisciplinar de saberes".

Assim, tenha presente o leitor que Aronne não circunscreve sua leitura do fenômeno jurídico nos cerrados limites dogmáticos. Domina a dogmática, mas sabe ir além, possibilitando que todos aprendamos muito sobre as armadilhas da "razão".

O autor move-se na incerteza do contemporâneo e assume os riscos da crítica ao Direito. Por isso aponta claramente e destrói, de forma iconoclasta, os desejos de verdade, a vontade de sistema e a falácia de segurança que habitam (e poluem) os sonhos paleodogmáticos. Conforme anuncia no texto mais próximo da minha realidade acadêmica, Ricardo Aronne não se "conforma no autoengano da cultura da segurança e da 'metafisicidade' de uma salvação prome(n)tida".

Mas sua radicalidade aparece no momento em que deixa claro o seu lugar de fala marginal, latino, brasileiro. Desta forma, não se ajoelha perante templos de saber dogmático europeus, como faz grande parte da doutrina tradicional do Direito nacional. Nega a reprodução acrítica de teses pouco preocupadas com a realidade do nosso povo, povo mestiço, "cultura cabocla". Tem ciência da importância dos saberes estrangeiros e do diálogo que se deve estabelecer. Todavia não adota este lugar outro como seu, pois comprometido com a nossa realidade.

Rascunho neste espaço poucos dos inúmeros e dos mais diversos motivos que têm o leitor para apreciar este instigante livro. Alguns deles, provavelmente eu não tenha atingido na primeira leitura. Novos e renovados temas e saberes, nascerão do debate que a obra proporcionará.

Rascunho, enfim, alguns poucos dos diversos motivos que me fazem amigo de Ricardo Aronne.

Porto Alegre, inverno de 2008.

Salo de Carvalho

Introdução

Uma vã tentativa de orden(h)ar o discurso

Todo o discurso deve se pôr à desconstrução, sob pena de fechar-se em si mesmo e nada construir. Tal quais as pessoas e suas relações. Afinal, o discurso é uma forma privilegiada de relação. E como tal, muitas vezes, uma forma de poder para àqueles que o detêm. Mais comum ser uma estirpe privilegiada de vassalagem, por aqueles que são detidos por ele. Uma barragem.

Esse conjunto de textos busca despir-lhe. Revelar o discurso, lacanianamente revelando autor e leitor no curso de sua travessia, mesmo quando tomados em negativo de uma fotografia que jamais se dera a revelar. Introduz a necessidade de exposição de todas essas personagens, na composição de uma unidade intersubjetiva, incapaz de decompor suas implicitudes e implicações. Um discurso que contenha as ideias, sem dissolvê-las, dissolvendo-nos por trás delas. Pondo-nos à luz. Existencialmente... Insistentemente... "Existentemente".

Uma obra que chega em momento de profundas transições de seu autor, coerentemente ao momento epistemológico que marca a presente travessia nos muitos horizontes que se dão a atravessar. Reestranhar. Deus está nas estranhezas! Elas nos revelam os detalhes. E suas imperfeições... Nossas imperfeições... Maravilhosas e humanas imperfeições.

Chega em um momento de passagem, na minha vida e no meu olhar sobre a vida. Uma passagem que chega para constituir marcos que acabam por constituir--nos. Passagem em verbo, mais que transitivo, intransitável por instâncias que se (pro)põem jurídicas. Daí por que desconstruí-las. Para torná-las trafegáveis e, quiçá, melhor frequentadas, por pensamentos, a partir de então, cidadãos de um mundo sem estrangeiros. Sem disciplina. Sem a disciplina de descartar.

Indisciplinado... Para encartar. Fazer um encarte do mundo. Sem Descartes. Dos homens do mundo. Dos homens no mundo. Em relação ao mundo. Com os outros. Com suas relações. Consigo. Ou sem conseguir... Tendo por platô privilegiado de análise e desconstrução: o Direito. Mais especialmente o Direito Civil-Constitucional.

Sem encaixe. Sem o compromisso de esconder nossos próprios paradoxos. Seus próprios paradoxos. Uma proposta de um conjunto crítico, na compreensão do contexto em que se insere no curso de minha produção científica. Presidida por um pensamento bricolado e transdisciplinar, insistente em desafiar sua própria coerência na constante desconstrução que prescinde invocação e se torna evocativa.

Traz um conjunto encomendado de textos, produzidos entre o lançamento de *Direito Civil-Constitucional e Teoria do Caos* e o projeto irrealizado de sistematizar todo o conjunto de pensamentos que emoldura a dicção transdisciplinar da percepção trans-estruturalista e pós-funcionalista que edifica as linhas de pesquisa do *Prismas do Direito Civil-Constitucional* (PUCRS/CNPq).

Esses textos restaram produzidos em meio as atividades acadêmicas que insistentemente me divorciam dos intentos voluntaristas no sentido dos projetos pessoais. Daí a importância de reuni-los em um mesmo corpo, aferindo o que possam exprimir nessa amálgama.

Dois elementos fundamentais se apresentam desde logo, tomado o discurso como *leitmotiv* que enlaça e se espirala ao longo das linhas, sendo perceptíveis aos mais devotos de Sta. Luzia. Patrimonialismo e paradigma. Aos que permanecerem insensíveis a tal obviedade, finda a leitura dos textos, nem a bênção dos olhos lhes será de alguma valia. Restar-lhes-á tão-somente deporem suas bengalas brancas no altar do dogmatismo.

Distinto de meus livros anteriores, o presente não pretende, no curso dos textos que lhe compõem a obra principal, oferecer qualquer resposta aos dilemas abertos na pós-modernidade. É fundamentalmente revelador da crise do paradigma moderno e do desconfortante individualismo refratário de socialidade, que compôs o sujeito patrimonial do Direito Privado tradicional.

Não é, sem dúvida, um livro de História, Literatura, Ciências Naturais, Economia ou quaisquer das baias modernas em que um dia buscou-se estabular o pensamento, em detrimento da existência e da liberdade de biografarmo-nos.

É um texto sem ranços liberais. Não obstante é obra de cunho libertário. Que recusa o totalitarismo das certezas, em proveito da liberdade de escolhas e criação. Mais que um livro de Direito Civil-Constitucional, trata-se de um conjunto de linhas humanistas. Sem ilhas. Na busca de vazios. Para criar. Com rigor e, porque não, arte. Nunca artístico e sempre arteiro.

Junho Frio de 2008.[1]

Ricardo Aronne

[1] Não se assuste o leitor com a data em tela e a da publicação desse livro. Essa obra foi finalizada quando da subscritura da introdução, há um ano atrás. Por razões técnicas, os respectivos arquivos ficaram perdidos em uma HD que travara, por quatro meses, até sua recuperação. Daí para cá outros projetos acadêmicos me afastaram da publicação da mesma, retomada onze meses depois, com a respectiva revisão (em especial alguma bibliografia) e envio dos originais.

A forma de aparecimento da vontade é só o presente, não o passado, nem o futuro: estes só existem para o conceito e pelo encadeamento da consciência, submetida ao princípio da razão. Ninguém viveu no passado, ninguém viverá no futuro: o presente é a forma de toda vida.

Schopenhauer, 1819.

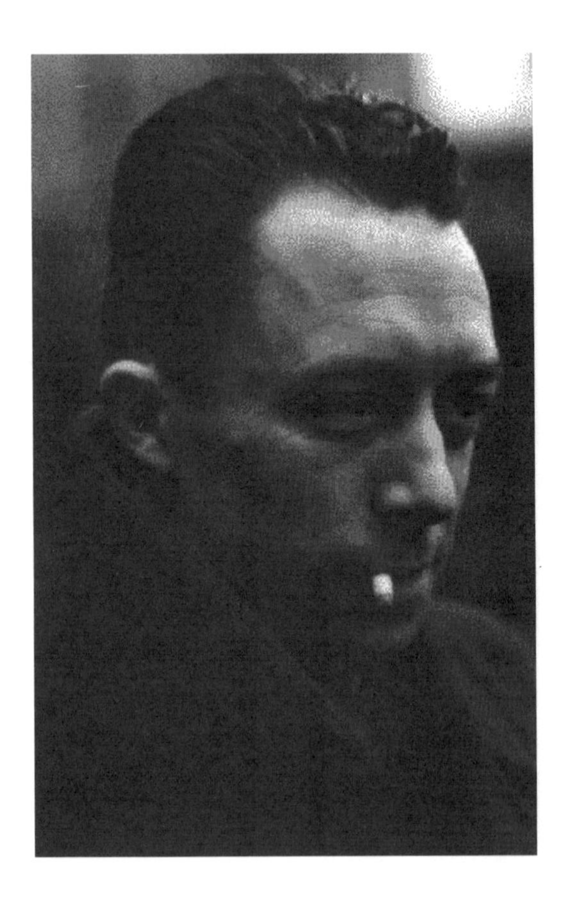

O capítulo que abre o presente livro é edificado por texto publicado em duas obras, por EDIPUCRS e JURUÁ, voltadas para o denominado movimento Direito & Literatura, fruto de uma longa reflexão em torno do pensamento de **CAMUS** (foto) impulsionada pelos debates junto à profícua mestra e pensadora, Profª Clarice Sönghen, que, pelo convite do talentoso diretor cinematográfico Edgar Arruda, ganha a película em produção para França, em diálogo com as percepções das paradigmáticas mentes que ladeiam-me nesta empreitada e que ampliam sua influência no curso dessa travessia: Chico Buarque, Ariano Suassuna, Abdias Nascimento, Caetano Veloso, José Miguel Wisnik, Christian Cunha e Gilberto Gil. Para além das obras jurídicas publicadas, o texto se projetou para costurar o respectivo roteiro e conjugar as entrevistas e debates no encontro do absurdo camuseano. É o primeiro dos meus textos em que a questão da fé comparece em discussões para com o fundamento da Ciência, iluministicamente percebida. Destaque-se também o encontro entre o absurdo camuseano e o princípio da incerteza incorporado à mecânica quântica, por Heisenberg.

I.

Entre os véus de Themis e os paradoxos de Janus: a razão e o caos no discurso jurídico, pela lente de Albert Camus

"Constatar o absurdo da vida não pode ser um fim, mas apenas um começo..."

1. Partilhando a partida

"Os tristes têm duas razões para o ser: ignoram ou esperam."

Razão e desrazão. Compreensão e revolta. Esses binômios constitutivos e primordiais às ácidas escolas críticas contemporâneas – termo empregado no melhor sentido frankfurtiano – vêm corroendo as paredes dogmáticas das edificações do Direito (Carnap). São os mesmos estribos do desconforto latente que motiva as costuras e descosturas do discurso de Albert Camus em seu cético pontificado sobre os dilemas inscritos no Século XX. O presente estudo parte desses recortes na busca de uma bricolagem transdisciplinar de saberes, que possibilitem novas pontes; mais caboclas, mais dúcteis à modernidade informe, também chamada líquida ou tardia e que ora se designa pós-modernidade.

Essa reflexão ganhou corpo ao final de 2005, a partir dos encontros promovidos pelo Grupo de Estudos Novum Organum – nó específico do Grupo de Pesquisa Prismas – inserido no NEPRADIL/PUCRS e voltado especificamente para o transdisciplinar encontro das relações entre Direito e Literatura. Assim foi dando-se a desbravar o ainda em (in)curso tema. Seu segundo momento fora em conferência realizada no I Congresso Direito, Arte e Literatura, havido na Faculdade de Economia da PUCRS, já em 2006, sob a epígrafe de Razão e Caos no Pensamento e Obra de Albert Camus.[2] Lá, percorreu-se a obra literária, filosófica, jornalística e teatral de Albert Camus, interdisciplinarmente costurada pela Sociologia, Política e um singular Existencialismo, com raízes na Fenomenologia de Husserl.

[2] Para a versão original: http://video.google.com/videoplay?docid=-4486220319142671294.

Tal caldo cultural somado à transdisciplinaridade corrente ao pensamento que permeia nossos projetos de pesquisa, multiplica as potencialidades da obra camuseana, transcendendo a interface do Direito e Literatura, para remoer as castas fronteiras das *hard & soft sciences*, levando-a às raias da Arte ou mesmo da Religião. Território este nada estrangeiro a Camus.

Com a gravação da respectiva intervenção por estudiosos e estudantes, advindos de não menos diversas áreas, e sua digitalização em vídeo por pesquisadores da Filosofia na USP, não só esta esfera midiática passou a integrar a vazão da massa crítica do Prismas, como a respectiva conferência, em diversas versões e formatos, ganhou público através da Web; em especial a partir do You Tube[3] e do Google Vídeo.[4] Diversos *sites* na Ásia e na Europa passaram à sua distribuição, contribuindo muito na ampliação e multiplicação das reflexões fulcradas na condição de incerteza que alimentam a epistemologia e as interfaces do Prismas. Aí ubica-se o terceiro momento percorrido na temática.

O atual e quarto momento opera a reflexão deste breve ensaio. O texto que ora emerge não o faz com a finalidade de retomar o conteúdo da referida exposição (hoje de acesso muito fácil e difundido ao público), e sim alavancar, a partir do pensamento de Albert Camus, desfiado ao longo de sua bela e extensa obra, as possibilidades do tema no contexto em que se insere a virtualizada realidade, nas líquidas paredes da pós-modernidade.

Deve-se, ainda, agradecer à Profª. Me. Dra. Clarice Sönghen, responsável pela derivação temática voltada a Camus, coordenadora do Grupo de Estudos Novum Organum e do próprio NEPRADIL; ao talentoso Prof. Me. Dr. Germano Schwartz, pelo gentil convite de integrar obra especialmente dirigida ao Direito e Literatura e, finalmente, ao Diretor Edgar Arruda, que vem trabalhando em projeto para a televisão e cinema francês, fulcrado em Camus, cujo fio condutor eleito é o olhar da incerteza, nos matizes ora tratados, na liquidez da noções espaço-tempo, concretizando-se na mais recente e polifacetada interface para diálogo com nossas matrizes.

Assim se dá a público este novo texto. O quarto momento de nossas reflexões em torno do pensamento camuseano.

2. A mobília do quarto de dormir

"Um grande escritor sempre traz consigo
seu mundo e sua prédica."

Albert Camus transpassa sua geografia e época. Traduziu angústias de seu ontem, quando ainda impronunciáveis no seu hoje, edificando-as na dialética do

[3] Para uma das diversas versões e fragmentos:http://www.youtube.com/watch?v=91CSw6RmDog.

[4] Videoclipe com a íntegra da conferência Razão e Caos no Pensamento e Obra de Albert Camus. http://video.google.com/videoplay?docid=8636133605407791701.

seu ambíguo amanhã. Do nosso amanhã. Constrói assim o seu Homem. Revoltado. Concreto e ingênuo, na denúncia abstrata de Rousseau e das ciclópicas certezas enciclopédicas. Sem vielas ou becos escuros. Na sua transparente e incompreendida subjetividade, constituída na fenomenológica relação que trava com o selvagem e desigual mundo exterior; cuja cidadania é negada, constituindo-lhe sempre em um estrangeiro. Porém a chama existencialista, de céticos remarcos niilistas, traduz o desamparo iluminista.

> "Não existe pátria para quem desespera e, quanto a mim, sei que o mar me precede e me segue, e minha loucura está sempre pronta. Aqueles que se amam e são separados podem viver sua dor, mas isso não é desespero: eles sabem que o amor existe. Eis porque sofro, de olhos secos, este exílio. Espero ainda. Um dia chega, enfim..." (*Do mar bem perto*).

Paradoxo? Ambiguidade? Não. O início do humanismo característico daquilo que se desdobrou no pós-estruturalismo francês da segunda metade do Século XX. Em Camus, a esperança é a última que morre. Mas morre. Ou melhor, faz traduzir a consciência de sua mortalidade. Humana. Como a Justiça. Nem para Bestas, nem para Deuses. Para Homens. Assim, mortal por natureza. No Iluminismo isso nunca foi qualidade. Porém, qual o vampiro, se amaldiçoado pela imortalidade, torna-se um monstro. Este transforma a humanidade em seu gado. Camus inscreveu-se definitivamente no DNA da Filosofia e Literatura contemporânea. Denuncia o vampirismo do discurso moderno. Mostra as marcas em seu lívido pescoço literário, quando o gado lhe reconhece com um Nobel.

Assim constitui-se a filosofia camuseana. Constituindo-se, literalmente. Inscrevendo-se e inscrevendo-o. Na constituição de seus personagens, no palco existencialista (no sentido que lhe dá Sartre), edificando-se (a si e ao palco) na constante relação que travam com este selvagem exterior. Na relação multiforme constituída das plúrimas dicotomias modernas, sujeito-objeto, público-privado, história-historicidade, interno-externo, prática-teoria, real-virtual, verdadeiro-falso, bom-mal, certo-errado; regiões de múltiplas repúblicas cujos governos são breves, não obstante a promessa de segurança e perenidade. Assim constitui-se a ambiguidade que serve de palco ao pensamento de Camus. Para vampirizar a modernidade. Alimenta-se e destrói. Paradoxo? Isso é bom? Camus! Caos!!

Os fantasmas criados por seus personagens são virtualmente imortais. Um sujeito abstrato que se concretiza no singular de *O Estrangeiro* ou no plural de *A Peste*, para revelar um horizonte de incerteza de um tempo solto, despre(zo)so do relógio; porém confuso se o fenômeno se percebe uma alforria do Iluminismo ou uma maldição da Renascença. A consciência é, assim, um tema camuseano por excelência, constituindo-se em legítimo *leitmotiv* para travessia de sua obra. Mas, como o ainda não introduzido Janus, Camus tem mais faces a apresentar.

Em Roma, Janus era o Senhor das Muitas Portas, das Partidas e das Chegadas. O deus que representava o Alfa do Início. O Começo. Também representava

Ômega do Final. Por ser o ponto de junção entre o passado e o futuro, representava também o presente. A contemporaneidade. Não por acaso, em *As Metamorfoses*, Ovídio (43ac-17dc) o denomina *Caos*.

Já no Século XIX a Modernidade intuiria não ter relíquias capazes de protegê-la do fantasma da incerteza. Sua dialética amputa a ágora em homenagem a pomposos monólogos. As medidas de suas normas se constituíram para descrever. São simulacros. Não obstante, a régua ganhou vida.

Como virtual, não é sujeito. Não se sujeita. Assim, aprisionou o amanhã para ter a imortalidade como prêmio. Todo o Frankenstein possui um pai invejando o útero. Shelley superou o amante. As normas e medidas passaram a constituir seus constituintes. Imortalizaram-se virtualmente.

Divinizadas, as normas se constituíram oráculo. Seu papel passa a predizer. E a Deusa Razão Iluminista é uma pitonisa monoteísta. Seus sacerdotes-cientistas, ora hierofanizados, quando indagados de sua fé, recusam guarida ao rebanho. Excluem-no da fria comunidade de intérpretes da Lei. De seus Códigos. Nas muitas medidas e platôs apontados por Zigmunt Bauman.

No templo moderno de Themis, não há adoração possível para Janus. Como a deificação ocorre pelo discurso, não há signos remissíveis à incerteza e sua simples referência já é suficiente para a marginalização. Quem não crê na divindade da norma ou referência, como dogma e certeza (portanto, fé), "autoperiferiza-se", no altar Iluminista dos deuses da Razão, que centralizou o olhar cartesiano dos fiéis no templo (sem ídolos?) da *Scientia*.

> "Mas só há um mundo. A felicidade e o absurdo são dois filhos da mesma terra. São inseparáveis. O erro seria dizer que a felicidade nasce forçosamente da descoberta absurda. Acontece também que o sentimento do absurdo nasça da felicidade. 'Acho que tudo está bem', diz Édipo e essa frase é sagrada. Ressoa no universo altivo e limitado do homem. Ensina que nem tudo está perdido, que nem tudo foi esgotado. Expulsa deste mundo um deus que nele entrara com a insatisfação e o gosto das dores Inúteis. Faz do destino uma questão do homem, que deve ser tratado entre homens. Toda a alegria silenciosa de Sísifo aqui reside. O seu destino pertence-lhe." (*Míto de Sísifo*).

Albert Camus sempre soube que nunca houvera dois templos. Os divinos dados de Themis ao serem lançados no tabuleiro do Direito também sofrem intervenção em sua rolagem, pela desdivinizada politéia do panteão da Ciência desvirtualizada. Desnuda. Muda. Sem mundo. Desmunda. Imunda... No Caos. Flagrada nos braços de Janus. Inebriada pelo hoje concreto, a dialogar com o ontem e o amanhã. Camus também deixa-se flagrar nos braços de Janus. Como um "bom marxista", tem certezas. Portanto tem revoltas. A cada desvão... Desrazão.

É nesse ponto que se afasta de Sartre e se encontra com Husserl. Crê possa haver nesse desvão da realidade, um nível em que sujeito e objeto possam encontrar-se em uma medida para revelar uma possível verdade. Àquilo que Husserl apontava como *o voltar às coisas nelas mesmo*. Despindo-as de uma fantasia do real, imposta pelo que às apreende.

> "Igualmente enfermo, cúmplice e ruidoso, acaso não lancei meus gritos por entre as pedras? Também eu esforço-me por esquecer, caminho através de nossas cidades de ferro e fogo, sorrio corajosamente à tristeza, chamo ao longe as tempestades, serei fiel. Em verdade esqueci: sou ativo e surdo a partir desse momento. Mas um dia talvez, quando estivermos prestes a morrer de esgotarem e ignorância, eu possa renunciar aos nossos túmulos espalhafatosos para ir deitar-me no vale sob a mesma luz, e possa aprender pela última vez aquilo que sei." (*Regresso a Tipasa*).

Ponto de encontro para com Sartre, no que percebe como consciência. Neste, aquela seria um vazio apropriado pelas coisas às quais o sujeito se apropria. Por isso não se concebe uma consciência autoreferente em Jean-Paul Sartre. É sempre um movimento. Um passar. Livre de tudo e nesta radical liberdade resultaria a última utopia sartreana.

Quem teria consciência, a teria de algo necessariamente diverso de si mesmo. É sempre "consciência de". Por isso Sartre refere ser a consciência, um quarto vazio. Para seus mestres, aponta a necessidade de colocar para fora os móveis velhos, no sentido de abandonar aquele espiritualismo francês que dominava a respectiva Academia naqueles idos de pós-guerra.

Comparava-os às aranhas, cujas teias imobilizavam o pensamento filosófico de seus discipulos. As ideias novas seriam engolfadas por suas *babas brancas*, e assim dissolvidas junto com seus receptáculos absorvidos.

Aqui está a liberdade central do niilista discurso sartreano e sua impossibilidade posterior de conviver com o pensamento marxista de Camus, não obstante as profundas identidades nos mais diversos níveis. Aquela insondável verdade, cujo absurdo revela-se na dificuldade dos seres humanos em compartilhá-la e na substância daqueles que a percebem e daí revoltam-se, é incomungável com Sartre e irredutível em Camus.

> "Só há um problema filosófico verdadeiramente sério: o suicídio. Julgar se a vida merece ou não ser vivida é responder uma questão fundamental da filosofia. O resto, se o mundo tem três dimensões, se o espírito tem nove ou doze categorias, vem depois. Trata-se de jogos; é preciso primeiro responder. E se é verdade, como quer Nietzsche, que um filósofo, para ser estimado, deve pregar com o seu exemplo, percebe-se a importância dessa reposta, porque ela vai anteceder o gesto definitivo. São evidências sensíveis ao coração, mas é preciso ir mais fundo até torná-las claras para o espírito. Se eu me pergunto por que julgo que tal questão é mais premente que tal outra, respondo que é pelas ações a que ela se compromete. Nunca vi ninguém morrer por causa do argumento ontológico. Galileu, que sustentava uma verdade científica importante, abjurou dela com a maior tranqüilidade assim que viu sua vida em perigo. Em certo sentido,

fez bem. Essa verdade não valia o risco da fogueira. Qual deles, a Terra ou o Sol gira em redor do outro, é-nos profundamente indiferente." (*O Mito de Sísifo*).

É um filho da modernidade. Albert Camus nasceu no ano que precedeu a primeira grande guerra do Século XX (que vitimaria seu genitor). Em Mondovi, colônia francesa, no sétimo dia do mês de novembro de 1913. Sua família fugira do liberalismo europeu, gerações antes. Seu avô, de origem alsaciana, migrara para Argélia em 1871. O pai, Lucien Camus, era operário de uma vinícola, e a mãe, Catherine Sinthès, mulher simples, analfabeta que trabalhava como empregada doméstica. Não obstante os diversos contrastes, a mãe, precocemente surda, é marcante para toda a formação de Albert Camus. Em *O Avesso e o Direito*, isso transparece bem. Sua infância e juventude o marcaram, não obstante deixar sempre claro que fora feliz.

3. Em busca dos móveis no porão

"Um destino não é uma punição."
"Não há destino que não se transcenda pelo desprezo."

Relembra-se a figura de imagem utilizada na referida exposição que suporta o texto,[5] utilizada em contraponto ao quarto de Sartre, equivalente ao espaço privado na vida burguesa – antítese da sala enquanto espaço do público. Inaugurar o olhar pelo porão importa voltar-se a intencionalidade (Husserl) justamente para aquilo que não se quer revelar juntamente ao que é revelado. Desvelar. Desobstruir o espaço público, do privado, revestido de externalidade econômica. A acumular-se no porão.

Esse temor da ambiguidade é uma frágil bússola na pretensiosa busca da verdade absoluta. Qual *Graal* poderia ostentar tamanho estatuto de certeza, indagaria Camus, para edificar uma segurança real? Essa questão já fragilizara as certezas iluministas, como chegou a sussurrar Rousseau no Emílio. Mas a certeza abstrata é concreta. Batizou a modernidade como filha.

Já lograra afirmar Camus no primeiro volume de seus Actuelles: O século XVII foi o século das matemáticas, o século XVIII o das ciências e o século XIX o da biologia. O nosso século XX é o século do medo...o que mais efetivamente nos chama a atenção neste mundo em que vivemos é, em geral e em primeiro lugar, que a maioria dos homens (...) não tem futuro algum. Nenhuma vida é válida sem projeção no futuro.

Essa formulação no curso do pensamento camuseano inaugura desde logo os prismas do debate da condição de incerteza e felicidade desse sujeito líquido. Instala-se no *Mito de Sísifo*.

Até o Século XVII, advindo da filosofia clássica e influenciado posteriormente pelos cristãos Sto. Agostinho e São Tomás, o Homem Ocidental considerava a

[5] http://video.google.com/videoplay?docid=-4486220319142671294

Natureza como um corpo regulado por leis universais. Um conjunto de fenômenos independentes, decorrentes da vontade divina. Daí também modelo de condução da moral humana, respeitada a diferença de planos, fins e meios.

Não obstante uma *alma imortal*, preservada mesmo com o postulado da razão, no século seguinte, o ser humano se via como parte entre as partes; era somente um dos elementos desse corpo maior. Mas ainda parte de projeto maior. Não reduzido, como o Universo, a um objeto de dissecação das Disciplinas que constituiriam o *Homem Moderno*; revirado e "revoltado" em Camus, nas suas singulares existências derrotadas no espaço e no tempo de suas narrativas.

No encontro com a Renascença, a sociedade era governada por princípios e leis gerais, correspondentes às leis científicas do conhecimento do universo material. O mundo ideal dos Jusnaturalistas, ainda dobrado ao realismo do *Príncipe*. Porém esta dobra também é reveladora. A compreensão de si mesmo e da sociedade só podia se dar por meio da compreensão do mundo dado.

Hobbes (1588-1679) traduz esse encontro ao longo de sua obra, sendo de perto seguido pelo empirismo de Locke e pelo deducionismo frágil e inocente de Rousseau, que pavimentariam o cientificismo do olhar daquilo que viria a traduzir-se como Modernidade. Quando chegarmos lá, todos esses saberes já serão sintetizados por culturas artificiais sem tempo nem espaço, cujo papel é sintetizar-nos e, assim, paradoxalmente *constituir-nos*, entre seus ritos e dogmas, em *indivíduos!*

Sujeitos ou sujeitados? Perguntará depois Foucault, por entre as cinzas dessa racionalidade. Quem constitui o conhecimento? Quem o conhecimento constitui? Quem pergunta e quem responde? Para quem? Caos.

O Século XVIII edifica o Iluminismo que, em parte fruto das inconclusas lutas religiosas da Reforma, "revela" que o direito divino dos reis não combina com a liberdade de opinião religiosa ou política. Leviatã (1651) é o nome do Titã/Demônio/Qlipoth que consubstancia a roupagem com que o Estado foi vestido ao longo da Renascença. Esses questionamentos religiosos e políticos também influenciarão na Ciência.

O Iluminismo representa difusão do conhecimento científico. No âmbito da religião, o protestantismo apregoava a liberdade de julgamento da verdade. No campo científico, o homem deveria observar e avaliar a natureza por si próprio, não mais confiando cegamente em doutrinas há muito estabelecidas.

Busca recuperar um novo senso de individualidade e, portanto, de disciplina. De cuidados consigo e com as escolhas, como percebido em Foucault. Diria Russel que o Iluminismo foi, essencialmente, a *"revalorização da atividade intelectual independente que pretendia [...] difundir a luz onde até então só havia trevas"*.

A *Encyclopedie*, de Diderot e D'Alembert, foi um eficaz instrumento de divulgação do discurso racionalista. Uma compilação do conhecimento científico disponível da época, que atendia às necessidades dos pesquisadores desejosos de difundir suas ideias e teorias, como da Burguesia, ansiosa por ter legitimada sua posição de classe dotada de meios de adquirir bens, como o conhecimento.

Perceba-se, ainda que o texto traga menção tardia, a fundamentalidade da Imprensa, a partir da descoberta de Guttenberg. Assim como para a Reforma, para o Iluminismo essa foi imprescindível. Para a divulgação e consolidação das novas ideias, bem como, para posteriormente constituir uma verdadeira Geografia da Verdade. O termo, infelizmente, não é novo tampouco meu, já sendo contemporaneamente esgrimado por Burke.

Pensadores franceses, ingleses e alemães, enfatizavam, no Século XVIII, o primado da Razão. O Iluminismo foi primordial à Revolução Francesa, assim como para a Revolução Industrial Inglesa. O Racionalismo e o Cientificismo se fizeram sentir na Religião, na Política, na Física, na Química, na História, na Medicina e no Direito em especial. Até mesmo o tempo começou a acelerar-se, conforme a precisão com que se aprimorava "sua medida". Paradoxo!!!

A Modernidade acreditou que os átomos fossem os componentes básicos do Universo. Essa teoria provinha da visão materialista inaugurada com Demócrito (460-370 a.C.), que traduzia o conceito filosófico de Suprema Realidade na figura do Princípio Indivisível, o Átomo. O Homem seria, portanto, o átomo-social dessa nova física que revelaria as entranhas da sociedade. Como em Rousseau. Cartesianamente idealista, distintamente de Locke e Hobbes, que vestiam o mesmo empirismo perceptível em Hume, Bacon e Berkeley.

No final do Século XIX, James Clark Maxwell (1831-1879) descobriu o encontro da eletricidade com magnetismo para transformarem-se em luz. Suas variações, os raios gama, raios-x, luzes visíveis, ultravioleta e infravermelha e as ondas de rádio estariam apenas em seus comprimentos de onda.

Maxwell derivou, ainda, que a noção de que coisas se tocam é uma simplificação da noção de campos magnéticos e elétricos variando no tempo e no espaço. Portanto, ao segurar algo, na realidade não há contato, mas cargas elétricas na mão influenciando cargas elétricas no objeto, fazendo-o mover-se. Nada toca em nada e a unidade da matéria começava a ser questionada. Há o vazio. A lacuna!

Após a descoberta dos raios-x, em 1895, pelo físico alemão William Konrad Röntgen (1845-1923), foi possível perceber que esse não era o único raio emanando dos átomos, inferindo-se daí a natureza composta daquela estrutura inicialmente imaginada indivisível. A partícula era passível de divisão. E mais, a constante divisão não importava em aumentar a simplicidade e redução. Não raro importava em complexidade.

Em 1897, Sir Joseph John Thomson (1856-1940) revelou ao mundo o elétron. verificava-se na Europa a segunda Revolução Industrial, e Sigmund Freud (1956-1939) divulgava, para o mundo, sua teoria psicanalítica. A mente humana passaria a ser sondada como um átomo, para revelar seus segredos. Em 1900, publica *Interpretação dos Sonhos*. Não obstante a Europa convive com o contraste de Rasputin na

Corte do Czar ou de Aleister Crowley, marcando a primeira metade do Século XX, já nascido em flerte com a incerteza, como denunciara antes Henry Poincaré.

Voltando ao corte, nasce a Sociologia Moderna. Auguste Comte (1798-1857), além de obstetra, lhe deu nome e *status* de ciência, para, como arremata Bouthol, provar que *"os mais notáveis progressos da reflexão sobre os fenômenos sociais surgiram em períodos de crise ou a propósito de uma crise"*. Era ciência para revelar (descrever e prever) as estruturas da sociedade moderna. A Física Social. A História, também, sob o auspício inicial de J. J. Winckelmann (1717-1768), tornava-se objetivada. Racional. Repleta de verdades. Disciplinada. Colonizada pela Modernidade.

Também eclodem questionamentos. A Filosofia tem sua metodologia e foco questionados e repensados. "Encontra-se" uma nova fenomenologia. Não a Fenomenologia de Hegel (1770-1831), mas a de Husserl (1859-1938); objetivadora da busca da essência dos fenômenos. Seria herdada pelas correntes francesa e alemã; reveladoras de novas possibilidades de reflexão nos mais diversos reconditos do saber humano.

Esse arrostar das raízes espiritualistas ou idealistas atingirá largos setores da filosofia, contemporâneos de Camus. Todos os edifícios da Ciência virão a ser abalados no curso do Século XX. Albert Einstein (1879-1955) é um nome que deve ser lembrado nesse contexto. Em 1905, Einstein publicava sua Teoria da Relatividade Especial, sacudindo os alicerces do antigo mundo das representações.

Nas Artes Plásticas, o artista perdia seu referencial concreto, mutava, a *mimesis* da natureza; a Arquitetura passava por novos postulados, a renegar o ornamento, tornando-se racional e funcional; a Literatura mostrava o horror e a beleza da Modernidade, em Kafka (1883-1924) e H. G. Wells (1866-1946), e o Cinema dava seus primeiros passos, mostrando a possibilidade do jogo no tempo, no espaço ou, como queria Einstein, no tempo-espaço. A Modernidade acreditava dar impulso ao seu projeto de emancipação do homem por meio da razão. Em verdade, multiplicava suas ambiguidades.

Em 1911, com o bombardeamento de átomos por partículas alfa emanadas de substâncias radioativas, Ernest Rutherford (1871-1937) desenvolveu o modelo atômico clássico, formado por uma nuvem de elétrons orbitando um núcleo, composto de prótons e nêutrons. Isso mascarou um dos fundamentos do princípio da incerteza. O salto do elétron.

Posteriormente verificar-se-ia que a nuvem de elétrons se compunha de diferentes estágios ou níveis de energia. Essa descoberta revelou que os elétrons podem saltar para estágios inferiores energeticamente, emitindo energia, ou fótons, em forma de pacotes ou *quanta* de luz. Confirmaram-se assim as teorias de Max Plank (1858-1947) e Albert Einstein sobre a natureza dual da luz.

No curso da década de 1920, um grupo internacional de físicos – Niels Bohr (1885-1962), Werner Heisenberg (1901-1974), Erwin Schrödinger (1887-1961), Wolfgang Ernst Pauli (1900-1958), Paul Adrien, Maurice Dirac (1902-1984) e Louis de Brouglie (1892-1987) – descobriu um novo mundo. Baseado em leis desconhecidas, que comporiam a Teoria Quântica.

Importa na agonia mais profunda infligida ao determinismo moderno. Com a Era da Física Quântica rompem-se as certezas que a Física Newtoniana podia dar a respeito do mundo físico.

Um novo e indisfarçável elefante é descoberto na sala de estar da Ciência. O mundo subatômico era composto de partículas com caráter abstrato. Dependendo de sua abordagem (como por exemplo na medição), comportavam-se ora como partículas ora como ondas, de forma semelhante à luz.

Na Década de 1930, Enrico Fermi (1901-1954) realiza a primeira fissão nuclear e, em 1942, a primeira reação nuclear. Três anos depois, a bomba atômica seria lançada sobre o Japão, inaugurando o pesadelo nuclear e a Guerra-Fria.

O mundo se divide em dois e formula-se que o indivisível, na verdade, pode se dividir em mais de 200 partículas elementares, entre partículas estáveis e instáveis. A Física Nuclear é um projeto sólido, impulsionado pela febre armamentista.

Nesse contexto insólito, ainda estranho de Camus, Jean-Paul Sartre (1905-1980) publica *O Ser e o Nada*, e Friedrich von Hayek (1899-1992), *O Caminho para a Servidão*. Começa-se a duvidar poder falar de uma ciência totalizante possível, de uma meta-narrativa unificadora, de um projeto moderno, de matéria palpável. Uma teoria do tudo, compreensível nos projetos de Carnap ou Einstein.

A segunda metade do Século XX conheceu uma humanidade em mutação. As guerras e crises da primeira metade do Século fizeram sentir seus efeitos. Voltou-se a ler (e como nunca) *Assim falou Zaratustra* (1885), de Nietzsche (1844-1900).

Citando-o, nunca se teve tanto a certeza de que *"o fundo é profundo, mais profundo do que o dia"*. E o otimismo pendulava para forjar novo paradoxo. Ainda se acreditava ser possível *"o tempo em que o homem já não lançará por sobre o homem a seta do seu ardente desejo e em que as cordas do seu arco já não poderão vibrar"*.

Na Califórnia, o movimento Hippie ainda iria sacudir muitos verões da Década de 1960. Os EUA se consolidavam como a nova Roma da Modernidade Tardia no auge da Guerra-Fria. A colagem cultural que emancipou os anos 60 das certezas modernas e desolações da Era Nuclear, recebem o auge da produção camuseana.

Sobre essa bigorna é que o martelo camuseano malhou. Sobre a forja rôta da Modernidade, precipitada no aço líquido sem molde possível anterior ao trabalho atento e singular do artesão diligente que fustiga febrilmente sua obra nunca igual.

Albert Camus foi forjado no paradoxo da ambiguidade e incerteza. Enquanto sua alma era alimentada pelo farto discurso iluminista de engorde, promovido nas periferias e colônias, seu corpo se alimentava dos restos do capitalismo selvagem que iniciava a reconstrução da Europa, incendiada por certezas oitocentistas, que ora combatiam em busca de novas fronteiras e periferias. Camboja, Coréia, Vietnã... Brasil???

O medo e a angústia não são invenções dos filósofos, mas algo constitutivo da condição humana enquanto tal. A disciplina sim é uma invenção do homem. Para compreender o mundo, controlar-lhe e "controlar-se". Paradoxalmente, a indisciplina não é criação humana! Seria divina? Absurdo.

Dentre os acontecimentos que assolaram o Século XX, um não tem quaisquer paralelos na história: o sentimento do absurdo, como especialmente percebido por Albert Camus em *O Mito de Sísifo*, enquanto verdadeiro mal da contemporaneidade.

4. Redecorando a sala de visitas

"Eu amo a vida, eis a minha verdadeira fraqueza. Amo-a tanto, que não tenho nenhuma imaginação para o que não for vida."

Em Camus, viver tem um sentido que é a própria condição de ser esse mesmo sentido. Porém seu existencialismo possui um tempero da modernidade tardia que lhe acolheu. A consciência e necessidade de certa familiaridade com as coisas, a exigir que o mundo seja explicado. Porém, a Ciência, do ponto de vista tradicional, de nada pode mais lhe servir "*porque os seus aperfeiçoamentos práticos ameaçam de destruição a Terra inteira*". Como em Husserl, Camus apregoa que somente o olhar e *um acordo profundo com o mundo* podem trazer qualquer horizonte de segurança ou certeza. Nada é enquanto apenas deva ser. Renega Kant do convívio próximo.

> "Quando nos vestimos na praia, Marie olhava-me com olhos brilhantes. Beijei-a. A partir desse momento, não falamos mais. Apertei-a contra mim, e tivemos pressa de encontrar um ônibus, de voltar, de ir para a minha casa e de nos atirarmos na minha cama. Tinha deixado a janela aberta, e era bom sentir a noite de verão escorrer por nossos corpos bronzeados." (*O Estrangeiro*).

O palco/mundo de Albert Camus não pode ser reduzido nem a um princípio racional, nem a um absoluto que lhe confira unidade. Num mundo *conduzido por forças cegas e surdas, incapazes de ouvir os gritos de alerta...as súplicas*, num universo assim privado de sentido, o homem sente-se um estrangeiro. Esta cisão entre o mundo e o seu espírito deve ser mantida, já que é ela a sua verdadeira condição humana. Traduz a consciência, para um recorte fenomenológico de matiz existencialista.

Para Camus, abolir tal fissura mais não seria do que precipitá-la voluntariamente na ilusão de uma significação para além da condição limitada do homem. Em um Universo governado pela contradição, antinomia, angústia, "impoder" entre o sim e o não, o homem não deve tentar concluir, uma vez que isso se afirmaria como uma *traição à vida*.

Concluir importa em findar. Reduzir. Dar o resultado. Isso não cabe em Camus. É-lhe estrangeiro. Retoma o Brasil, para rimar na língua o que não traduz na vista. Rimar Camus com Darcy.

Para este, o brasileiro se constituiu na sua "cultura cabocla", por não reconhecer-se América, África ou Europa. Fez da fronteira território, na cartografia de sua cultura. Camus tem um texto de Europa com cheiro de África que se reconheceu na mestiçagem brasil. Em brasa candente.

O sentimento de ser estrangeiro à sua própria vida torna equivalentes todas as experiências. Esse divórcio entre o homem e a vida é o sentimento do absurdo. Viver este absurdo é permanecer apto para a possibilidade dos homens *purgarem-se* de todo um conjunto de emoções, em ordem a uma autenticidade, ou seja, à lucidez e à disponibilidade de uma possível verdade.

Para um sentimento como o do absurdo, a única verdade de que se dispõe é, justamente, o absurdo; não restando outra solução que não seja a mais plena lucidez. Paradoxo.

O absurdo, qual o princípio da incerteza erigido por Heisenberg; é o limite dentro do qual se tem de organizar a vida, a única coerência de que se dispõe. Renunciar ao absurdo é abster-se de ver claro e recusar a única evidência que se dá ao nível do humano. Novo paradoxo. Novo?

> "A característica do homem absurdo é não acreditar no sentido profundo das coisas. Ele percorre, armazena e queima os rostos calorosos ou maravilhados. O tempo caminha com ele. O homem absurdo é aquele que não se separa do tempo." (*O Homem Revoltado*).

A única verdade possível é a obstinação desesperada de manter o absurdo, enquanto lucidez; por mais amarga e irremediável que esta possa ser. *Até aqui tratava-se de saber se a vida devia ter um sentido para ser vivida. A partir daqui, pelo contrário, impõe-se-nos que ela será vivida até melhor por não ter sentido (...) viver é fazer viver o absurdo.* (*O Mito de Sísifo*).

Janus possui uma face voltada para o *alfa*, outra para o *ômega*; uma para dentro, outra para fora, não obstante voltadas para si. Representa o tempo presente e também as portas, no exato limite entre dentro e fora, o início e fim.

Paradoxalmente, as faces que possui não constituem a face do que ele seja. O encontro de dimensões que se tocam em um instante sem instâncias. A ambiguidade. A incerteza do ser. Caos.

Se os deuses estão a jogar dados com a existência, segundo Camus estamos vivendo a longa rodada de Janus. Themis não joga há muito. Deverá demorar ainda muito mais para voltar a lançar os dados.

A "mão" é de Janus e na homenagem à não obviedade, indevido seria encerrar colacionando Camus. Assim...

> "E no entanto, no entanto... negar a sucessão do tempo, negar o eu, negar o universo são desesperos aparentes e consolos secretos... o tempo é a matéria de que sou feito. O tempo é um rio que me arrebata, mas eu sou o rio; é um tigre que me destroça, mas eu sou o tigre; é um fogo que me consome, mas eu sou o fogo. O mundo, desgraçadamente, é real; e eu, desgraçadamente, sou Borges". (J. L. Borges).

5. Brevíssimo referencial bibliográfico inicial

"Não há amor generoso senão aquele que se sabe ao mesmo tempo passageiro e singular."

ARONNE, Ricardo. *Direito Civil-Constitucional e Teoria do Caos – Estudos Preliminares*, Porto Alegre: Livraria do Advogado, 2006.

——. *Por uma nova hermenêutica dos direitos reais limitados*. Rio de Janeiro: Renovar, 2001.

——. *Propriedade e domínio*. Rio de Janeiro: Renovar, 1998.

——. *O princípio do livre convencimento do juiz*, Porto Alegre: SAFE, 1994.

BAUDRILLARD. Jean. *Tela total*. 3ª ed. Porto Alegre: Sulina, 2005.

——. *O sistema dos objetos*. 4ª ed. São Paulo: Perspectiva, 2004.

BAUMAN, Zigmunt. *Vidas desperdiçadas*. Rio de Janeiro: JZE, 2005.

——. *Modernidade e ambivalência*. Rio de Janeiro: JZE, 1999.

——. Comunidade – A busca por segurança no mundo atual. Rio de Janeiro: JZE, 2003.

——. *Modernidade líquida*. Rio de Janeiro: JZE, 2001.

——. *Globalização – As conseqüências humanas*. Rio de Janeiro: JZE, 1999.

——. *Vida líquida*. Rio de Janeiro: JZE, 2007.

BECKER, Laércio Alexandre; SANTOS, E. L. *Elementos para uma teoria crítica do processo*. Porto Alegre: Fabris, 2002.

——. (Org.) *A escola de Frankfurt no Direito*. Curitiba: EDIBEJ, 1999.

BOURDIEU, Pierre. Contrafogos – Táticas para enfrentar a invasão neoliberal. Rio de Janeiro: JZE, 1998.

BORGES, Jorge Luís. *Obras completas*. São Paulo: Globo, 2001. V. 2.

BOUTHOL, G. *História da sociologia*. São Paulo: Difel, 1976.

BURKE, Peter. *Uma história social do conhecimento*. São Paulo: JZE, 2003.

CAMUS, Albert. *Actuais*. Trad. De J. C.González e J. Serrano, Ed. Livros do Brasil, Lisboa, s/d. Vols. 1 e 2.

——. *A Queda*. Trad. de J. Terra, Ed. Livros do Brasil, Lisboa, s/d

——. *A Peste*. Trad. de A. Quadros, Ed. Livros do Brasil. Lisboa, s/d.

——. *Calígula*. Trad. de R. Carvalho, Ed. Livros do Brasil, Lisboa, s/d.

——. *Cartas a um Amigo Alemão*. Trad. de J. C. González e J. Serrano, Ed. Livros do Brasil, Lisboa, s/d.

——. *O Avesso e o Direito*. Trad. de Sousa Vitorino, Ed. Livros do Brasil, Lisboa, s/d.

——. *O Estrangeiro*. Trad. de A. Quadros, Ed. Livros do Brasil. Lisboa, s/d.

——. *O Homem Revoltado*. Trad. de Virgínia Motta, ed. Livros do Brasil, Lisboa. s/d.

——. *O Mal-entendido*. Trad. de Raúl de Carvalho, Ed. Livros do Brasil, Lisboa, s/d.

——. *O Mito de Sísifo*. Trad. de U. Tavares Rodrigues, Ed. Livros do Brasil, Lisboa, s/d.

DERRIDA, Jacques. *A Farmácia de Platão*. São Paulo: Iluminuras, 1991.

——. *Gramatologia*. 2ª ed. São Paulo: Perspectiva, 2004.

FACHIN, Luiz Edson. *Teoria crítica do direito civil*. 2ª ed. Rio de Janeiro: Renovar, 2002.

FOUCAULT, Michel. *Arqueologia das ciências e a história dos sistemas de pensamento*. 2.ed. Rio de Janeiro: Forense, 2005.

——. *As palavras e as coisas*. São Paulo: Martins Fontes, 2002.

——. *A ordem do discurso*. Sã Paulo: Loyola, 2006.

GLEICK, James. *Chaos: making a new science*. New York: Penguin, 1988.

GILES, Thomas Ransom. *História do existencialismo e da fenomenologia*. 2V. São Paulo: EDUSP, 1975.

GINESTIER, Paul. *Pour Connaître la Pensée de Camus*, Ed. Bordas, Paris-Montréal, 1971.

GRAVES, Robert. *New Larousse encyclopedia of mythology*. London: Hamlyn, 1978.
HERMET, Joseph, Albert *Camus et le Christianisme. L'espérance en procès*, Ed. Beauchesne, Paris, 1976.
HABERMAS, Jürgen. *Técnica e ciência como "Ideologia"*. Lisboa: Edições 70, 1997.
——. *Pensamento Pós-Metafísico: estudo filosófico*. Rio de Janeiro: Tempo Brasileiro 1990.
——. *Consciência moral e agir comunicativo*. Rio de Janeiro: Tempo Brasileiro 1989.
——. *Conhecimento e Interesse*. Rio de Janeiro, Zahar Editores, 1982.
HOBSBAWM, Eric. *Era dos extremos: o breve século XX – 1914-1991*. São Paulo: Cia. das Letras, 2003.
LEBESQUE, Morvan. *Albert Camus par lui-même*. Paris, Seuil, Colof. 1963, «Écrivains de toujours».
MATHIAS, M. Duarte. *A Felicidade em Albert Camus*. Bertarnd Editora, Lisboa, 1976.
MONTAIGNE. *A arte da conferência*. São Paulo: Martins Fontes, 2004.
MORIN, Edgar. *A cabeça bem-feita: repensar a reforma, reformar o pensamento*. 10.Ed. Rio de Janeiro: Bertrand Brasil, 2004.
——. Saberes globais e saberes locais: um olhar transdiciplinar. Rio de Janeiro: Garamond, 2001.
——. *Introdução ao pensamento complexo*. Lisboa: Inst. Piaget, 1991.
NGUYEN-VAN-HUY, Pierre. *La Métaphisique du bonheur chez Albert Camus*, Ed. La Baconnièrre-Neuchatel, Col. Langages, Suiça, 1968.
NIETZSCHE, Friedrich. *Assim falou Zaratustra*. São Paulo: Martim Claret, 2003.
——. *A Gaia ciência*. São Paulo: Companhia das Letras, 2001.
——. *O Anticristo*. 5. ed. Rio de Janeiro: INCM, 1978.
PASCAL, Blaise. *Pensamentos*. São Paulo: Martin Claret, 2004.
——. *A arte de persuadir*. São Paulo: Martins Fontes, 2004.
PEIRCE, Charles. *Semiótica*. 3ª ed. São Paulo: Perspectiva, 2003.
POINCARÉ, Henri. *A ciência e a hipótese*. Brasília: UNB, 1988.
PRIGOGINE, Ilya, STENGERS, Isabelle. *La nouvelle alliance*. Paris: Gallimard, 1979.
——. *O fim das certezas: tempo, caos e as leis da natureza*. São Paulo: UNESP, 1996.
QUILLIOT, Roger. La Mer et Les Prisons-Essai sur Albert Camus. Ed Gallimard, Paris, 1970.
RUSSELL, Bertrand. *História do pensamento ocidental: a aventura das idéias dos pré-socráticos a Wittgenstein*. Rio de Janeiro: Ediouro, 2001.
SANTOS, Boaventura de Souza. *Um discurso sobre as ciências*. Lisboa: Afrontamento, 1997.
——. *Conhecimento prudente para uma vida decente*: um discurso sobre as ciências revisitado. São Paulo: Cortez, 2004.
——. *Pela mão de Alice*: o social e o político na pós-modernidade. 8. ed. São Paulo: Cortez, 2001.
——. *O discurso e o poder: ensaio sobre a sociologia da retórica jurídica*. Porto Alegre, Fabris, 1988.
SCHWARTZ, Germano. *A Constituição, a Literatura e o Direito*. Porto Alegre: Liv. do Advogado, 2006.
STEWART, Ian. *Será que Deus joga dados?* A nova matemática do caos. Rio de Janeiro: JZE, 1991.

6. Como que por epílogo

"Você sabe o que é o encanto? é ouvir um sim
como resposta sem ter perguntado nada."

Um texto que vêrta sobre Albert Camus, seja pensamento ou obra, nunca se projeta como "'acerca' de Camus", pois não se deve buscar agrilhoar com fronteiras circundantes o pensamento camuseano. Assim também, deve buscar ser este, um texto que não se "encerre", pois trata-se de um pensamento que se projeta a partir de seu próprio movimento. Não se "apreende" Camus. Seu pensamento opera como o cheiro. Sente-se. Incorpora-se. Fragrância de saber. Desrazão.

O estudo em liça ganha, assim, um epílogo, como notícia de um tema que persevera; traduzindo qualquer enfrentamento anterior como uma condição de prólogo, incapaz de fechar-se na própria reflexão que o alimenta.

Percebida a condição misteriosa dos significantes, diante dos arcanos sígnicos que possam vir a compor qualquer vestígio de significado dos componentes do sistema na sua dimensão complexa e indeterminista, esse epílogo não poderia enumerar-se, no sentido que recorta Jung, que não como aquele que pode tomar múltiplas direções ou estar em várias posições iniciais dentro de um mesmo sistema. O Louco. O Arcano 0.

Quanto ao seu conteúdo, a palavra deve ser dada a Camus:

> "Caminhamos ao encontro do amor e do desejo. Não buscamos lições, nem a amarga filosofia que se exige da grandeza. Além do sol, dos beijos e dos perfumes selvagens, tudo o mais nos parece fútil. Quando a mim, não procuro estar sozinho nesse lugar. Muitas vezes estive aqui com aqueles que amava, e discernia em seus traços o claro sorriso que neles tomava a face do amor. Deixo a outros a ordem e a medida. Domina-me por completo a grande libertinagem da natureza e do mar.
> Nunca conseguira arrepender-me verdadeiramente de nada. Assaltaram-me as lembranças de uma vida que já não me pertencia, mas onde encontrara as mais pobres e as mais tenazes das minhas alegrias: cheiros de verão, o bairro que eu amava, um certo céu de entardecer, o riso e os vestidos de Marie.
> Respondi que nunca se muda de vida; que, em todo caso, todas se equivaliam, e que a minha, aqui, não me desagradava em absoluto.
> – Não, não consigo acreditar. Tenho certeza de que já lhe ocorreu desejar uma outra vida.
> Respondi-lhe que naturalmente, mas que isso era tão importante quanto desejar ser rico, nadar muito de pressa ou ter uma boca mais bem feita. Era da mesma ordem. Mas ele me deteve e quis saber como eu imaginava essa outra vida. Então gritei:
> – Uma vida na qual me pudesse lembrar desta vida.
> Também eu me sinto pronto a reviver tudo. Como se esta grande cólera me tivesse purificado do mal, esvaziado de esperança, diante desta noite carregada de sinais e de estrelas, eu me abria pela primeira vez à tenra indiferença do mundo. Por senti-lo tão parecido comigo, tão fraternal, enfim, senti que fora feliz e que ainda o era." (*O Estrangeiro*).

Esse texto foi originalmente encomendado por meu amigo Prof. Plínio Melgaré, consoante aponta a respectiva introdução, tendo sido publicado na Revista Direito & Justiça (PUCRS) e alguns anais de congressos entre 2006 e 2008. Visa a retomar a Teoria da Autonomia, como por mim formulada no Século XX para uma percepção constitucionalizada dos direitos reais no Código Civil de 1916, diante de sua necessidade para interpretação do Código vigente, já no Século XXI. É um texto de natureza desconstrutora, no sentido percebido em **DERRIDA** (foto), mas que flui de um modo mais tradicional do que venho escrevendo nesta última década. Como disse minha querida amiga Profª. Simone Tassinari Cardoso, lembra um Aronne um pouco mais formador de dogmática, em algum sentido refundido que possamos dar atualmente ao termo. Nesse sentido, o texto também serviu para instrumentalizar a apontada jurista na atualização da obra inaugural da Teoria da Autonomia. Meu *Propriedade e Domínio*, pela Renovar; hoje, nosso. Desde sempre, vosso...

II.

Aproximações críticas de Direito Civil-Constitucional, repersonalização, direitos reais e caos: determinismo dogmático e indeterminação jurisprudencial

1. Nota prévia

Convidado pelo Prof. Plíno Melgaré, colega em docência e parceiro em linhas de pesquisa irmanamente compostas, a integrar o seleto rol deste volume da Forense dedicado ao Direito Civil-Constitucional, afeiçoei-me de pronto à proposta. Desde logo tracei o tema a partir do diálogo entre o patrimonialismo e a despatrimonialização, paradoxalmente presentes na doutrina e recantos legislativos, já ponderando os elementos traduzidos pelas relações entre a Teoria do Caos[6] e suas aplicações no sistema jurídico,[7] para refletir sobre os elementos atratores que redesenham a jurisprudência contemporânea no curso da travessia do século.

Essa afirmação, constatadora de iniludíveis conservadorismos em setores dogmáticos, ressoa ainda mais alto dentro dos corredores epistemológicos do direito das coisas, fundado em uma moldura proprietária de arquétipos incompatíveis ao próprio Estado contemporâneo.

Mais que isso, acaba por perseguir uma discussão que remete à Filosofia da Ciência, por razões de rigor e transparência. Funda um diálogo em diversos níveis, caracterizadores dos diversos níveis de uma mesma travessia. Uma travessia do paradigma moderno de Ciência,[8] evidente no predicado da pragmática e difuso,

---

[6] GLEICK, James. *Caos – a criação de uma nova ciência.* Rio de Janeiro: Campus, 1990, p. 4): "Hoje, uma década depois, o caos se tornou uma abreviatura para um movimento que cresce rapidamente e que está reformulando a estrutura do sistema científico. {...} Em todas grandes universidades e em todos os grandes centros de pesquisas privados, alguns teóricos relacionam-se primeiro com o caos, e só em segundo lugar com as suas especialidades propriamente ditas. {...} A nova ciência gerou sua linguagem própria, um elegante jargão de *fractais* e *bifurcações, intermitências* e *periodicidades*, difeomorfismo *folded-towel* e mapas *smooth noodle.* {...} Para alguns físicos, o caos é antes uma ciência de processo do que de estado, de vir a ser do que de ser. Agora que a ciência está atenta, o caos parece estar por toda parte."

[7] ARONNE, Ricardo. *Direito Civil-Constitucional e Teoria do Caos – Estudos Preliminares.* Porto Alegre: Livraria do Advogado, 2006, cap. 1.

[8] KUHN, Thomas S. . *A estrutura das revoluções científicas.* 5ª ed. São Paulo: Perspectiva, 1998, p. 126: "As revoluções políticas iniciam-se com um sentimento crescente, com freqüência restrito a um segmen-

etéreo e até esotérico em setores da dogmática positivista, impermeáveis a qualquer ressonância social.

Trata-se de um trabalho que comparece na condição de convite. Convite a um diálogo de premissas, cuja justificação há de assentar-se em uma legitimação ético-comunicativa[9] em detrimento da lógica formal surda e superada em todos os setores da Ciência. Busca, assim, tecer uma introdução crítica ao direito das coisas, comungando em núcleo comum, com texto em que trabalhei o diálogo deste com os bens imateriais, na esfera regulatória.[10]

Não é um texto especificamente voltado a demonstrar o novo paradigma ou sua transição ora em curso[11] no Direito Civil. É um trabalho que busca rever as premissas tradicionais que fundaram o discurso científico clássico no Direito Privado, à luz deste novo paradigma impresso na jurisprudência. Retrato da ressaca contemporânea da embriaguez objetivista do Século XIX, cujas sequelas se evidenciaram na segunda metade do Século XX e resultam inconclusas no Século XXI. Um diálogo em uma bifurcação da história.

Ou enfrentamos os excrementos sociais expelidos pelos parlamentos, instituições e favelas, para recolher o que de proveitoso resta na reconstrução dialógica de um futuro melhor para a humanidade; ou prosseguimos cegos, bebendo do vinho desse louco Bacco cartesiano,[12] para que as gerações vindouras decidam o que fazer com o que restar dela e do mundo que conhecemos ou que conseguimos reconhecer.

Busca ser uma lente. Uma lente prospectora. Útil ao míope e ao cientista. Engastada na esperança da razão. Comunicativa. Vivencial. Complexa. Humana. Estrutura-se para dialogar a partir de um discurso com um interlocutor monológico e surdo. Dialoga com a manualística, para verter desconstrução dialética. Para dialogar

---

to da comunidade política, de que as instituições existentes deixaram de responder adequadamente aos problemas postos por um meio que ajudaram em parte a criar. De forma muito semelhante, as revoluções científicas iniciam-se com um sentimento crescente, também seguidamente restrito a uma pequena subdivisão da comunidade científica, de que o paradigma existente deixou de funcionar adequadamente na exploração de um aspecto da natureza, cuja exploração fora anteriormente dirigida pelo paradigma. Tanto no desenvolvimento político como no científico, o sentimento de funcionamento defeituoso, que pode levar a crise, é um pré-requisito para revolução".

[9] ARONNE, Ricardo, ob. cit., cap. 3.

[10] Referência a texto produzido a convite da Prof.ª Helenara Braga Avancini, para obra específica sobre propriedade intelectual.

[11] SANTOS, Boaventura de Sousa. *Um discurso sobre as ciências*. São Paulo: Cortez, p. 13-92.

[12] Não pelo título, mas pela sagacidade crítica do autor, cite-se Sartre para caracterizar o período e seus dilemas (SARTRE, Jean-Paul. *A idade da razão*. São Paulo: DIFEL, 1976, p. 11), onde o patrimonialismo ungiu a racionalidade até das questões existenciais: "Eram dez e vinte e cinco. Mathieu estava adiantado. Passou sem parar, sem querer volver a cabeça diante da casinha azul. Mas ele a espreitava com o rabo dos olhos. Todas as janelas estavam escuras, à exceção da de Mme. Duffet. Marcelle não tivera ainda tempo para abrir a porta de entrada; debruçada sobre sua mãe, ela ajeitava com gestos másculos, o leito do dossel. Mathieu, preocupado pensava: 'Quinhentos francos para viver até o dia 29, isto é, trinta francos por dia, mais ou menos. Como é que vou me arranjar?' Fez meia-volta e volveu."

com as premissas. Discutindo arquiteturas. Arquiteturas proprietárias, fundantes do Direito Civil. Já traçara esse percurso anteriormente, para denunciar o distanciamento de tratamento entre a propriedade material e imaterial. Agora o faço com outro impulso. Situa-se criticamente o direito das coisas em sua descrição nas matrizes tradicionais, trazendo em seguida as teorias que suportam tal discurso. A partir disso, pode-se dialogar estas premissas junto às novas matrizes epistemológicas, para investigar suas possibilidades contemporâneas em nova arquitetura axiológica, em seguida enfrentada à luz do sistema jurídico vigente em sua noção redimensionada.

Talvez inspirado em Foucault, desafia-se à dogmática em favor de uma necessária semiologia jurídica;[13] epistemologicamente edificada no sistema, em detrimento do conceitualismo ou positivismo formal e abstrato. Reconhecedora da positividade dos princípios e da axiologia intrínseca do ordenamento jurídico, cuja malha fractal é discursivamente moldada tópica e teleologicamente nos gargalos normativos desses atratores.[14]

2. Redesenhos e rearranjos – da unidade entrópica à coerência plural

O direito das coisas, sob uma matriz civilista de enfoque tradicional, não obstante apontado como "[...] a província do direito privado mais sensível às influências de evolução social",[15] ainda corresponde ao "complexo de normas reguladoras das relações jurídicas referentes às coisas suscetíveis de apropriação pelo homem";[16] resultando prismado de uma coordenada que o reduz à pertença, ignorando o sujeito enquanto não seja titular de bens.

De mínima sensibilidade social, esta percepção[17] natural da Pandectista e da Escola da Exegese retoma o fetiche oitocentista da codificação revelando uma visão própria de mundo[18] aplicada ao Direito, em especial Civil, sob o filtro de duas teorias que lhe são fundamentais (relação jurídica e direitos subjetivos).

---

[13] FOUCAULT, Michel. *As Palavras e as Coisas.* São Paulo: Martins Fontes, 2002, p. IX-XXII.

[14] Vide ARONNE, Ricardo. *Direito Civil-Constitucional e Teoria do Caos.* Ob. cit., em especial nos caps. 1, 2 e no anexo.

[15] PEREIRA, Caio Mário da Silva. *Instituições de direito civil – direitos reais.* 18ª ed., Rio de Janeiro: Forense, 2004, atualizada por Carlos Edison do Rego Monteiro Filho, Vol. 4, p. 8.

[16] BEVILÁQUA, Clóvis. *Direito das coisas.* 5ª ed., Rio de Janeiro: Forense, s.d., Vol. 1, p. 11.

[17] Para uma introdução à crítica da percepção patrimonialista que norteou a confecção das bases do Direito Civil, vide Jussara Meirelles (O ser e o ter na codificação civil brasileira: do sujeito virtual à clausura patrimonial. In: FACHIN: Luiz Edson. *Repensando os fundamentos do direito civil brasileiro contemporâneo.* Rio de Janeiro: Renovar, 1998, p. 87-114).

[18] Paradigmáticas as palavras de Sylvio Capanema de Souza, apresentando a obra de Melhim Namem Chalhub (*Curso de direito civil – direitos reais.* Rio de Janeiro: Forense, 2003, p. IX): "Neste momento tão denso, que vive a ordem jurídica brasileira, ao receber uma nova ordem jurídica, é de excepcional relevância o papel da doutrina *a quem cabe desvendar e explicar as mensagens que fluem do Código Civil,* orientando a construção pretoriana que surgirá, integrando o novo texto legal, para suprir eventuais lacunas."

Identificado o Direito Civil ao Código Civil enquanto sistema fechado, mormente em se falando da presente disciplina à luz da já senil caracterização do regime de *numerus clausus*,[19] um dos respectivos livros da codificação, destinado aos direitos reais, ali modelados como absolutos, carrega tal efígie nominal, perfazendo eficiente fronteira para o discurso clássico que permanece nos manuais.[20]

Aportada a temática da nova codificação, saliente-se que os contrastes com o Código Beviláqua até existem, mas não são gritantes.[21] A matriz patrimonialista de sua arquitetura aliada ao discurso de centralidade normativa que o envolve, ambos somados ao anteparo da manutenção de uma parte geral e à atitude de preservação que a comissão encarregada de sua feitura seguiu, denunciam o exposto.[22] [23]

Inaugurado sob a ótica das teorias oitocentistas, recebidas no núcleo do novo Código, o direito das coisas importa na regulação e disciplina dos direitos patrimoniais absolutos, compreendidos como a propriedade privada em suas diversas manifestações, expressões e emanações, na percepção original, quase nominalista em razão da taxatividade aplicada. Perceba-se tal formato de digressão já presente em Lafayette, a mais referenciada doutrina nacional do Século XIX.[24]

---

[19] Contraponha-se a realidade imobiliária do *shopping center*, *flat* e *time-share* ao rol do art. 1.225 do CCb para ter-se uma ideia inicial do suscitado. Da manualística, em Sílvio Rodrigues (*Direito civil – direito das coisas*. 27ª ed., São Paulo: Saraiva, 2002, p. 9), colhe-se entendimento estritamente contrário à própria realidade registral nacional, traduzindo enfoque substancialmente conservador, oitocentista, que ainda persevera em nichos teóricos do Direito Privado: "Tal entendimento, *data venia*, não merece acolhida. O direito real é uma espécie que vem munida de algumas regalias importantes, tais a oponibilidade *erga-omnes* e a seqüela, de modo que a sua constituição não pode ficar a mercê do arbítrio individual."

[20] Vide, por todos, PEREIRA, Caio Mário da Silva. *Instituições*..., ob. cit., p. 1: "Prosseguem, agora, com os Direitos Reais, designação que desde Savigny se vem difundindo e aceitando, posto que a denominação clássica 'Direito das Coisas' tenha sido consagrada no Código Civil Brasileiro de 1916, e mantida no Código Civil de 2002, como prevalecera no BGB de 1896".

[21] RIZZARDO, Arnaldo. *Direito das Coisas*. São Paulo: Forense, 2003, p. IX: "A entrada em vigor do Código Civil sancionado pela Lei nº 10.406, de 10.01.2002, que revogou o Código Civil introduzido pela Lei nº 3.071, de 1º.01.1916, não causará um impacto forte e muito menos inspirará grandes modificações nas relações da vida civil, social e econômica das pessoas. Isto porque grande parte das inovações mais fortes que apareceu já era conhecida, tendo colaborado com a difusão a longa tramitação do Projeto nas Casas do Congresso Nacional. De outro lado, várias das matérias novas vinham sendo debatidas e aplicadas pela doutrina e jurisprudência. {...} No caso do Direito das Coisas, ficou acentuada a tendência de se manter o Código de 1916, tendo a nova ordem mais aperfeiçoado o texto antigo, introduzindo poucos princípios ou institutos totalmente diferentes dos existentes no direito codificado ou superveniente anterior".

[22] REALE, Miguel. Visão geral do novo Código Civil. In: TAPAI, Giselle de Melo Braga. *Novo Código Civil Brasileiro – Estudo Comparativo do Código Civil de 1916, Constituição Federal, Legislação Codificada e Extravagante*. São Paulo: RT, 2002, p. XI.

[23] Para aprofundamento crítico vide: ARONNE, Ricardo. *Anotações ao direito das coisas e legislação especial*. São Paulo: IOB, 2005, cap. 1.

[24] PEREIRA, Lafayette Rodrigues. *Direito das Coisas*. 5ª ed., Rio de Janeiro: Freitas Bastos, 1943, Vol. 1, p. IX: "Sob esta denominação se compreendem a posse, o domínio e os modos de adquirí-lo, os direitos reais separados do domínio (*jura in re aliena*), a saber: o usufruto, o uso e a habitação, as servidões, a enfiteuse, o penhor, a anticrese e a hipoteca. Aquela simples nomenclatura é por si só suficiente para fazer antever a gravidade e o alcance da matéria; quer dizer que estamos à braços com o Direito de propriedade."

Como resultado do discurso privatista tradicional, uma forte perspectiva abstrata e patrimonialista, coerente aos ares do liberalismo econômico que gestou o regime de propriedade no nascimento do Estado Moderno a partir do discurso iluminista, se entranhou no Direito Civil.[25] Fundado no jusracionalismo e ancorando-se no jusnaturalismo, para qual o direito de propriedade perfaz um direito natural do homem,[26] facilmente o discurso moderno entronizou a inviolabilidade da propriedade privada, alinhando-a com a noção de liberdade e dignidade do indivíduo,[27] derivada da sacralização do instituto já na Declaração de Direitos do Homem e do Cidadão havida no outono do Século XVIII.

Recebendo um livro próprio, no *Code Napoleón*, a propriedade em suas diversas manifestações e arranjos cuja relevância interessara ao liberalismo nascente ingressava no infante Direito Civil com arquitetura e configuração própria.[28] Na leitura tradicional privatista, a disciplina do direito das coisas corresponde ao estudo do respectivo livro da codificação, com o patrimonialismo e abstração que são naturais aos esquemas juscivilistas clássicos.[29] [30]

---

[25] Ainda ficando-se em Lafayete. Idem, ibidem: "Nas condições da vida humana, neste mundo que Kant chamava fenomenal, a propriedade, isto é, o complexo de coisas corpóreas susceptíveis de apropriação, representa um papel necessário. A subsistência do homem, a cultura e o engrandecimento de suas faculdades mentais, a educação e o desenvolvimento dos germes que a mão da Providência depositou em seu coração, dependem essencialmente das riquezas materiais."

[26] Novamente observa-se, em Lafayete (idem, ibidem), na nota acima, que o termo a "Providência", comparece literalmente no trecho transcrito acima.

[27] Para crítica mais aprofundada do tema: Ricardo Aronne. *Por uma nova hermenêutica dos direitos reais limitados – das raízes aos fundamentos contemporâneos.* Rio de Janeiro: Renovar, 2001, p. 7-197.

[28] René GONNARD, La propriété dans la doctrine et dans l'histoire. Paris: LGDJ, 1943, p. 1-2: "Dans les sociétés humaines même les plus rudimentaires, se pose le problème de l'appropriation, c'est-à-dire le problème de la manière dont sera assurée, aux individus ou aux groupes, la faculté, plus ou moins durable et plus ou moins exclusive, de disposer des biens.[...] Et le droit de propriété, dans sa forme et dans son organisation, on a beaucoup varié dans le temps et dans l'espace". Ou seja: "Na sociedade humana, mesmo nas mais rudimentares, é colocado o problema da apropriação, quer dizer a maneira que será assegurada, aos indivíduos ou aos grupos, a faculdade, mais ou menos durável e mais ou menos exclusivo, para se dispor dos bens. [...] E o direito de propriedade, na sua forma e na sua organização, alterou-se no espaço e no tempo". (Tradução livre)

[29] ARONNE, Ricardo. *Por uma nova hermenêutica dos direitos reais...* Ob. cit., cap. 1.

[30] PROVERA, Giuseppe. La distinzione fra diritti reali e diritti di obbligazione alla luce delle istituzioni di Gaio. *Il modello di Gaio nella formazione del giurista.* Milão: Giuffrè, 1981, p. 387: "La distinzione fra diritti reali e diritti di obbligazione è fra le più dibattute dalla nostra dottrina civilistica, impegnata nello sforzo di individuare i criteri idonei a giustificarla sul piano scientifico e su quello normativo. Non occorre certo insistere per sottolinearne l'importanza, non solo perché tutti i rapporti giuridici patrimoniali dovrebbero trovar posto, almeno in linea di massima, nell'una o nell'altra delle due categorie, pensate come esaustive, ma anche e soprattutto perché da tale collocazione dipende la scelta della disciplina normativa appropriata, rispetivamente, a quelli di tipo reale ed a quelli di tipo obbligatorio. Non va, d'altra parte, dimenticato che negli uni e negli altri si riflettono realtà economiche radicalmente diverse a seconda dei modi in cui l'uomo opera concretamente, nella vita di ogni giorno, al fine di procurarsi i mezzi necessari al soddisfacimento dei suoi bisogni. Si pensi, ad esempio, al bisogno di una casa, che può, secondo *l'id quod plerumque accidit*, essere soddisfatto acquistandola, in cambio di un prezzo, da chi ne è proprietario oppure impegnando quest'ultimo a metterla a disposizione affinché

Direito das coisas é o ramo do saber humano e das normatizações que trata da regulamentação do poder do homem sobre os bens e das formas de disciplinar a sua utilização econômica. Dir-se-ia que, em última instância, o ser humano é sempre movido tendo como motivo fundamental um fim econômico, o qual se concretiza na conquista de bens. Por isso, o direito das coisas, embora necessária a sua especificação dentro do universo do direito, repercute em todos os setores jurídicos, seja qual for a divisão que lhe empresta a metodologia na sua consideração geral.[31]

Reduzido à condição de sujeito de direito, o homem passa a ser mero partícipe do abstrato reino da relação jurídica patrimonial.[32] Como tal, este personagem somente manifesta motivações e percepções compatíveis com as opções do liberalismo laico burguês.[33] Um homem ideal, vivendo em um cerco privado (ou mercado) ideal. Condições ideais. Imunes. Neutras. Em um determinado ponto de vista. De um observador também abstrato. Determinada visão de mundo. Determinista. Cria um *Homo Economicus*. Codificado. Abstrato. Eficiente. Em busca de gerir e gerar "externalidades".

É ateu. Não possui ódio, paixão, amor, raiva, desprezo, amizade, ira, afeto ou sentimentos estranhos à codificação. Não ri ou chora. Suas motivações são exclusivamente econômicas. Ele se limita a possuir, dispor, usar, fruir ou negociar. É um

---

altri ne goda per un certo tempo in cambio di un corrispettivo." Ou seja: "A distinção entre direitos reais e direitos obrigacionais é um dos assuntos mais debatidos na nossa doutrina civil, empenhada no esforço de individualizar os critérios idôneos e justificá-la no plano científico e no plano normativo. Não é necessário insistir, nem ressaltar a importância, não só porque todos os relatórios jurídicos patrimoniais devem encontrar o seu lugar, ao menos no preceito, em uma ou em outra categoria, pensem como exaustiva, mas sobretudo porque a colocação depende da escolha apropriada da disciplina normativa, respectivamente, aqueles tipos reais e aqueles tipos obrigatórios. Não se pode, por outro lado, esquecer que em uma e em outra se refletem realidades econômicas radicalmente diversas e segundo os modos pelos quais o homem opera concretamente, no cotidiano, para obter os meios necessários à satisfação de suas necessidades. Pense-se, por exemplo, na necessidade de moradia, que, segundo o *id quod plerumque accidit*, pode ser satisfeita, em troca da oferta de um preço ao proprietário, que entregará a casa para que o comprador possa utilizá-la". (Tradução livre)

[31] RIZZARDO, Arnaldo. Ob. cit., p. 1.

[32] Exemplo do que se afirma, pode ser colhido em sede de responsabilidade civil extracontratual. O dano moral, por não importar em redução do *status quo* patrimonial para o lesado, restava à margem da tutela jurídica. Não havendo prejuízo financeiro, nada haveria a reparar. A matéria ganhou pacificação apenas com o advento da Constituição vigente, no recente ano de 1988, sendo incluída no rol dos direitos fundamentais positivados no respectivo art. 5º.

[33] Afirma Washington de Barros Monteiro (*Curso de direito civil – direito das coisas*. São Paulo: Saraiva, 2003, 37ª atualizada, p. 1), introduzindo a matéria em pauta, denunciando uma fronteira entre o direito e o não direito, haverem bens sem interesse para o direito das coisas, fazendo perceber sua matriz patrimonialista – sem atenção ao art. 170 e segs. da CF/88 –, de forma mais nítida ao posicionar-se dizendo neste ponto haver uma "sincronização perfeita entre a ciência jurídica e a ciência econômica."

autômato metalista, apto a viver sob a égide da *Lex Mercatoria*.[34] Suas motivações centram-se na teoria da justa troca.[35] [36]

Percebida a função social da propriedade, a partir do núcleo substancial do ordenamento jurídico, como direito fundamental (para bem mais além de uma cláusula geral),[37] uma mutação inicia seu curso dando um profundo golpe na visão de direito absoluto que por séculos envolveu o discurso proprietário[38] e teceu o direito das coisas codificado.

O repensar inerente ao fenômeno da constitucionalização do Direito Civil,[39] introduziu novas reflexões acerca dos direitos reais, cuja gama de interesses centrais da disciplina deixava de estar ubicada tão somente na figura do proprietário ou demais titulares, percebendo interesses distintos e até difusos em seu seio.[40]

---

[34] Fundamental ao operador jurídico a releitura do papel das titularidades procedida por Luiz Edson Fachin (*Estatuto jurídico do patrimônio mínimo*. Rio de Janeiro: Renovar, 2001, *passim*).

[35] FERNANDES, Florestan; FREITAG, Bárbara; ROUANET, Sérgio Paulo. *Habermas*. São Paulo: Ática, 1993, p. 15-16: "Toda ideologia (como veremos a seguir) tem como função impedir a tematização dos fundamentos do poder. As normas vigentes não são discutidas porque são apresentadas como legítimas pelas diferentes visões de mundo que se sucederam na História, desde as grandes religiões até certas construções baseadas no direito natural, das quais a doutrina da justa troca, fundamento do capitalismo liberal, constitui um exemplo. A ideologia tecnocrática partilha com as demais ideologias a característica de tentar impedir a problematização do poder existente. Mas distingue-se radicalmente de todas as outras ideologias do passado porque é a única que visa esse resultado, não através da *legitimação* das normas, mas através de sua supressão: o poder não é legítimo por obedecer a normas legítimas, e sim por obedecer a regras técnicas, das quais não se exige sejam justas, e sim que sejam eficazes. [...] A ideologia tecnocrática é muito mais indevassável que as do passado, porque ela está negando a própria estrutura da ação comunicativa, assimilando-a à ação instrumental. Pois enquanto àquela, como vimos, se baseia numa intersubjetividade fundada em normas, que precisam ser justificadas (mesmo que tal justificação se baseie em falsas legitimações), esta se baseia em regras, que não exigem qualquer justificação. O que está em jogo, assim, é algo de muito radical, que é nada menos que uma tentativa de sabotar a própria estrutura de interesses da espécie, que inclui, ao lado do interesse instrumental, também o interesse comunicativo."

[36] Especificamente tratando os elementos da teoria da justa troca: HABERMAS, Jürgen. *A crise de legitimação do capitalismo tardio*. 2.ed. Rio de Janeiro: Tempo Brasileiro, 1994, p. 90-99.

[37] Sobre a questão das cláusulas gerais, importantes considerações encontram-se tecidas por Cristiano Tutikian (Sistema e Codificação: as cláusulas gerais e o Código Civil. In: ARONNE, Ricardo (org.). *Estudos de direito civil-constitucional*. Porto Alegre: Liv. do Advogado, 2002, vol. 1, p. 19-31).

[38] Enquanto construção axiológica, o direito de propriedade se projetou para um inconsciente da percepção jurídica (qualquer paralelismo com o inconsciente coletivo traçado Jung, não somente é possível como necessário; neste sentido a propriedade ocupa o papel de arquétipo) através de um reiterado, aprofundado e decapado discurso. Para aprofundamento vide Eroults Courtiano Jr (*O discurso jurídico da propriedade e suas rupturas*. Rio de Janeiro: Renovar, 2002, *passim*).

[39] Para que se compreenda a real extensão deste fenômeno, com a prospecção nos três pilares fundamentais do Direito Privado (propriedade, família e contrato), vide Luiz Edson Fachin (*Teoria crítica do direito civil*. Rio e Janeiro: Renovar, 2000, cap. 1)

[40] FACHIN, Luiz Edson. Limites e possibilidades da nova teoria geral do direito civil. *Estudos Jurídicos*, Curitiba: Ed. Universitária Champagnat, v.2, n.1, p. 99-100: "O projeto dos juristas do século passado está teoricamente desfigurado, mas a doutrina e a prática do direito, ao responderem às novas exigências sociais, ainda se valem da inspiração no valor supremo da segurança jurídica e do purismo conceitual. Se a teoria do modelo clássico se acomoda como passagem da história jurídica, mesmo assim, segue

Plural, como a sociedade brasileira resultou amalgamada, esta nova visão projeta um foco bem mais amplo, abrigando, para além dos personagens codificados tradicionais, os despossuídos e interesses extrapatrimoniais.[41] Uma visão includente. Indeterminista.[42] Libertadora. Não obstante, com um padrão. Um sentido teleológico impresso por atratores normativos, que vinculam o discurso conformador do intérprete.[43] Uma ordem por trás do aparente caos.[44] Uma nova esperança no Direito.

Superadas as teorias de afetação tradicional que se entranharam na leitura dos direitos reais,[45] salientada a autonomia das titularidades de pertença frente ao núcleo dominial[46] e liberta a posse das amarras proprietárias,[47] pode-se definir o direito das coisas na atualidade, simplesmente, como o ramo do Direito Civil destinado à regulação sociopatrimonial da posse, titularidade e domínio, com larga projeção e influência dos demais campos do Direito (agrário, urbanístico, ambiental, administrativo, biodireito, contratos, dentre outros); pois largamente influenciado e influente no sistema jurídico como totalidade (aberta), a partir do reconhecimento de sua unidade axiológica,[48] com epicentro constitucional.[49]

---

firme e presente certa arquitetura de sistema que tem mantido afastada uma suposta realidade jurídica da realidade social, hábil para "se refugiar num mundo abstrato, alheio à vida, aos seus interesses e necessidades". [...] Não se trata de uma crise de formulação, eis que o desafio de uma nova teoria geral do direito civil está além de apenas reconhecer o envelhecimento da dogmática. Deve-se tratar, isso sim, das possibilidades de repersonalização de institutos essenciais, como a propriedade e o contrato, bem assim do núcleo do direito das obrigações para recolher o que de relevante e transformador há nessa ruína".

[41] MEIRELLES, Jussara. O ser e o ter na codificação civil brasileira: do sujeito virtual à clausura patrimonial. In: FACHIN, Luiz Edson (Org.). *Repensando os fundamentos do direito civil brasileiro contemporâneo.* Rio de Janeiro: Renovar, 1998, p. 89. "Na ordem jurídica, a pessoa é um elemento científico, um conceito oriundo da construção abstrata do Direito. Em outras palavras, é a técnica jurídica que define a pessoa, traçando seus limites de atuação. Esse delineamento abstrato decorre, substancialmente, da noção de relação jurídica, as pessoas são consideradas sujeitos, não porque reconhecidas a sua natureza humana e a sua dignidade, mas na medida em que a lei lhes atribui faculdades ou obrigações de agir, delimitando o exercício de poderes ou exigindo o cumprimento de deveres".

[42] Para citar dentre as matrizes de nosso pensamento, vide o organizador dessa obra: Plínio Melgaré. Horizontes da democracia e do Direito: Um compromisso humano. In: MELGARÉ, Plínio; BELMONTE, Cláudio. *O Direito na sociedade contemporânea.* São Paulo: Forense, 2005, em especial na p. 526.

[43] Em especial ARONNE, Ricardo. Direito Civil-Constitucional e Teoria do Caos.... ob. cit., cap. 2

[44] Idem, ibidem, cap. 1.

[45] A referência toca diretamente a teoria realista, personalista e eclética, de fundamento oitocentista e ainda reinantes na doutrina manualística que permeia o Direito Privado, de produção revigorada desde a edição do novo Código Civil.

[46] Sobre a formulação e fundamentos da teoria da autonomia: ARONNE, Ricardo. *Propriedade e domínio.* Rio de Janeiro: Renovar, 1999, p. 206-211.

[47] Ricardo Aronne. Titularidades e apropriação no novo Código Civil: breve estudo sobre a posse e sua natureza. In: SARLET, Ingo Wolfgang. *O novo Código Civil e a Constituição.* Porto Alegre: Liv. do Advogado, 2003, p. 239.

[48] CANARIS, Claus-Wilhelm. *Pensamento sistemático e conceito de sistema na ciência do direito.* 2.ed. Lisboa: Calouste Gulbenkian, 1996, p. 240-241.

[49] ARONNE, Ricardo. *Por uma nova hermenêutica...* Ob. Cit., p. 45-61.

Infere-se influente e influenciado, pois é atingido pela órbita axiológica de diversas normas (atratores), resultantes de diversos diplomas legais, materialmente alinhados à axiologia constitucional. Redesenhado em concreto, na sua fractal[50] existência social, um direito subjetivo em pleito, sofre o influxo de diversas órbitas normativas, reciprocamente atratoras e rejeitoras, em curso de preponderância variável, pela alimentação axiológica. E é nesta constante mobilidade que reside o elemento de coerência material do Direito.

Teleologicamente orientado à realização do Estado Social e Democrático projetado na Carta de 1988, interesses extraproprietários, sejam de natureza pública ou social, resultaram lançados na mirada do direito das coisas, em concurso com o respectivo interesse privado dos titulares.[51]

A publicização do Direito Privado, fenômeno que, no tocante ao Brasil, se iniciou nos anos 30 do Século XX, tendo no curso de seus altos e baixos denunciado a ruína da racionalidade codificada, encontrou seu ápice a partir dos anos 90, na esteira da aplicação judicial da visão contemporânea dos direitos fundamentais e das teorias de eficácia que a alimentam hodiernamente.[52]

Como resultado, operou-se uma reconstrução, ainda em curso, do Direito Civil, com amplo impacto no direito das coisas, na busca de sua repersonalização, orientada pelo princípio da dignidade da pessoa humana.[53] Migrando o patrimônio

[50] ARONNE, Ricardo. *Direito Civil-Constitucional e Teoria do Caos*.... ob. cit., cap. 1. Para nossa temática, interessa a Topologia, no que diz aos Fractais (como obra fundamental vide: Benoït Mandelbrot. *The fractal geometry of nature*. São Francisco: W. H. Freeman, 1982, *passim*), que ganham um sentido especial no Direito, ao refletirem sua hierarquização axiológica, explicitamente tópica e não necessariamente linear, como reflexo da não linearidade da vida. O tema enseja estudo próprio, em face da profundidade e relevância, pois supera a percepção piramidal trazida por Kelsen, à qual já não se prestava bem à solucionar operações com o sistema concebido de modo irradiante e aberto.

[51] Jürgen Habermas traça, com acerto, fronteira ao discurso em tela. O Direito, enquanto objeto epistemológico do presente discurso, identifica-se a um Direito democraticamente construído, com aspirações de justiça e equidade material, não obstante a inserção da economia de mercado. Diz (*A ética da discussão e a questão da verdade*. São Paulo: Martins Fontes, 2004, p. 38-40): "Grosso modo, penso que as sociedades complexas contemporâneas se integram até certo ponto através de três veículos ou mecanismos. O 'dinheiro' enquanto veículo está, por assim dizer, institucionalizado no mercado; o 'poder' enquanto veículo está institucionalizado nas organizações; e a 'solidariedade' é gerada pelas normas, pelos valores e pela comunicação." Leciona o filósofo que o mercado tem seus mecanismos no contrato e na propriedade. Por si só, ao contrário da lição de Hayek, que remonta Adam Smith, o mercado não tem uma condição distributiva ideal. Assim, havendo uma Constituição democrática, o Direito intervém no mercado, através da regulação de seus mecanismos em abstrato (pela lei) e em concreto (pela administração e jurisdição).

[52] Eugênio Facchini Neto. Reflexões histórico-evolutivas sobre a constitucionalização do direito privado. In: SARLET, Ingo Wolfgang (org.). *Constituição, direitos fundamentais e direito privado*. Porto Alegre: Liv. do Advogado, 2003, p. 41: "Com a aceitação da idéia de que o direito civil não pode ser analisado apenas a partir dele próprio, devendo sofrer o influxo do direito constitucional, começou-se a questionar sobre o tipo de eficácia que os direitos fundamentais (justamente a parte mais nobre do direito constitucional) poderiam ter no âmbito das relações estritamente intersubjetivas".

[53] KRAEMER, Eduardo. Algumas anotações sobre os direitos reais no novo Código Civil. In: SARLET, Ingo Wolfgang (org.). *Constituição, direitos fundamentais e direito privado*. Porto Alegre: Liv. do Ad-

para a periferia, deixando ao homem, em sua antropomórfica dimensão intersubjetiva, o centro dos interesses protetivos do sistema jurídico, a propriedade e suas manifestações passam a guardar um papel instrumental.

Tal alteração, não se funda em mera boa vontade de setores do Poder Judiciário, com "certas tendências ideológicas". É simplismo leigo reiterar tal pensamento, quando se observa que a pauta fundante da migração operante na trajetória da jurisprudência brasileira, radiografando a despatrimonialização do Direito Privado tem assento em normas jurídicas positivadas em diversos recantos do ordenamento. Normas que conduzem o discurso dos intérpretes do direito, assim como são conduzidas intersubjetivamente pelo discurso neste percurso. Fundando uma comunidade recursalmente legitimada pelo discurso. Democratizante. Atratores.

Torna-se, assim, complexo repetir empoeirados conceitos tributários de valores oitocentistas, não raro incompatíveis ao ordenamento jurídico vigente, como se torna paradoxal voltar a trilhar a teoria de suporte dos direitos reais, que angula a leitura e aplicação do direito das coisas tradicional. As normas vigentes, à luz dos valores que as dinamizam, são repulsores desta postura. Cabe à pós-modernidade, na sua síntese, decantar a dogmática para que se colha o que de proveitoso resta de sua ruína.[54]

Não obstante, ao estudo da disciplina, faz-se necessário o domínio do manancial teórico clássico, senão por apuro acadêmico, visto não se ignorar o asfalto que pavimenta o percurso histórico do Direito, pelo fato de que ainda hoje na doutrina, largos setores reproduzem a visão tradicional; mesmo que sem maior reverberação na jurisprudência. Paradoxo. Fenômeno natural à dialógica,[55] orientada como instrumento deontológico de operação. Útil ao reconhecimento da complexidade, inerente ao paradigma atual, repulsor do simplismo dialético das equações codificadas nas regras, por esquemas tipo/sanção.[56]

---

vogado, 2003, p. 199: "O exame do Código exige uma alteração metodológica decisiva. A modificação é essencial para que haja possibilidade de extração das reais possibilidades potencialidades da nova legislação. Os rompimentos metodológicos, iniciados ainda na vigente codificação, rompem com antigos paradigmas. Valores devem ser redimensionados. A necessidade de buscar na Constituição o real sentido da nova codificação. Essencial o cotejo da nova legislação com os princípios insculpidos na Constituição Federal".

[54] Vide ARONNE, Ricardo. *Propriedade e domínio*. Ob. cit., p. 67-116.

[55] PASCAL, Blaise. *Pensamentos*. São Paulo: Martins Fontes, 2001, p. 200: "O homem não é senão um caniço, o mais fraco da natureza, mas é um caniço pensante". Pascal, nesta obra, operando com pensamento dialógico, em detrimento da dialética, acaba por revelar que os opostos simultaneamente antagonistas e complementares são parte inalienável da condição humana. No que em larga medida, acaba posteriormente acompanhado por Nietzche e Hanna Arendt, ele percebe na "condição humana" a coexistência de grandeza e miséria; entendendo que a natureza corrupta é inseparável da grandeza humana. Seriam condições opostas e complementares. A grandeza do homem seria sua faculdade de pensar e sua fragilidade seria a sua miséria. Tal racionalidade é fundamental na operatividade dos princípios.

[56] Qual a sanção legal da boa-fé, havemos de perguntar.

Como dado de realidade, poder-se-ia, com alguma serenidade, afirmar que em semelhante proporção com que se verifica a primazia tradicional na teoria jurídica, este dado se inverte no sentido da primazia contemporânea na aplicação do direito na vida prática,[57] ainda que muito ainda haja para ser trilhado. O que não se pode afirmar é que a esta prática não subjaz uma teoria, pelo fato de ser menos compreendida nos bancos acadêmicos.[58]

3. Semiologia das titularidades – os vínculos reais

Sob a tradução semântica de vínculos reais, a teoria da relação jurídica foi contrabandeada[59] para o núcleo do direito das coisas, quando de sua formulação moderna (Sécs. XVIII e XIX), para a construção da arquitetura das relações de propriedade, encastelada na concepção de direito absoluto.[60] [61]

Deve-se partir, para, com Foucault,[62] proceder-se uma arqueologia do Direito das Coisas, da raiz que produziu a construção do discurso proprietário, positivado na codificação francesa e derivado para a alemã, orientando a dogmática que influencia a sua concepção no Direito Civil brasileiro. Faremos isso, em largos saltos circunscritos ao Século XIX, devido às limitações de espaço que delimitam este texto. Não obstante, a matéria é largamente explorada em estudos prévios, que suportam este rascunho de pensamento.[63]

---

[57] Vide Eugênio Facchini Neto. Ob. cit., p. 43 e 44 e em especial na p. 51 e 52, de onde se colhe: "Aceitando-se essa caracterização dos direitos humanos, feita por Alexy, percebe-se claramente a grande contribuição que se espera do Poder Judiciário para tornar efetivos tais direitos, pois cabe ao magistrado assegurar a *fundamentalidade* dos direitos humanos, interpretando o ordenamento jurídico de forma que respeite e fomente tais direitos, garantindo a *preferencialidade* de tal interpretação sobre quaisquer outras possibilidades que se abram".

[58] GIORGIANNI, Michele. O direito privado e suas atuais fronteiras, *Revista dos tribunais*, São Paulo: RT, n. 747, 1998, p. 35-36. Assim já afirmou ocorrer no curso da década de 60 do Século XX, o autor italiano.

[59] O termo deve ser explicado. A teoria da relação jurídica fornece um filtro para desenhar fronteiras de interesse ao direito positivo, então transformado em discurso e reduzido ao critério Kelseniano de validade formal. Não obstante, a razão de sua construção, no discurso jurídico-político liberal, tem como alicerce o fetiche da neutralidade da Direito.

[60] PEREIRA, Caio Mário da Silva. *Instituições....* Ob. cit., p. 89.

[61] Em perspectiva crítica às teorias personalista e realista, vide ARONNE, Ricardo. *Propriedade e domínio*, p. 25-35. Como as obras jurídicas hão de perceberem-se abertas pelo seu autor, após a maior maturidade da teoria da autonomia e de seu responsável, pode-se tomar com cautela a expressão "reconciliação" (p. 35), empregada no texto. Não se busca preservar a visão tradicional, com a teoria da autonomia. Busca-se, superar as contradições formais que derivam, no curso da superação da contradição material que contêm, não obstante ser sua motivação (afirmar condição absoluta à propriedade, relativizada pela ordem contemporânea). Portanto a teoria contemporânea importa na superação dialética da visão clássica e não em sua simples negação.

[62] Ob. cit.

[63] Em especial os já citados *Propriedade e domínio* e *Por uma nova hermenêutica dos ...*

A base justificadora da concepção tradicional aponta fontes eminentemente romanas, ainda presente na fundamentação da dogmática manualista. Nasce, assim, a Teoria Realista. A propriedade, a partir da fórmula dominial havida nas Institutas,[64] postulado do Direito Bizantino, fica expressa como um complexo de relações entre titular e bem; compreendidas como os poderes de usar, fruir e dispor. O único sujeito do vínculo seria o respectivo beneficiário, de modo a não serem percebidos quaisquer outros interesses eventuais de estranhos a tal relação.

As faculdades proprietárias exteriorizavam-se como verdadeiro *potestas*, possibilitando ao titular dar o destino que melhor lhe aprouvesse ao bem, independente da conjuntura em que se encontrava a respectiva situação dominial.

A burguesia procedeu, na confecção do Estado Liberal[65] e do respectivo Direito Civil para o qual este era servil, um contraponto extremo à insegurança patrimonial promovida pelo Leviatã, claramente identificado ao Estado Absolutista, entronizando a garantia e o exercício absoluto da propriedade privada como *ratio* que influenciou até o contrato social que lhe serviu de suporte.[66]

A conclusão é fácil de se adivinhar: o liberalismo é a expressão, isto é, o álibi, a máscara dos interesses de uma classe. É muito íntima a concordância entre as aplicações da doutrina liberal e os interesses vitais da burguesia. [...] A visão idealista insistia no aspecto subversivo, revolucionário, na importância explosiva dos princípios, mas, na prática, esses princípios sempre foram aplicados dentro de limites restritos. [...] Do mesmo modo, no campo, entre o proprietário que tem bens suficientes para subsistir e o que nada tem, e não pode viver senão do trabalho de seus braços, a lei é desigual. A liberdade de cercar campos não vale senão para os que tem algo a proteger; para os demais, ela significa a privação da possibilidade de criar alguns animais aproveitando-se dos pastos abertos. Além do mais a desigualdade nem sempre é camuflada e, na lei e nos códigos, encontramos discriminações caracterizadas, como o artigo do Código Penal que prevê que, em caso de litígio entre empregador e empregado, o primeiro seria acreditado pelo que afirmasse, enquanto o segundo deveria apresentar provas do que dissesse.

O liberalismo é, portanto, o disfarce do domínio de uma classe, do açambarcamento do poder pela burguesia capitalista: é a doutrina de uma sociedade burguesa, que impõe seus interesses, seus valores, suas crenças. Essa assimilação do liberalismo

---

[64] Mais especificamente Institutas 4.3.3: "Dominium est jus utendi, fruendi et abutendi."

[65] RÉMOND, René. *O Século XIX*, São Paulo, Cultrix, 1997, p. 31: "A burguesia fez a Revolução e a Revolução entregou-lhe o poder; ela pretende conservá-lo, contra a volta de uma aristocracia e contra a ascensão das camadas populares. A burguesia reserva para si o poder político pelo censo eleitoral. Ela controla o acesso a todos cargos públicos e administrativos. Desse modo, a aplicação do liberalismo tende a manter a desigualdade social."

[66] CARVALHO, Orlando de. *A teoria geral da relação jurídica*: seu sentido e limites. 2.ed. Coimbra: Centelha, 1981, nota 1, p.13-14: "Por outra via, constitui um progresso em ordem a um jusnaturalismo romanticamente individualista que partia, para falarmos como Rousseau, do *promeneur solitaire*, do homem sozinho, esquecendo aparentemente a alteridade do Direito, a sua profunda e indefectível socialidade".

com a burguesia não é contestável e a abordagem sociológica tem o grande mérito de lembrar, ao lado de uma visão idealizada, a existência de aspectos importantes da realidade, que mostra o avesso do liberalismo e revela que ele é também uma doutrina de conservação política e social. [...] Ele reserva esse poder para uma elite, porque a soberania nacional, de que os liberais fazem alarde, não é soberania popular, e o liberalismo não é a democracia; tornamos a encontrar, numa perspectiva que agora a esclarece de modo decisivo, essa distinção capital, esse confronto entre liberalismo e democracia, que dominou toda uma metade do século XIX.[67]

A propriedade liberal burguesa, identificada a uma quixotesca noção romana (de uma juridicidade secular invisível no seu curso de existência) de domínio, tal qual os direitos reais sobre coisas alheias; implicava ter o "bem da vida" (patrimônio) como objeto direto da relação, em contraponto aos vínculos obrigacionais, de natureza relativa.

O exercício do direito real dar-se-ia diretamente *in re*; jamais *in personam*, qualidade dos direitos relativos. Não haveria necessidade de alguma prestação ou conduta de sujeito diverso, para o exercício das pretensões jurídico-reais pelos titulares.[68] Os bens,[69] inanimados por excelência, não são passíveis de resistência, de modo que o limite de tal direito era verificável quase que somente diante de outros de mesma natureza (direitos de vizinhança). Aqui se inicia o largo caráter absoluto, dado aos direitos reais, na modernidade.[70]

Do explicitado colhe-se a afirmação tradicional de que os bens são objeto direto das relações jurídico-reais, enquanto guardam o papel de objeto indireto das relações pessoais ou obrigacionais, cujo objeto direto é uma conduta consistente em alguma das modalidades previstas no respectivo livro da codificação.[71]

"A expressão 'objeto de direito' é empregada em vários sentidos. Mas está sendo utilizada para designar aquilo que recai sob a autoridade do homem, e se diz

---

[67] RÉMOND, René. Ob. cit., p. 31-32.

[68] PEREIRA, Caio Mário da Silva. *Instituições...* Ob. cit., p. 2-4.

[69] Para que se introduza a problemática sobre o termo bem, Venosa procede, com rara sensibilidade dentre os manuais, efetiva síntese sobre a percepção polissêmica atribuída ao mesmo, no primeiro parágrafo de seu volume de direito das coisas (VENOSA, Silvio de Salvo. *Direito civil – direitos reais.* São Paulo: Atlas, 2001, vol. 4, p. 17).

[70] Ainda na pós-modernidade, prosseguem os manuais a repetir as antigas fórmulas oitocentistas, em míope leitura do fenômeno jurídico-privado, embalada por deficiente metodologia racionalista, que claudica entre a Escola da Exegese e a Pandectista. Exemplo textual colhe-se em Silvio Rodrigues (*Direito* civil. Ob. cit., p. 77-78). Identifica a propriedade ao domínio, classificando o instituto segundo os elementos da escola realista, que o autor obtém da literalidade do dispositivo codificado em 1916 e 2002 (respectivamente arts. 524 e 1.228).

[71] ALMEIDA, Francisco de Paula Lacerda de. *Direito das cousas.* Rio de Janeiro: J. R. dos Santos, 1908, Vol. 1, p. 37-38: "No Direito das Cousas constituem objecto do direito a propriedade e os direitos della separáveis; no Direito das Obrigações as prestações, o acto do devedor obrigado. Coherentemente são reaes os direitos classificados na primeira cathegoria; exercem-se directamente sobre o seu objecto, a cousa; na segunda pessoaes só indirectamente podem ser exercidas sobre seu objecto, a prestação, pois esta é acto ou omissão do devedor e delle depende."

também objeto *imediato* do direito: significa aquilo para o que o direito se dirige, isto é, a causa do direito que se torna possível, o escopo final do direito, que se designa também objeto *mediato* do direito. Assim, no direito obrigacional, por exemplo, se designa objeto tanto a obrigação do devedor, isto é, a prestação, quanto a coisa a ser fruída em virtude da prestação. Porém, para maior exatidão da linguagem e precisão das idéias, é conveniente chamar de *objeto* do direito aquilo que está sob a autoridade do homem, e, por outro lado, de *conteúdo* dos direitos o que é causa dos direitos que se torna possível obter". (Tradução livre)[72]

A propriedade resulta definida pelos poderes que imanta, conforme a retórica realista. Importa a propriedade, consoante o aforisma do *caput* do art. 1.228 do CCB, nos poderes de usar, fruir e dispor do bem, dentro de abstratos limites negativos que a lei impõe.

Definida a propriedade e conduzida à condição de núcleo da disciplina do direito das coisas, decorreram consequências jurídicas desta opção política. Exemplo se alcança nos direitos reais sobre coisas alheias. Caracterizados como elementos decorrentes da propriedade (identificada ao domínio, pelo nada neutro discurso da dogmática oitocentista), se identificaram às titularidades. Daí o art. 1.225 do Código denominar titularidades como direitos reais. Até o final do Século XX, alguns pressupostos aqui erigidos, não seriam mais discutidos com efetividade.[73]

O positivismo afastaria a epistemologia jurídica da controvérsia da legitimidade, para um discurso sobre validade e eficácia. Não se discutirá mais, por um longo curso histórico, entrecortado por Leon Dugüit, o caráter absoluto da propriedade,[74] e sim como este ocorre e como melhor se caracteriza, de um ponto de vista cientificamente puro.[75]

[72] COVIELLO, Nicola. *Manuale di diritto civile italiano*. Milano: Società Editice Libraria, 1924, p. 250: "L'espressione 'oggetto di diritti' viene usata in vario senso. Talora con essa viene a designarsi ciò che cada cade sotto la potestà dell'uomo, e si dice anche oggetto *immediato* del diritto; talora significa ciò a cui il diritto tende, ciò che a causa del diritto ci si rende possibile, lo scopo finale del diritto, e si dice anche oggetto *mediato* del diritto. Così nei diritto d'obbligazione per esempio si chiama oggetto tanto il fato del debitore, cioè la prestazzione, quanto la cosa di cui si deve godere in forza della prestazione. Perciò, per maggiore esattezza di linguaggio e precisione d'idee, si è convenuto di chiamare *oggetto* dei diritto ciò che cade sotto la potestà dell'uomo, e invece *contenuto* dei diritti ciò che a causa dell diritto ci si rende possible ottenere".

[73] Para aprofundamento vide Ricardo Aronne (*Propriedade e domínio*. ob. cit., p. 37-86).

[74] E também de suas emanações, denominadas e configuradas como direitos reais; portanto absolutas. Com efeito, as codificações, mesmo em sobrevida, apontam titularidades como direitos reais na coisa alheia. Confundem os poderes de seu titular com o instrumento da titularidade. (Idem, ibidem, p. 87-116).

[75] FACHIN, Luiz Edson, Direito Civil Contemporâneo, *Revista Consulex*, nº 18, Brasília, Consulex, 1998, p. 32: "Talvez sua incompletude funde o permanente enquanto instância transitória duradoura da motivação necessária, na tentativa de refundar um sistema que colocou em seu núcleo o patrimônio e apenas nas bordas o ser humano e sua concretude existencial.Uma virada que se faz necessária para recolocar no centro o ser, como luz solar que tem direito ao seu lugar essencial e na periferia o ter, como a pertença que aterra mais a morte do que a vida e suas possibilidades".

Kant influenciou toda a ciência que se produziu na modernidade.[76] No Direito não se verificou diferente. Ele imprime sua marca de Savigny a Kelsen. Para a metafísica, a dimensão da liberdade e do agir humano são fundamentais para a construção do fenômeno jurídico.[77]

Resultado desta ordem de ideias surge no Direito Privado uma resistência à proposta de relações onde os partícipes dos seus dois polos não fossem sujeitos de direito.[78] Rudimentarmente pode-se apontar assim o nascedouro da teoria personalista, que refuta a visão anterior.

Para os cultores desta escola, os direitos reais são absolutos na medida em que geram uma obrigação passiva universal, resultante de sua oponibilidade *erga omnes*, do que deriva terem um sujeito passivo indeterminado.[79]

Não obstante a correção das oposições havidas, seria *de lege ferenda* não admitir vínculos jurídicos de natureza real, na esteira da proposição do próprio *caput* do art. 1.228 do CCb.[80] As faculdades de uso, fruição e disposição, expressas como poderes jurídicos do titular, no dispositivo em apreço, restam positivadas no ordenamento e integram vínculos dominiais de natureza real.

Buscando solver a aporética resultante da controvérsia de ambas escolas, derivou a teoria eclética ou mista.[81] Para esta, os poderes dominiais de usar, fruir e dispor integram o aspecto interno da propriedade, também denominado aspecto econômi-

---

[76] Disse Martin Seymour-Smith (*Os cem livros que mais influenciaram a humanidade.* 3ª ed. Rio de Janeiro: DIFEL, 2002, p. 414-415), elegendo Crítica da Razão Pura (1781 – Revisto em 1787), como a obra mais significativa dentre a sólida produção multifacetada de Immanuel Kant: "Já houve quem dissesse que Kant seria o grande filósofo dos tempos modernos, à altura de Platão e Aristóteles, embora essa opinião seja minoritária hoje em dia. {...} O que é certo é o seguinte: qualquer pessoa educada e culta ou *é* ou *não é* kantiana". Martin Buber seria; Bertrand Russel não.

[77] Para aprofundamento: LÔBO, Paulo Luiz Netto. Contrato e mudança social, *Revista dos tribunais*, RT, 722, p. 40-45, 1995, p. 45.

[78] Observe-se a resistência de Caio Mário (*Instituições*... Ob. cit., p. 4): "Não obstante o desfavor que envolve a doutrina personalista, ela continua, do ponto de vista filosófico (especialmente metafísica), a merecer aplausos. Sem duvida que é muito mais simples e prático dizer que o direito real arma-se entre o sujeito e a coisa, através de assenhoramento ou dominação. Mas, do ponto de vista moral, não encontra explicação satisfatória esta relação entre pessoa e coisa. Todo o direito se constitui entre humanos, pouco importando a indeterminação subjetiva, que, aliás, em numerosas ocorrências aparece sem repulsas ou protesto. [...] A teoria realista seria então mais pragmática. Mas, encarada a distinção em termos de pura ciência, a teoria personalista é mais exata."

[79] PEREIRA, Caio Mário da Silva. *Instituições*... Ob. cit., p. 3.

[80] PESET, Mariano. *Dos ensayos sobre la história de la propiedad de la terra.* Madrid: Revista de Derecho Privado, 1982, p. 130: "La propiedad es configurada como una *relación del hombre con las cosas*, conforme la tradición romana. Hoy, desde diversas perspectivas se hace notar que el derecho de propiedad debe configurar-se como relación entre personas, como delimitación de derechos que se confieren a los propietarios en relación con los demás en un determinado estadio social de desarrollo, pero en el *Code* se sitúa en primer término la conexión con la cosa."

[81] WALD, Arnoldo. *Curso de direito civil brasileiro – Direito das coisas.* 11ª ed. São Paulo: Saraiva, 2002, p. 105.

co. O dever passivo universal de abstenção, pelos não titulares, seria característica do aspecto externo ou jurídico da propriedade.

Não isenta de críticas, a teoria eclética dá maior fluidez aos conceitos,[82] porém mantém relações jurídicas de naturezas diversas sob um único instituto, com vistas a solidificar a ideia de direito absoluto do titular de direitos reais.[83] Mesmo do ponto de vista formal, diversas incoerências que permanecem arraigadas à tradição jurídica clássica se fazem perceber no curso de sua análise.[84]

Porém, é do ponto de vista material que as contradições ganham maior relevo, principalmente com o advento da CF/88, trazendo dinamicidade às titularidades a partir de sua funcionalização.[85] O sistema jurídico, enquanto unidade axiológica que perfaz um ordenamento, resultaria entrópico se afirmada a absolutividade do direito

---

[82] No mesmo sentido Melhim Namem Chalhub (*Curso de direito civil – direitos reais*. Rio de Janeiro: Forense, 2003, p. 4), não obstante a diversidade metodológica.

[83] Para que bem se apreenda a noção tradicional do sentido de direito absoluto, com que a civilística clássica opera, transcreve-se trecho da influente obra dos irmãos Mazeud (MAZEUD, Henri; MAZEUD, Léon; MAZEUD, Jean. *Lecciones de derecho civil*. Buenos Aires: Europa-América, 1978. v.4. Tomo 2., p.56), por sua representatividade para com tal linha de pensamento: "El absolutismo del derecho de propiedad se traduce en cuanto a su titular, por su exclusivismo y por su individualismo; en cuanto a los poderes que confiere, por su totalitarismo y por su soberania. Por ser absoluto, el derecho de propiedad es un *derecho total: el propietario tiene todos los poderes sobre la cosa*. Este conjunto de poderes puede descomponerse en tres atributos: *jus utendi* o derecho de servirse de la cosa, *jus fruendi* o derecho de percibir sus productos, *jus abutendi* o derecho de disponer de la cosa: conservarla, donarla, venderla, destruirle, abandonarla. Esa universalidad del derecho de propiedad ha sido afectada por la evolución producida a partir de 1804".

[84] FERNANDES, Florestan. *Mudanças sociais no Brasil*. 3.ed. São Paulo: DIFEL, 1979, p. 49-50: "Nas condições peculiares da sociedade de classes dependente e subdesenvolvida, a mudança e o controle da mudança, são, com maior razão, fenômenos especificamente políticos. Da mudança e do controle da mudança não depende, apenas, a continuidade do sistema de produção capitalista e da dominação burguesa, mas, em especial, a probabilidade de impedir-se a regressão da dependência propriamente dita à heteronomia colonial ou neocolonial. Na verdade, sob o capitalismo dependente a dominação burguesa não deve, apenas, consolidar a continuidade da ordem contra as 'pressões internas', que se tornam perigosas e até mortais para a burguesia, quando são pressões do proletariado em aliança com os setores rebeldes das classes médias e das classes destituídas. Ela deve, também, consolidar a continuidade da ordem contra as 'pressões externas', das burguesias das nações capitalistas hegemônicas, de seus governos e de suas associações internacionais. Para garantir-se neste nível, a burguesia dos países capitalistas dependentes e subdesenvolvidos tende para coalizões oligárquicas e composições autocráticas, o meio mais acessível, ao seu alcance, para forjar e controlar o espaço político necessário a seus ajustamentos com o 'sócio maior', a burguesia das Nações capitalistas hegemônicas e seus padrões de dominação imperialista. Tudo isso faz com que a dominação burguesa se converta, muito mais clara e duramente que nas Nações capitalistas hegemônicas, em ditadura de classe. E, de outro lado, tudo isso faz com que o fenômeno central da mudança seja a permanente revitalização da dominação burguesa através do fortalecimento do Estado e de seus mecanismos de atuação direta sobre os dinamismos econômicos, sócio-culturais e políticos da sociedade de classes".

[85] Não menos importante que os incisos XXI e XXII do art. 5º da CF/88, especificamente em sede de direitos reais, deve ser considerado o § 1º do dispositivo que desenha a normatividade contemporânea dos direitos fundamentais e de sua eficácia interprivada.

de propriedade e dos demais direitos reais,[86] como designados tradicionalmente pelos cultores do Direito Privado.[87]

Percebido que a função social resulta em medida de exercício da propriedade privada, não se pode mais afirmar que esta é absoluta. Limites sempre houve, como o próprio *Code Napoleon* admitia; ainda que apenas de natureza externa, como os decorrentes dos direitos de vizinhança e regulamentos administrativos. Agora se trata de configurar positivamente limites e elementos propulsores internos ao direito de propriedade, traçando seu caráter relativo.

O Direito ainda opera com o regime de vedação de espécies de condutas proprietárias, ou limites externos ao direito subjetivo, porém, hodiernamente, até mesmo a inação pode levar à aplicação de sanções como IPTU ou ITR progressivos, parcelamento forçado do solo e perda da titularidade por interesse social.

Os três principais fenômenos do Direito Civil contemporâneo (constitucionalização, publicização e repersonalização do Direito Privado), que denunciam a presença e atuação desses atratores normativos, concretizam-se no direito das coisas de modo bem visível. Os valores que orientam a disciplina da pertença não residem mais na codificação, tendo migrado o núcleo axiológico-normativo do ordenamento para a Constituição, afetando diretamente o direito das coisas e regulando especificamente a ordem econômica e social.[88]

Interesses extraproprietários, de natureza pública ou social, passam a concorrer com o respectivo interesse privado, sem que necessariamente prepondere este

[86] ROCHA, Fernando Luiz Ximenes, Direitos Fundamentais na Constituição de 88, *Revista dos Tribunais*, n. 758, São Paulo, RT, p. 23-33, 1998, p. 25: "De fato, os valores constitucionais que compõem o arcabouço axiológico destinado a embasar a interpretação de todo o ordenamento jurídico, inclusive servindo de orientação para as demais normas legislativas, hão de repousar no princípio do respeito à dignidade humana, porquanto o homem é, em última análise, o verdadeiro titular e destinatário de todas as manifestações de poder".

[87] Por todos, leia-se Arnoldo Wald (Ob. cit., p. 31), onde fica nítida a diversidade das cidadanias epistemológicas que traduzem os respectivos discursos científicos: "Na realidade não nos cabe apreciar aqui a utilidade da distinção entre direitos reais e pessoais. Trata-se de uma diferenciação com fundamento histórico que as legislações modernas adotaram e que se mostrou fecunda nos seus resultados práticos. Não a devemos discutir de lege ferenda, como não discutimos a divisão do direito em público e privado. São dados e quadros que a legislação positiva nos oferece e que constituem as categorias fundamentais do nosso pensamento jurídico. A função do jurista, no campo do direito civil, é meramente dogmática e não crítica e filosófica. Dentro do nosso sistema jurídico, o Código Civil define e enumera os direitos reais, cabendo ao estudioso o trabalho de caracterizá-los, interpretando as normas legais existentes e resolvendo, de acordo com os princípios básicos e gerais do nosso direito, os casos limítrofes e as dúvidas eventualmente suscitadas".

[88] RIBEIRO, Joaquim de Sousa. Constitucionalização do direito civil. *Boletim da Faculdade de Direito*, separata do v. 74, Coimbra: Universidade de Coimbra, 1998. p. 729-730: "Esse reconhecimento mais não é, nesta perspectiva, do que uma forma de regulação, a nível constitucional, das esferas da vida onde esse sujeito se movimenta, reflectindo uma dada valoração de interesses que aí conflituam. Valoração que, tendo em conta a unidade do sistema jurídico e a posição cimeira que, dentro dele, as normas constitucionais ocupam, não pode deixar de influenciar a apreciação, a nível legislativo e judicial, da matéria civilística".

último, como natural na arquitetura absoluta das titularidades. A propriedade desloca-se para uma condição de meio para a realização do homem e não mais condição de fim para que este ascenda à dimensão jurídica.[89]

Não se podendo mais afirmar absoluta a propriedade privada – como solidificou a própria jurisprudência do STF, ainda na primeira metade da última década do século findo –, decorre ser relativa. Duas consequências diretas disso passam a inquietar, mesmo que silenciosamente, a mente dos juristas contemporâneos, não obstante tais temas não adentrarem os manuais acadêmicos de Direito Privado, destinados ao ingênuo graduando.

Primeira delas é o fato de que sendo relativa a propriedade privada, os denominados direitos reais limitados ou direitos reais sobre coisa alheia, enquanto emanações ou decorrências desta, não poderiam ser tratados como absolutos. Na verdade, tal afirmação teórica de muito já se mostrava infundada na prática ou mesmo sem arrimo no sistema jurídico.

Exemplo do que se trata pode ser colhido na Lei de Falências vigente. Os credores que detêm garantia real, em tese absoluta podem ser preteridos pelos créditos fiscais e trabalhistas, importando em clara relativização do interesse privado diante do interesse público e social, respectivamente. Para além, percebam-se as limitações contemporâneas em esfera empresarial, propriedade móvel (celulares, armas, veículos), intelectual (prescrição dos direitos autorais, medicamentos genéricos, similares) ou imobiliária (limitações construtivas, sonoras, visuais, ambientais).

A segunda é o fato de que a teoria de base do direito das coisas, erigida para justificar e validar uma determinada ordem de valores – cuja propriedade privada servia de paliçada –, resulta incoerente e desconforme ao novo sistema, orientado pelas órbitas normativas de influência axiológica de seus atratores.[90] Destaca-se dentre os inúmeros identificáveis, os princípios da dignidade humana e da função social da propriedade privada.

Potencialmente inconstitucional, o direito das coisas codificado exige uma severa releitura axiológica de sua dogmática e filtragem constitucional de sua episte-

---

[89] Em especial, vide FACHIN, Luiz Edson; RUZYK, Carlos Eduardo Pianovski. Direitos Fundamentais, dignidade da pessoa humana e o novo Código Civil. In: SARLET, Ingo Wolfgang (org.). *Constituição, direitos fundamentais e direito privado*. Porto Alegre: Liv. do Advogado, 2003, p. 87-103.

[90] ENTERRÍA, Eduardo Garcia de, *La Constitución como Norma y el Tribunal Constitucional*. 3ª ed., Madrid, Civitas, 1985, p. 19-20: "La promulgación de la Constitución de 1978 nos ha sumergido súbitamente en una temática jurídica completamente nueva y, a la vez, trascendental, puesto que incide de manera decisiva, actual o virtualmente, sobre todas y cada una de las ramas del ordenamiento, aun de aquéllas más aparentemente alejadas de los temas políticos de base. [...] No es posible en plano técnico, simplemente, manejar el ordenamiento, aun para resolver un problema menor, sin considerar a dicho ordenamiento como una unidad y, por tanto, sin la referencia constante a la Constitución, cabeza e clave del mismo. [...] Luego veremos que la Constitución es el contexto necesario de todas las leys y de todas las normas y que, por consiguiente, sin considerarla expresamente no pude siquiera interpretarse el precepto más simple, según el artículo 3º del Código Civil (*las normas se interpretarán según el sentido propio de sus palabras, en relación con el contexto*), [...]"

mologia, tendente a gestionar ou viabilizar uma percepção compatível[91] ao renovado ordenamento do Estado Social e Democrático de Direito.[92] O recurso pandectista às cláusulas gerais, é francamente insuficiente.

Mesmo que correto, para uma arqueologia conformadora de uma semiótica nos moldes propostos, não basta afirmar que a propriedade ganhou contornos relativos a partir da Constituição Federal de 1988 e abolir todo o instrumental e doutrina que o Direito Civil formulou nestes séculos ou fechar os olhos ao futuro buscando respostas no passado para questões do presente, mantendo-se infenso ao coperniciano salto dado pelo Direito Privado, ao fim do Século XX.[93]

Dois dados relevantes a destacar. O direito das coisas positivou a existência de direitos reais (para não falar no uso da expressão, como no *caput* do art. 1.225 do CCb, uma regra atratora), como se colhe do art. 524 do Código Beviláqua e se mantém no art. 1.228 do atual Código Civil. As relações de uso, fruição e disposição, às quais os dispositivos fazem referência direta, têm natureza real, na medida em que o bem é efetivamente objeto direto dela. Quem usa um bem não se valerá da conduta de terceiro para realizar sua pretensão material em relação à coisa. Existem, portanto, direitos reais. Vínculos jurídicos entre sujeitos e bens.

Como segundo dado, existe o fato de que os direitos reais integram a tradição jurídica do Direito Civil brasileiro e, a princípio, pretende-se preservar a existência. Trata-se do imperativo prático. Em outra medida, cultural, também um atrator. Do

---

[91] PASQUALINI, Alexandre. *Hermenêutica e sistema jurídico: uma introdução à interpretação sistemática do direito.* Porto Alegre: Livraria do Advogado, 1999, p. 23: "A exegese, portanto, não se dá a conhecer como simples e secundário método ancilar à ciência jurídica. Como fenômeno algo transcedental da cognição, o acontecer hermenêutico não é exterior, passivo, muito menos neutro em face do seu objeto. A experiência interpretativa se sabe interior e imanente à ordem jurídica. Na sua relação com o intérprete, o sistema não atua como um sol que apenas fornece sem nada receber em troca. Que fique claro que o sistema ilumina, mas também é iluminado. A ordem jurídica, enquanto ordem jurídica, só se põe presente e atual no mundo da vida através da luz temporalizada da hermenêutica. São os intérpretes que fazem o sistema sistematizar e, por conseguinte, o significado significar".

[92] MIRANDA, Jorge, Direitos Fundamentais e Interpretação Constitucional, *Revista do Tribunal Regional Federal da 4ª Região*, n. 30, Porto Alegre, O Tribunal, p. 21-34, 1998, p. 24: "O Estado não é só o poder político (ou o governo, na acepção clássica e que perdura na linguagem anglo-americana). É também, e antes de mais, a comunidade, os cidadãos e os grupos a que estes pertencem. Logo, a Constituição, enquanto estatuto do Estado, tem de abranger uma e outra realidade, em constante dialéctica; nem se concebe estatuto do poder sem estatuto da comunidade a que se reporta. A Constituição vem a ser, na linha de Maurice Hauriou, tanto Constituição política quanto Constituição social, não se cinge à organização interna do poder".

[93] Nesse sentido, merecem registro as palavras de Mário Luiz Delgado, no prefácio que dedica à obra de Luiz Guilherme Loureiro (*Direitos reais: à luz do Código Civil e do direito registral.* São Paulo: Método, 2004, p. 7), discorrendo sobre a doutrina e os direitos reais: "Como ramo do Direito Civil, é tido pelos estudiosos de domínio ingrato, em face das agruras próprias de uma seara ao mesmo tempo acentuadamente técnica, e intimamente ligada e dependente de aspectos históricos, políticos e sobretudo sociológicos. As referências doutrinárias sobre a matéria sempre constituíram reserva intelectual de uns poucos {...} Esboçar em poucas linhas, o perfil e a aplicação prática dos institutos sistematizados no Direito das Coisas parecia tarefa demasiado presunçosa para a maioria dos autores da atualidade. Barreira quase intransponível, erguida pelos séculos de cultura jurídica, desde os primórdios da civilização".

discurso científico em tela. Não se quer, como seria próprio dos sistemas monistas,[94] abrir mão de qualidades distintas de garantias, por exemplo, preservando o caráter da hipoteca, penhor ou alienação fiduciária, em contraponto à fiança ou aval, de natureza distinta. Em apoio deste olhar, comparece também a Teoria Geral do Direito, mais especificamente no que diz com a interpretação conforme a Constituição. Um atrator metodológico.

Possibilitando dar ao direito das coisas uma interpretação conforme a ampla alteração promovida pela Carta atual, deve ser preterida a declaração de inconstitucionalidade, havendo condições de preservar o diploma civil mediante uma hermenêutica pró-ativa dos valores constitucionais, consoante os respectivos atratores normativos. Aqui em especial, todo um quadro de princípios que se densificam no caminho normativo das regras e da jurisprudência para concretizar a opção axiológica do sistema, integrar suas lacunas e operar com sua mobilidade e limites. Manter sua coerência em meio aos atratores influentes.

Neste nicho epistemológico foi confeccionada a teoria da autonomia. Autonomia lhe caracteriza, pois é através da libertação das titularidades, resgatadas de dentro da noção de domínio, que é atingida a relativização da propriedade privada em suas diversas formas, viabilizando ainda a operação com os direitos reais.[95]

---

[94] Os sistemas dualistas, como o brasileiro, trazem a distinção entre relações patrimoniais pessoais e reais. Sistemas monistas, como é o caso dos saxões, não procedem a distinção de espécies.

[95] Severa, e acertada, crítica ao novo Código Civil remonta o fato de que adota a arquitetura eclética, já contida no art. 524 do Código Beviláqua. Observa-se assim inúmeras possibilidades na reconstrução hermenêutica do direito das coisas codificado (em especial vide notas aos arts. 1.225 e 1.228 do Código – Ricardo Aronne, *Anotações ao direito das coisas e legislação especial selecionada*, ob. cit ou *novo Código Civil anotado*, Porto Alegre: Síntese, 2004), como necessidade de viabilizar uma interpretação integradora desta ao núcleo constitucional vigente. No mesmo sentido, comentando o Código quando ainda projeto, em sede de parecer para bancada legislativa, Adilson J, p. Barbosa e José Evaldo Gonçalo (*O direito de propriedade e o novo Código Civil.* Brasília, Câmara dos Deputados. Disponível em: http://www.cidadanet.org.br/dados/arts_novo_codigo_civil_e_propriedade.htm. Acesso em 19.02.2001): "Ao contrário, no que diz respeito ao Livro III, referente aos Direitos das Coisas, em nome da 'salvação' de um trabalho de 25 (vinte e cinco anos) – tempo que o projeto tramita no Congresso – o Brasil pode ter um Código Civil, com um programa normativo que nos remete aos direitos de primeira geração elaborados no final do século XVIII, no qual o direito de propriedade era concebido como um direito subjetivo de caráter absoluto. (...) O PL 634/75, aparentemente, fundiu os conceitos de propriedade e domínio, eliminando a polêmica sobre a existência ou não de identidade entre os dois termos. Entretanto, conforme visto alhures, o absolutismo com que é tratado o direito de propriedade pela doutrina e operadores jurídicos no Brasil, deve-se ao tratamento unitário dado a termos que traduzem conceitos autônomos, o que tem merecido forte crítica de autores preocupados com a pouca efetividade que as alterações do ordenamento econômico e social, promovidas pelo Texto Constitucional de 1988, têm provocado no tratamento da propriedade. (...) As codificações emanadas do Estado e tomadas como única fonte do Direito, abriram caminho para o positivismo jurídico, doutrina que considera o direito como um fato e não como um valor. O PL 634/75, no título que trata dos Direitos das Coisas, não se afasta dessa concepção. Ao contrário, fazendo-se surdo ao novo tratamento dado à propriedade pela Constituição Federal, reflexo dos avanços da sociedade e das lutas sociais, expõe um texto decrépito e atrasado, no qual, por força das normas positivadas no texto constitucional e na legislação ordinária agrega alguns avanços, sem contudo avançar no que diz respeito ao tratamento dado as várias formas de propriedade que aparecem na realidade brasileira".

Não basta dizer que a propriedade resulta relativa como decorrência do princípio da função social. Está correto, porém é, no mínimo, ingênuo afirmar isto sem maior amparo teórico. É relativa em qual medida? Constitui uma obrigação? Qual o conteúdo da função social? É estanque ou variável? Merece destaque o fato de que a jurisprudência alemã, debruçada sobre o BGB, levou cinquenta anos para obter da doutrina uma formulação passível de dar aplicação ao princípio da boa-fé objetiva.[96] A sociedade brasileira pretende repetir a experiência teutônica? Nossas favelas e demais cinturões de miséria podem esperar mais? Trata-se de um mero decisionismo imediatista? Niilista?

O conteúdo do princípio da função social da propriedade restará aprofundado em momento posterior, ora bastando que se tenha presente, em linhas gerais, que deste deriva uma medida de exercício ao direito de propriedade, relativizando-o. Isto basta à compreensão da arquitetura contemporânea da espécie, que é fundamental para qualquer discussão mais avançada.[97]

Repisa-se, um dos papéis da teoria da autonomia é fornecer um manancial teórico ao operador contemporâneo (seja ao representar, compor ou decidir), para que se possa continuar operando com direitos reais, consistentes em vínculos entre o sujeito e o bem, não obstante forneça uma compreensão da propriedade e das demais titularidades, de natureza relativa. É, portanto, meramente instrumental. O conteúdo axiológico não é dado por ela. É dado na conexão do sistema com os demais.

Volte-se, pois, a arquitetura proposta, transdogmática por refutar opções conceituais em detrimento da unidade complexa dos valores constitutivos de um dado sistema para uma dada sociedade em um dado e complexo contexto histórico. É um instrumento da jurisprudência e não o seu conteúdo, verificável pela pragmática decisória aplicada ao modelo.

Porém, retomando a questão central do texto, carece até então, o Século XX de uma teoria coerente à liquidez estrutural do instituto proprietário e do direito das coisas vivido na pragmática do sistema jurídico.

Isso ocorre quando a noção de domínio é libertada dos grilhões conceituais do instituto da propriedade. O domínio se constitui de um conjunto de poderes no bem, que consistem em faculdades jurídicas do titular às quais respectivamente são os direitos reais.

---

[96] Merece leitura Ivan Chemeris, mestre e magistrado gaúcho, em obra dedicada ao tema, com especial destaque ao momento em que trata o que denomina "judicialização do político" (*A função social da propriedade – o papel do Judiciário diante das invasões de terras*. São Leopoldo: Unisinos, 2002, p. 102-104).

[97] Por discussão mais avançada, se reconhece àquele que vergasta temática para além da simples forma de institutos ou conceitos abstratos de direito civil tradicional, para alcançar uma dimensão concreta na vida jurídica do universo da sociedade brasileira do Século XXI. Tais temas devem reter sua proporcional relevância, sob pena de descolar da realidade jurídica da atividade forense e extraforense. Ciência deve guardar razão prática. No caso do jurista, isto se relaciona com a função social que imanta sua militância, consoante a equação axiológica da democracia social, cujos valores restaram constitucionalizados e em larga medida regrados na Lei Maior ou a partir dela.

Cada vínculo potencial entre o sujeito e o bem, pode traduzir-se em uma faculdade real, um direito real. A propriedade envolve estes poderes, instrumentalizando-os, porém não se confunde com eles. A propriedade instrumentaliza o domínio sem confundir-se com este. Assim como um contrato de compra e venda de um imóvel não se confunde com os poderes e deveres que instrumentaliza (pagar, de um polo, escriturar, de outro), o domínio ou sua eventual parcela, não se confunde com a titularidade que o instrumentaliza.[98]

Por razões didáticas, tratar-se-á, a teoria em apreço, no capítulo que segue, apartada de suas ancestrais clássicas de matriz moderna. Isso facilita a construção epistemológica das digressões subsequentes, ao possibilitar a dialética de pressupostos e a dialógica de temáticas entre as correntes teóricas, entabulando controvérsias pelas bases metodológicas de leitura dos fenômenos jurídicos.

4. A teoria da autonomia e a publicização dialógica do privado

No jargão político da pós-modernidade, vivida nas sociedades de informação, todo homem tem seus compromissos dos quais deriva sua agenda. Em termos filosóficos mais próximos de nossas matrizes, a complexidade axiológica de um indivíduo em sua subjetividade, a carta de valores que formou sua condição existencial, importa em uma série de opções de coerência que variam na mesma dimensão em que o rol de valores oscile.

O Direito contemporâneo, por razão prática,[99] incorporou (ou reincorporou) os valores ao discurso jurídico, na segunda metade do Séc. XX.[100] Impossível de serem deixados à subjetividade pura do intérprete tanto quanto resistentes à doma objetivista da dogmática tradicional, o pós-guerra assistiu a ciência jurídica galgar o platô da racionalidade intersubjetiva.

Tema dos menos pacíficos em sede de metodologia jurídica (jurisprudência, no sentido que os europeus atribuem ao termo), os valores se encontram presentes em grande parte da doutrina mais comprometida com a historicidade do fenômeno

---

[98] ARONNE, Ricardo. *Propriedade e domínio.* Ob. cit., p. 67 e segs.

[99] O Reich consolidou o Nazismo na Alemanha à luz da Constituição de Weimar. Tal questão remonta a aporética dos valores na interpretação do Direito, merecendo aprofundamento próprio em sede adequada; nada obstante, será retomada, mesmo que na exigida superficial abordagem metodológica de um texto que não é de teoria geral, a ser suprida por fontes específicas do tema. No que tange ao direito das coisas, vide ARONNE, Ricardo. *Por uma nova hermenêutica dos direitos reais...*, ob. cit., cap. 2. Para Teoria Geral do Direito Privado, vide FACHIN, Luiz Edson. *Teoria crítica do direito civil.* Rio de Janeiro: Renovar, 2000, *passim.* (Existe 3ª ed. atualizada).

[100] MORAES, Maria Celina Bodin de. *A Caminho de um Direito Civil Constitucional*, ob. cit., p. 24: "Acolher a construção da unidade (hierarquicamente sistematizada) do ordenamento jurídico significa sustentar que seus princípios superiores, isto é, os valores propugnados pela Constituição, estão presentes em todos os recantos do tecido normativo, resultando, em conseqüência, inaceitável a rígida contraposição público-privado. Os princípios e valores constitucionais devem se estender a todas normas do ordenamento, sob pena de se admitir a concepção de um 'mondo in frammenti', logicamente incompatível com a idéia de sistema unitário".

jurídico, variando seu tratamento de acordo com os compromissos científicos (ou sua ausência) dos respectivos autores.

Quando se entende que o estudo do direito de propriedade nos dias de hoje, por questões de ordem prática ou teórica, alcançou o tema função social da propriedade, não se deve deixar de incluir os valores na respectiva epistemologia jurídica, sob o risco de parecer simplório ou dogmaticamente mal-intencionado.

Uma releitura integral do Direito Privado, a partir de seu eixo fundamental, a pertença identificada às diversas titularidades, atingiu todos seus pilares de sustentação[101] e, hoje vivendo o prólogo, está longe de assistir seu epílogo.[102] Há de ser dialógica, remetendo ao debate infinito.

Resulta francamente impossível afirmar, contemporaneamente, fundado em argumentos sérios, de maior ou menor sofisticação técnica, tratar-se a propriedade privada como direito absoluto. O Direito brasileiro, a exemplo da maioria das democracias vividas no Século XXI, vinculou toda propriedade privada à missão constitucional do Estado Social e Democrático de Direito, na mesma e coerente intensidade com que a reconhece e garante mediante tutela jurisdicional.

Informado pela carga axiológica do princípio da dignidade da pessoa humana,[103] o princípio da função social da propriedade,[104] indiscutivelmente dotado de eficácia horizontal interprivada,[105] conduziu uma releitura do direito das coisas, iniciada pelos tribunais e tardiamente percebida pela doutrina civilista, visivelmente conservadora.[106]

---

[101] CARBONNIER, Jean. *Flexible droit: pour une sociologie du droit sans rigueur.* Paris: LGDJ, 1992, p. 201. Cabe esclarecer nesta fonte, existir edição revista da obra citada. A revisão apenas trouxe novas ideias ao fundamental texto produzido por Carbonnier, sem rejeitar as anteriores.

[102] SERRES, Michel. *O Contrato Natural.* Rio de Janeiro, Nova Fronteira, 1991, p. 49. "É preciso fazer uma revisão dilacerante do direito natural moderno, que supõe uma proposição não-formulada, em virtude da qual o homem, individualmente ou em grupo, pode sozinho tornar-se sujeito do direito. Aqui reaparece o parasitismo. A Declaração dos Direitos do Homem teve o mérito de dizer: 'todo homem' e a fraqueza de pensar: 'apenas os homens' ou os homens sozinhos. Ainda não estabelecemos nenhum equilíbrio em que o mundo seja levado em conta, no balanço final".

[103] Art. 1º, III, CF/88.

[104] Arts. 5º, XXIII e 170 da CF/88.

[105] Art. 5º, § 1º da CF/88.

[106] Para observar-se a diversidade possível de ser colhida em tema de propriedade, merece transcrição respeitável posição em contrário. Romeu Marques Ribeiro Filho (*Das invasões coletivas: aspectos jurisprudenciais.* Porto Alegre: Livraria do Advogado, 1998, p. 69): "Ora, não se nega se dever do proprietário [sic.], dar à sua propriedade função social. Contudo, questionável é assertiva no sentido de que a sociedade teria – ou tem – o direito de exigir do proprietário o cumprimento de seu dever. Ainda no plano argumentativo, se propriedade inócua é aquela destituída de funcionalidade social, admissível se mostra o posicionamento enquanto tratado em tese, tão somente. Todavia é curial que não compete ao Poder Judiciário, e muito menos a grupos invasores organizados, eleger ou mesmo apontar, qual propriedade está ou não cumprindo sua destinação social. Pois, como visto, tal competência, consoante mandamento constitucional expresso, é exclusivo do Poder Público municipal e da União, conforme o caso". Ou ainda: "Ora, os nossos Tribunais [*sic.*], ordinariamente, além de prestar jurisdição ao caso concreto, terminam por preencher aquelas lacunas sociais, de competência única e exclusiva da Administração, não cumpridas por inconcebível omissão

Da paradoxal jurisprudência do STF, pode-se pinçar diversos exemplos[107] no

do Estado. É certo que aos olhos da opinião pública, é o Poder Judiciário quem reintegra, mantém ou proíbe. Aqui não se perquire se a Administração cumpre ou não seus deveres constitucionais. Daí ser correta a assertiva de que a paz social jamais poderá ser feita com o sacrifício da ordem jurídica, vez que a exclusão social pode ser fato econômico ou político, mas nunca jurídico, isso na exata medida em que todos se mostram iguais perante a lei". (op. cit., p.112).

[107] Para que se traga um exemplo de 1995: STF, T. Pleno, MS 22.164/SP, Rel. Min. Celso de Mello, v. unân., publicado no DJ 17.11.95, p.39206: "Reforma agrária e devido processo legal. O postulado constitucional do *due process of law*, em sua destinação jurídica, também está vocacionado à proteção da propriedade. Ninguém será privado de seus bens sem o devido processo legal (CF, art. 5º, LIV). A união federal – mesmo tratando-se de execução e implementação do programa de reforma agrária – não está dispensada da obrigação de respeitar, no desempenho de sua atividade de expropriação, por interesse social, os princípios constitucionais que, em tema de propriedade, protegem as pessoas contra a eventual expansão arbitrária do poder estatal. A cláusula de garantia dominial que emerge do sistema consagrado pela constituição da república tem por objetivo impedir o injusto sacrifício do direito de propriedade. Função social da propriedade e vistoria efetuada pelo incra. A vistoria efetivada com fundamento no art. 2º, § 2º, Da Lei nº 8.629/93 Tem por finalidade específica viabilizar o levantamento técnico de dados e informações sobre o imóvel rural, permitindo à união federal – que atua por intermédio do incra – constatar se a propriedade realiza, ou não, a função social que lhe é inerente. O ordenamento positivo determina que essa vistoria seja precedida de notificação regular ao proprietário, em face da possibilidade de o imóvel rural que lhe pertence – quando este não estiver cumprindo a sua função social – vir a constituir objeto de declaração expropriatória, para fins de reforma agrária. Notificação prévia e pessoal da vistoria. A notificação a que se refere o art. 2º, § 2º, Da Lei nº 8.629/93, Para que se repute válida e possa conseqüentemente legitimar eventual declaração expropriatória para fins de reforma agrária, há de ser efetivada em momento anterior ao da realização da vistoria. Essa notificação prévia somente considerar-se-á regular, quando comprovadamente realizada na pessoa do proprietário do imóvel rural, ou quando efetivada mediante carta com aviso de recepção firmado por seu destinatário ou por àquele que disponha de poderes para receber a comunicação postal em nome do proprietário rural, ou, ainda, quando procedida na pessoa de representante legal ou de procurador regularmente constituído pelo *dominus*. O descumprimento dessa formalidade essencial, ditada pela necessidade de garantir ao proprietário a observância da cláusula constitucional do devido processo legal, importa em vício radical que configura defeito insuperável, apto a projetar-se sobre todas as fases subseqüentes do procedimento de expropriação, contaminando-as, por efeito de repercussão causal, de maneira irremissível, gerando, em conseqüência, por ausência de base jurídica idônea, a própria invalidação do decreto presidencial consubstanciador de declaração expropriatória. Pantanal mato-grossense (CF, art. 225, § 4º). Possibilidade jurídica de expropriação de imóveis rurais nele situados, para fins de reforma agrária. A norma inscrita no art. 225, § 4º, Da constituição não atua, em tese, como impedimento jurídico à efetivação, pela união federal, de atividade expropriatória destinada a promover e a executar projetos de reforma agrária nas áreas referidas nesse preceito constitucional, notadamente nos imóveis rurais situados no pantanal mato-grossense. A própria constituição da república, ao impor ao poder público o dever de fazer respeitar a integridade do patrimônio ambiental, não o inibe, quando necessária a intervenção estatal na esfera dominial privada, de promover a desapropriação de imóveis rurais para fins de reforma agrária, especialmente porque um dos instrumentos de realização da função social da propriedade consiste, precisamente, na submissão do domínio à necessidade de o seu titular utilizar adequadamente os recursos naturais disponíveis e de fazer preservar o equilíbrio do meio ambiente (CF, art. 186, II), sob pena de, em descumprindo esses encargos, expor-se à desapropriação-sanção a que se refere o art. 184 Da lei fundamental. A questão do direito ao meio ambiente ecologicamente equilibrado – direito de terceira geração – principio da solidariedade. O direito a integridade do meio ambiente – típico direito de terceira geração – constitui prerrogativa jurídica de titularidade coletiva, refletindo, dentro do processo de afirmação dos direitos humanos, a expressão significativa de um poder atribuído, não ao indivíduo identificado em sua singularidade, mas, num sentido verdadeiramente mais abrangente, a própria coletividade social. Enquanto os direitos

sentido da eficácia dos direitos fundamentais e sua incidência interprivada, não obstante a maior riqueza das instâncias inferiores.

Diante da missão de munir os operadores do direito, com o ferramental teórico que lhes capacite a trabalhar o conhecimento humano que desagua através de lides a serem solvidas pela prestação jurisdicional, o instrumental tradicional, gerado no Direito Civil clássico, se revelou incoerente às soluções que a vida forense e extraforense do Direito Privado ditava.

Gustavo Tepedino,[108] em paradigmático texto,[109] originalmente publicado na Itália[110] em 1991, à cura de Pietro Perlingieri, revelou elementos de leitura tradutora de novas facetas indisfarçavelmente presentes propriedade privada contemporânea, que refutam os costumeiros conceitos do oitocentismo, que servem de *foyer* aos valores predominantes no modelo econômico anterior, que ditava a feitura e leitura do sistema jurídico.[111] [112]

A construção, fundamental para a compreensão das inúmeras modalidades contemporâneas de propriedade, serve de moldura para uma posterior elaboração doutrinária, que entrevê na propriedade não mais uma situação de poder, por si só e abstratamente considerada, o direito subjetivo por excelência, mas "una situazione

de primeira geração (direitos civis e políticos) – que compreendem as liberdades clássicas, negativas ou formais – realçam o princípio da liberdade e os direitos de segunda geração (direitos econômicos, sociais e culturais) – que se identificam com as liberdades positivas, reais ou concretas – acentuam o princípio da igualdade, os direitos de terceira geração, que materializam poderes de titularidade coletiva atribuídos genericamente a todas as formações sociais, consagram o princípio da solidariedade e constituem um momento importante no processo de desenvolvimento, expansão e reconhecimento dos direitos humanos, caracterizados, enquanto valores fundamentais indisponíveis, pela nota de uma essencial inexauribilidade." [*Sic.*]

[108] Existem nomes emblemáticos no Direito Privado atual, em especial nas escolas contemporâneas. Sem dúvida, ao Direito Civil-Constitucional brasileiro, duas figuras merecem um destaque especial. Tratam-se de Luiz Edson Fachin e Gustavo Tepedino. Revisitando o arcabouço dogmático do Direito Civil em esclerose, através de suas lentes críticas, corroeram até esboroar os fundamentos tradicionais e seu discurso falsamente neutro. Ladeados por diversos juristas célebres da cena doutrinária civilística, como Maria Helena Bodin de Moraes e Paulo Luiz Netto Lobo dentre outros tantos não menos insignes, constituíram o que se pode apontar como a primeira geração do Direito Civil contemporâneo.

[109] TEPEDINO, Gustavo. Contornos constitucionais da propriedade privada. In: *Estudos em homenagem ao professor Caio Tácito.* Rio de Janeiro: Renovar, p. 309-333, 1997. Republicado no ano 2000 como capítulo (*Temas de direito civil.* Rio de Janeiro: Renovar).

[110] GUSTAVO. Contorni della proprietà nella costituzione brasiliana de 1988. *Rassegna di Diritto Civile*, Ed. Scientfiche Italiane, 1/91, p.96-119, 1991.

[111] Ainda para que se fique nas obras essenciais de direito das coisas, Luiz Edson Fachin trouxe duas contribuições de essencial leitura, que devem ser citadas. Publicada no ano natalino da Constituição vigente, a obra *A função social da posse e a propriedade contemporânea* (Porto Alegre: Fabris, 1988) produziu um impacto na doutrina possessória, revitalizando-a no sentido da vocação constitucional. Com o mesmo apelo repersonalizante, característico de obras de resistência, o jovem texto de *Estatuto jurídico do patrimônio mínimo* (ob.cit.), levou a cabo um estudo que sistematiza o papel do patrimônio na esfera jurídica individual, alinhando-o ao princípio da dignidade da pessoa humana.

[112] Em sede de Teoria Geral do Direito, este papel de reprodução do modelo positivista servil aos quadros econômicos de um neoliberalismo globalizado coube a autopoiese.

giuridica soggettiva tipica e complessa", necessariamente em conflito e coligada com outras, que encontra sua legitimidade na concreta relação jurídica na qual se insere.

Cuida-se de tese que altera, radicalmente, o entendimento tradicional que identifica na propriedade uma relação entre sujeito e objeto, característica típica da noção de direito real absoluto (ou pleno), expressão da "massima signoria sulla cosa" – formulação incompatível com a ideia de relação intersubjetiva.[113]

Até serem percebidos os reais contornos da propriedade privada, repetia-se, sem maior reflexão, os chavões oitocentistas imbricados nos conceitos e fórmulas tradicionais.[114] "A concepção privatista da propriedade, {...}, tem levado, freqüentemente, autores e tribunais à desconsideração da natureza constitucional da propriedade, que é sempre um direito-meio e não um direito-fim. A propriedade não é garantida em si mesma, mas como instrumento de proteção de valores fundamentais".[115]

Como percebido e criticado, restou mantida a arquitetura clássica na codificação recente, não obstante sua tentativa de absorver os avanços que o fim de século trouxe para os direitos reais. Na última edição revista do tradicional volume acadêmico dedicado a matéria por Orlando Gomes, pode-se colher lúcida crítica ao arranjo orquestrado no diploma.

O Código Civil de 2002 mantém sob a força histórica e dogmática dessa expressão o título do livro como *direito das coisas*. A manutenção da expressão que abre o regime jurídico dos poderes sobre os bens sob a rubrica Direito das Coisas, por si só é apta a revelar o rumo epistemológico das opções do legislador de 2002. De uma parte emerge a manutenção da topografia legal de 1916; de outro lado, impende salientar a tentativa de espargir sobre a codificação civil agora vigente nuanças sociais que marcam a contemporaneidade no Brasil. Tem o novo Código dois senhores temporais; foi fiel ao primeiro desde o início quando se proclamou rente à sistemática de 1916, e é ávido por servir ao segundo quando intentou colmatar lacunas, superar inconstitucionalidades e inserir novas matérias. Entre esses dois lados da margem pode ter soçobrado coerência da ideia e da formulação, sem embargo das vicissitudes próprias da complexidade coeva das relações sociais.[116]

Identificada a percepção de *dominium* à concepção de *proprietas*,[117] congregada a *ars notariae* do fim do medievo, decorrente do Direito Bizantino glosado à exaustão desde o feudalismo, a propriedade torna-se um direito absoluto diante da moldura que lhe é concedida pela codificação.

Falar de obrigações resultantes de um contrato guarda óbvia distinção entre o que seja o instrumento contratual propriamente dito. Falar de titularidades imobiliá-

[113] TEPEDINO, Gustavo. *Contornos constitucionais...*, ob. cit., p. 279- 280.

[114] Na visão do mesmo autor, vide idem, ibidem, p. 268.

[115] COMPARATO, Fábio Konder. Direitos e deveres fundamentais em matéria de propriedade. *Revista do Centro de Estudos Jurídicos da Justiça Federal*, Brasília: CEJ, v.1, n.3, p.92-99, 1997, p. 98.

[116] GOMES, Orlando. *Direitos reais*. Ob. Cit., p. 9.

[117] ARONNE, Ricardo. *Propriedade e domínio*. Ob. cit., *passim*.

rias, também importa em discorrer sobre algo distinto dos poderes que são respectivamente instrumentalizados. Propriedade não se confunde com domínio.

Um sujeito em face de um patrimônio não universalizável pode aferir de seu domínio diante de uma pluralidade de bens diversos entre si; a extensão dominial entre eles é variável. Por exemplo, o conteúdo de fruição de um imóvel, é distinto do de uma aeronave.

Se no universo de análise traçado, houver somente um sujeito e uma gama de bens, não há sentido em discorrer sobre propriedade privada. As titularidades regulam a pertença de modo intersubjetivo, através de um regime jurídico de exclusão (obrigação negativa), gerador da oponibilidade *erga omnes*.

A compreensão do exposto assenta as bases da teoria da autonomia, que se desenvolvia no fim dos anos 90 do século findo. As relações entre sujeito e patrimônio, integram o domínio. São instrumentalizados pela propriedade, mas não se fundem como conceitos unívocos.[118]

A questão técnica não deriva apenas no plano da forma, da estética ou da mera esgrima conceitual. Se o vínculo dominial tem o bem por objeto direto, a titularidade, de outra parte, não. Esta visa, através do sistema registral, a derivar aos não titulares obrigações de não ingerência no respectivo bem. Nesta relação, a coisa é objeto indireto, sendo o dever negativo elemento fulcral do direito subjetivo.[119] Diversamente do domínio e seus desdobramentos, a propriedade e demais titularidades são regimes intersubjetivos. Decorre serem relativos, e não absolutos.

Não é de mera forma a teorização sobre a autonomia entre domínio e titularidades, em especial a propriedade. Verte ela a possibilidade de uma leitura da codificação alinhada ao projeto constitucional que dá as bases axiológicas e normativas do ordenamento jurídico.

Pode-se reconhecer a existência e operações de direitos reais, com as categorias de vínculos dominiais, sem entravar a constitucionalização do Direito Privado ou reduzi-la a mero discurso, dando prestabilidade ao diploma civil em face da Carta vigente.

O rol do art. 1.225 do CCb, principiologicamente poroso à abertura da mediação hermenêutica,[120] traz uma lista de titularidades que instrumentalizam arranjos dominiais. Quando designados, impropriamente, por direitos reais,[121] acabam por identificar domínio à propriedade ou expressão menor em extensão de faculdades.

---

[118] Especificamente sobre o tema, vide Orlando Gomes (ob. cit., p. 26-27)

[119] Para que se perceba a articulação prática do explicitado, basta observar as petitórias que tutelam o domínio através da oposição de titularidades. As pretensões vertidas são erigidas contra sujeitos e veiculam centralmente obrigações negativas (reivindicatória), podendo de modo satélite trazer obrigações positivas em apoio (cominatória).

[120] Do *numerus clausus* como característica dogmática, à taxatividade principiológica, as titularidades assistiram solidificar-se um grupo de formas proprietárias bem distintos dos arranjos tradicionais. (Ricardo Aronne. Por uma nova hermenêutica..., ob. cit., p. 133-135).

[121] Assim faz o próprio *caput* do dispositivo.

Mesmo no âmbito formal, a mais recente doutrina brasileira vem reconhecendo a impropriedade técnica da percepção das escolas clássicas, na esteira do que de muito fazia a prática dos tribunais, seja na usucapião,[122] na *saisine*[123] ou mesmo na leitura das relações de condomínio,[124] para o prestígio da teoria da autonomia.

A propriedade, enquanto regime intersubjetivo de titularidades, importa em obrigação aos não titulares, de absterem-se de qualquer ingerência sobre o bem. A oponibilidade *erga omnes* disso já era reconhecida pela doutrina oitocentista. As limitações externas, no interesse público, também.

Com o princípio da função social, resta inovado o instituto da propriedade privada, no sentido de que agora o titular também é informado por deveres positivos e negativos, que derivam de sua titularidade, em face do respectivo ônus social decorrente da pertença concreta de determinado bem. Obrigacionaliza-se a propriedade e as demais titularidades que contemporaneamente a ladeiam ou venham a ladear.

Relativa, também em sua compreensão técnica, diante de uma teoria apta a dar suporte operativo, a propriedade privada acaba por reconstruir a hermenêutica dos direitos reais, com "ditosos" reflexos no Direito Civil. Que deve se reconstruir transdisciplinarmente com o direito urbanístico, ambiental, biodireito, econômico, para além das fronteiras do próprio Direito.

O domínio é o complexo de direitos reais de um bem. É o conjunto de faculdades jurídicas que o sujeito potencialmente tem reconhecido sobre o objeto de direito patrimonial. Implica traduzir pretensões jurídicas derivadas, das quais a coisa não pode resistir, fundamentalmente por sua condição inanimada, importando em uma gama de direitos reais.

São tuteláveis mediante pretensão à abstenção derivada da titularidade que os instrumentaliza. Esta pode variar dentro das figuras que o sistema jurídico reconhece, implícita ou explicitamente. A propriedade, espécie do gênero titularidade, é uma das formas que se pode encontrar dentro do respectivo universo.

5. Significantes e significados normativos: principiologia e função social da propriedade

A modificação contemporânea pela qual o direito das coisas passou e ainda passa, juntamente com a integralidade do Direito Privado, não é sintetizada em uma simples fórmula conceitual, guardando complexidades e sutilezas. Não obstante, a

---

[122] A implementação da usucapião atribui domínio, pendendo da sentença, a constituição da propriedade para oposição frente terceiros.

[123] A abertura da sucessão atribui domínio aos sucessores, sendo que a titularidade somente lhes advém com a transcrição do formal de partilha.

[124] No condomínio ocorre uma pluralidade de sujeitos em uma mesma relação dominial, porém a titularidade resta fracionada, havendo, por exemplo, partição na propriedade.

temática da normatividade – campo onde se assistiu amplas mutações em sede de Teoria do Direito no Século XX –, não pode ser tangenciado.

Os princípios, de postulados jusnaturalistas no oitocentismo, praticamente ignorados pelo jusracionalimo, hoje traduzem ampla vinculatividade normativa, com bem maior alcance do que o grupo de regras, limitado por sua concreticidade e que teve seu resplendor com o vigor do liberalismo clássico,[125] nas três fases das codificações.

Através destes entes normativos, *lato sensu* dinamizadores da dialética normativa,[126] o projeto de Estado Social, constitucionalmente positivado e perseguido, pôde ter vazão, com largo ganho de eficácia e transcendência tradicionalmente dado aos direitos fundamentais.[127]

Os princípios fornecem ferramental necessário para o sistema jurídico guardar conformação tópica, consoante sua orientação teleológica, dada pela axiologia da cadeia normativa.[128]

Diverso do procedido pela dogmática que trabalha titularidades com arrimo exclusivamente nos direitos fundamentais de primeira geração, do que decorre a sacralização da propriedade em conformidade com ideário liberal – oligarquia agrária

---

[125] PASQUALINI, Alexandre. O público e o privado. In: SARLET, Ingo (Org.). *O direito público em tempos de crise*. Porto Alegre: Livraria do Advogado, 1999, p. 36-37: "O agir humano há de representar, nos limites do factível, a transição da subjetividade individual para o platô mais elevado da intersubjetividade plenária e universalizável. Eis o motivo por que o individualismo – na sua implícita e recalcada aversão ao outro – se constitui no pecado original da liberdade. Sem dúvida, o maior inimigo da autonomia é o individualista: ele sempre acaba desejando a liberdade – sobretudo econômica – apenas para si. Pior: o individualista na esfera privada é, no mais das vezes, o demagogo na esfera pública. Neste instante, de novo, o público se torna privado [...]".

[126] HABERMAS, Jürgen. *Mudança estrutural da esfera pública*. Rio de Janeiro: Tempo Brasileiro, 1984, p. 263-264: "Essa dialética pode ser mostrada de modo especialmente nítido nos direitos liberais básicos que, mesmo que tenham mantido a escrita originária inclusive nas constituições vigentes, tiveram de deslocar o seu sentido normativo para permanecerem fiéis à sua própria intenção. A própria realidade constitucional modificada na social-democracia leva a considerar 'até que ponto esses direitos liberais básicos, inicialmente formulados e pensados como direitos de exclusão em relação ao poder do Estado, precisam ser agora repensados como direitos de participação, já que se trata de um Estado de Direito democrático e social, social-democrático {...} A Lei Fundamental visa expandir a parte material do pensamento jurídico público da democracia, portanto, sobretudo ampliando o postulado da igualdade com as considerações quanto à participação e à concepção de autodeterminação na ordem econômica e social, emprestando através disso um conteúdo real ao conceito de Estado na social-democracia'".

[127] SARLET. *A eficácia*..., p. 62: "Os direitos fundamentais, como resultado da personalização e positivação constitucional de determinados valores básicos (daí seu conteúdo axiológico), integram, ao lado dos princípios estruturais e organizacionais (a assim denominada parte orgânica ou organizatória da Constituição), a substância propriamente dita, o núcleo substancial, formado pelas decisões fundamentais, da ordem normativa, revelando que mesmo num Estado constitucional democrático se tornam necessárias (necessidade que se fez sentir da forma mais contundente no período que sucedeu à Segunda Grande Guerra) certas vinculações de cunho material para fazer frente aos espectros da ditadura e do totalitarismo".

[128] ARONNE, Ricardo. Por uma nova hermenêutica dos direitos reais... Ob. cit., cap. 1.

no que diz com o Brasil,[129] a qual sobreviveu e se adaptou ao liberalismo (ou adaptou o liberalismo) tanto quanto na Europa o ideal liberal resistiu a Restauração –, uma hermenêutica renovada dos direitos reais pressupõe a compreensão dos direitos fundamentais em toda gama de gerações, apreensível pela análise principiológica normativa do sistema, orientada pelos valores nele recebidos. A evolução do direito das coisas encontra-se neste nicho epistemológico; não na formulação de um novo Código, ainda que acompanhada de um discurso de cláusulas gerais.[130]

Em face deste novo paradigma, é gestado o Estado Social e Democrático de Direito; mediante princípio estruturante da ordem jurídica. Um atrator que reúne o conjunto de valores positivados, resultando na norma mais abstrata do sistema. Por isso mesmo seu maior atrator normativo. O princípio o Estado Social de Direito. Mais que um modo de organização do Poder Público, foi dado à Carta um novo papel e concepção axiológica, neste paradigma emergente. Nasce enraizada na sociedade e dela emanada. A ser perseguida pela sociedade, assegurando-a, realizando-a, e sendo por ela assegurada e realizada.

Esta ordem normativa nasce no princípio do Estado Social e Democrático de Direito, ganhando densidade de acordo com os ramos de concretização que o sistema guarde. Perde conteúdo axiológico para ganhar concreticidade normativa. Perde indeterminação. E alcance.

Portanto, afirmar que um princípio é uma cláusula geral, epistemologicamente há de guardar um compromisso vinculante, pois os sentidos da norma não são unívocos e toda palavra tem um "senhor" por trás de sua pronúncia. O sentido disso fica mais claro na esfera metodológica.

---

[129] WASSERMAN, Claudia. A manutenção das oligarquias no poder: as transformações econômico-políticas e a permanência dos privilégios sociais. *Estudos Ibero-Americanos*, Porto Alegre: EDIPUCRS, n. 24, p. 64, 1998. Tomo 2: "Apesar das grandes revoltas camponesas, operárias e de grupos urbanos, o período apresentado neste ensaio, entre 1880 e 1920, apresenta-se como um momento de extrema estabilidade oligárquica, porque as oligarquias haviam sido capazes de coibir o desenvolvimento das contradições geradas por esse tipo de implantação de capitalismo. Os princípios do liberalismo, em geral aceitos pelas elites latino-americanas, estavam unicamente restritos ao livre comércio, enquanto os alicerces do poder político estavam fundados sob forma de mediação extremamente autoritária. Mesmo na passagem do sistema censitário de sufrágio para um sistema universal, admitia-se apenas a população masculina, adulta e alfabetizada, o que não passava de vinte por cento de toda a população dos países. Na prática essa transformação eleitoral, reinvindicada por grupos que começavam lentamente a criticar o sistema oligárquico, independente de seu conteúdo inovador, somente aumentou o poder político das áreas rurais. Os latifundiários passaram a manipular listas eleitorais segundo suas conveniências, reduzindo assim, por muito tempo, o peso dos grupos urbanos. [...] Estas elites, embora tenham sido responsáveis pela implantação do modo de produção capitalista, o fizeram a sua maneira, retardando o aparecimento de relações sociais que pudessem extinguir com o seu poder".

[130] Experiência colhida originalmente do BGB e posteriormente do ZGB. Vide NALIN, Paulo. Cláusula Geral e Segurança Jurídica no Código Civil. *Revista Brasileira de Direito.* Vol. 1. Passo Fundo: IPEJUR, p. 85-102, 2005, p. 90-96. Em nossas matrizes: TUTIKIAN, Cristiano. Sistema e codificação: o Código Civil e as cláusulas gerais, *in* ARONNE, Ricardo (org.), *Estudos de direito civil-constitucional*, Porto Alegre: Livraria do Advogado, 2004, p. 19-79, Vol. 1.

Na medida em que ao Direito Civil cabe papéis hoje designados pela Constituição,[131] o princípio da função social da propriedade, antes de qualquer coisa, deve realizar o princípio do Estado Social e Democrático de Direito. Antes mesmo de figurar na codificação, já ostentava a bem mais nobre condição de direito fundamental de segunda geração, encartado no rol do art. 5º da CF/88. Atrator, por excelência, de todo o discurso normativo. Como deveriam ser, àquilo que se classifica como direitos humanos.

Ao intérprete e aplicador do Direito, decorre um compromisso na atividade hermenêutica, com o conjunto de valores que integram a opção axiológica da Constituição. A interpretação, tal qual a norma, pelo caráter axiológico, tem seus filtros de legitimidade. Atratores intersubjetivos do discurso.

A função social da propriedade privada importa em ser mais do que uma cláusula geral da codificação, no sentido que muitos lhe atribuem. Guarda conexão direta com o núcleo do sistema, alimentando o direito das coisas com os valores constitucionais.

Mais do que um necessário dever de adaptar leitura desconforme à axiologia solidarística da Carta, traduz critérios de racionalidade normativa que informam a leitura tópica do fenômeno jurídico.[132]

É vasta a quantidade de princípios, em suas diversas qualidades de densificação (estruturante, fundamental, geral, especial ou especialíssimo).[133] restando todos interconectados na malha jurídica.

Ao direito das coisas, muitos guardam potencial diferenciado de conformação no caso concreto, como proporcionalidade, função social da posse, meio ambiente ecologicamente equilibrado, prenotação, dentre outros. Ao operador jurídico, cumpre o manuseio deôntico de toda essa gama de normas, conjuntamente com a série de regras que toca à disciplina de especialidade.

[131] RIVERA, Julio César. El Derecho Privado Constitucional, *Revista dos Tribunais*, nº 725, São Paulo, RT, 1996, p. 13: "Por otra parte, pueden señalarse otros hechos que crean la necesidad de estudiar la relación entre el Derecho Constitucional y las ramas del Derecho Privado, particularmente el Derecho Civil. Uno de ellos es que ingresan a las constituciones materias que – al menos en algunos países – hasta ese momento se consideraban proprias del Derecho Privado".

[132] CANARIS, op. cit., p. 66-67: "Sendo o ordenamento, de acordo com a sua derivação a partir da regra da justiça, de natureza valorativa, assim também o sistema a ele correspondente só pode ser uma ordenação *axiológica* ou *teleológica* – na qual, aqui, teleológico não é utilizado no sentido estrito de pura conexão de meios aos fins, mas sim no sentido mais lato de cada realização de escopos e de valores, portanto no sentido no qual a 'jurisprudência das valorações', é equiparada à jurisprudência teleológica".

[133] Vide ARONNE, Ricardo. *Por uma nova hermenêutica dos direitos reais...*, ob. cit., p. 110-162.

Anotando o direito das coisas codificado, pode-se fazer um inventário primário de princípios diretamente relevantes. Cumpre transcrever o mencionado quadro.[134]

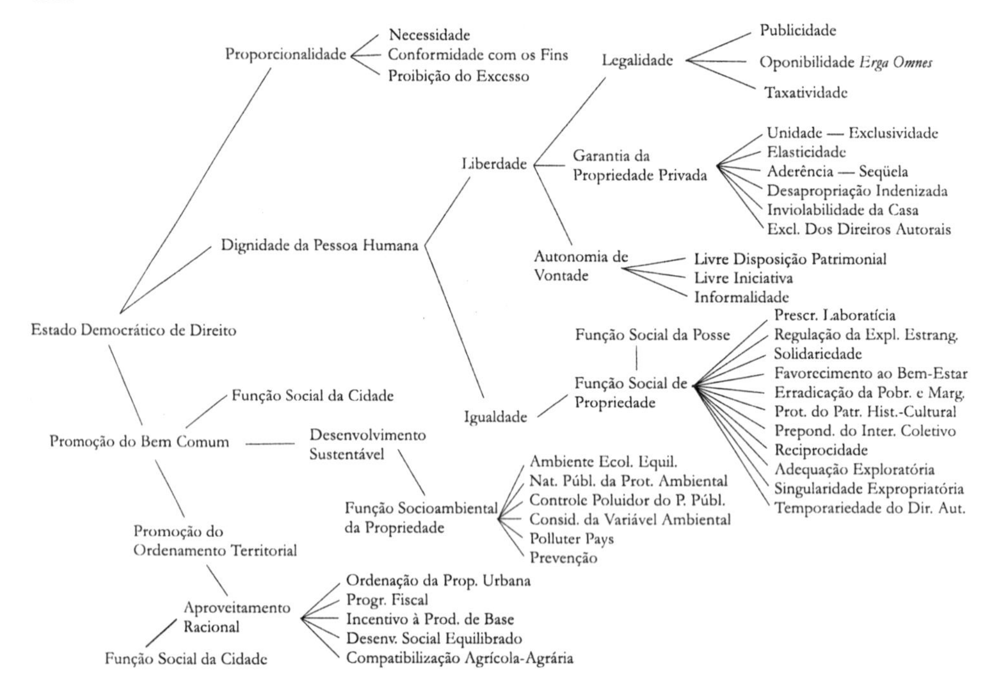

Na impossibilidade de cobrir a estrutura de todos, cumpre elucidar os contornos axiológicos do princípio da função social da propriedade, não obstante sua indeterminação natural ao discurso.

Guarde-se que os princípios têm natureza normativa de espécie diferente das regras, cujo conteúdo guarda maior concreticidade. Por serem abstratos, encontram-se dispersos em diversos graus de densidade, uns dando sentido aos outros, de modo a formar um sistema intersubjetivamente dotado de racionalidade.

Esse sistema tem sua gênese normativa em um princípio que agasalha o conteúdo dos valores democraticamente escolhidos como legitimadores da ordem jurídica.[135] Os valores são o limite do sistema que se faz positivamente aberto e móvel por sua indeterminação. Reconhece lacunas, porém sucumbe diante de anomias. Tem metodologia para interpretação e aplicação. Uma ordem atrás de um aparente caos.

O princípio estruturante do ordenamento pátrio é o Estado Social e Democrático de Direito; pela abstração que guarda, densifica-se em diversos outros – fundamentais – que revelam seu sentido. A função social é concretizadora da dignidade

[134] ARONNE, Ricardo. *Código Civil anotado*. Ob. cit., p. 778.

[135] Vide preâmbulo da CF/88, cujo conteúdo é vinculante à todos.

humana.[136] Assim, percorrer-se-á essa via normativa. Sensível ao resultado de cada *interface*. Sensível às condições iniciais. Indeterminado. Porém previsível em sua dinâmica caótica. Racional em sua intersubjetividade.

Esses graus diversos de fixismo variante decorrem dos atratores. Sem eles o sistema jurídico seria estocástico como o jogar de dados. Percebamos o sentido das normas como atratores. Inicie-se pelo mais abstrato. Portanto, mais compreensivo.

Não existe Estado Social e Democrático de Direito ausente garantia da dignidade da pessoa humana. Para além da proteção singular ou egoística do indivíduo, tal princípio conclama à compreensão intersubjetiva do sujeito em sua inserção e contextualização social, para realização.

Traça ainda, enquanto densificador, meta de realização do Estado Democrático e Social de Direito – pois um deixaria de existir na ausência do outro –, advindo a "repersonalização"[137] do Direito, tendo o ser humano (e não o mercado) por fim, e não meio.[138]

De Larenz, neo-hegeliano,[139] pode-se colher a saudável intersubjetivação das titularidades, não observável no personalismo ético que influenciou o Código Civil alemão (BGB).[140] Pelo personalismo ético, o Direito passa à esfera da autorregulamentação[141] em que fica sujeito às desigualdades materiais dos indivíduos e serve ao aumento de tais desigualdades.

Qualquer noção de dignidade, tendo em vista um patamar material e não meramente formal, deve ser apreendida concreta (tópica) e intersubjetivamente, como traduz Ingo Sarlet,[142] na mais significativa obra dedicada ao tema, na literatura jurídica nacional.

Estando a dignidade da pessoa humana na condição de densificadora do Estado Democrático e Social de Direito, não é o sujeito que impõe limites a si mesmo, como emerge da noção artificializada da metafísica tradicional, transmitidas por von Savigny à Ciência do Direito do Séc. XIX – também influente no pensamento de

[136] NUNES, A. J. Avelãs. *Os sistemas económicos*. Coimbra: Coimbra Ed., 1997, p. 123: "A primeira propriedade é a existência".

[137] CARVALHO, Orlando de. *A teoria...*, p. 10-11.

[138] LARENZ, Karl. *Derecho civil: parte general*. Madrid: Revista de Derecho Privado, 1978, p. 45-46: "De ello se sigue que todo ser humano tiene frente a cualquer otro el derecho a ser respetado por él como persona, a no ser prejudicado en su existencia (la vida, el cuerpo, la salud) y en un ámbito propio del mismo y que cada individuo está obligado frente a cualquier otro de modo análogo".

[139] RODRÍGUES, Carlos Eduardo López. *Introdução ao pensamento e à obra jurídica de Karl Larenz*. Porto Alegre: Livraria do Advogado, 1994, p. 27.

[140] AMARAL, Francisco. *Direito civil: introdução*. 2.ed. Rio de Janeiro: Renovar, 1998, p. 133.

[141] LÔBO. Paulo Luiz Netto, Contrato..., p. 41.

[142] SARLET, Ingo Wolfgang. *Dignidade da pessoa humana e direitos fundamentais*. 3.ed., Porto Alegre: Liv. do Advogado, 2004, p. 39-60.

Windscheid[143] –, e sim cumpre ao Estado Social e Democrático de Direito impor e assegurar os limites da atuação dos sujeitos.[144]

Inobstante as considerações até agora tecidas já tenham lançado um pouco de luz sobre o significado e o conteúdo do princípio da dignidade da pessoa humana, não há como negar que uma definição clara do que seja efetivamente esta dignidade não parece ser possível, uma vez que se cuida de conceito de contornos vagos e imprecisos. Mesmo assim, não restam dúvidas de que a dignidade é algo real, já que não se verifica maior dificuldade em identificar as situações em que é espezinhada e agredida. {...} Neste contexto, costuma apontar-se corretamente para a circunstância de que o princípio da dignidade da pessoa humana constitui uma categoria axiológica aberta, sendo inadequado conceituá-lo de maneira fixista, ainda mais quando se verifica que uma definição dessa natureza não harmoniza com o pluralismo e a diversidade de valores que se manifestam nas sociedades democráticas contemporâneas.[145]

A positivação expressa desse princípio conduz, pelo viés normativo, a "repersonalização" do direito das coisas. Quando uma norma não dá vazão aos vetores axiológicos traçados, poderá ser retirada do ordenamento, por substancial inconstitucionalidade, no caso de inviabilidade de funcionalização; que é obstaculizada pela teoria clássica, no trato das titularidades como direitos absolutos, seccionando-os do direito das obrigações, pela via conceitual.[146]

> "*Comment, dès lors, nes pas commencer par faire connaître son sentiment sur la question de la difference spècifique du droit réel et l'obligation? Seulement, qu'on nous comprenne bien dès l'abord. Si, dès maintenant, nous laissons entendre que nos sommes favorables à la thèse de l'irreductibilité du droit réel à l'obligation et inversement de l'obligation au droit réel, cela ne signifie pas qu'il faille accepter de façon absolue les notions de droit réel et d'obligation telles que les a consacrées la doctrine classique, en admettant, d'ailleurs, qu'il y ait uniformité d'opinion chez les représentants de la doctrine classique, ce qui n'est pas établi*".[147]

Concretizando o princípio da dignidade humana, no regime normativo atual, estão os princípios gerais da liberdade e igualdade. O primeiro migrou da condição

---

[143] LARENZ, Karl. *Derecho civil...*, p. 45, n. 44.

[144] Com outra leitura, diz Larenz (Idem, ibidem, p. 44): "Con ello se considera que el hombre, de acuerdo con su peculiar naturaleza y su destino, está constituido para configurar libre e responsablemente su existencia y su entorno en el marco de las posibilidades dadas en cada caso, para proponerse objetivos e imponerse a sí mismo límites en su actuación".

[145] SARLET, Ingo Wolfgang. *A eficácia...*, ob. cit., p.103.

[146] WALD, Arnoldo. *Direito das coisas*, ob. cit., p.31.

[147] BONNECASE, Julien. *Traité théorique et pratique de droit civil.* Paris: Recueil Sirey, 1930. Tomo 5, p. 3. "Como, então, não começar por esclarecer a nossa idéia sobre a questão da diferença específica entre o direito real e a obrigação? Quero apenas deixar isto claro de início. Se, a princípio, nós afirmamos que somos favoráveis à tese do direito real irredutível à obrigação e inversamente da obrigação ao direito real, não significa que aceitemos de forma absoluta as noções de direito real e de obrigação consagradas pela doutrina clássica. Seria preciso admitir, por outro lado, a uniformidade de opinião entre os representantes da doutrina clássica, o que não está confirmado". (Tradução livre)

de princípio estruturante para princípio geral de direito. A igualdade era de ordem formal, pois mera garantidora da liberdade, por meio da visão oitocentista de legalidade.

Desde a Carta de 1988, estas normas buscam a concretização da dignidade da pessoa humana, ganhando sentido naquele princípio e consequente valoração diferida no caso concreto, alinhando-se por relativização mútua, em concordância prática.[148]

Igualdade e liberdade têm apreensão material no sistema, implicando tratamento desigual para desiguais, ou restrição de liberdade para sua própria realização, no sentido da garantia da pessoa humana, na acepção intersubjetivada.

O princípio da igualdade, em sua densificação rumo ao direito das coisas, resta concretizado pelo princípio da função social da propriedade – princípio especial –, impositivo ao intérprete de otimizar as titularidades na consideração dos interesses extratitulares, fruto das necessidades do meio em que se insere intersubjetivamente.[149] "A função social da propriedade corresponde a limitações fixadas no interesse público e tem por finalidade instituir um conceito dinâmico de propriedade em substituição ao conceito estático, representando uma projeção da reação antiindividualista".[150]

São obrigações (positivas ou negativas) que derivam do meio em que se insere a propriedade em pauta – móvel ou imóvel, material ou imaterial – que fornecerá por meio da análise do sistema social e do ambiente[151] tal conteúdo. Informando o atrator. A função social de uma propriedade somente pode ser apreciada em concreto, principalmente em um país de proporções continentais como o Brasil, de perfis muito distintos em cada região ou comunidade, o que dificulta a existência de fórmulas hábeis à sua pré-compreensão.

Interesses privados, sociais e públicos hão de se alinhar, relativizando-se em caso de conflito, sem se eliminarem, de modo que, em sua constituição mútua, seja verificável o conteúdo de funcionalização em apreço, plenamente exigível na condi-

---

[148] HESSE, Konrad. *Escritos de derecho constitucional.* Madrid: Centro de Estudios Constitucionales, 1983, p.48. "En íntima relación con el anterior se encuentra el princípio de la concordância pratica: los bienes jurídicos constitucionalmente protegidos deben ser coordinados de tal modo en la solución del problema que todos ellos conserven su entidad. Alli donde se produzcan colisiones no se debe, a través de una precipitada 'ponderación de bienes' o incluso abstracta 'ponderación de valores', realizar el uno a costa del otro".

[149] FRANÇA, Vladimir da Rocha. Perfil constitucional da função social da propriedade. *Revista de Informação Legislativa*, Brasília: Senado Federal, n. 141, 1999, p. 14: "A função social é intrínseca à propriedade privada. As concepções individualistas sucumbiram ante a força das pressões sociais em prol de sua democratização. Pode-se dizer que não basta apenas o título aquisitivo para conferir-lhe legitimidade: é preciso que o seu titular, ao utilizar o feixe dos poderes – absolutos, amplos ou restringidos – integrantes do direito de propriedade, esteja sensibilizado com o dever social imposto pela Constituição Federal".

[150] FACHIN, Luiz Edson. *A função social da posse e a propriedade contemporânea.* Ob. cit., p.19.

[151] BARCELONA, Pietro. *O egóismo maduro e a insensatez do capital.* São Paulo: Ícone, 1995, p.21.

ção de direito social, erguido nos ombros do art. 5º da CF/88 à condição de direito fundamental.

Sem prejuízo do exposto, a função social se explicita – mediante maior concretização – em diversos princípios especialíssimos que nela ganham sentido e que dão sentido às regras do ordenamento, conduzindo até elas valores recebidos no topo da cadeia de concretização.

> "*La propiedad, a tenor del Código civil, no es ciertamente, como hemos vistos (supra § 2 II* d*), un derecho ilimitado. Ello no obstante, concede al propietario facultades muy amplias. Los creadores del Código estaban aún lejos de pensar que el propietario de terrenos debiese ejercitar su derecho, no a su albedrío, sino sólo de modo compatible con las necesidades elementales de la comunidad, tal como se derivan de la convivencia en un espacio limitado*".[152]

Diversamente das regras, que convivem no plano da validade, em face de sua concreticidade, reduzindo a discricionariedade do intérprete, os princípios convivem no plano valorativo. São dialógicos. Suas razões são complementares, mesmo no antagonismo.

As regras têm um convívio antinômico, dialético, afastando-se no caso de antinomia para valer ou não, topicamente. Os princípios não. De convivência conflitual, hierarquizam-se axiologicamente para preservar a unidade material do sistema. Dialogam. Relativizam-se mutuamente na incidência tópica, no encadeamento teleológico dos valores em destaque.

Ganhando sentido em concreto, o princípio da função social da propriedade possui plasticidade fractal suficiente para adequação tópica pelo intérprete, no contexto da totalidade do sistema jurídico. Com isso, resulta irreconhecível o direito das coisas em sua atual fisionomia, frente seus lineares e abstratos modelos ancestrais.[153]

6. Sem pândegas ou pandectas: considerações afinais

Desnecessário trilhar as razões pelas quais não se buscará trazer um conceito de propriedade para a pós-modernidade. O que o Direito pode oferecer é uma arquitetura fundada no direito das coisas, de feição transdogmática e transparadigmática, apta a reconhecer a complexidade e indeterminabilidade do sistema jurídico.

Não obstante, no revelar de seus atratores normativos, explicita uma possível ordem por trás do caos. Uma ordem sem qualquer resquício de positivismo, porém reconhecedora da vinculatividade normativa, seus limites e suas possibilidades.

Não se busca, com isso, ofertar uma nova paisagem ao observador. Outrossim, revelar um novo modo de ver. Do olhar ao ângulo. Espera-se que ciente das

---

[152] LARENZ, Karl. *Derecho civil...*, p. 78-79.

[153] No mesmo contexto, ainda que em outro sentido vide AZEVEDO, Antonio Junqueira de. O direito civil tende a desaparecer? *Revista dos Tribunais*, São Paulo: RT, n. 472, p. 15-21, 1975.

possibilidades que abre, não se desligue da matriz que encerra. Aponta, pois, uma superação; algo para além da simples negação.

Sem refutar objetivismo ou subjetismo por suas limitações, galgar ao platô da intersubjetividade, preservando o pluralismo includente da democracia humanista aberta e consolidadora de um Estado Social que respeita um mercado, sem guardar condição servil.

Um discurso de esperança, cuja mesma face reconhece a condição de um lamento. Um renascer que não deixa de ter, também, sua condição de adeus.

7. Breve referencial bibliográfico

ARONNE, Ricardo. Direito Civil-Constitucional e Teoria do Caos – Estudos Preliminares. Porto Alegre: Liv. do Advogado, 2006.

——. *Código Civil anotado*. São Paulo: IOB/Thomson, 2005.

——. Direito das coisas. In: PEREIRA, Rodrigo da Cunha (org.). *Código Civil anotado*. São Paulo: Síntese, 2004.

——. Disposições finais. In: PEREIRA, Rodrigo da Cunha (org.). *Código Civil anotado*. São Paulo: Síntese, 2004.

——. *Por uma nova hermenêutica dos direitos reais limitados* – das raízes aos fundamentos contemporâneos. Rio de Janeiro: Renovar, 2001.

——. *Propriedade e domínio*. 1ª ed., Rio de Janeiro: Renovar, 1998.

BEVILÁQUA, Clóvis. *Direito das coisas*. 5ª ed., Rio de Janeiro: Forense, s.d., Vol. 1.

CARBONNIER, Jean. *Flexible droit*: pour une sociologie du droit sans riguer. Paris: LGDJ, 1992.

CANARIS, Claus. *Pensamento sistemático e conceito de sistema na ciência do direito*. Lisboa: Fund. Calouste Gulbenkian, 1989.

CHALHUB, Melhim Namem. *Curso de direito civil – direitos reais*. Rio de Janeiro: Forense, 2003.

DERRIDA, Jacques. *A farmácia de Platão*. São Paulo: Iluminuras, 1991.

FACHIN, Luiz Edson. (org). *Repensando os fundamentos do direito civil brasileiro contemporâneo*. Rio de Janeiro: Renovar, 1998.

——. *A reforma no direito brasileiro: novas notas sobre um velho debate no direito civil*. Revista dos Tribunais. São Paulo: RT, n. 757, 1998, p. 64-69.

——. *Teoria crítica do direito civil*. Rio de Janeiro: Renovar, 2000.

FOUCAULT, Michel. *As Palavras e as Coisas*. São Paulo: Martins Fontes, 2002.

——. *Arqueologia das ciências e a história dos sistemas de pensamento*. 2.ed. Rio de Janeiro: Forense, 2005.

GILISSEN, John. *Introdução histórica ao direito*. 2.ed. Lisboa: Fund. Calouste Gulbenkian, 1995.

GIORGIANNI, Michele. O direito privado e as suas atuais fronteiras. *Revista dos Tribunais*. SãoPaulo: RT, n. 747, 1998, p. 35-55.

GLEICK, James. *Caos – a criação de uma nova ciência*. Rio de Janeiro: Campus, 1990.

GONNARD, René. *La propriété dans la doctrine et dans l'histoire*. Paris: LGDJ, 1943.

HABERMAS, Jürgen. *Técnica e ciência como "Ideologia"*. Lisboa: Edições 70, 1997.

——. *Pensamento Pós-Metafísico: estudo filosófico*. Rio de Janeiro: Tempo Brasileiro 1990.

——. *Consciência moral e agir comunicativo*. Rio de Janeiro: Tempo Brasileiro 1989.

——. *Conhecimento e Interesse*. Rio de Janeiro, Zahar Editores, 1982.

KUHN, Thomas. *A estrutura das revoluções científicas*. 5ª. ed. São Paulo: Perspectiva, 1998.

LARENZ, Karl. *Derecho civil: parte general*. 3.ed. Madri: Rev. Derecho Privado, 1978.

——. *Metodologia da ciência do direito*. 5.ed. Lisboa: Ed. Calouste Gulbenkian, 1983.

LÔBO, Paulo Luiz Netto. *Contrato e mudança social. Revista dos Tribunais*. São Paulo: RT, n. 722, 1995, p. 40-45.

——. Constitucionalização do direito civil. *Revista de Informação Legislativa*. Brasília: senado federal, n. 141, 1999, p. 99-109.

MEIRELES, Jussara. O ser e o ter na codificação civil brasileira: do sujeito virtual à clausura patrimonial. In: FACHIN, Luiz Edson. *Repensando os fundamentos do direito civil brasileiro contemporâneo*. Rio de Janeiro: Renovar, 1998.

MORIN, Edgar. *A cabeça bem-feita: repensar a reforma, reformar o pensamento*. 10. ed. Rio de Janeiro: Bertrand Brasil, 2004.

——. *Saberes globais e saberes locais: um olhar transdiciplinar*. Rio de Janeiro: Garamond, c2001.

——. *Introdução ao pensamento complexo*. Lisboa: Inst.Piaget, 1991.

NIETZSCHE, Friedrich Wilhelm. *Assim falou Zaratustra*. São Paulo: Martin Claret, 2003.

——. *Ecce homo: como cheguei a ser o que sou*. São Paulo: Martin Claret, 2001.

——. *A Gaia ciência*. São Paulo: Companhia das Letras, 2001.

——. *O Anticristo*. 5. ed. Rio de Janeiro: INCM, 1978.

SARTRE, Jean-Paul. *A idade da razão*. São Paulo: DIFEL, 1976.

PASCAL, Blaise. *Pensamentos*. São Paulo: Martin Claret, 2004.

PASQUALINI, Alexandre. *Hermenêutica e sistema jurídico*. Porto Alegre: Livraria do Advogado, 1999.

——. *O público e o privado*. In: SARLET, Ingo (Org.). *O direito público em tempos de crise*. Porto Alegre: Livraria do advogado, 1999.

PERLINGIERI, Pietro. *Perfis do direito civil: introdução ao direito civil constitucional*. Rio de Janeiro: Renovar, 1997.

PEREIRA, Caio Mário Silva. *Instituições de direito civil – direitos reais*. 18ª ed., Rio de Janeiro: Forense, 2004, atualizada por Carlos Edison do Rego Monteiro Filho, Vol. 4.

PEREIRA, Lafayette Rodrigues. *Direito das Coisas*. 5ª ed., Rio de Janeiro: Freitas Bastos, 1943, Vol. 1.

PRIGOGINE, Ilya. *O fim das certezas: tempo, caos e as leis da natureza*. São Paulo: UNESP, 1996.

——; STENGERS, Isabelle. *La novelle alliance*. Paris: Gallimard, 1979.

POINCARÉ, Henri. *A ciência e a hipótese*. Brasília: UNB, 1988.

PROVERA, Giuseppe. La distinzione fra diritti reali e diritti di obbligazione alla luce delle istituzioni di Gaio. *Il modello di Gaio nella formazione del giurista*. Milão: Giuffrè, 1981.

REALE, Miguel. Visão geral do novo Código Civil. In: TAPAI, Giselle de Melo Braga. *Novo Código Civil Brasileiro* – Estudo Comparativo do Código Civil de 1916, Constituição Federal, Legislação Codificada e Extravagante. São Paulo: RT, 2002.

RIZZARDO, Arnaldo. *Direito das Coisas*. São Paulo: Forense, 2003.

RODRIGUES, Silvio. *Direito civil – direito das coisas*. 27ª ed., São Paulo: Saraiva, 2002.

RUSSELL, Bertrand. *História do pensamento ocidental: a aventura das idéias dos pré-socráticos a Wittgenstein*. Rio de Janeiro: Ediouro, 2001.

SANTOS, Boaventura de Sousa. *Um discurso sobre as ciências*. São Paulo: Cortez, 2005.

——. *Conhecimento prudente para uma vida decente*: um discurso sobre as ciências revisitado. São Paulo: Cortez, 2004.

——. *Pela mão de Alice: o social e o político na pós-modernidade*. 8. ed. São Paulo: Cortez, 2001.

——. *O discurso e o poder: ensaio sobre a sociologia da retórica jurídica*. Porto Alegre, Fabris, 1988.

SARLET, Ingo Wolfgang. *A eficácia dos direitos fundamentais*. Porto Alegre: Livraria do Advogado, 2004.

—— (Org.). *O direito público em tempos de crise*. Porto Alegre: Livraria do Advogado, 1999.

—— (Org.). *O novo código civil e a Constituição*. Porto Alegre: Livraria do Advogado, 2006.

—— (Org.). *A Constituição concretizada*: construindo pontes com o público e o privado. Porto Alegre: Livraria do advogado, 2000.

STEWART, Ian. *Será que Deus joga dados?* A nova matemática do caos. Rio de Janeiro: JZE, 1991.

TEPEDINO, Gustavo. *Temas de direito civil.* 3.ed, V.1. Rio de Janeiro: Renovar, 2004.

——. *Temas de direito civil.* 2.ed., V.2. Rio de Janeiro: Renovar, 2006.

——. A nova propriedade: o seu conteúdo mínimo, entre o código civil, a legislação ordinária e a Constituição. *Revista Forense.* São Paulo: Forense, v. 306, 1991, p. 73-78.

—— (Org.). *Problemas de direito civil-constitucional.* Rio de Janeiro: renovar, 2001.

"O inferno são os outros", é uma notável frase de **SARTRE** (foto) que, encerrando a peça "Entre 4 Paredes", bem evoca nossa dificuldade perante o outro. O presente capítulo se constitui em um texto original em um sentido, enquanto não o é em outro, revelando com isso a diversidade de possibilidades em sua leitura e vestindo a alteridade como implicitude. Nasce de dois textos anteriores. Um verbete, encomendado, sobre Responsabilidade e um artigo de jornal, também encomendado, voltado a discutir a alteridade e a Pós-Modernidade. Reformatado, não obstante intocadas as linhas originais, esse novo texto busca trazer um melhor enfrentamento à temática, ora identificada como Síndrome de Perseu, sem as margens que geografavam limite para um pensamento que se expressa espaç(i)osamente.

III.

Ontologia e simulacro na pós-modernidade de Janus: alteridade e impossibilidade face a síndrome de Perseu

1. O desafio dos encontros

Encontros oferecem a possibilidade de geografar espaços de desafio. Do desafio da subjetividade; não raro conduzindo-a por tortuosos limites. Seja quando encontramos pessoas, seja quando encontramos ideias. A face de Janus, *Senhor do Caos*, para os romanos representada pelo encontro de rostos contrapostos, é mostra desse desafio atávico e destemporalizado. O rosto, como bem representado em Levinas, significa a intransponibilidade do outro, impossibilitando seu ultrapassar. Limitando-me... Fronteirizando-me.

Em sua ojeriza ao outro, a Modernidade correu para o conforto gélido do solipsismo. Em seu discurso inaugural, desde logo inicia a ontologia da própria natureza do ser, fechando os olhos a todo e qualquer outro. *Cogito ergo sum.* No mínimo paradoxal, é a conclusão cartesiana. Funda a percepção de Nietzsche, que aponta a colonização do ocidente pelo pensamento de Platão e São Paulo.

Esse drama cotidiano do encontro é compartilhado (em variável conteúdo patológico) por toda a sociedade deste século, que comunga nesses lagos de ontologia. A patologia chegou ao ponto de desenvolver, entre determinado grupo, um mercado voltado (para não falarmos de outras próteses químicas legalizadas, como o *Prozac* ou o *Viagra*) a drogas estimulantes de contato físico, como o *Ecstasy*... O outro resulta sempre envolvido em brumas. Tangivelmente intangível... Mas desafiadoramente ali... Reduzindo-me ao eu... Simplificando-me... Significando-me... Objetivando-me com sua razão. Cobrindo-me de caldos e rescaldos ônticos... Fantasiando-me com essências e despindo-me de existência. De minha real possibilidade de ser.

Ao ser convidado a escrever o verbete *Responsabilidade*, para dois conhecidos dicionários de Teoria e Filosofia do Direito, semelhante desafio, por diversas razões, foi inevitável, pois inevitável seria a ocorrência de um encontro. O desafio seria em não reduzir esse sabido encontro a mais um encontro, em face de três obstáculos iminentes no trato engavetante e metrificador da responsabilidade.

Primeiro pelo forte risco que se apresenta, ao reduzir tema de tão grande densidade, em um verbete. Tal problema já se postara antes, nas vezes em que fui convidado a anotar a codificação civil ou comentar a norma constitucional, em obras de caráter sintetizador, para o estudante, pesquisador ou operador do Direito. Uma arquitetura fractal, garantidora da condição dialógica do pensamento, possibilita plasticidade às ideias não enclausurando o tema, superando tal obstáculo. Um segundo óbice, o da limitação de caracteres, foi superado no momento em que passou a ser lembrado para, fundado em critérios de razoabilidade, ser ignorado em seguida; principalmente no cuidado em não reduzir o enfrentamento à interlocução kantiana (uma armadilha pela riqueza em debate e pobreza de possibilidades). Ocorre que um terceiro óbice se postaria aparentemente invencível. Tratava-se de uma nova ideia. Que já vinha orbitando meu discurso... A *Síndrome de Perseu*. Não tocá-la seria falacioso, não obstante evitava-se o risco de a temática absorver o próprio verbete, devorando-o qual buraco negro, à partir das entranhas do próprio texto.

A única solução possível foi a derivação de um novo texto, sem as limitações do originário, porém fixando nele suas âncoras, de modo a desenvolver o novo tema sem as peias que um verbete impunha e vindo a ter como porto de chegada outro texto, especificamente voltado à Síndrome e aos simulacros, que perfaz o capítulo final dessa aventura. Um artigo encomendado pela alma do jornal *Estado de Direito* (a jovem, talentosa e obstinada Carmela Grune) para sua edição de terceiro aniversário, atinente ao tema do *Espetáculo* e da *Alteridade*; que me fora dado tratar em inusitado encontro para debater os 20 anos de democracia constitucional em um *Shopping Center*. O formato peculiar do respectivo capítulo 4 deve-se a estrutura de texto para jornal, qual a peculiaridade do capítulo 2, correspondente a um verbete; revelando, pois, sua alteridade intrínseca e substancial mesmo em conjugação.

Daí a origem dessas linhas e a nova condição que adquirem, fornecendo passaporte ao discurso crítico que encena uma razão intersubjetiva, na busca obscenamente desconstrutora dos paradoxos da contemporaneidade. Óbice converte-se em um segundo projeto, retomando crise como possibilidade, em ensaio. Convidando-a a tomar o centro do salão. *Sacando a bailar...* na singular e cotidiana *balada de un loco... Piantao??? Veni, vola sentí... el loco berretín, que tengo para vós...* (Piazzola/ferrer).

2. Responsabilidade: desconstruindo conceitos e bricolando verbetes

É, por diversas razões, tentador fundar as raízes do verbete *Responsabilidade* no campo do Direito Privado e, em especial, no Direito Civil tradicional. Trata-se de uma armadilha ontológica (como se toda ontologia não fosse um ardil epistemológico, da *parole*). Principalmente para o autor deste verbete; parido processualista, desenvolvido civilista e andarilho ora mestiço, cuja produção marginal labuta no

Direito Civil-Constitucional talvez por este reconhecer-se um território que (re)nega qualquer geografia. *Abgrund* (Heidegger). Sabemos que iremos nos trair se o caminho natural for percorrido. A ontologia deve, pois, ser traída antes, para que se revele. Um início de jornada possível está sinalizado pelo art. 1382 do *Code Napoleon* e a direção aponta à desconstrução dele e à radiografia das intencionalidades deixadas para além de suas fronteiras. Desde logo infletindo para a seara do que se possa circunscrever como pensamento tradicional, dir-se-ia que a noção de responsabilidade se traduziu como um conceito político, e não como um conceito jurídico. Foi justamente esse conceito político apenas capaz de se exprimir a partir da Modernidade, que se incorporou ao Direito Privado; incompreensível aos olhos do *ancient regim* sem todo o caldo cultural tradutor do paradigma iluminista para o Estado Liberal nascente e que volta a passar por profundas transformações, reveladoras de novos paradoxos na Pós-Modernidade. Transformações e paradoxos que refletem na noção buscada por este verbete, enquanto tal (Deleuze). Responsabilidade.

Em 1803, assim sinalizou o *Code Civil de France*: "Qualquer fato do homem que causa dano a outrem, obriga àquele cuja falta originou esse dano, a repará-lo". Reuniu-se os ideologicamente comprometidos conceitos de compromisso, formulado por Domat, e de obrigação, formulado por Pothier, para inscrevê-los na dimensão conceitual da responsabilidade. Noção que até então guardava uma natureza religiosa. Como a culpa, reclamada, necessariamente, pelo conceito inicial dessa moderna responsabilidade, principalmente em sua dimensão kantiana, mas ainda inevitável às muitas escolas racionalistas. Culpa sob a qual jaz um inevitável estranhamento e uma tópica eminentemente penal, por mais privatista que seja o discurso, por aderir ao ato danoso muito mais do que aos seus resultados. Daí deriva inerente contradição performativa (Appel), visto que se busca, na retórica do Direito Civil, reparar os danos sofridos e, portanto, os resultados do ato. Não obstante a discussão sobre culpa, tão valorizada pela doutrina do livre-arbítrio e do individualismo fundamental à própria dimensão moderna de responsabilidade civil, remete (kantianamente) ao ato em si. À valoração do ato, e não do dano, como elemento principal. Isso é paradoxal quando se observa que as correntes conservadoras do Direito Civil tradicional, recusam a possibilidade do dano moral (somente pacificado no Brasil com a CF/88), ao sustentar que a dor não tem preço, sugerindo a impossibilidade de apreciação do ato em si como fundamento da responsabilidade civil. Como visto, abordar o tema proposto no verbete, importa em negar quaisquer facilidades que este possa sugerir em sua ontologia.

Responsabilidade é o fundamento moderno da cidadania liberal, erigido desde o Século XVII e melhor corporificado nas revoluções que encerraram o Século XVIII, é calcado no princípio geral que identificava o individualismo do novo paradigma, o qual considerava politicamente que ninguém pode transferir a outrem o ônus daquilo que lhe acontece. "O princípio fundamental de qualquer sociedade é que cada homem é encarregado de suprir suas próprias necessidades e as de sua família, através de seus recursos adquiridos ou transmitidos. Sem esse princípio, toda atividade cessaria em uma sociedade, pois se o homem pudesse contar com um outro trabalho que não o seu para sobreviver ele transferiria com muito gosto para os outros os cuidados e as dificuldades da vida." (Adolphe Thiers. *Rapport au nom de La Comission de l'assistance et de La prévoyance publiques.* Assemblée Legislative, Paris, 26 de janeiro de 1785, p. 06). O Estado Social e Democrático de Direito, erigido no pós-guerra, vai derrubar esse postulado diante do solidarismo que incorpora ao respectivo sistema jurídico. Ademais o processo de securitização das relações privadas, iniciado na primeira metade do Século XIX, já importa em um profundo golpe nesses valores tradicionais que edificaram o Direito Público e Privado modernos. Nesse sentido, talvez em homenagem a resistência que os redatores do *Code* tinham em relação ao Seguro de Danos ou Responsabilidade, foi somente em 1945, em acórdão proferido em 1º de julho pelo Tribunal de Paris, que a jurisprudência francesa se pacificou em favor do instituto do seguro. Aqui transparecem as matrizes políticas por trás da responsabilidade. A tradição oitocentista julgava o seguro como algo imoral e que feria a civilidade, na medida em que importava em facilitar o afrouxamento da vigilância que cada um deveria ter em face de sua própria conduta. Assim, a França foi ter como marco, para todas essas aporias no tema, a lei de 9 de abril de 1898, onde a responsabilidade pelo risco passa a ser regulada, para além da sanção de um delito, pela repartição dos encargos característicos do seguro, diante do risco. Coerente ao movimento de industrialização que empurra a roda da história e marcava o período. Perceba-se a permanência do sinalizado paradoxo tradicional, derivado da mantença de uma filosofia da moral (com paternidade em Kant) e que supõe uma liberdade autocentrada e solipcista (Arendt). Esse movimento, longe de apresentar esgotamento, vem se adaptando com modos e consequências diversas ao redor do globo, sem sinalizar alguma unidade que não a socialização do dano como discutível resultado. Pode-se apontar, na contemporaneidade, os mais diversos exemplos dessa seara de aplicação, seja no precário DPVAT brasileiro, na falida estrutura previdenciária do sistema de saúde norte-americano, ou mesmo nas premiações para recordes em milionários circuitos de golfe pelo mundo. "Desse ponto de vista a responsabilidade seria *problemática*, à medida suplementar que poderia ser às vezes, talvez mesmo sempre, aquela que assume não por si, *em seu próprio nome* e *frente ao outro* (a mais clássica definição metafísica da responsabilidade), mas aquela que se deve assumir por um outro, no lugar, em nome do outro, a saber, o inegável mesmo da ética. 'À medida suplementar', dizíamos, mas devemos ir mais longe: à medida que a responsabilidade não apenas não diminui, mas, pelo contrário, surge numa estrutura que também é suplementar. Ela é sempre exercida em meu nome *como* em nome do outro, e isso em nada afeta sua singularidade. Esta se coloca e deve tremer no equívoco e na insegurança exemplar desse 'como'." (Derrida, 1995, p. 18). Percebe-se que o desenvolvimento da matéria securitária, reconstruindo os pressupostos tradicionais da noção responsabilidade da aurora da Modernidade, ampliou seu campo de aplicação edificando postulados extensivos até à denominada teoria do contrato onde se articula ao pressuposto tradicional de falta.

Efetivamente, a percepção de falta erigida pela filosofia da moral, alavancava conceitos políticos, filosóficos e morais, onde, somente em meio ao Século XIX, passaram a ter os elos corroídos pela crise de seus estribos epistemológicos. Tratava-se de conceito que fornecia sentido para a responsabilidade civil, encimada das noções de delito e quase-delito, cuja ação civil, complementada pela penal (quando fosse o caso), instrumentalizava a própria responsabilidade política, no contexto de um estado-mínimo, agradável ao liberalismo clássico. É pela noção de falta, também, que a responsabilidade se estenderá aos contratos (Mazeaud e Mazeaud), sempre fundando-se, kantianamente, em um princípio de causalidade evocativo dos dogmas voluntaristas. Tal qual havido na esfera penalista de regulação, no contrato a falta é suporte para uma obrigação civil resultante da respectiva responsabilidade contratual. Perceba-se que o Estado Moderno, se valeria do voluntarismo como cimento de seu biopoder (Foucault). Com a hipertrofia deste biopoder no curso do Liberalismo clássico do Século XIX e o consequente redimensionamento da perspectiva de responsabilidade neste arco histórico, esta pôde fundamentar outros níveis de biopoder e alavancar os regimes totalitários do Século XX (Agamben); tendo ao fundo, invariavelmente certos e seguros discursos sobre certeza e segurança. Historicamente, pode-se dizer que responsabilidade é um conceito com gosto amargo de sangue na boca.

Prosseguindo na desconstrução dessa criatura axiológica, seus nós revelam o enlace dos valores liberdade e segurança no sopesamento do jogo de poder econômico, político, jurídico, social, religioso, psicológico, ou seja, na vibração de todas as branas tramadas nos respectivos sistemas (Canaris) e projetadas na realidade sem costuras da existência. É o princípio da responsabilidade que envolve o encontro desses valores tão sublimes ao Homem; que pavimentaram o solo da modernidade platônica no ocidente judaico-cristão. No revolver desse soro valorativo, traduzido no princípio responsabilidade, emerge uma inevitável opção com efeito nos muitos sistemas identificados. Quanto mais liberdade se ganha, mais segurança se perde; quanto mais liberdade se perde, mais segurança se ganha. Segundo o diagnóstico de Freud em 1929, esse foi o preço pago pela Modernidade, edificando o contingente "mal-estar da civilização". Na leitura de Bauman, a Pós-Modernidade abriu mão desse equilíbrio pelo hedonismo que caracteriza a sociedade da contemporaneidade. O princípio da responsabilidade, pelo seu evidente caráter paradigmático, radiografa bem tal percurso, nas respectivas opções axiológicas e seu preço. Dir-se-ia com Nietzsche, que a responsabilidade refreia o dionísico social para preservar àquilo circunscrito como apolíneo, não obstante os metafísicos limites da aposta nesse último valor.

Aqui revela-se útil eventual olhar arqueológico (Foucault) transdisciplinar, para o registro da trajetória, historicamente alinhada, de algum circunscrito naipe de deveres que se assente na opção de responsabilidade, a serem devidamente desconstruídos revelando os respectivos atratores e suas origens. A responsabilidade civil *stricto sensu*, antes enfrentada, revela claramente sua historicidade sempre que tomada em perspectiva. Daí não dever causar perplexidade a impossibilidade de sua interpretação histórica. Tome-se a responsabilidade quando pensada, por exemplo, na perspectiva do homem concreto. Para bem além da Tópica. Em seu ser no mundo (Sartre). A responsabilidade familial parece apta a tal síntese e reflexão. O final do Século XIX encontrava uma modernidade sólida, em muito embalada no paradigma racionalista-mecanicista, em diversos setores embebida no sonho de uma Ciência vislumbrando possível esgotamento. O conhecimento teria praias; o mundo teria limites e fronteiras. Tudo desbravado pela razão moderna. A família acompanhava esse ponto de esgotamento, *a point of no-return*, fruto dessa ética burguesa-vitoriana. Disciplinar e repressora (Freud). Um ciclo fechava-se na abertura de outro, rearranjando a estrutura de responsabilidades do modelo burguês. Neste ponto, pode-se perceber uma família matrimonial-hierarquizada e indissolúvel, caracterizada por papéis bem definidos. Ao varão cabia prover o lar, e à *uxor* cuidar e educar a prole. A direção da família era misógena, cabendo ao provedor o papel social de trabalho, para quem o mercado já dirigia os postos privilegiados ao personagem respectivamente esperado pelos muitos sistemas em contato com os muitos recortes de realidade, sempre que aporeticamente tangidos pelo observador (Heisenberg). Coerente ao paradigma mecanicista em voga desde o oitocentismo, o Direito reconhecia apenas este modelo familiar, formal, patrimonialista e contratualizado, sem o menor interesse no aspecto afetivo. A liberdade, caricatamente formal, findava na escolha do cônjuge, identificando forma e conteúdo (em detrimento deste último), como apelo de segurança dos valores sociais predominantes.

A ênfase na responsabilidade dos indivíduos, tinha um apelo solipsista e utilitarista. Esta família indissolúvel (a Lei do Divórcio é datada de 1977 no Brasil), atribuía poderes ao Homem e deveres à Mulher, em nítida depreciação jurídica do gênero, agudizada pela submissão irrefletida da prole. Somente haveria responsabilidade familiar, dentro do casamento, gerando direitos e deveres de acordo com os referidos papéis. Do desquite resultava imediata responsabilidade alimentar do homem frente à mulher. Pela responsabilidade desta última, também de modo imediato, lhe era atribuída a guarda dos filhos. Quando gerados fora do casamento, eram denominados sectariamente de filhos ilegítimos (gerando verdadeiro estatuto da bastardia, potencializador da exclusão do sujeito), tampouco havia possibilidade de reconhecimento de paternidade distinta do cônjuge (mesmo em desquite) ou de investigação de paternidade voltada contra homem casado (suprimindo do menor a posse do estado de filho). Na informalidade não era concedido abrigo jurídico à família real e concreta. Não participando do ideal formal de segurança, a família informal não guardava juridicidade, não importando responsabilidades, mesmo que triviais, aos seus membros. A Modernidade Líquida sacudiu estes valores desde os movimentos feministas, em especial com a crescente entrada da mulher no mercado de trabalho em busca de sua autonomia, na edificação de sua liberdade individual. Um novo ciclo começa a forjar-se em novo ponto da espiral histórica, tendo o pós-guerra por marco definitivo. A independência econômica da mulher projetou novos valores para o sistema jurídico e social. Sem a submissão econômica dos pares, o afeto passa a hierarquizar outras constantes axiológicas na sociedade às margens da Pós-Modernidade. O adultério, não obstante as sanções civis (como a ameaça de perda de guarda ou pensão que centralizava as discussões de culpa até a última década do último século), deixa de responsabilizar criminalmente o cônjuge infiel. Mais que isso, a separação é possível de direito como de fato, independentemente de culpa, e o divórcio passa a ser admitido como via a findar a relação conjugal. A Revolução Sexual, havida nos anos 60 do Século XX, aprofundara a órbita das transformações. O clamor por igualdade irrompera o novo papel da família contemporânea, horizontalizando os cônjuges e introduzindo a discussão do gênero. A direção da família passa à condição diárquica, cabendo ao casal, mutuamente, a responsabilidade diante dos filhos. Os contemporâneos deveres parentais em muito diferem do tradicional pátrio poder. Não mais se presume o dever de alimentos ao cônjuge, em caso de separação. Ao contrário, com os novos papéis roteirizados, passam a emergir os casos de a responsabilidade alimentar recair sobre a *uxor*. Desconstruindo um pouco mais, percebe-se que esse casal equânime, por dedicar menos tempo à formação dos filhos no seio da família (papel do modelo anterior), passa a deslocar essa responsabilidade para os aparelhos de educação, em geral escolas e creches. A flexibilização das formas familiares é inerente ao paradigma da família líquida que veste a Pós-Modernidade. Emergem novos modelos fora do casamento. Concubinato, Família Monoparental, Parceria Homoafetiva ou União Estável são alguns destes que se reconhecem no sistema jurídico brasileiro que, não obstante sua inerente abertura, exclui outros (como regimes poligâmicos ou de poliamorismo). Gize-se, como denunciado, a nítida fluidez que reveste a percepção filosófica ou, consequentemente, jurídica de responsabilidade familial, neste arco histórico que vai da família burguesa tradicional à família eudemonista contemporânea. Percebam-se as impossibilidades inerentes em pensar-se o conteúdo do verbete *Responsabilidade*, sem lançar mão desses instrumentos possíveis. "Seria interessante tentar ver como se dá, através da história, a constituição de um sujeito que não é dado definitivamente, que não é aquilo a partir do que a verdade se dá na história, mas de um sujeito que se constitui no interior mesmo da história, e que é a cada instante fundado e refundado na história. É na direção desta crítica radical do sujeito humano pela história que devemos nos dirigir" (Foucault, 2005b, p. 10). Somente assim percebem-se as raízes da responsabilidade paterna e sua verdadeira crise na contemporaneidade. Se a maternidade foi refundida em um novo platô na sociedade atual, não é menos verdade que essa ruptura deixou o homem em busca de seu papel na criação dos filhos. O Direito reflete esse *topois* transdisciplinar, na vacilante jurisprudência emergente no Século XXI em torno da responsabilidade por abandono afetivo. Tema recente e errante, quando não errático, tendo por causa o insistente e visceral solipsismo da filosofia da moral. O individualismo vem sitiando o indivíduo desde a Modernidade Sólida e paradoxalmente no curso da Modernidade Líquida, tão cegamente dependentes da metafísica e da ontologia. Os problemas ideais se tornaram reais. Isso projetou-se para a Pós-Modernidade, sem sinais de recuo; compreende o mal-estar sinalizado por Bauman, tendo potencial para transcendê-lo. As máscaras já não servem para cobrir nossas faces quando se tornam nossos rostos.

Diante das características culturais que integram o conteúdo material da responsabilidade, a atualidade vem sufocando as raízes que legitimam a formulação de seus mananciais conceituais. A falta ou culpa *stricto sensu* perde qualquer condição anterior, atribuída pelo voluntarismo jurídico (deslocado em uma sociedade de massas), quando tratamos de responsabilidade objetiva ou de fins. A própria temática da culpa, desde que retomada após a experiência histórica oferecida pela política racial adotada no nacional-socialismo alemão durante o período nazista (poder-se-ia citar os *gulags* da URSS ou a revolução cultural chinesa, dentre outros exemplos), importou repensar fundamentos da responsabilidade em nova ótica. Caso da chamada culpa vicária (Arendt). Pelo silêncio ou inação. Mesmo nos casos da culpa universalizada, no escopo indireto de esvaziar a respectiva responsabilidade. Voltando à questão alemã e à citada autora que viveu o Holocausto, isso ocorre ao dizer-se "somos todos culpados", resultando que ninguém culpado é, esvaziando responsabilidades. Confundindo-a, por vezes, às externalidades do discurso econômico. Reduzindo-a para uma inerência do mercado ou da globalização. O conceito moderno de responsabilidade, juntamente aos indivíduos, encontra-se sitiado na pós-modernidade. Na dificuldade herdada, de reconhecer ao outro, o *alter*, o distinto, o estrangeiro ou diferente e na dificuldade construída de distinguir nossos mapas de nossos territórios, edificando o real em uma geografia do simulacro. Petrificando o pensar nessa Síndrome de Perseu que se entranhou na contemporaneidade de ilusória viscosidade e latente ausência de fixidez. Desse ponto resultam duas impossibilidades para uma kantiana ética da responsabilidade, fixada por diretrizes de uma filosofia da moral qual desenvolvida pelo Idealismo alemão. A primeira é dada pela implosão do imperativo categórico na perspectiva solipsista de outrora (Habermas), e a segunda, decorrente do desenvolvimento da Ciência e Tecnologia, toca na insuficiência de pensar-se a responsabilidade em uma perspectiva tão somente antropológica (Jonas). Resulta claro que houve uma franca ruptura de paradigma no tema. As questões de imediatidade da responsabilidade sofrem uma profunda reformulação; ainda em busca de melhor sistematização teórica e com profundos efeitos práticos na seara ambiental e genética. Como apontado por Hans Jonas, o indivíduo presente e atual, ou seja, com vínculos espaciais e temporais claros com outros indivíduos, passa a ter sua estrutura de responsabilidade ampliada interiorizando deveres diante das gerações vindouras e incorporando o mundo enquanto legado ambiental nesse horizonte. Importa uma clivagem nos conceitos de evolução e desenvolvimento humano, onde a sustentabilidade filtra sentidos anteriormente indicados pelos critérios tradicionais. Nem sempre o que parece melhor para o Homem ou para Humanidade resultará indicado nessa ética refundida a partir do contemporâneo protagonismo da liberdade e da responsabilidade.

3. Entre espelhos e simulacros

Todas as apontadas dificuldades percorridas na investigação percussionada para o verbete *Responsabilidade* apresentam um forte conteúdo metafísico e o natural acento paradigmático, entrelaçados em nítida legitimação recíproca afastada de qualquer redundância.

A Modernidade, sem querer me aproveitar do pensamento de Wittgenstein, parece confundir propositadamente o jogo com as eventuais regras do jogo, quando este ainda está para ser jogado. Cria uma ilusão de certeza em seus resultados, quando está apenas a rastejar ludicamente sobre probabilidades e arredondamentos, em sua fracassada métrica analítica do *devir*. Porém isso trouxe sequelas para pessoas e sociedades, proporcional à *exposição de suas luzes*.

No corpo do verbete, buscou-se cristalizar pela análise, no campo de transição da família, localizando algumas fragilidades pinçadas da complexidade das branas da historicidade, que desbordaram para nossa Era, com reflexos na economia, sociedade, legislação e jurisprudência brasileira. Aproximando a lente para o sujeito dessas transformações, os reflexos estão replicados em sua natureza fractal. É ali onde se percebe emergir nosso medo do outro, petrificando-nos em caldos de ontologia. Produzindo uma síndrome que toma a Pós-Modernidade, podendo vir a caracterizar-lhe, caso consiga produzir sua metástase... A *Síndrome de Perseu*.

Hugh Everett postula um *multiverso* em detrimento de um cáustico e inexpressivo *universo*, a partir de sua *Teoria dos Muitos Mundos*. Apropriando-nos dessa percepção, pode-se dizer que Descartes, na abertura da proclamada modernidade filosófica, em pleno Iluminismo, optou por uma determinada antiguidade ao separar o *Espírito* da *Carne*. São Paulo e Sto. Agostinho também o fizeram séculos antes, edificando mundos ideais distantes do mundo da vida. Isso produziu marcas profundas no pensamento Europeu Ocidental, colonizador cultural do mundo já reduzido ao Mercado (lunar, com uma face negra e desconhecida) e seus comprometidos reguladores. *Lilith* e o já dócil *Leviatã*, corporificado e replicado no cão *Cérberus*, tricefalicamente institucionalizado desde Montesquieu. Afastando cada vez mais Àvalon da Bretanha, perdendo-a em brumas "(su)reificadoras", levando Husserl a proclamar, no Século XIX, que "devemos voltar às coisas nelas mesmas", no inaugurar da Fenomenologia, ao radicalizar o pensamento de Brentano.

Rompia-se com a noção kantiana de fenômeno (superadora da dicotomia entre empiristas e espiritualistas), inaugural do Idealismo alemão, e refundindo-a no incorporar da noção de intencionalidade, alavancava-se o Existencialismo do Século XX, capacitando a reinvenção da liberdade moderna ou a recuperação das respectivas promessas. Recupera-se, ao cabo um pouco do ser; no seu desafio dentre os argonautas. Porém, não há prêmio ao vitorioso. Não há velo dourado no fim da jornada. Esta se assemelha ao curso de Ulisses. E, portanto, um recurso. Um retorno ou volta para casa mais desafiador que a própria motivação da jornada para Tróia (Homero). Uma volta a nós mesmos... sem neologismo possível. Uma volta a nós e em nós. Portanto, um enosar. Que dê enredo. Enrede. Ponha em redes. Entranhe uma rede emaranhando seus nós. Portanto, entre nós. Entre laços. Entre laçados. Entrelaçados... Entranhe uma rede, estranhando seus nós. Dando estranheza. Alteridade. Dando-nos o outro.

Aqui, muitos poderiam me acusar de hermetismo, pela utilização de conexões míticas e figuras de imagem para traduzir arcabouços conceituais; inevitavelmente transitivos, iludivelmente transitórios. Mais ainda quando se deveria falar do real e atacar o simulacro. Talvez não lhes ocorra que se busca introduzir o pensamento em outra de sua porção. Tocar o observador para melhor edificar um objeto constituível nessas linhas. Levar para outra Antiguidade, não enquanto racionalidade, mas enquanto experiência do *devir*, para além de qualquer ôntica. Para podermos tratar de significantes que transcendam significados, não devemos ter estranheza com a pretensão de signos que transcendam significantes.

É com Sócrates e Platão que a cultura grega se dedicou compreender o mundo, iniciando sua tradição de "Cosmos Ordenado", legitimada na construção de um mundo ideal. Para muito além do *Kaos*. Não obstante, a própria ideia se corporifica em um mito. No Mito da Caverna... Mas como fomos parar dentro da Caverna? Como nos deixamos levar e aprisionar ao seu fundo morbidamente sombrio??

O amanhã sempre fora devir. É entre Heráclito e Parmênides que se instala a discussão originária do rescaldo ôntico que viria a assolar-nos. De uma eventual ordem das coisas no mundo, e da crepitante e totalizante possibilidade disso estar certo. Uma traiçoeira sedução. Uma armadilha arrimada na fraqueza humana, já alertada em mitos de todas as culturas e civilizações. Na forma de ambrosia, romãs ou maçãs.

A Grécia Homérica, em seu primeiro Helenismo, acreditava em um "melhor". No *aristos*. Fundador do próprio ideal de beleza entranhado na cultura grega, possuidor de sentido ético em muito transcendente da estética, capaz de receber as raízes do Eterno Retorno de Nietzsche. Porém, essa beleza era fruto de um devir. Natural, porém sem uma *natureza*, incapaz de evocar uma possibilidade de essência, descritível e cientificável modernamente. Guardava inerência. Constituía o ser sem condição de atributo.

Mas esse ser estava para além de quaisquer descrições. Caracterizava-se pela *dasein* (Heidegger), por seu ser no mundo. Imprevisível e incontrolável como o próprio mundo que se agigantava sobre e em torno do ser, em seu próprio devir. Inapreensível como o humor divino que se precipitava sobre os homens, desde o Monte Olimpo, bramido pelos raios de Zeus iluminando os olivais. Perceba-se em qual medida devemos ponderar como Derrida, no sentido de recuperar os gregos clássicos, para evocar a excelência da Literatura e Poesia sobre a História, enquanto disciplina. Baia. Brete.

Na impossibilidade de caracterizar essências, os primeiros gregos contavam histórias. Daí o papel da mitologia na formação da civilização grega. O mundo não era possível de ser apreendido, em todo o seu *kaos*, devir e infinito. Os mitos e contos, ensinavam aos gregos como se relacionarem com um universo selvagem. Para conforto e mesmo sobrevivência. Perpetuavam-se, com isso, culturas e sociedades. A arte, em todas as suas acepções, contava histórias, era a própria linguagem da história. Escrevia, enquanto descrevia, a Ética e Estética da Antiguidade. Chega a ser complexo responder em que medida o mundo produz a arte e em que medida a arte produz o mundo. Tanto que nos referimos a períodos gregos como helênicos ou homéricos, quando sequer tínhamos indicações seguras da existência do poeta Homero ou da pré-midiática, disputada e encantadora Helena de Tróia.

A Odisséia principia no encerramento da Ilíada. O retorno de Ulisses para casa é mais duro e leva o dobro do tempo da Guerra de Tróia que o retirara do lar. Exemplo de marido, pai, rei, estrategista, amigo e guerreiro, sacrificara dez anos em sangrento combate, findo no episódio do Cavalo que marca a vitória das nações gregas. A história abre com Odisseu pensando na esposa, vitoriosamente face às ondas quebrando na praia; tendo o pensamento voltado para sua família e povo... Brada, nesse contexto, que nem o mar poderá lhe afastar da amada Penélope. Porém, Poseidon lhe ouve e toma o desabafo humano como um desafio divino. Começam assim as desventuras do herói, em magnífica narrativa épica. Seu papel transcende autoria, veracidade ou mesmo historificação. Transcende a política e mesmo a filosofia pode temer algum desafio, desde logo pela impossibilidade metafísica residual.

Imemorialmente antes da poesia de Homero, gerações de gregos já criavam seus filhos aos sons dessas histórias; repetidas do teatro às tavernas e acampamentos militares. O papel dos mitos era antecessor paradigmático ao mundo das essências e conceitos. Conceitos servem para pacificar o espírito, enquanto mitos o desafiam, instigando-lhe a percepção transcendente do mundo. Os mitos sempre podem ser recontados e reaprendidos. Ao contrário das essências. Qual vampiros, a eternidade assola o conceitualismo dogmático. E o faz de modo essencial. Ideal. O que também é paradigmático e paradoxal. Isso porque a eternidade se reduz à pretensão na realidade do devir. Mas volta a ser amanhã, no descompromisso do discurso, não raro vestido de método. O Direito foi tomado de assalto por essa pretensão, em especial desde o racionalismo, potencializado ao ter a Metafísica por *Matrix* (Boudrillard). Mas a vítima maior, foi o ser. Esse perde sua condição, enclausurado em um padrão (Sartre). Em uma natureza (Arendt). Condenando-nos a ser escravos. No fundo de uma platônica caverna... De um mito...

Voltemos, pois, aos mitos. Tântalo foi condenado a ficar um palmo distante de toda a comida que quisesse comer e de toda a bebida que quisesse beber. Sem nunca tocá-la. Sendo condenado a uma eternidade de sede e fome. Por tentar roubar a comida dos deuses (a ambrosia). A Metafísica teve a mesma condenação, ao tentar roubar o devir. Ela quase explica tudo, mas ao cabo, não explica nada... Fica a um palmo de todas as respostas. Em busca de sua essência. A certeza é tanta, que pode mesmo ser verdade. Basta crer... E *Ciência*... novamente torna-se *Fé*.

Somos contaminados, quando não disseminadores, desses caldos de ontologia. Desse oceano que cobre o ser, reduzindo-o a um conceito, uma abstração, medida, número, imagem do qual ele se reduz a qualidade. Porque chegamos ao ponto que sequer possuímos conceitos. Somos possuídos por eles. Deixamos de enxergar para além dos conceitos.

Reduzimos as inúmeras possibilidades do devir a um medíocre comercial televisivo de margarina. Previsível, abstraído e pasteurizado. Ajustado. Empobrecemos até a miséria, toda a riqueza da incerteza (Heisenberg).

– *Minha esposa está grávida!!* Conta o amigo. E prossegue: – *Já fizemos todos os exames. É menino e não possui nenhum defeito de formação!!* E caso tivesse? E agora que podemos apurar as predisposições genéticas?? Qual o potencial disso? A questão não para aqui. Abre-se aqui. A criança ainda está na barriga, e toda sua vida já é idealizada por seus pais. E se não acontecer conforme os planos deles? Se o filho tiver outra opção sexual, profissional, afetiva... É porque não deu certo?? O simulacro é melhor que a realidade? O mapa é mais confortável do que o território?

Nos mais próximos, por vezes, é ainda mais visível essa dificuldade que desenvolvemos em relação ao outro. Sequer buscamos perceber o outro. Ele já está pronto. Identificado! Com identidade aposta. Por quem? Ninguém sabe!! Já estava lá. Talvez, na caverna... Quem sabe o outro seja "a corrente". Que nos "acorrente". Em nós. Entre nós (Levinas).

É melhor colher o conceito, ficando com a ideia do outro, do que com o outro propriamente dito. É sempre mais seguro, na mesma medida em que é irreal. Em alguma medida, até niilista. O outro desafia a minha subjetividade, desafiando-me com a possibilidade da divergência. Essência da alteridade. *Alter*. Portanto a divergência é a verdadeira essência do outro. Que o faz ser e me faz deslocar a consciência para o que não necessariamente eu queira focar. E com isso ver... (Saramago).

Portanto, relacionamo-nos com simulacros, no lugar de verdadeiros entes. Com essencialismos que produzimos e padronizamos, evitando a alteridade que integra o outro enquanto alteridade. Simulacros que, mediados por imagens (Debord), potencializam-se em uma Sociedade do Espetáculo. E nossa passividade globalizada, no também globalizado discurso neoliberal (Friedmann), é amplificada e aprimorada pelo saturante refrão da impotência (mormente econômica).

Novas ideias e possibilidades são também apanhadas nesse turbilhão incapacitante. E assim vão sendo minadas as capacidades contemporâneas da civilização ocidental de enfrentar suas dificuldades, encarando-as e encarando a si mesma. Incapaz de olhar nos seus olhos por medo de imobilizar-se diante das incertezas, qual Hamlet (Shakespeare). Como descrito por Bauman, o homem tornou-se incapaz de escolher, por medo de esgotar sua liberdade pelo uso dela através das opções inerentes ao devir. Na Sociedade Líquida, a escolha pode levar a imobilidade e petrificação cujo resultado é o descarte e a inadequação.

Porém, não somos essência e sim existência, de modo a sermos condenados à liberdade (Sartre). O que constitui nossa natureza são as nossas escolhas. Porém, fomos deixando de olhar também para nós mesmos. Talvez por medo ou vergonha do que nos tornamos. Seres patológicos e ideologizados pela modernidade. Nisso reside a *Síndrome de Perseu*. E ela assola a contemporaneidade.

Entre os Titãs, existiam as Górgonas. Dentre as três irmãs, com distintos atributos, uma era exímia arqueira, tendo os cabelos compostos por víboras mortais e o corpo inferior de uma enorme serpente. Olhar nos seus olhos importava transformar-se em pedra, qual uma estátua; significando a morte absoluta para os gregos, que acreditavam que todas as coisas tinham, proporcionalmente, alguma alma à exceção das pedras. Chamava-se Medusa e era a única das irmãs que podia ser morta, através da decapitação.

Perseu é o herói destinado a enfrentar a Medusa e retornar com sua cabeça em um saco. O risco de tornar-se pedra significa o enfrentamento dos medos interiores que nos imobilizam diante dos desafios que a vida apresenta. Protegido de Athena, o herói recebe da deusa um escudo reluzente. Ele se vale deste, na condição de espelho e com dupla função estratégica. Para enganar a titã, dissimulando sua posição e para enxergá-la sem olhar nos seus olhos diretamente.

Caldos de ontologia cobrem nossos olhos e afogam nossos pensamentos. Eles anestesiam-nos na Matrix. Os conceitos amansam nossa crítica, adestrando cada indivíduo a se dissolver na teia metódica da dogmática comum. Da vez. Davós...

A promessa "iluminista", em tese realizada no Século XIX autodenominado das luzes, talvez abrindo o descontrole climático, era de construir o indivíduo no real sentido do termo, para realizar o recente ideal de liberdade. Em qualquer área do conhecimento, o outro se torna dispensável. O novo paradigma dispensa até a fé, em seu completo apelo à razão, desempregando até mesmo Deus. Sua utilidade é menor. Caprichosa...

A lei dispensa juízes (Montesquieu), e a matemática dispensa matemáticos (Leibnitz). Método. Descrição, compreensão e repetição. Mecanicismo. O relógio é o paradigma. No impasse iluminista, o maçon conclama deus por Geômetra! Razão messiânica. Razão redutora e disciplinar, cartesianamente fracionária e dualista. Angustiante (Freud). Quando Henry Ford introduz a linha de montagem, no Século XX, ao sacudir da Modernidade Sólida, o ser, reduzido a indivíduo, de sujeito a sujeitado, já estava pronto para ocupar seus novos postos no chão de fábrica. E o Mercado, apto a disseminar seu produto e engajar novos seguidores ao seu culto de consumo, caracterizador dos períodos seguintes.

4. O sujeito de direito sitiado na síndrome de Perseu

O espaço privilegiado pela regulação do Direito Privado tradicional, cujas raízes vorazes estenderam-se até a Pós-Modernidade e corporificam-se em nova tardia codificação civil, é ocupado por um sujeito abstrato, mitêmico, virtualizado e solipcista; no jargão de textos culturalmente franciscanos, o denominado Homem Médio. Esse "Homem", sem mirada e, intencionalmente, nunca concretizável (Nietzsche), nasceu com o Direito Civil, na Modernidade ocidental. Dando maior juridicidade, em algum sentido, ao sujeito (reduzindo-o bem mais à condição de sujeitado), em mesma medida que, noutro sentido, retirava-lhe humanidade (Pascal). Paradoxal é o fato de que esse *Homo Economicus*, singular por excelência (Derrida), no radical iluminista da solidão caracterizadora de suas modernizantes liberdades (Kant), resta caracterizado ou reduzido por uma relação qualificada. A relação jurídica; que protagoniza o roteiro codificado da vida burguesa, entrincheirando seus quatro personagens principais: *Marido*, *Contratante*, *Proprietário* e *Testador*. Paradoxalmente também, esse sujeito não tem rosto, conforme estatui normativamente na sua razão patrimonial, para constituir-se em uma máscara (Fachin); do italiano *persona*. Se, conforme o art. 1° da codificação, *pessoa é todo àquele capaz de direitos e obrigações*, perde essa condição àquele cuja capacidade apontada, seja ou esteja vulnerável ou impossibilitada. Daqui emergem consequências de violência real e simbólica (Foucault), cujos sentidos transpassam a sociedade brasileira, replicando-se e reproduzido-se na historicidade econômico-social, cujo primeiro enfrentamento deve apoiar-se na vaga constitucional ora vintenária (Tepedino); do qual em muitos aspectos importa em um negativo dessa realidade, a ser revelado em novos e mais humanistas matizamentos (Molinaro), sob pena de reduzirmos o território ao mapa (Boudrillard) perdendo a noção de onde vivemos e situamo-nos.

Esse simulacro constituinte da relação jurídica ocupa a condição da existência sempre que reduzimos o Sistema Jurídico à Lei (heidegger) e o Direito Civil ao respectivo Código, assustadoramente apontado como reunificador do Direito Privado (!!!!), ou mesmo como Constituição do Homem Comum (??). Qual??? Afinal o Positivismo facilmente constituiu um Direito Privado que apenas consegue andar no asfalto dos grandes centros, refutando as suas periferias para um limbo jurídico. Essa patologia civil reproduz a patologia do homem contemporâneo (Bauman). Um homem descartável e descartante, obrigado a ser feliz e mergulhado em uma Sociedade do Espetáculo ofuscante e multiplicadora da falta de existência do ser e que diariamente entrega ao mercado novas essências, não menos descartáveis, para que o *Homo Sacer* (Agamben) consuma e se consuma ao final do processo. Mesmo a televisão (caracterizadora da Modernidade Líquida) teve seu produto retificado na Pós-Modernidade recente. Se outrora vendia uma grade de programação, vende, há muito, audiência como produto. Nós... Nascidos signatários do pacto fáustico (Goethe); caracterizador do Contratualismo (Locke) contemporaneamente reinventado.

Isso reflete nossa dificuldade com o outro (Arendt). Com a alteridade e, assim, com a diversidade. O rosto do outro (Levinas) é sempre um desafio para nossa subjetividade (Freud), produzindo uma fuga platônica para um mundo de essências incapaz de nos constituir, porém apto ao imanescimento. Resta reproduzido em nossas relações diárias e virtualizadas, mediadas por imagens e simulacros. Imaginamos o outro à nossa imagem. Um outro ideal (Lacan), produzido em nosso interior e absoluto em nossa singularidade que refuta existência a tudo que possa ser externo e dotado de sua própria subjetividade. Assim, a diferença nos apavora. O inferno são os outros (Sartre). Preferimos nos relacionar com a imagem do outro em detrimento dele propriamente dito. Na mesma medida em que afirmamos que a *Internet* aproxima as pessoas... vamos perdendo-as em brumas de ontologia. Husserl, radicalizando Brentano, já inaugurara a Fenomenologia no Século XIX, afirmando que *devemos voltar às coisas nelas mesmas*. Isso porque dissolvemos o outro com nossa baba branca de ontologia, transformando-o em algo que idealizamos. Negando-lhe existência. Negando-lhe sonhar outro sonho (Shakespeare). Relacionamo-nos com imagens. Simulacros. A Sociedade Líquida está sempre em movimento. Em descarte. Qual Descartes, inaugurando a Modernidade. Temos medo de que o outro nos imobilize, petrifique, e assim lhe negamos existência. Não lhe olhamos nos olhos, enxergando-o através das imagens que fazemos ou compramos no mercado.

Perseu enfrentara a Medusa, única das irmãs górgonas capaz de ser morta, mas que transformava em pedra todo aquele que olhasse em seus olhos. Recebera de sua deusa protetora, Athena, um reluzente escudo que usou como espelho para conseguir superar a titã, decepando-a sem petrificar. Nunca lhe olha diretamente nos olhos. Apenas o reflexo de sua imagem no espelho. Como nós. Perdidos em nosso medo de petrificar, apenas nos relacionamos com a imagem que fazemos do outro. Mas nunca diretamente com ele. Reduzido a uma essência, imagem, simulacro, o outro é nadificado por nós. Em nós e entre nós (Levinas). Esquecemos que nossa natureza está em nossas escolhas, condenando-nos à liberdade (Sartre). O Direito não se reduz à Lei tanto quanto o outro não pode se reduzir aos oceanos de ontologia que o Positivismo lhe recobre. Recobre a nós... Encobrindo ao outro e a nós mesmos e perdendo-nos entre todos e cada um de nós. Sitiando a consciência através do servilismo e simulacro, envolvendo o ser em uma Síndrome de Perseu.

5. Referencial bibliográfico do verbete

AGAMBEN, Giorgio. *Homo sacer – O poder soberano e a vida nua.* Belo Horizonte: UFMG, 2007.

ARONNE, Ricardo. *Direito Civil-Constitucional e Teoria do Caos* – Estudos Preliminares. Porto Alegre: Liv. do Advogado, 2006.

——. *Código Civil anotado.* São Paulo: IOB/Thomson, 2005.

ARENDT, Hannah. *Responsabilidade e julgamento.* São Paulo: Cia das Letras, 2004.

——. *A condição humana.* Rio de Janeiro: Forense Universitária. 2004.

BAUMAN, Zigmunt. *Vidas desperdiçadas.* Rio de Janeiro: JZE, 2005.

——. *Modernidade líquida.* Rio de Janeiro: JZE, 2001.

——. *O mal-estar da pós-modernidade.* Rio de Janeiro: JZE, 1998.

CANARIS, Claus. *Pensamento sistemático e conceito de sistema na ciência do direito.* Lisboa: Fund. Calouste Gulbenkian, 1989.

CHOMSKY, Noam. *O lucro ou as pessoas*. Rio de Janeiro: Bertrand Brasil, 2002.
DELEUZE, Gilles. *Espinosa: Filosofia prática*. São Paulo: Escuta, 2002.
DERRIDA, Jacques. *A farmácia de Platão*. São Paulo: Iluminuras, 1991.
——. *Força de lei*. São Paulo: Martins Fontes, 2007
——. *Paixões*. Campinas: Papirus, 1995.
FACHIN, Luiz Edson. *Teoria crítica do direito civil*. Rio de Janeiro: Renovar, 2000.
——. *Estatuto jurídico do patrimônio mínimo*. Rio de Janeiro: Renovar, 2001.
FOUCAULT, Michel. *As palavras e as coisas*. São Paulo: Martins Fontes, 2002.
——. Arqueologia das ciências e a história dos sistemas de pensamento. 2.ed. Rio de Janeiro: Forense, 2005. a.
——. *A verdade e as formas jurídicas*. 3ª ed. Rio de Janeiro: PUCRJ/NAU, 2005. b.
——. *A arqueologia do saber*. Rio de Janeiro: Forense, 2005. c.
——. *A ordem do discurso*. São Paulo: Loyola, 2006.
——. *Microfísica do poder*. 22. ed. São Paulo: Cultrix, 2006.
FREUD, Sigmund. *O Futuro de uma Ilusão, o Mal Estar na Civilização e Outros Trabalhos* – Vol. XXI. São Paulo: Imago, 2006.
GOMES, Orlando. *Transformações gerais do direito das obrigações*. 2. ed. São Paulo: RT, 1980.
HABERMAS, Jürgen. *Técnica e ciência como "Ideologia"*. Lisboa: Edições 70, 1997.
——. *Pensamento Pós-Metafísico: estudo filosófico*. Rio de Janeiro: Tempo Brasileiro 1990.
——. *Consciência moral e agir comunicativo*. Rio de Janeiro: Tempo Brasileiro 1989.
——. A ética da discussão e a questão da verdade. São Paulo: Martins Fontes, 2004.
——. *Conhecimento e Interesse*. Rio de Janeiro: Zahar Editores, 1982.
——. *A crise de legitimação do capitalismo tardio*. 2.ed. Rio de Janeiro: Tempo Brasileiro, 1994.
HEIDEGGER, Martin. *Identidade e diferença*. Petrópolis: Vozes, 2006.
——. *Ser e tempo*. 2ª ed., Petrópolis: Vozes, 2006.
——. *A caminho da linguagem*. 2ª ed., Petrópolis: Vozes, 2004.
HOBSBAWM, Eric. *Era dos extremos: o breve século XX – 1914-1991*. São Paulo: Cia. das Letras, 2003.
JONAS, Hans. *O princípio responsabilidade*. Rio de Janeiro: Contraponto, 2006.
KANT, Immanuel. *Crítica da razão pura*. Lisboa: Calouste Gulbenkian, 1997.
——. *Fundamentação da metafísica dos costumes*. São Paulo: Martin Claret, 2003.
KUMAR, Krishan. *Da sociedade pós-industrial à pós-moderna*. Rio de Janeiro: JZE, 1997.
LARENZ, Karl. *Derecho civil: parte general*. 3.ed. Madri: Rev. Derecho Privado, 1978.
——. *Metodologia da ciência do direito*. 5.ed. Lisboa: Ed. Calouste Gulbenkian, 1983.
MAZEAUD, Henry; MAZEAUD, Léon. *Traité théorique et pratique dela responsabilité délituelle et et contractuelle*. Paris: Recueil Sirey,1931.
NIETZSCHE, Friedrich Wilhelm. *Ecce homo: como cheguei a ser o que sou*. São Paulo: Martin Claret, 2001.
——. *A Gaia ciência*. São Paulo: Companhia das Letras, 2001.
——. *O Anticristo*. 5. ed. Rio de Janeiro: INCM, 1978.
——. *Para além do bem e do mal*: Prelúdio a uma filosofia do futuro. São Paulo: Martin Claret, 2006.
POTHIER, Robert Joseph. *Tratado das obrigações*. Campinas: Servanda, 2002.
RIPERT, Georges. *La règle morale dans les obligation civiles*. Paris: LGDJ, 1925.
SANTOS, Boaventura de Sousa. *Um discurso sobre as ciências*. São Paulo: Cortez, 2005.
——. *Conhecimento prudente para uma vida decente*: um discurso sobre as ciências revisitado. São Paulo: Cortez, 2004.
——. *Pela mão de Alice*: o social e o político na pós-modernidade. 8. ed. São Paulo: Cortez, 2001.
SARLET, Ingo Wolfgang. *A eficácia dos direitos fundamentais*. Porto Alegre: Livraria do Advogado, 2004.

SARTRE, Jean-Paul. *O ser e o nada.* Petrópolis: Vozes, 2007.

——. *Esboço para uma teoria das emoções.* Porto Alegre: LP&M, 2007.

——. *O existencialismo é um humanismo.* São Paulo: Abril Cultural, 1984.

——. *Entre quatro paredes.* Rio de Janeiro: Civilização Brasileira, 2005.

SOUZA, Ricardo Timm de. *Sentido e alteridade – Dez ensaios sobre o pensamento de Emmanuel Levinas.* Porto Alegre: EDIPUCRS, coleção filosofia – n° 120, 2005.

——. *Em torno à diferença. Aventuras da alteridade na complexidade da cultura contemporânea.* Rio de Janeiro: Lumen Juris, 2008.

O presente texto resulta de um duplo compromisso. Da necessidade de edificar um texto de apoio para um seminário virtual de Direito e do convite do meu grande amigo e colega irmanado no Existencialismo, Prof. Carlos Alberto Molinaro, apresentador dessa obra, para integrar volume da recente revista de nosso programa de mestrado e doutorado na PUCRS, a qual orgulha-me integrar o respectivo conselho editorial, Direitos Fundamentais & Justiça. Literalmente, trata-se de um estudo, no mais diletante sentido do termo. Qual um pintor procede determinados estudos ou um compositor se traduz em peças breves, deu-se a escolha do tema e o mapeamento das linhas que se seguiram. Estas emergiram da necessidade de retomar a leitura das relações entre Sujeito, Estado e Propriedade Privada, tendo a alteridade e o indeterminismo por fio condutor, para proceder uma genealogia desse espaço de análise, recuperando o Homem no aspecto daquilo que **FOUCAULT** (foto) esgrime como uma arqueologia do saber. Tal percepção é muito presente em nossas atuais investigações, merecendo registro em face da omissão de nossas anteriores obras voltadas ao tema que se centravam em discuti-lo a partir da Teoria dos Sistemas; ainda presente e atuante em nosso pensamento e digressões, porém sem o protagonismo que recebeu nos anos 90 do século findo.

IV.

Uma genealogia Civil-Constitucional da pertença e do pertencimento: o domínio e as titularidades entre a razão e a fé

1. Atribuindo e restringindo fronteiras ao intramuros do *potestas*

Um dos componentes mais importantes na construção de um Estado Social e Democrático de Direito, como o edificado no arcabouço constitucional soerguido em 1988 no Brasil, é a estrutura atribuída ao direito de propriedade que lhe subsiste.

Seus ancestrais modernos, mais à *destra* ou à *sinistra*, qual respectivamente se colhe de Locke e Hobbes a Marx e Bakunin, de Hitler a Stalin ou de Washington a Zapata, não descuraram seu tratamento; cujo asfalto sedimenta largamente o percurso do novo paradigma de Estado a desenvolver-se no Século XX e cuja história, no milênio que desperta, ainda está por ser cartografada.

Estas lições foram colhidas pela norma constitucional e vêm sendo digeridas pela jurisprudência escorreita que a reescreve, sedimenta, revigora e alimenta. Não sem sístoles ou diástoles. Endógenas ou exógenas. Não sem inscreverem-se enquanto significante no discurso proprietário, para ganharem significado na concretização hermenêutico-constitucional dos valores sociais e democráticos que sedimentam a jurisprudência na Pós-Modernidade líquida. Por vezes de modo visível e consciente. Por vezes não.

Remontar a história da propriedade privada, consoante concebe o Diploma Constitucional, desde os direitos fundamentais como artérias de todo o Sistema de Direito a regular a nação brasileira, até a Ordem Econômica, enquanto coluna vertebral de uma complexa Sociedade de Mercado que se recusa a perceber o capital enquanto fundamento; em coerência aos princípios que se diluem a partir do art. 1º, resulta uma genealogia, no sentido atribuído por Foucault ou Delleuze, da própria Sociedade Complexa. Paradoxalmente multitemporal, geográfica e étnica.

A migração da função social da propriedade para estribo do art. 5º, importou em bem mais do que uma rearticulação voluntarista ou semântica, como alguns (des)caminhos exegéticos possam dar a entender ao pregar um Estado Mínimo, somente real no discurso que busca lhe eternizar. Virtualizado pelo Estado vigente, é condicionado constitucionalmente e, assim, vocacionado à tutela dos direitos fundamentais.

Na antessala privilegiada das titularidades de apropriação, cuja regulação é atribuída ao Direito no compromisso que abre, já não se admite a passividade judiciária no silêncio da regra não obstante a luz dos princípios e valores magnamente positivados e conducentes à eficácia e otimização dos Direitos Fundamentais, na esteira das consagradas lições de Canotilho, Hesse e Alexy e entre a doutrina brasileira arejada por Paulo Bonavides e Ingo Wolfgang Sarlet.

Não se pode assistir o arrostar de uma massa expropriada pelos interesses do mercado em detrimento da pessoa humana enquanto razão e fundamento de todo o Direito. Mormente o patrimônio, originalmente fim e condição do Direito, para realização da felicidade do homem moderno, passa à condição de meio diante do atual sistema jurídico. Tal opção se inscreve nos valores preambulares diluídos no núcleo duro da Constituição.

Nesta esfera específica, a propriedade se reconstruiu; impossibilitando condicionar como externalidade os interesses não proprietários do bojo das titularidades reguladoras da pertença. Tanto o interesse público como o interesse social passam ao concurso axiológico (de legitimação ético-comunicativas e não mais instrumental-formal) na órbita da propriedade privada, em conjunto com seu titular ou *domus*.

Fibrila o instituto proprietário tradicionalmente concebido; hipertrofiado na modernidade oitocentista e insuficientemente regulado e compreendido ao início da pós-modernidade líquida, descoberta nas praias sangrentas da Normandia.

Contemporaneamente, o bem público resta afetado pelo interesse público, vinculante ao administrador e municiado pelo rico diploma da Lei de Improbidade Administrativa. O bem individual ou coletivo, de natureza privada, é afetado pelo princípio da função social da propriedade, também aparelhado de eficácia horizontal e extenso instrumental legislativo densificador.

Daí seu replicar na Ordem Econômica, em muitos espectros e aspectos, mas em especial a partir do art. 170 da Constituição. Os Direitos Fundamentais imantam o cenário normativo, na justa medida em que o papel do ordenamento jurídico se reporta à realização do Estado Social de Direito, cujas normas espelham fractalmente de suas posições e concretizações funcionais. Nisso repousa a condição atratora que molda os fractais da jurisprudência brasileira. Imantando o próprio discurso jurídico.

Enquanto os Direitos Fundamentais estribam sua legitimação no esclarecimento deste núcleo duro que constitui a base axiológica constitutiva do ordenamento, projetado normativamente a partir do princípio estruturante do Estado Social e Democrático de Direito, revelam àquilo que pode intersubjetivamente perceber-se como mínimo social; elemento também relevante na aplicação concreta dos institutos proprietários.

Deve importar isso em reflexo perceptível por toda a malha jurídica. Toda realização do Direito deve ser a realização do Estado Social e Democrático de Direito, revelado a partir dos Direitos Fundamentais, concretizando a função social na fractal proporção em que realiza a garantia da propriedade privada dos bens passíveis de apropriação individual ou coletiva. Atratores.

No todo e na parte. Hologramaticamente vinculantes. Para além do sistema jurídico; para os sistemas vazantes, como o social e o econômico. Na sua complexidade que refuta reducionismos cartesianos insuflados do fetiche da neutralidade. Mitemas quais completude e certeza.

Decorre assim, não se poder tratar seriamente o tema, como esta obra o exige, sem apriores não raro ignorados pela doutrina privatista; quando não ocultados.

2. Existencialidade e patrimônio burguês na genealogia da propriedade privada

O *continuum* histórico é implacável no desenho e redesenho constante – como se a vida não passasse de um esboço de si mesma – dos centros e periferias das muitas geografias da verdade humana.

Não obstante o desalinho da não linearidade histórica pode tomar-se por meridiano a propriedade, como um fio-condutor autobiográfico, justamente na atenção da incerteza (Heisenberg) como princípio atuante nos mais diversos recônditos da Ciência, mormente reveladores do Caos que lhe é inerente e atribui padrão. Em novo sentido, Razão.

A propriedade fundante do capitalismo de mercado atribuiu-se um recorte exato e sem sobras. Absoluta como *razão* e consequência. Matematicamente resultado de uma *operação de divisão.* Meridional, portanto. Social, paradoxalmente, quando refere *privada.* Entre os que têm e os que não têm. Possuidores e "despossuídos". Titulares e desterrados da pertença. Confortavelmente invisíveis aos olhos de igualdade formal da Modernidade liberal-econômica. Um meridiano de muitas faces no tempo e no espaço. Um corte, dito descritivo, porém constitutivo. De uma nova *coorte.*

Se é certa a socialidade do Homem, não menos certo é que os moldes impressos às sociedades que co ou sucessivamente edificou, tiveram em seu DNA as matrizes da terra em que se instalaram. Antes mesmo disso, na estrutura de sua complexidade ainda ausente, percebe-se dentre os povos primitivos, então itinerantes, onde a condição de migração constante equivalia à condição de sobrevivência, carecer de sentido a "civilística distinção" entre posse e propriedade. Ao cabo Nietzsche.

A propriedade não é um dado. É um *constructo.* (Apolíneo ou dionísico?) Da *autorictas* romana[154] à razão iluminista ainda presente. Porém sua força está em fazer-se

[154] Vespasiano é o primeiro Imperador nascido fora das fronteiras itálicas, vindo a ser patrício por *adoptio.*

parecer um dado. Autoridade enquanto verdade. Em uma camuflagem axiomática. Continuamente constituída e revestida pela mecânica do biopoder, na condição de carapaça. Do saber, verdade e paradigma. Da certeza que amanhã tudo estará lá. Como deixado ontem. Ciência torna-se Oráculo. Indução com vestes analíticas.

O Direito entra para o restrito e disciplinar rótulo de Ciência, na condição dada por Okhan, quando para além da possibilidade de descrição, mostra-se possível de predição. Por isso Direito é uma forma de hermenêutica, e o jurisconsulto torna-se uma pitonisa da modernidade. Para a segurança iluminista, Montesquieu percebe o juiz como um sacerdote. Da Lei, modernamente identificada ao próprio Direito; no nó górdio do Dogma da Completude. Mas a mística antiga era costurada por crenças bem menos sutis.

A propriedade capacita-se a recriar esta jornada, escrita com sonhos e pesadelos pela sociedade ocidental que trouxe este legado para as praias do Novo Mundo.

Afetado o homem à terra, para além do coletor-caçador, dependente da semeadura, passa a percebê-la Gaya. O ventre. A mãe. Incorpora, assim, àquela sacralidade retomada no Renascimento. Por isso, da Pré-História à Antiguidade, as sociedades têm no sacerdote seu juiz. A boca de Deus é um dos dilemas intrínsecos à Reforma. Em forma de conhecimento e hermenêutica, o tema é controverso até a Pós-Modernidade.

Na antiguidade remota, o verdadeiro deus é um ventre que alimenta a humanidade inteira, por ele criada e dele dependente. O amanhã pertence a Ele. O juiz final. A instância final. Inicialmente apenas terra. Sobrevivência.

Isso edifica um verdadeiro culto, com assento na Eurásia ou nas Américas, de papel político, identificando uma raça à uma terra e percebendo na reciprocidade do solo a reciprocidade divina. Posteriormente, essa mesma reciprocidade far-se-á presente na guerra territorial da antiguidade, onde a proteção divina e a conquista do território são claramente tangíveis, seja em Ricardo, Saladino, Constantino, Aníbal, Alexandre, Daví ou Ramsés. Estará presente, ainda, em todo o impasse em torno de Jerusalém desde o Século VII até a contemporaneidade que não mais nomina cruzados ou sarracenos quando divulga suas guerras globalizadas.

O instituto proprietário possui marcas profundas em muitos tempos e espaços culturais. É percebido no mito apocalíptico do final dos tempos, marcado pelo retorno dos escolhidos para a Terra Prometida. É identificado pelo início do "saber" na humanidade, quando Adão prova do fruto da Árvore do Conhecimento e é expulso do território da plenitude, representado por muros, guardiães e portões, identificado como Paraíso.[155] É o destino final da jornada desenhada por Dante na Divina Comédia.

Também a propriedade, no sentido patrimonial burguês, é o destino de chegada da iluminista *Comédia Humana*, de Balzac; prosaica por retratar a sociedade

[155] Destaque interessante para o Zohar. Nele, Deus é que expulso do Paraíso pelos homens.

moderna, cega no determinista ensaio de razão que arrogantemente rastejava em pé. Em busca de pertença. Capital. Propriedade privada.

Agora, com os pés sobre o espaço da pós-modernidade, é dela que voltamos a tratar diante de outras verdades, discursos e olhares. Diante de um novo paradigma, sem absolutos ou inteiros. Sem simplificações tangentes ou verdades superficiais. Existencialista na carne e indeterminista no espírito.

As verdades do Estado Social de Direito deixam de conter-se nas gavetas disciplinares da Modernidade Liberal. Concebida em uma geometria da incerteza que radiografa uma sociedade líquida, cujas questões irresolvidas lhe precedem em tempo e espaço. Com propriedade; em qualquer sentido que se atribua ao termo, ora sem condições de "termo". Não conceituável, como decorrência lógica. Porém de identificáveis contornos. Com arquitetura, portanto, não obstante sua textura dinâmica.

Em Roma, a territorialidade identifica o patrício. Pressuposto para a condição de *pater familias*, ser patrício edificaria aquilo tradicionalmente concebido como requisito para ser sujeito de direito à luz do *Jus Civile*.

O sentido de *domus*, descendência dos herdeiros de Enéas, não consegue fechar-se no direito das coisas impresso nas codificações do Século XIX. Atuante na compreensão do próprio *pater potestas*, a *gen* romana – para bem além da consanguinidade – incluía a esposa, filhos, noras, concubinas, acrescidos familiares, empregados, clientes (forma vassalar da época do clientelismo), escravos e certas áreas de terra em solo itálico identificáveis com a própria historicidade daquela família e sua vinculação com a fundação de Roma.

Não se poderia conceber legitimamente o instituto romano como uma propriedade exclusiva, individual e absoluta no sentido que a modernidade lhe atribuiu. Sequer é "propriamente" privada no sentido especificamente jurídico. Seu caráter privado está na esfera de religiosidade (*fas*) da família romana. Esta possuía uma religião privada em contraponto à religião pública. De Roma; cujos cultos voltavam-se ora a certas divindades, ora a outras. Por outro lado, as famílias romanas tradicionais adoravam seus antepassados identificados ao solo da *gen*. *Domus*.[156] Não se cogita de um patrício sem correspondência com uma gleba itálica específica, até o fim do período clássico.

Do Principado ao período das *legis actiones* (procedimentos por lei), já no curso da República, perdurou esta arquitetura dominial. Com a necessidade de intervenção da *civitas*, pela restrição da autotutela de pretensões litigiosas, desenvolve-se a noção de *proprietas* para instrumentalizar o vetusto *dominium* com um dever de abstenção passível de tutela pleiteada ao *praetor*. Destaca-se a relatividade proprietária romana, agudizada ainda mais no curso do Império, para o desagrado dos nobres patrícios.

[156] Desde a Grécia, o termo carregava a designação de teto (abrigo ou casa) como também sepultura (em largo sentido, também, morada). Também a propriedade serve de ponte entre o mundo dos vivos e dos mortos. Da família (enquanto possível esfera do privado) aos ancestrais, retornando, assim, para a *polis* (enquanto possível esfera do público). Em diversas civilizações.

No Feudalismo, o domínio bicéfalo traduzido em útil e direto (perceptível ainda na estrutura enfitêutica), compõe o Estado apropriado pela força da barbárie e guerra. A oponibilidade do título se inutiliza na ausência completa de poder jurisdicional para moderar às pretensões proprietárias, agora identificadas ao próprio Estado. O servo da gleba resta vinculado ao Senhor Feudal pelas estruturas dominiais, então hipertrofiadas de poder político.

A propriedade, identificada ao poder na sua maior intensidade, resulta absoluta e compreendida como domínio, desdobrado em Útil e Direto, inovando totalmente o Direito Antigo sem quaisquer pudores, como natural à Glosa. O Direito se assentava em novas verdades, guerras e Senhores da Guerra na Europa Medieval que contaria a história da América Moderna.

No domínio útil (vestido de posse, uso, fruição e disposição) ainda percebe-se caberem figuras contemporâneas como o enfiteuta ou superficiário, não obstante, o domínio chamado direto atribuía imoderáveis poderes ao Senhor Feudal. Convocar à luta, tributar, legislar, julgar, comandar, às primeiras núpcias das jovens nubentes, atribuir e destituir cargos e funções ou quaisquer outras faculdades que lhe fossem úteis ou agradáveis.

Os domínios eminentes conjuram os esforços absolutistas de concentração de poder dos Reis, em detrimento da nobreza revoltosa e decadente da Baixa Idade Média. Servem de parâmetro de organização das escalas de vassalagem e distribuição territorial, sem deixar de vincular o homem à terra, como marca inerente desde os ancestrais primitivos. Marcaram o fim do Feudalismo, nos recantos em que se implantaram, despertando o nacionalismo como um sentimento nascente, preparando as tintas que colorirão a Modernidade vindoura.

Mesmo com os ventos da Reforma, alentadores do Direito Natural emergente do Humanismo que precipita a Renascença, a terra tem papel destacado nessa genealogia. Tomado o homem como medida do mundo, pela Ciência, pelas Letras e pela Arte, a propriedade tem suas verdades renovadas sem que perca seu estatuto de importância.

O novo homem, que passa a ler a palavra de Deus em sua própria língua, percebe a noção de igualdade substancializada pelo Criador que o fez a sua imagem e semelhança. Na medida em que descabe tire o homem aquilo que Deus deu, a vida traduz um direito natural dele. O mesmo dar-se-ia com a propriedade.

O Paraíso, feito para o Homem apropriar-se em sua superioridade divinamente justificada diante das demais criaturas, importaria no direito natural à propriedade privada, não só para sobrevivência, mas pelo próprio reconhecimento da condição de descendente de Adão.[157] A Era das Luzes vincularia esta propriedade à própria

[157] Mais tarde diria o Rei de França ao Papa, contestando o Tratado de Tordesilhas que protegia interesses ibéricos nas américas, não conhecer cláusula alguma no testamento de Adão que legasse àquele recanto do mundo às coroas de Portugal e Espanha.

condição humana. Liberdade e dignidade burguesa a alcançarem os mais diversos discursos, como Hegel e Robespierre.

A régua parece ser o instrumento mais representativo do Iluminismo. O Jusracionalismo que legou no Ocidente, entranhou-se nas culturas que teria de regular, ao desbordar das instituições e sistemas jurídicos que passa à edificar sobre novos pressupostos. O pensamento científico, agora disciplinar, ancorado nas Ciências da Natureza e nas Matemáticas influencia o paradigma mecanicista, principalmente a partir de Newton, derivando no Juspositivismo e seus pressupostos de universalidade, clareza e completude.

Com a Revolução Francesa, cristalizam-se os ideais da Modernidade e tem início o projeto determinista de História, Sociedade, Estado, Economia e Direito. É neste momento que a propriedade veste as roupas com que vem sendo apresentada nos últimos séculos.

A Europa inicia uma progressiva codificação do Direito Civil, que resultará esclerosada em um século. A propriedade privada passa a ser sistematizada como um direito individual, exclusivo e ilimitado e a centralizar os olhares da comunidade burguesa, já ao início da Era do Capital, inicialmente tutelada pelo Estado Mínimo e seu compromisso policialesco com o *status quo*.

O primeiro golpe nesse projeto de imortalidade, chega pelo punho do Estado Intervencionista. Ainda munido do paradigma positivista para intervenção, a febre legislativa golpeia incansavelmente as muralhas da codificação liberal, arrancando temas e institutos de seus meandros regulatórios, em prol de um dirigismo ou socialização. A Era dos Estatutos, dos Microssistemas, ou da Descodificação, decreta o final do privilégio monocórdio do Código Civil no Direito Privado.

O Estado Social e Democrático de Direito resenha uma opção da Humanidade diante dos fracassos das diversas tentativas modernas de domesticar e enjaular o Leviatã que ela criou. Liberalismo, Anarquismo, Intervencionismo, Totalitarismo, Fascismo, Comunismo, Corporativismo, Populismo, Paternalismo, Nazismo ou Socialismo, em suas plúrimas vertentes. Quaisquer destes significantes modernos teve implantado o antinatural vírus do determinismo em seus significados mais profundos. Mais que estados de segurança, são estados de certeza. Ilusões apenas. Desilusões, portanto. Os direitos fundamentais são reveladores desta travessia.

3. Direitos fundamentais sem "clausuras"

Sem dúvida o que mais evidentemente emerge do pântano da história é a temporariedade das verdades fundantes da condição proprietária. A propriedade privada atende um paradigma histórica e geograficamente edificado. Tal quais os direitos fundamentais que lhe instrumentalizam.

A frígida adaptação de conceitos, realizada na jovem constituição da modernidade do Direito derivando sentidos para instituições da Antiguidade, que jamais poderiam ter,[158] é reveladora do discurso dogmático que moldou a propriedade privada do Código Civil. Compromissada com o Liberalismo Econômico Clássico, foi estandarte iluminista do discurso revolucionário ao discurso napoleônico (seja do Cônsul ou do Imperador), que acabou por trazer, em 1808, a Europa ao Brasil.

Esse falso encravamento romano do Direito Privado, contraponto do Direito do Estado, dá uma austeridade metafísica aos que o postulam, como reflexo natural da Renascença legatária do Direito Natural (Cosmológico, Teológico ou Racionalista), que parece legitimar a filosofia que lhe é subjacente, qual Aristóteles serve de rede para repousar o discurso de São Tomás. O Jusracionalismo e o Juspositivismo guardam essa familiaridade perniciosa.

Nesse estribo, marcharam as teorias modernas que edificaram as codificações. As teorias Realista, Personalista ou Eclética estavam compromissadas com o ideal da propriedade absoluta justificadora do Estado Mínimo e realizadora do fundamento da liberdade burguesa. Como lembra sabiamente Luiz Edson Fachin, "as respostas estavam formuladas antes mesmo de qualquer pergunta".

A Era das Luzes teve o Estado Mínimo como *sharia* e fez do Código seu *Corão*. O Direito Privado da Modernidade emergente é fundamentalista por natureza. Vinculado aos ideais do Mercado, discursa neutralidade e semeia uma razão inumana (Pura), desprovida de valores.

A propriedade torna-se um fim. Não mais a possuímos. Por eras ainda seremos possuídos por ela. Mal estigmatizante da miséria e multiplicador da desigualdade, potencializado contemporaneamente na sociedade de mercado e espetáculo que enclausuram o devir. A Constituição, aqui em comento, é dirigente em sentido oposto.

Funcionalizada no Estado Social edificado em 1988, a "propriedade-meio" importa um *input* no sistema social, de consumo e de mercado no sentido da sua humanização. Dignidade humana edifica uma nova igualdade que reescreve o sentido da titularidade privada dos bens. Vibrando por todas as branas sensíveis ao respectivo ambiente. Nas ondas e partículas dos sistemas vazantes.

Coerente ao novo paradigma de sistema jurídico aberto (normativamente), dinâmico, sensível, complexo, axiológico e caótico, de compromissos não meramente formais, e sim materiais, no limite de seus valores, qualquer dogmática tentada haverá de guardar a percepção de fluidez necessária a refutar quaisquer lastros conceitualistas.

A modelagem de sistemas é a maneira adequada para traduzir a indeterminista arquitetura fractal, que a rede jurídica em repouso possa atribuir para propriedade

[158] Destaque-se a impossibilidade de uma teoria dos direitos subjetivos para o Direito Romano, inconsciente até da própria noção de direito subjetivo para teorizar. No mesmo sentido, é condição de possibilidade uma mínima teoria dos direitos subjetivos, para pensar-se os respectivos direitos qual formulados nessa mesma modernidade criadora do Direito Civil nos moldes em que conhecemos.

privada e os princípios que passam a lhe reger. Os constantes atratores normativos capazes de atribuir-lhe um padrão, intersubjetivamente considerado.

Tal padrão revela-se na jurisprudência desveladora do sistema jurídico em sua dinâmica interpretativa conducente às hierarquizações axiológicas, particulares,[159] verificáveis no discurso que necessariamente o conformará.

É, fundamentalmente, uma potencialidade. Uma função de onda cuja partícula deve-se conter, mas que até sua solução final oscila dentre tais possibilidades, informada pelo princípio da incerteza, qual a sombra informa à luz. Fora destas possibilidades, o percurso (fundamento ou razões) decisório, submete-se a crescente tendência de reforma recursal.

4. Atual arquitetura constitucional proprietária

Inicialmente perceba-se a arquitetura atribuída à propriedade privada *latu sensu*. Perfaz um direito subjetivo, ostentado individual ou coletivamente por pessoas físicas ou jurídicas, de Direito Público[160] ou Privado. É passível de tutela pelo Estado, sempre que revelado interesse de seu titular e, até certa medida, garantida contra intervenção de interesses alheios aos dele, nos limites do Direito.

Tais limites, abrem-se na Constituição de modo vinculante à estrutura do ordenamento jurídico e de sua interpretação. Em especial nos direitos fundamentais, vinculantes até ao poder reformador ou conformador do Legislativo, aplicador do Executivo e revelador do Judiciário. Na medida dada por Maurice Hariou, alinhando o compromisso constitucional imantado na Carta, ao Estado e à Sociedade Civil. Um compromisso necessariamente transformador.

Compreender essa transformação na esfera proprietária, exige uma clivagem ampla nos conhecimentos tradicionais. Inicia-se por ter presente o conteúdo do § 1º do art. 5º da Constituição, que expressa de modo iniludível a eficácia direta dos direitos fundamentais formais, elencados ao logo dos incisos. Dentre esses, a garantia à propriedade privada e sua afetação à função social, emergem para análise em relevância.

Perceba-se os extremos conducentes destes atratores normativos do sistema, que oscilam entre a tutela absoluta do interesse privado e sua desafetação completa em prol dos interesses não titulares. A propriedade oscila, não linearmente, entre

[159] Termo intencionalmente ligado ao sentido de partícula, relativo ao caso concreto topicamente vertente da unidade axiológica do sistema em contraponto à jurisprudência; esta reveladora das potencialidades daquela partícula; suas possibilidades abstratas identificadas à condição de onda. A matéria jurídica, até sua solução, atende a esta dualidade onda/partícula, revelada por Einstein ao início do Século XX, na ruptura com o paradigma anterior (iluminista), dado por Newton e adotado pelo ainda influente positivismo jurídico, desde o seu início.

[160] Destaque-se que nem toda a propriedade no Direito Administrativo é Propriedade Pública. Nesse sentido o patrimônio da Sociedade de Economia Mista tem natureza privada, sendo de natureza pública apenas o seu controle acionário.

esses extremos, sem tocar-lhes nunca. Nas suas funções de onda. Diferente do que possa parecer, essa disposição transcende em muito qualquer aparente contradição.

Traduz a maleabilidade do sistema, cuja racionalidade intersubjetiva revela a impossibilidade de supressão da propriedade privada, bem como a impossibilidade de ela perceber-se absoluta, descartando, por conseguinte, a bem da eficácia dos direitos fundamentais, as teorias civilistas tradicionais oriundas da modernidade e recebidas no corpo das codificações que produziu e segue a produzir, não obstante o menor vigor.

Assim, para possibilitar transcender a análise estrutural do direito subjetivo proprietário, necessita-se agudizar o rigor de análise para tocar as teorias que lhe são subjacentes.

De modo sintético, pode-se apontar quatro teorias que buscaram sua tradução, com âncoras metodológicas distintas, não obstante revelarem sua inaptidão à contemporaneidade brasileira à primeira vista.

As teorias civilistas, nominadas realista, personalista e eclética, ainda biográfias do direito das coisas nos manuais acadêmicos, suportam um direito subjetivo de natureza absoluta, consoante o compromisso liberal que servia de lente aos seus olhares.

Os realistas, de corrente racionalista histórica, fundados em um argumento de natureza histórica, idealizaram uma propriedade absoluta com assento romano, identificada aos *jura in re*, importando em uma relação absoluta por traduzir-se apenas entre o titular e o bem.

De outra banda, personalistas, em seu racionalismo eivado da nova metafísica kantiana, encontram o caráter absoluto da propriedade privada em sua oponibilidade *erga omnes* que importa na sujeição de tudo e de todos.

O positivismo fundiu essas percepções na teoria mista ou eclética, esposada em ambos os códigos civis nacionais, onde a absolutividade é revelada nos dois aspectos atribuídos à propriedade. No interno ou econômico, estaria a relação do titular com o bem. No aspecto externo ou jurídico, o dever de abstenção universal que a propriedade faria derivar.

As oposições formais a essas percepções são diversas, porém superadas pela oposição material que o Direito vigente, mormente de índole constitucional, perfectibilizam. A funcionalização imposta à propriedade na esfera dos direitos fundamentais enquanto medida ao exercício proprietário, edificando limites internos ao próprio direito subjetivo de propriedade. Jamais se poderá compreendê-la absoluta. É relativa por fundamento. Esse é o entendimento pacífico do Supremo Tribunal Federal, já na primeira metade dos anos noventa do Século XX.

A quarta teoria que o sistema descarta pelas opções normativas que possui é a de León Dugüit, que percebe a propriedade como uma função, e não como um direito subjetivo.

Tal escola não transita no ordenamento jurídico nacional, pois sua adoção importaria em verdadeira supressão do direito de propriedade (em geral), também possuindo óbice material nos direitos fundamentais, para além dos formais derivados da incapacidade de sua articulação processual.

A teoria da autonomia, ao emancipar o domínio, enquanto conjunto de faculdade reais subjetivas, da propriedade, enquanto titularidade instrumentalizadora dos respectivos vínculos reais subjacentes, da qual derivam deveres bilaterais aos titulares e não titulares, estrutura uma teoria dúctil o suficiente para apropriar-se do instrumental clássico do Direito Privado e reescrevê-lo diante dos compromissos constitucionais atuais, sem as anteriores contradições ou simplificações.

Em sentido específico, mais próximo do direito das coisas e do direito notarial, propriedade migra para a condição de espécie de um gênero maior: as titularidades. Estas possuem um caráter intersubjetivo e necessariamente relativo. Enquanto relação, podem até ter origem registral, mas que resultam em vínculo entre titulares e não titulares e alcançam toda espécie de patrimônio passível de apropriação; material ou intelectual, real ou virtual.

Vertem assim, para dentro das titularidades, interesses que transcendem ao interesse privado, para alcançar o interesse público e o interesse social em concurso mediado pelos direitos fundamentais, irredutíveis pela legislação infraconstitucional.

Todas as titularidades, sejam instrumentalizadoras de direitos reais sobre coisa própria (propriedade singular, horizontal, *flat, shopping center*, ou multipropriedade), alheia (enfiteuse, superfície, uso, usufruto, habitação, direito real de aquisição, *leasing*, alienação fiduciária, hipoteca, penhor ou anticrese), ou vínculos *inter res* (caso das servidões prediais – em contraponto às servidões administrativas de ordem pessoal), são afetadas pela nova arquitetura dada pelo direito positivo e os valores que se lhe agregaram.

Traduzir esse conteúdo na dinâmica da aplicação do Direito, importa retomar a Teoria Geral das Normas, pois o sistema jurídico, ao migrar constitucionalmente, trouxe um novo paradigma consigo. O Estado Social e Democrático de Direito.

Se é certo que os direitos fundamentais integram o núcleo da constituição, também é certo não serem sinônimos de princípios fundamentais. Esses são as normas densificadoras do princípio estruturante da tessitura regulatória. Por ser um sistema material, necessariamente axiológico, sua estrutura complexa desafia a de seus antecessores formais, que desfilaram na era positivista encerrada com sangue em Nuremberg.

As normas não se fundam nelas mesmas, carecendo de valores para dar-lhes sentido. Por certo os valores também precisarão de valoração em concreto para fazerem sentido, porém ao serem incorporados pelo sistema jurídico (perceba-se em expresso no preâmbulo da constituição) traduzem limites ao intérprete nos conteúdos possíveis do sistema, que se objetivam nas escolhas normativas que o conformam.

O sistema abre-se, pois, dos valores para as respectivas camadas normativas as quais analisar-se-ão em seguida, para então voltar-se, talvez na trajetória contrária da Fenomenologia de Husserl, "aos valores neles mesmos". Destaque-se que deles deriva a orientação teleológica que é impressa à rede normativa.

Não obstante sua força vinculante, ao integrar o ordenamento, diversamente do que é possível de perceber em Alexy, valores não são normas e não obstante conter-se nelas, delas também destacam-se para poderem oferecer sentido. Ressignificar a cada vez que chamados à aplicação. Em que chamados a dar sentido. Telos. A cada vez que se retoma os valores, deve-se buscar legitimar toda a ordem jurídica, no sentido da nova aporese que aporta.

O conjunto desses valores afetados ao ordenamento, é integrado à norma que centra as demais normas. A mais abstrata delas, onde todas as demais devem fazer sentido. O princípio estruturante. A viga mestra das normas de um sistema. A Constituição deriva o princípio do Estado Social e Democrático como princípio estruturante.

Os princípios fundamentais são todos àqueles que decorrem do estruturante, denotando escolhas de concretização do que lhe antecede e sendo densificados por todos os princípios gerais de direito que devem lhe concretizar.

Os princípios gerais se concretizam pelos princípios especiais de direito e estes pelos especialíssimos, que guardam quase a concretude das regras aos quais precedem.

Para além das regras, encontrar-se-ão tão somente as normas individuais, cuja densidade é tão elevada, que vinculam apenas sujeitos determinados.

Enquanto a garantia da propriedade privada é um princípio especial que concretiza o princípio geral da liberdade, a função social da propriedade privada é densificador do princípio da igualdade.

Igualdade e liberdade possuem um sentido refundido daquele que emergia das constituições liberais. Concretizam o princípio da dignidade humana como princípio fundamental que liga-se diretamente ao do Estado Social e Democrático de Direito.

Quando se percebe a contemporaneidade afirmar a condição de meio para a propriedade privada, é uma decorrência da condição relativa da atual estrutura de titularidades, onde concorrem interesses diversos e complexos no seu bojo, legitimados pela incidência do princípio da função social. Com tal cerne afirma-se a despatrimonialização do Direito Privado, mediante sua repersonalização.

A porosidade dos princípios, garantida pela presencialidade dos valores para a respectiva aplicação, garante a mobilidade suficiente para o sistema jurídico adequar-se à dinâmica e sinuosidade da sociedade pós-moderna com suas fraturas e rupturas. Em especial com seus contrastes, sendo garantido o pluralismo como opção de igualdade sem uniformidade.

Esta mesma abertura do sistema jurídico garantida pelos princípios, que prescindem das regras e de uma antecipação visionária dos fatos e fenômenos sociais pelo legislador, também servem de limite a esta mesma indeterminação que promove.

Não se admite anomia, ou seja, quaisquer lacunas de valores no sistema. Deste modo o intérprete não pode integrar o Direito com valores que o Direito não receba em seu interior. A abertura existente tem natureza axiológica, porém é apenas normativa para afastar a subjetivação já visível ao fim positivismo. Também a objetivação resta sepultada, em prol da racionalidade intersubjetiva inerente à operação axiológica dos princípios.

5. Brevíssimo tópico em torno da tópica proprietária

A cada interpretação normativa, todo o sistema está sendo interpretado, importando em um processo de re-legitimação em concreto do Direito, sempre que incida.

Isso ocorre, pois a cada vez que incide o Direito guarda um significado diferente. Quando este novo significado é deixado sem revelar, importa em uma negativa de jurisdição, pois antinatural e inseguro seria que um direito ao longo dos anos, em uma sociedade em constante mutação, permanecesse intocavelmente igual.

A propriedade não se distancia das demais instituições neste ponto, sem prejuízo dos diversos mitos econômicos em sentido que possa querer se fazer contrário. O sentido que o sistema econômico possa querer atribuir às titularidades de apropriação, passa pela mediação do sistema jurídico para ganhar sentido, ou no mínimo cogência.

A função social, mesmo que insistam alguns em chamar de cláusula geral, se abebera diretamente do núcleo constitucional para ganhar sentido e mesmo para dar sentido ao conteúdo econômico que a Constituição imante aos bens privados ou de mercado.

A própria economia, no Estado Social, para além do decantado discurso de eficiência, deve se abeberar dos direitos fundamentais para ganhar sentido e resultar em um mercado includente que contribua na redução das desigualdades. Jamais dará sentido aos direitos fundamentais, para desnaturá-los e monetarizá-los, com seu falso determinismo utilitarista. Ao contrário.

Deve retirar deles o seu sentido; pois algo que fundamenta a si mesmo, autobiografa-se fundamentalista. Para a economia, quando fechada em seu sistema, o último fundamento (*grund*) afigurar-se-á abismo (*abgrund*) de um não fundamento. Simplesmente por sua incapacidade de fundamentar. No Estado Social e Democrático de Direito, não se tratará de uma opção de eficiência o existencialismo humanista que lhe é inerente.

Esse texto trouxe um raro prazer na sua escrita, pela notável impressão de intimidade no percurso de área tradicionalmente tida por estrangeira ao civilista. O denominado Direito Penal. Isso, talvez, pela emancipadora e concreta impressão de não mais reconhecimento do civilista como tal, por ele mesmo, como anunciam as primeiras linhas. Sensação possível, pela lúcida sedução da complexidade e transdisciplinaridade aliada ao convite para visitar o tema advindo de amigos tão caros e admiráveis. Quando o Prof. Ricardo Timm, emblemático nome da filosofia latino-americana, incitou-me a participar de volume da significativa Veritas, especialmente voltado aos Direitos Humanos e à Dignidade da Pessoa Humana, a vertigem para a tematização foi irresistível. Outro ponto especial, diz com o antigo flerte de minhas aproximações com a genial Teoria do Espetáculo, se assim me é permitido nominar, desenvolvida em dois textos de Guy **DEBORD** (foto), e carente de atualização desde os anos 80, bem como de uma releitura do marxismo romântico que lhe é característico, para somar-lhe a crítica da razão, adicionada à vertente no Século XX, em especial pelos frankfurtianos, e aproxima-la das prospecções de BOUDRILARD, em prol de retomar também a Teoria dos Simulacros.

V.

Esboço de ensaio para desconstrução do discurso penal na sociedade do espetáculo ou... surpreendendo o público em quintais privados

1. Um *foyer* ao discurso

Há civilistas que sequer ousariam reconhecer-se propriamente privatistas. Por que privar-se do mundo, como espaço capaz de reconhecer-se como fruto de um discurso que o conforma enquanto realidade líquida, porquanto nos conforma no autoengano da cultura da segurança e da "metafisicidade" de uma salvação prome(n)tida? Seu desengano existencialista faz risíveis as fronteiras cartesianas das especializações.

Eu os vejo no espelho, ao fazer a barba. Eles me ajudam a contar os dias de um lacaniano tempo líquido, há muito distante de quaisquer ponteiros. Um tempo humano. Da humanidade... Sem pertença e credor de pertencimento. Que somente passa em volta das fogueiras. Quando voltamos ao instinto primal de sobreviver. Transcender-nos. Na tradição. Em nossas histórias. Contando o passar dos tempos. Sobrevivendo por nossas histórias. Falar sobre o Direito, para além da razão, muito mais que para além da raiz da razão, haverá de importar em contar uma boa história. Capaz de desconstruir qualquer outra história.

Mas não seria por ousadia que me atreveria a olhar por cercas vizinhas. É pelo maior dos sentimentos que a amizade constrói, que o discurso da razão aderna, desvestido de culpas, para ganhar novos passaportes. É pelo afeto, que transpassa os umbrais da Academia, que cursou esse texto; para homenagear fraternos e paradigmáticos amigos que, mais ousados que eu, desafiam-me incansavelmente com o tema fustigado: Ricardo Timm de Souza, Salo de Carvalho, Aury Lopes, Ney Fayet Jr., Jacintho de Miranda Coutinho e Alexandre Wunderlich.

Se os temas tradicionalmente afeitos ao Direito Penal e a Criminologia, nunca foram alvo de meu discurso, o mesmo não se diga daqueles que o motivaram. Meus amigos sempre foram a melhor interlocução de minhas ideias, cuja produção científica já remonta o antigo milênio, na travessia democrática que vem reconstruindo o Brasil. Os amigos sempre serão o melhor motivo, para que contemos uma boa história.

Assim, essa história sem ponto final, nascida do conforto privado... é dedicada a eles... que não cansam de se enredar por seus enredos... e fazê-la pública.

2. Uma crítica em rascunho

Ensaiar um esboço ou esboçar um ensaio no encalço das raízes legitimadoras da Sociedade Punitiva que vive nas entranhas de uma Sociedade do Espetáculo, consumidora e produtora do crime e da pena, de modo a nunca conceber sua possível transcendência em outro paradigma, persegue questionar às raízes dessa mesma pena; eleita meio diante de fins axiologicamente difusos. Esse interdito permite uma arqueologia de outra eleição. Documentando a influência paradigmática, em verdadeira museologia das escolhas. De um sistema de verdades, histórico-geograficamente comprometidas. Para com isso, no conjunto lógico, regido pelo princípio formal da não contradição (no hipertrofiado sentido dado pela Escola de Viena e por David Hilbert em especial), aferir da legitimidade daquilo já circunscrito como ilícito; o que torna-lhe um ilícito penal. Crime, portanto.

Paradoxalmente ignorante de seu sentido antropológico; um crime dogmaticamente vestido de lamentável utilitarismo econômico e político. Dilapidado do humanismo que o possa ter originariamente concebido ou mesmo constituído. Mais que forjado na luta de classes, foi parte da própria forja disciplinar dessa tensão socialmente fronteiriça. Do ter... em detrimento do ser.

Crime, pois, assim edificado por um conjunto de regras supostamente neutro, asséptico de quaisquer valores morais (iluministicamente remetidos para o terreno da irracionalidade gótico-kelseniana); corporificados em um sistema fechado em austero templo disciplinar erigido sobre um estatuto de verdades metafísicas. O Código Penal... Um Código fruto de um Direito, por excelência, Burguês. Com cor, religião, sexo e *status* econômico-social. Não raro, com endereço certo.

Axiológico por natureza, desde a eleição desse conjunto de bestas que a modernidade, ainda moribunda nas fronteiras do pós-guerra, tentava domesticar e que compõe cada indivíduo em sua particular condição. Valores. Eleitos por discursos que constituem verdades circunstanciais. Existenciais. Mesmo na supressão daquela liberdade que nos faz humanos. Até para dela abrirmos mão... desumanizando-nos.

Na raiz de cada discurso repousa uma eleição de valores. Na máscara dialética, disruptora da lógica natural do discurso não sofista (onde as respostas se afiguram prontas antes das perguntas terem sido formuladas), potencializado pelo pensamento dicotômico (redutor e simplista, não obstante a presença entre espiritualistas e empiristas), esconde-se uma inversão. As questões resultam postas na chegada do discurso em sua razão final. Porém, aí, já abrimos mão da liberdade existencial, hermenêutica, de compreender. Pois viver é interpretar viver.

Já nos deixaríamos manipular ao não indagar da intencionalidade da representação do fenômeno. Do porquê houve o convite para estar ali; questão fundamental para estar ali. Ser. Ou não... Nadificar... Nada... ficar. Nadificando. A tudo. A todos. A si. "Imanescer". "Destrancender". Não ser. "Des-ser"... Evanescer. Envenenando a tudo e a todos.

Esse discurso cartesiano tem contraponto em Pascal, com bem exploradas consequências em Edgar Morin. Oswald de Andrade, 50 anos atrás, em seu manifesto antropofágico também fazia perceber isso; não obstante algum totalitarismo hegeliano sondar ao longe. É necessário desconstruir o discurso para descobrir a razão da eleição "do" discurso, e não "pelo" discurso. Mais importante do que "onde chegou" é perguntar-se a razão de "onde partiu" e do "porquê foi proferido" o discurso.

Daí é possível uma genealogia do discurso em concreto, respeitada a não linearidade daquele que o profere e o desvio hermenêutico possível daquele que o interpreta; previsível no princípio postal já descrito pela perspicácia de Derrida.

Demarcada a incerteza de uma certa territorialidade epistemológica que se põe a ranger, quando alguma arquelogia dos saberes antropologicamente existencializada, transita pelos modernos cenários impressos no palco jurídico, deve-se prosseguir para além da desconstrução. Havemos de exumar as premissas, recolocando-as desnudas nas avenidas da complexidade pós-moderna, verificando o que sobra à colher do instrumental tradicional, após o necessário atrito com a (talvez não menos simbólica) realidade social perdida na "pós-tradicionalidade líquida".

Circunstancie-se desde logo que esse texto toma para si o Direito como platô qualificado de análise enquanto crítica. É, pois, ainda que trajado de transdisciplinaridade, com as vestes talares desse Direito posto em transe, que estamos tratando; mesmo quando as branas que vibrarem pelo discurso, orquestrem a música dos muitos sistemas no seu ressoar nas respectivas esferas.

3. Um *apartheid* sem cercas

Os Códigos não nasceram com ou para as penas. "Apenas" se apropriaram delas. Os Códigos sequer nasceram olhando para interesses de ordem pública, e sim, para esfera privada, após a fissura econômica do Estado nesses dois continentes, até então difusos e "pangeográficos", corporificados nos revolucionários direitos fundamentais de primeira dimensão.

Esses, na condição de amuleto contra o Leviatã, incapacitavam o Estado de retomar as liberdades do *ancient regime*. O mal necessário para que o homem hobbesiano não impusesse pela força, sua vontade diante do fraco e vulnerável. O Estado de Locke... Estado-Mínimo, Polícia, *Gendarme*. Revolucionariamente voltado para atender ao novo sujeito edificado pela modernidade. O indivíduo. O cidadão. Mas... qual cidadão?

Novamente importa desconstruir para perceber o fundamento da tutela em construção, pelo Direito Moderno, na Revolução que destroçou o Estado Absolutista e os resquícios feudais no Velho Mundo, o qual ainda no Século XIX estava a biografar a novela do Novo Mundo, em um arremedo de globalização desforme. O tempo andava sobre lerdas pernas, então. Distintas das rodas e turbinas que hoje lhe impulsionam.

A Revolução Francesa fez, de muitos, sujeitos. Da larga maioria, sujeitados. A razão se colhe nos fundamentos que o Iluminismo coou da Renascença. Nela, o Homem que emerge da Reforma (tanto de Calvino como de Lutero), lendo a Bíblia na própria língua, embalado nos braços de Guttemberg, descobria uma outra noção de igualdade, naquele Jusnaturalismo de matizes racionalistas que se impunha sobre o outrora místico, que já se apropriara do espaço de crença anteriormente de raízes cosmogônicas no politeísmo pagão.

Para o desconforto do Rei, os vassalos descobrem serem todos iguais diante do Deus que lhes atribuíra vida. Vida essa que nenhum outro homem poderia tirar. Mesmo São Tomás, fornecendo amplo contraponto às Cidades de Sto. Agostinho, afirmará então que diante do tirano, cabe seja ele morto! O despotismo olha com desespero os grãos escorrerem pela ampulheta que lhe mede o futuro...

A Aristocracia decadente e em profunda atrofia, perde sua legitimidade em padrões cada vez mais nítidos. Afasta-se da Natureza. De sua natureza, povo e legitimidade. Agoniza... À Burguesia cabe apenas "iluminar os fatos" para que tudo venha às claras. Razão...

Crucial será a percepção de que o paraíso destinado ao Homem enquanto morada se reveste da condição de um direito natural à terra... à propriedade enquanto pertença. Futura medida da dignidade, na secura de discursos tão heterogêneos como os de Hegel ou Robespierre. Novos discursos... Novas vozes... Novos Senhores.

A radicalidade da perspectiva Iluminista precipitará o Jusracionalismo como fundamento de um Direito posto nas bases do ideal de Ciência nascente. Mas isso é um processo. Apenas em início. Com Descartes arrancando o espírito da carne. Criando o Homem Dual, profícuo em dicotomizar para compreender. Dividir... Racionalizar...

A razão será o único freio desse Homem profundamente livre. Modernamente livre. Com Benjamin Constant somos lembrados ser a liberdade dos "modernos" distinta dos "antigos". A vida pós-moderna nos insufla a um repensar profundo desses ideais antropofágicos.

Esse Homem moderno, cujo estatuto de liberdades civis edificadas pelos direitos fundamentais nascentes (então direitos políticos) é solipcista por concepção. Fulcrado em seus direitos de exclusão, moduláveis tão somente por sua liberdade. Por sua expressão de vontade. Pelo contrato.

É desse contrato, ápice da expressão moderna da vontade (*dit contratuél, c'est dit just,* ou ainda, o contrato faz lei entre às partes), ápice da expressão da órbita do Privado, que nasce o Estado Moderno. Já em Rousseau, mas corporificado em Locke, do Contrato Social.

Esse Estado *Gendarme* tem um compromisso por excelência: deixar tudo como está. Garantir o *status quo.* Agora, o cidadão, despojado da condição vassalar que lhe agrilhoava qual servo, é o Senhor. A saúde da nação será garantida pela Lei do Mercado, oferta e procura assegurada pela condição negativa do Estado, conforme a fórmula revelada por Adam Smith. *Lex Mercatoria.*

Mas como isso é feito? Qual conjunção de capitais disciplinares seria capaz de explicar esses compromissos, instrumentalização, ação e resultados? Novamente persegue-se uma desconstrução compreensiva da ciência moderna, que busca retirar as teorias e métodos que estruturou, de sua história e concreticidade que lhes atribuía e ainda atribui sentido. Portanto, existência; na carência de essência.

4. Um estado mínimo para o *homo sacer*

Após a lobotomia do Estado, por um conjunto de precisas incisões feitas pelo liberalismo, o Leviatã fora transformado em um risível aleijão. Um Quasímodo pronto a esconder-se nas torres de Notredame e ser confinado ao invisível; à escuridão da noite, esgueirando-se pelos telhados e espreitando as janelas, sem possibilidade de acolhida em qualquer lareira.

Um Público identificado como espaço de ninguém, na percepção de sua nêmese (qual o normando Ricardo e o sarraceno Saladin) no múltiplo Privado como espaço de alguém e cuja falta de convívio comum importava em seu próprio discurso de afirmação. Exclusão.

O Estado Moderno nasce para a propriedade (Locke) e pelo contrato (Rousseau), fundado no conflito (Hobbes) para conter um abstrato (não obstante individual) ser livre e racional (Kant). Seu fundamento policial somente se justifica enquanto tutela da pertença individual do cidadão (eterno credor do Estado patrimonial burguês). Garantidor do *status quo* identificado com a propriedade privada e tendo, novamente, o contrato como partícipe, o instrumento de circulação dessa riqueza ora individual.

É, pois, nos paradoxos, que a "razão moderna" se explica em fundamento último. Irracionalizável, portanto. Irredutível. Irremediavelmente complexa. Impassível de simplificação. Na quebra de seu simulacro. Paradoxalmente humano, como percebera Pascal; perdido pelo paradigma constitutivo das avenidas modernas, que infletiram na esquina de Descartes, irresponsavelmente sem olhar para os lados. Tomando o trânsito em razão privada.

Cedo ou tarde, essa sociedade mutante (termo de óbvio neologismo sarcástico), lançada na fôrma individualista e iluminista, aprenderá a solidariedade estranha ao seu paradigma. E a seus "cidadãos". Aprenderão que para brincar de Roda... todos devem dar as mãos. Ou não...

A eficácia vertical dos Direitos Fundamentais nascentes ganha um estrangeiro e confortador sabor de positividade, para além de qualquer racionalismo de estribo quixotescamente naturalista e dependente do deformado senso comum, abolido ao sabor da Revolução Científica, do anterior período. De sua instalação. Sobre novo solo paradigmático. Com nova cidadania, método, legitimação e discurso. Novos fins e novos senhores.

Constitutiva da parte material da Constituição, relegava à dita formal ou orgânica, a tricefalia cerebrina articulada na Teoria dos Freios e Contrapesos. Guardando, pois, o Leviatã nas margens do Rio Ínferus, Montesquieu postou Cérberus; figura nada estrangeira ao Estado-Polícia, guardião fiel da propriedade privada de seus "cidadãos destinatários de sua existência". Talvez dissesse hoje, Sto. Agostinho: – Novos deuses, novos homens e, consequentemente, novas cidades.

Assim nasce o indivíduo. Nasce moderno. Com a alma vendida no pacto fáustico de um mefistófilo Leviatã, envernizado pelo racionalismo cartesiano. Se este pacto faliu na Pós-Modernidade, é porque nem os faustos de Goethe podem dar algo àquele ente perdido no seio da Sociedade do Espetáculo. No espetáculo das relações mediadas por imagens, arquétipos e simulacros.

Totens do consumo, na religião do Espetáculo. Ofuscada de informação como espantalhos da cultura do não saber. Da felicidade burra, na passividade do essencialismo revelado no transparadoxo biopolítico moderno. Mitificador da razão para fundamentar sua fé. Saltimbanco de uma novela nunca escrita. Louco... Arquetipicamente enlouquecido. Mais que louco, o 0. O Louco.

O Positivismo é a verdadeira corporificação do espírito científico iluminista, identificando o Direito à Lei e fazendo da norma sua medida. *Rule*... Régua. O Juiz, sacerdote da razão legal, *c'est le bouche du loi*, na aspiração da Teoria Tripartite. A própria Hermenêutica (portanto uma Meta-hermenêutica, paradoxalmente negativa), ajuda a(-) fundar o Estado. Onde o Homem escraviza, a Lei liberta, discursará o liberalismo jovem. Jovens promessas. Velhas quimeras.

Com o cenário montado, inicia-se a tragédia moderna, no palco (sub)urbano do pensamento liberal burguês, com apenas quatro personagens privilegiados pelo determinista roteiro jurídico: Proprietário, marido, contratante e testador. Àquele que não postasse esses trajes, remetia-se para fora do *grand monde* da cidadania burguesa, encampada e biografada no Código Civil, defeso pelas muralhas do positivismo científico. Um pacto fáustico que na pós-modernidade alienaria o planeta em medidas de carbono. Um Mefisto econômico, que não tem nada mais a oferecer à humanidade, cuja crença em alguma alma também passa a ter um sabor utilitarista e mercantilista, perdida em templos improvisados na periferia social. De Lutero a Macedo. Triste imagem.

5. Entre códigos e disciplinas; dogmas e ritos na religião do mercado

Cego aos fantasmas axiológicos que nunca deixaram de lhe assombrar, o determinismo moderno pôs curso ao Liberalismo, messianicamente prometendo liberdade e igualdade na concretização dos valores iluministas que edificaram o individualismo que lhe é característico.

O Mercado revelaria a "Verdade", para além de quaisquer subjetividades naturais ao antigo paradigma, de feições místicas. Neutra e objetiva. Mito? A Lei da Oferta e da Procura teria a capacidade de valorar as mercadorias em circulação, independente de qualquer mediação subjetiva? Desconstruir apresenta sua condição natural de prevalência (a)metódica, tomada a incerteza como premissa, no sutil véu da pós-modernidade, para a condição demasiadamente humana do observador enquanto intérprete.

Nos bastidores da Revolução Científica derivada do Iluminismo, desenvolve-se um elemento chave para o Capitalismo impor seu darwinismo econômico, na sociedade liberal. A Revolução Industrial. Elemento indissociável a compreender-se a Sociedade de Mercado que emergirá às vésperas da Pós-Modernidade. E seus simulacros...

O artesão perde seu espaço com a chegada da Fábrica. Fenômeno que será agravado com o advento da linha de montagem. Com a Indústria, o resultado final, ao contrário do que se poderia imaginar, não é a mercadoria. Essa lógica, aparentemente inversa, explica-se nas práticas deificadas do Mercado.

Com a febril demarcação e consequente cercamento de terras imanente ao Estado Mínimo, o êxodo rural difunde um infinito de odores novos, carregados de esperança e miséria, às ruas das principais capitais europeias. Proletários. Os fiéis que chegavam em um mundo edificado em torno de um novo e sedento deus. O Mercado. Logo ele lhes exigiria seus sacrifícios e tributos. Um novo Leviatã... Talvez um faminto Astaroth, ou uma sensual Lilith, começava a tomar forma.

O artesão acabara. Com ele, foram suas guildas e aprendizes. Sua arte e tradição. A fábrica se impõe como uma nova realidade do cenário urbano da Modernidade. Nela, o trabalhador (outrora artesão ou artista), é operário. Vende sua força de trabalho. Única mercadoria de que dispõe. Somada a liberdade de não vendê-la, escolhendo o valor de seu trabalho no mercado. Ou não...

O dinheiro, substituto do esquecido escambo, é o único instrumento universalizado pelo mercado, para realização das suas trocas e legitimações. É seu imperativo categórico. O indivíduo já não domina a matéria-prima do produto. Nem mesmo seu processo. Sequer é dono das ferramentas inerentes ao seu ofício no chão de fábrica. Nem mesmo tinha capacidade de perceber o quanto o mundo mudara ao seu redor. De muito já perdera as rédeas dessa mudança. Muitos de modo consciente. A maioria não.

No mercado, frente às filas do "Exército do Operariado de Reserva" engrossando sem parar, o jogo da oferta e da procura tinha as cartas marcadas. E bancando o jogo, o Estado Mínimo, amorfo e imóvel em face da metástase do patrimonialismo individualista que criara em seus intestinos "neutros".

O Capitalista investe. Compra ferramentas, processos e matéria-prima. Ao cabo, põe seu produto no mercado, à luz da sua lógica alquímica, que o transmuta em capital, para que compre mais matéria-prima e converta em capital e... "quem cozinha o banquete???" Questionaria a sapiência de Berthold Brecht.

O jogo do capital é o jogo do Direito Civil tradicional. O direito das coisas é caracterizado por relações entre o titular e o bem (daí denominadas reais e classificadas absolutas). O Contrato, corolário das Obrigações Civis, era fundamentalmente patrimonial. A própria obrigação somente se poderia perceber como um vínculo patrimonial entre sujeitos (no dizer de Poithier), sendo a obrigação chamada natural, revestida de inexigibilidade.

Portanto, aquele que não tivesse patrimônio era sujeito do direito das coisas, obrigações e contratos na sua concepção tradicional? Considerando ser o sistema jurídico identificado à lei, pelo discurso positivista que alimentava o paradigma da época, a resposta é não.

Sequer ao direito de família haveria guarida ao menor estigmatizado ilegítimo, no estatuto da bastardia consolidador do aristocracismo argentário burguês, napoleônico ou vitoriano. No Direito brasileiro, somente com a Constituição de 1988, a jorge-amadeana figura da "teúda e manteúda", caracterizada na companheira ou na concubina, conseguirá adentrar uma vara de família.

Sem dúvida àquele que não conseguira ser sujeito no direito das coisas, obrigações ou de família, tampouco o será no direito das sucessões tradicional. Afinal o próprio Código Civil, fossificado na trincheira de sua Teoria Geral, ousará dizer como passa o tempo e o esquecimento, em prol da segurança jurídica, edificando a prescrição.

Fará mais!! Dirá quem é pessoa!!! É todo aquele capaz de direitos e obrigações! Todo!! Não todos!! Quem não for capaz, não será pessoa, *persona*, personagem, máscara!!!! Na burlesca novela da codificação civil, de tons socialmente trágicos e politicamente pastéis. Tudo com segurança. Em nome da segurança! De quem??? Para quem???

O Direito Civil tradicional, corporificado no Código enquanto "Constituição do Homem Privado" (!!!!!), perfaz com isso um estatuto de exclusão. Uma navalha econômica. Um fosso social. Não existe direito privado diante do ser. Apenas diante do ter. Na razão do mercado. Neutra... Para quem?

Construído Estado e Direito em torno dessa lógica proprietária e privatista, resta apenas aparelhá-lo com os modernos instrumentos disciplinares eficazes e coerentes ao paradigma jocosamente vitorioso. Importa remeter ao descarte social, àqueles que se distanciem dos padrões a serem consumidos, mantidos e reproduzidos.

Assim, um homicídio tem tipo distinto para o latrocínio, em detrimento de qualquer contexto social em que se produza. Prepondera no tipo penal em análise, o elemento patrimonial em primazia ao contexto social em que se desdobre o qualificado crime. Qual o bem penal em tutela, na razão última da jurisdição criminal? A vida ou a propriedade privada??

O Código Penal concebe tipos distintos para o estupro e para o atentado violento ao pudor. Não obstante, seu fundamento é tutelar a dignidade e o direito à intimidade e opção sexual da vítima, em suas últimas fronteiras. Seria um ato pior que o outro? Poder-se-ia qualificar assim? Alguma mulher concordaria?

E a extinção de punibilidade do estuprador, em ele casando com sua vítima? Qual a natureza disso? O ato de estupro perderia todo quoeficiente de brutalidade que o envolve, ressocializando o agressor? Não se estaria em última instância tutelando o direito das sucessões, mediante o resguardo do útero como modo privilegiado de sucessão *causa mortis*?

Direito Penal? Público ou Privado?? Para quem??? Certamente uma porta de entrada, a todos tidos como anormais para o homem médio do *Code*. Para os restos sociais. Improdutivos. "Incapitalizáveis"... Embriões econômicos, que nunca foram dados a desenvolverem-se. Destinados ao descarte(s).

6. Fezes do jantar à mesa do café

Forjada a Sociedade do Mercado, o indivíduo só reconhece como espaço público o consumo, enquanto uma nova *ágora* da socialidade rasteira que residualmente lhe sobrou. Ele somente sente-se parte desse "novo algo" que ele é incapaz de reconhecer, quando consome. E assim se consome. Cada vez mais no e pelo Espetáculo.

O Mercado cria novas doenças e suas curas. Novos produtos para o consumo e crédito para consumi-los, enquanto produtos outros. Fundado no simulacro em sua lógica alienante de dominação, mediadora das relações cada vez mais impossibilitadas de sua natural emergência, o Mercado se hipertrofia.

O próprio afeto, onde a doação deveria ser uma inerência, adquire a lógica da troca. Uma doação onerosa, caracterizada pelo encargo da troca. Eu dou se recebo. Isso é afeto? Não o teremos perdido em algum lugar, soterrado entre nossas próteses tecnológicas? As relações envolvidas pela lógica da troca já nascem doentes, destinadas a serem trocadas por novas relações. O descarte é incorporado à própria lógica afetiva, economicizada e utilitarista.

O individualismo projetou um homem que é incapaz de se reconhecer no outro, por sua incapacidade de reconhecer o outro. Percebe o outro, como uma extensão de si. Que vê o mundo como ele. Não vê, portanto, o outro. Vê a si mesmo, projetado no outro, incapacitando-se a reconhecer qualquer alteridade.

Nessa racionalidade perversa está imersa a Sociedade Punitiva, continuada pelo biopoder inerente à Sociedade Pós-Industrial. Sem nichos para filas, agora possuidoras de um *pathos* social. Uma sociedade que passou a excluir digitalmente. Em tempo real. Sem analogismos!

Cria um ideal da imagem, que consome o ser pelo ter, privado de consciência pela ausência de qualquer espaço de ação real, não virtual; um *iter* de pertencimento e entrega diante do outro... do estrangeiro... do estranho... Um *iter* de ação não mediada. "Iteração". Sem coisas (res) me(i)diantes. Reiterantes... Redundantes.

Existimos na busca da eficiência do consumo. Em ter muito, para em seguida querermos ter mais. E quando alcançamos... resta apenas nosso encontro conosco. Naquela rede que Neruda postara na praia... Pegando apenas a nós mesmos... nús, ao luar. Sós. Como viemos ao mundo... Como deixaremos o mundo. Encontramos o vazio de nós mesmos.

Essa frustração, característica da pós-modernidade, tem por remédio usual mais consumo. Mais vazio e frustração... e mais consumo. Reconhecemo-nos pelo que consumimos!! E isso nos consome. Consome nossa humanidade. Reduz o espaço público ao mercado e nos (de)compõe como mercadoria. Somos fantasmas de nós mesmos!! Compramos um ideal de vida para viver e descartar. Curvamo-nos ao nosso próprio descarte. As inevitabilidades do Mercado, na lógica de Hayek. Externalidades, na lógica de Friedmann. Pintamos uma nova Güernica. Cegos e com uma palheta rubra de sangue!! No espetáculo da vida nua. Consumida. Frustante...

Consome a própria humanidade, purificadora de estranhezas e anormalidades. A cada volta da Roda da Fortuna, nascem novas estranhezas e novos estrangeiros. Novos descartes a serem consumidos pela lógica do espetáculo autoinduzida. A cada volta... nova revolta. Ou não... Depende da eficiência em consumir. Ter para ser??? "Des-ser"... Redundar... Ter para ter mais... Esquecendo a frustração de "não ser". Nascer... A cada morte.

"Estranhificar" para legitimar a exclusão. Na lógica do descarte, não há tempo para ressocializar. Não há tempo para reinserir. Sequer há tempo para inserir ou socializar aqueles que nasceram na periferia. Fadados ao descarte. Para o Espetáculo.

A humanidade cega. Prefere não ver o que se tornou... entornou. Pôs em torno... Nas periferias dos grandes centros. Pôs em tornos... Nos modelos em constante troca. Na segurança líquida, do método dúctil. Interessadamente líquida.

Tome-se a pós-modernidade na recusa em sermos fantasmas de nós mesmos. Assumindo suas rédeas de incerteza, no reconhecimento da dignidade em reconhecer a busca irrealizada das liberdades prometidas. Talvez aqui repouse o sentido de dignidade concretizado em nossos valores. Atuais e atuarizados. Sem dúvida, uma dignidade sem raiz em Kant. Dizer o contrário seria tão ingênuo quanto buscar exumar seus intestinos sem considerar o idealismo alemão, na recomposição moderna do espiritualismo francês. Está no DNA. Mas não propriamente é.

Dizia Kant que os homens não têm valor... Têm dignidade. As coisas têm valor. Por si?? Não era. Nunca fora...

Na abertura da Modernidade, nós atribuíamos valor às coisas. Agora elas atribuem valor a nós. Entre nós. Enosados... Enredados. No enredo deste espetáculo sujo. De limpeza e purificação. De nosso lixo arquetípico. Codificado. Desumanizado. Nos limpamos de nós mesmos.

Paramos de viver nossa humanidade para viver o Espetáculo. Parados em "nós". Paramos todos para assistir. Assistir aos nossos fantasmas nos assombrarem enquanto des(a)fiamos a não existência da autonadificação. Continuamos, apenas, na imagem que fazemos que façam de nós mesmos. No Espetáculo... Esse... Esse é o único que não pode parar.

Dignidade? Não é preciso...

7. Espetacularmente breve referencial bibliográfico inicial

AGAMBEN, Giorgio. *Homo sacer – O poder soberano e a vida nua.* Belo Horizonte: UFMG, 2007.

ARONNE, Ricardo. *Direito Civil-Constitucional e Teoria do Caos* – Estudos Preliminares. Porto Alegre: Liv. do Advogado, 2006.

——. *Código Civil anotado.* São Paulo: IOB/Thomson, 2005.

——. Direito das coisas. In: PEREIRA, Rodrigo da Cunha (org.). *Código Civil anotado.* São Paulo: Síntese, 2004.

——. *O princípio do livre convencimento do juiz.* Porto Alegre: FABRIS, 1994.

——. Titularidades e Apropriação no Novo Código Civil. Breve ensaio sobre a Posse e sua Natureza. In: SARLET, Ingo. (Org.). *O novo código civil e a Constituição.* 2ª ed., Porto Alegre: Livraria do Advogado, 2006.

——. Disposições finais. In: PEREIRA, Rodrigo da Cunha (org.). *Código Civil anotado.* São Paulo: Síntese, 2004.

——. *Propriedade e domínio.* Rio de Janeiro: Renovar, 1998.

——. *Por uma nova hermenêutica dos direitos reais limitados* – das raízes aos fundamentos contemporâneos. Rio de Janeiro: Renovar, 2001.

BARTHES, Roland. *O neutro.* São Paulo: Martins Fontes, 2003.

——. *A aventura semiológica.* São Paulo: Martins Fontes, 2001.

BAUDRILLARD. Jean. *Tela total.* 3ª ed. Porto Alegre: Sulina, 2005.

——. *O sistema dos objetos.* 4ª ed. São Paulo: Perspectiva, 2004.

BAUMAN, Zigmunt. *Vidas desperdiçadas.* Rio de Janeiro: JZE, 2005.

——. *O mal-estar da pós-modernidade.* Rio de Janeiro: JZE, 1998.

——. *Modernidade e ambivalência.* Rio de Janeiro: JZE, 1999.

——. *Em busca da política.* Rio de Janeiro: JZE, 2000.

——. *Amor líquido.* Rio de Janeiro: JZE, 2004.

——. Comunidade – A busca por segurança no mundo atual. Rio de Janeiro: JZE, 2003.

——. *Modernidade líquida.* Rio de Janeiro: JZE, 2001.

——. *Globalização – As conseqüências humanas.* Rio de Janeiro: JZE, 1999.

——. *Vida líquida.* Rio de Janeiro: JZE, 2007.

BECKER, Laércio Alexandre. (Org.) *A escola de Frankfurt no Direito.* Curitiba: EDIBEJ, 1999.

——; SANTOS, E. L. *Elementos para uma teoria crítica do processo.* Porto Alegre: Fabris, 2002.

BEVILÁQUA, Clóvis. *Direito das coisas.* 5ª ed., Rio de Janeiro: Forense, s.d., Vol. 1.

BOURDIEU, Pierre. *Contrafogos* – Táticas para enfrentar a invasão neoliberal. Rio de Janeiro: JZE, 1998.

——. *Razões práticas – Sobre teoria da ação.* 8ª ed., Campinas: Papirus, 2007.

BOUTHOL, G. *História da sociologia.* São Paulo: Difel, 1976.

BURKE, Peter. *Uma história social do conhecimento.* São Paulo: JZE, 2003.

CARBONNIER, Jean. *Flexible droit*: pour une sociologie du droit sans riguer. Paris: LGDJ, 1992.

CANARIS, Claus. *Pensamento sistemático e conceito de sistema na ciência do direito.* Lisboa: Fund. Calouste Gulbenkian, 1989.

CHOMSKY, Noam. *O governo do futuro.* Rio de Janeiro: Record, 2007.

——. *O lucro ou as pessoas.* Rio de Janeiro: Bertrand Brasil, 2002.

COX, Gary. *Compreender Sartre.*Petrópolis: Vozes, 2007.

DEBORD, Guy. *A sociedade do espetáculo.* Rio de Janeiro: Contraponto, 1997.

——. *Crítica à sociedade do espetáculo.* 9ª ed., Rio de Janeiro: Contraponto, 2007.

DERRIDA, Jacques. *A farmácia de Platão.* São Paulo: Iluminuras, 1991.

——. *Gramatologia.* 2ª ed. São Paulo: Perspectiva, 2004.

——. *Força de lei.* São Paulo: Martins Fontes, 2007

——. *O cartão-postal – De Sócrates a Freud e além.* Rio de Janeiro: Civilização Brasileira, 2007.

DUARTE, Fábio. *Do átomo ao bit* – Cultura em transformação. Pinheiros: Annablume, 2003.

ECO, Umberto. *Tratado geral de semiótica.* 4ª ed., São Paulo: Perspectiva, 2002.

FACHIN, Luiz Edson. (org). *Repensando os fundamentos do direito civil brasileiro contemporâneo.* Rio de Janeiro: Renovar, 1998.

——. *A reforma no direito brasileiro: novas notas sobre um velho debate no direito civil.* Revista dos Tribunais. São Paulo: RT, n. 757, 1998, p. 64-69.

——. *Teoria crítica do direito civil.* Rio de Janeiro: Renovar, 2000.

FOUCAULT, Michel. *As Palavras e as Coisas.* São Paulo: Martins Fontes, 2002.

——. *Arqueologia das ciências e a história dos sistemas de pensamento.* 2ª ed. Rio de Janeiro: Forense, 2005.

——. *Arqueologia do saber.* Rio de Janeiro: Forense, 2005.

——. *A ordem do discurso.* São Paulo: Loyola, 2006.

GILISSEN, John. *Introdução histórica ao direito.* 2ª ed. Lisboa: Fund. Calouste Gulbenkian, 1995.

GILES, Thomas Ransom. *História do existencialismo e da fenomenologia.* 2V. São Paulo: EDUSP, 1975.

GINESTIER, Paul. *Pour Connaître la Pensée de Camus.* Paris-Montréal: Ed. Bordas, 1971.

GLEICK, James. *Caos – a criação de uma nova ciência.* Rio de Janeiro: Campus, 1990.

GRAVES, Robert. *New Larousse encyclopedia of mythology.* London: Hamlyn, 1978.

GONNARD, René. *La propriété dans la doctrine et dans l'histoire.* Paris: LGDJ, 1943.

HABERMAS, Jürgen. *Técnica e ciência como "Ideologia".* Lisboa: Edições 70, 1997.

——. *Pensamento Pós-Metafísico: estudo filosófico.* Rio de Janeiro: Tempo Brasileiro 1990.

——. *Consciência moral e agir comunicativo.* Rio de Janeiro: Tempo Brasileiro 1989.

——. *A ética da discussão e a questão da verdade.* São Paulo, Martins Fontes, 2004.

——. *Conhecimento e Interesse.* Rio de Janeiro, Zahar Editores, 1982.

HARVEY, David. *Condição pós-moderna.* São Paulo: Loyola, 1992.

HEIDEGGER, Martin. *Identidade e diferença.* Petrópolis: Vozes, 2006.

——. *Ser e tempo.* 2ª ed., Petrópolis: Vozes, 2006.

——. *A caminho da linguagem.* 2ª ed., Petrópolis: Vozes, 2004.

HOBSBAWM, Eric. *Era dos extremos: o breve século XX – 1914-1991.* São Paulo: Cia. das Letras, 2003.

KUHN, Thomas. *A estrutura das revoluções científicas.* 5ª. ed. São Paulo: Perspectiva, 1998.

KUMAR, Krishan. *Da sociedade pós-industrial à pós-moderna.* Rio de Janeiro: JZE, 1997.

LARENZ, Karl. *Derecho civil: parte general.* 3.ed. Madri: Rev. Derecho Privado, 1978.

——. *Metodologia da ciência do direito.* 5.ed. Lisboa: Ed. Calouste Gulbenkian, 1983.

LÉVY, Bernard-Henry. *O século de Sarte.* Rio de Janeiro: Nova Fronteira, 2001.

LÔBO, Paulo Luiz Netto. *Contrato e mudança social. Revista dos Tribunais.* São Paulo: RT, n. 722, 1995, p. 40-45.

——. *Constitucionalização do direito civil. Revista de Informação Legislativa.* Brasília: senado federal, n. 141, 1999, p. 99-109.

MACHADO, Roberto. *Foucault – A ciência e o saber.* 3ª ed., São Paulo: JZE, 2006.

MEIRELES, Jussara. O ser e o ter na codificação civil brasileira: do sujeito virtual à clausura patrimonial. In: FACHIN, Luiz Edson. *Repensando os fundamentos do direito civil brasileiro contemporâneo.* Rio de Janeiro: Renovar, 1998.

MONTAIGNE. *A arte da conferência.* São Paulo: Martins Fontes, 2004.

MORIN, Edgar. *A cabeça bem-feita: repensar a reforma, reformar o pensamento.* 10.Ed. Rio de Janeiro: Bertrand Brasil, 2004.

——. *Saberes globais e saberes locais*: um olhar transdiciplinar. Rio de Janeiro: Garamond, c2001.

——. *Introdução ao pensamento complexo*. Lisboa: Inst.Piaget, 1991.

——. *Ciência com consciência*. 10ª ed., Rio de Janeiro: Bertrand Brasil, 2007.

NIETZSCHE, Friedrich Wilhelm. *Assim falou Zaratustra*. São Paulo: Martin Claret, 2003.

——. *Cinco prefácios para cinco livros não escritos*. 4ª ed., Rio de Janeiro: 7 Letras, 2007.

——. *Ecce homo: como cheguei a ser o que sou*. São Paulo: Martin Claret, 2001.

——. *A Gaia ciência*. São Paulo: Companhia das Letras, 2001.

——. *O Anticristo*. 5. ed. Rio de Janeiro: INCM, 1978.

PASCAL, Blaise. *Pensamentos*. São Paulo: Martin Claret, 2004.

——. *A arte de persuadir*. São Paulo: Martins Fontes, 2004.

PASQUALINI, Alexandre. *Hermenêutica e sistema jurídico*. Porto Alegre: Livraria do Advogado, 1999.

——. *O público e o privado*. In: SARLET, Ingo (Org.). *O direito público em tempos de crise*. Porto Alegre: Livraria do advogado, 1999.

PEIRCE, Charles. *Semiótica*. 3ª ed. São Paulo: Perspectiva, 2003.

PERLINGIERI, Pietro. *Perfis do direito civil*: introdução ao direito civil constitucional. Rio de Janeiro: Renovar, 1997.

PRIGOGINE, Ilya. *O fim das certezas*: tempo, caos e as leis da natureza. São Paulo: UNESP, 1996.

——; STENGERS, Isabelle. *La novelle alliance*. Paris: Gallimard, 1979.

POINCARÉ, Jules Henri. *A ciência e a hipótese*. Brasília: UNB, 1988.

RUSSELL, Bertrand. *História do pensamento ocidental*: a aventura das idéias dos pré-socráticos a Wittgenstein. Rio de Janeiro: Ediouro, 2001.

SANTOS, Boaventura de Sousa. *Um discurso sobre as ciências*. São Paulo: Cortez, 2005.

——. *Conhecimento prudente para uma vida decente*: um discurso sobre as ciências revisitado. São Paulo: Cortez, 2004.

——. *Pela mão de Alice*: o social e o político na pós-modernidade. 8. ed. São Paulo: Cortez, 2001.

——. *O discurso e o poder*: ensaio sobre a sociologia da retórica jurídica. Porto Alegre, Fabris, 1988.

SARLET, Ingo Wolfgang. *A eficácia dos direitos fundamentais*. Porto Alegre: Livraria do Advogado, 2004.

—— (Org.). *O direito público em tempos de crise*. Porto Alegre: Livraria do Advogado, 1999.

—— (Org.). *O novo código civil e a Constituição*. 2ª ed., Porto Alegre: Livraria do Advogado, 2006.

—— (Org.). *A Constituição concretizada: construindo pontes com o público e o privado*. Porto Alegre: Livraria do advogado, 2000.

SARTRE, Jean-Paul. *A idade da razão*. São Paulo: DIFEL, 1976.

——. *O ser e o nada*. Petrópolis: Vozes, 2007.

——. *Esboço para uma teoria das emoções*. Porto Alegre: LP&M, 2007.

——. *Entre quatro paredes*. Rio de Janeiro, Civilização Brasileira, 2005.

——. *Saint Genet – Ator e mártir*. Petrópolis: Vozes, 2002.

STEWART, Ian. *Será que Deus joga dados?* A nova matemática do caos. Rio de Janeiro: JZE, 1991.

SCHWARTZ, Germano. *A Constituição, a Literatura e o Direito*. Porto Alegre: Liv. do Advogado, 2006.

TEPEDINO, Gustavo. *Temas de direito civil*. 3.ed, Rio de Janeiro: Renovar, 2004. Vol. 1.

——. *Temas de direito civil*. 2ª ed., Rio de Janeiro: Renovar, 2006. Vol. 2.

—— (Org.). *Problemas de direito civil-constitucional*. Rio de Janeiro: Renovar, 2001.

Quando meu amigo, Prof. Ingo W. Sarlet, prefaciador deste livro, me fez o convite para integrar o grupo de comentaristas do texto constitucional de 1988, em obra comemorativa dos respectivos 20 anos, em seguida passando-me a carta formalizando o comunicado, subscritada pelo notável Prof. CANOTILHO, suspendi toda a minha produção paralela para desincumbir-me de tão honroso encargo, de um modo que atendesse a expectativa de meu amigos coautores, os parâmetros da concepção primeva da obra e as minhas expectativas em relação à Constituição e sua hermenêutica. Os três dispositivos que me coube analisar, como se pode esperar, tratavam da propriedade privada. O princípio da incerteza, erigido por **HEISENBERG** (foto), fundamento da mecânica quântica importou na implicitude que cimentou todos comentários resultantes. Ele não é uma invenção dos físicos. Assim como a angústia não foi inventada pelos psicanalistas e o devir pelos filósofos. Certamente a realidade também não é uma invenção do jurista. Incerteza? Do quê??

VI.

Patrimônio e despatrimonialização: existencializando o interesse privado

1. De volta à propriedade e aos direitos fundamentais

Essas linhas decorrem de um conjunto de comentários sobre a matéria proprietária, voltada para obra comemorativa aos vinte anos da Constituição Federal, organizada por quatro nomes paradigmáticos ao Direito Constitucional. José Joaquim Gomes Canotilho, Ingo Wolfgang Sarlet, Gilmar Ferreira Mendes e Lenio Streck. Nomes que dispensam qualquer ante-sala formal e que servem de arautos na curadoria da referida obra que marca a chegada da Editora Almedina ao Brasil.

Fui incumbido de analisar três dispositivos da Constituição, todos eles voltados ao patrimônio, sendo minhas respectivas notas o lastro para o presente texto que as reuniu em um único corpo.

A abordagem colhida, arqueologicamente desconstrutora, busca revelar as matrizes dos cânones em comento, com o fito de promover ao operador jurídico a possibilidade de uma tópica hermenêutica que legitime o sistema, na mesma medida em que é legitimada axiologicamente por esse mesmo sistema em consideração recíproca.

Busca promover uma possibilidade interpretativa que estriba sua segurança na mobilidade e abertura, em detrimento dos paradigmas modernos que se dissolveram no falso determinismo enterrado pela jurisprudência pós-moderna e soterrado nas codificações tardias, cujo surgimento a destempo é mais espantoso que o seu conteúdo e conservadorismo.

Assim, esse texto é dedicado aos quatro grandes juristas que instigaram as linhas que lhe serviram de base e que se dão a publicar em obra com sentido e contexto distinto da presente.

Acredito que aqui outras possibilidades podem ser encontradas nas análises propostas, sem prejuízo dos comentários sintéticos que decorre de sua fragmentação na outra obra que lhes fundou.

2. A propriedade e o *caput* do art. 5º

2.1. Âmbito de garantia da propriedade privada como direito fundamental

A Constituição Federal de 1988 não inovou ao positivar a propriedade como um direito fundamental. Já no Império, observadas restrições, ela garantia os direitos da elite portuguesa que, desde 1808, trouxera a Europa ao Brasil. Nas Caravelas, junto com a Coroa, para desgosto do velho Regente e alegria do jovem Príncipe, chegaram ao Brasil Colônia ideais liberais e iluministas que motivariam todas as revoltas do Segundo Império e edificariam as titularidades privadas, em especial a partir da República.

Nada obstante, no modo como resta estruturada esta propriedade privada, desde o núcleo duro do diploma que representa e ancora a viragem democrática nacional, verifica-se uma revolução cujas possibilidades ainda estão sendo percebidas na jurisprudência cabocla do Estado Social, edificado na fuga de uma das longas ditaduras que entrecortaram a "dificultosa" democracia brasileira.

O *caput* do art. 5° traduz um novo sentido ao velho instituto proprietário, central ao direito patrimonial da modernidade, que comparece ora existencializado ao estatuto dos direitos fundamentais, compartilhando duas dimensões geracionais. Reconstrói o sentido Hegeliano e opressor que guardava enquanto liberdade, para instrumentalizar-se socialmente na tradução da dignidade humana que lhe dá sentido e ao qual dá sentido em mútua concretização. Daí sua projeção para os muitos incisos que tratam do tema, bem como demais artigos, em especial o 6° e o 170 da Carta.

A garantia da propriedade, como um direito fundamental, alcança toda a esfera patrimonial, seja material ou não, possível de apropriação privada. Nesse sentido, vedação à pertença e apropriação individual ou coletiva de determinado bem, trata-se de exceção, como é o caso das riquezas do subsolo; vedação com natureza constitucional originária.[161] Entendimento contrário, importaria em falta aos mais básicos princípios de interpretação constitucional, em especial ao dever de otimização dos direitos fundamentais, inibidor de interpretações restritivas de tal naipe de garantias cidadãs, caracterizadoras de um Estado Social e Democrático de Direito.

Os bens materiais, de consumo ou duráveis, móveis ou imóveis,[162] com natureza patrimonial, bem como toda a esfera intelectual que venha a gerir bens imateriais como a propriedade científica, artística, informática (em especial o *software* desvinculado de

[161] Restrição ao direito de propriedade por via de emenda constitucional, ou seja, mediante poder reformador derivado, deve ser visto com reservas por alcançar o núcleo duro da constituição. Este, para além da percepção tradicional de cláusula pétrea, muito formal para o estado da arte da hermenêutica constitucional, envolve toda a esfera de fundamentalidade material da Constituição, que mais diretamente concretizem os valores jurídicos incorporados ao sistema desde o Preâmbulo do diploma até os direitos com natureza fundamental material, dispersos pela Carta. O princípio da proporcionalidade se apresenta como mediador deôntico hábil para compor eventual conflito.

[162] Destaque para a natural retirada dos semoventes da qualidade de pertença nesta alçada constitucional. A tutela específica dos direitos que envolvam os animais encontram um estatuto de pertinência muito próprio que, apesar de encontrar-se com a matéria proprietária em sede de concretização infraconstitucional (como o tráfego jurídico, seja na via *inter vivos* ou *causa mortis*, como nas questões de responsabilidade e guarda), dela não compartilha a natureza de direito fundamental. Quando a sanidade pública ou segurança social, por exemplo, indicam a proibição da criação de uma raça de cães, não se tratará de conflito de direitos fundamentais como poder-se-ia supor. O proprietário do cão não tem um direito fundamental lesado. Poderá haver lesão de direito individual ou coletivo em detrimento de direitos difusos ou individuais homogêneos, naturais aos direitos fundamentais materiais.

qualquer mídia), industrial, autoral e equiparados traduzem um direito fundamental que decorre do dispositivo em comento para concretizar-se por todo o sistema.

A funcionalização destes direitos proprietários, classicamente de mero aporte patrimonial em sua primeira dimensão, traduz uma existencialização de toda a gama de titularidades cobertas pela respectiva garantia de tutela e reconhecimento pelo Estado à partir de sua segunda dimensão, caracterizadora das raízes sociais da estrutura democrática da Carta.

No sentido que possam projetar-se para a ordem social e econômica, os serviços não se caracterizam como titularidades, mesmo quando se tratem de produtos postos ao mercado. De outra banda, a socialidade funcionalizadora decorrente das titularidades, acaba por ter um extenso alcance, cobrindo as mais diversas esferas da vida econômico-social, tendo manifestações muito perceptíveis, quando sinalizam-se as alterações destes institutos no arco histórico em que vêm se constituindo e reconstruindo.

Perceba-se a presencialidade funcionalizadora quando toda a gama de direitos tidos classicamente absolutos, enquanto afetos à personalidade do homem moderno, recortado à sombra dos iluministas direitos fundamentais de primeira geração passam por larga obrigacionalização. Daí a terra e a cidade, com uma nova gama de deveres ostentados na propriedade urbana e rural. Nos bens imateriais ocorre o mesmo, como se percebe na regulação em torno do mercado de fármacos. Nos corriqueiros bens móveis, a responsabilidade ambiental emergente de seu uso, desenvolvimento e descarte, como no caso das baterias de veículos ou de celulares, faz-se uma obviedade. A responsabilidade dos proprietários de veículos ou de armas de fogo também exprime as alterações decorrentes de problemas cada vez mais reconstruídos à cada vez que enfrentados.

2.2. *Rudimentos teleológicos da norma*

Lateralizar a garantia proprietária à sua função social de forma alguma pode ser percebido como uma contradição ou inconsistência normativa da Constituição ou para o ordenamento legal brasileiro. Na dimensão discursiva dos direitos fundamentais, a propriedade se obrigacionaliza em face do dever de funcionalização dos seus titulares, alcançando toda a dimensão infraconstitucional que lhe deve otimização ao ser aplicada.

A propriedade compreende-se um direito fundamental enquanto atenda a função social que a reveste e legitima constitucionalmente.[163] Isso é uma expressão da repersonalização do Direito, que importa em deslocar o enfoque protetivo do campo jurídico da pertença para a pessoa, em seu sentido ontológico. Trazer o ser humano, existencializado e concreto, para o núcleo do sistema e derivar o patrimo-

[163] Importante ressaltar o caráter implícito da função social da posse, revelador do caráter relativo da propriedade que trouxe um sentido revigorado à jurisprudência e teoria do direito das coisas. No mesmo sentido, paira implícito o princípio da função social da cidade; este último melhor revelado que o primeiro na legislação ordinária concretizadora do direito ambiental e da cidade.

nialismo natural do liberalismo jurídico e econômico, para a periferias do ordenamento. Tutelar o ser e não o ter, em *prima facie*.

Com isso, a propriedade perde sua condição de fim para ostentar uma condição de meio; um papel social a ser desempenhado e não um destino que engolfa a sociedade e dá sentido material ao mercado que constituiu um *hommo economicus*. Também suporta uma efetiva resistência à Sociedade de Espetáculo, já denunciada por Guy Debord na transição da Sociedade Industrial da primeira metade do Século XX, legitimando intervenções nesta propriedade, mesmo em confronto com certas liberdades individuais.

A operação com o direito fundamental de propriedade fica ainda mais transparente quando se radiografam os elementos estruturais normativos que exprimem sua positividade imanente. A propriedade privada é composta do encontro de dois princípios especiais. O princípio da garantia da propriedade privada, como concretização do princípio geral da liberdade, e o princípio da função social da propriedade, que concretiza o princípio geral da igualdade.

Os princípios gerais elencados observam-se como concretizações de um princípio fundamental, ligado diretamente ao princípio do Estado Social e Democrático de Direito que estrutura o sistema jurídico aberto que caracteriza o Direito brasileiro contemporâneo. O princípio em pauta é o da dignidade da pessoa humana, em coerência ao sentido da despatrimonialização desses estatutos originalmente privados, que ora se publicizam na axiologia constitucional vertida, coerentemente, desde o Preâmbulo, para alcançar cada aresto, avença ou regra no sistema.

Nesse sentido, ainda quando anotara a codificação civil em seu nascedouro, já achara imprescindível um didático quadro sinótico, exemplificativo, da principiologia que imanta a teia jurídica proprietária, atraindo toda e qualquer interpretação jurídica atinente sob pena de reforma, e em especial sentido pela autoaplicabilidade natural dos direitos fundamentais e expressa no § 1° do dispositivo ora em comento, reforçada pela normatividade dos princípios que a eles subjazem.

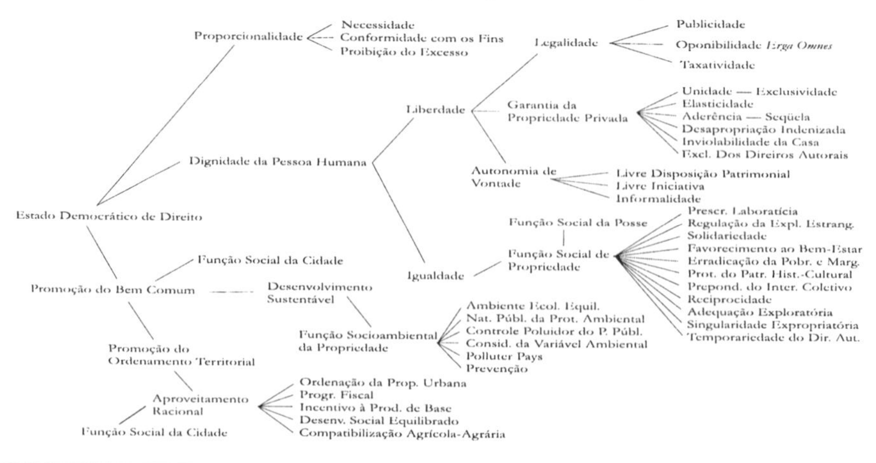

Cada um dos princípios exemplificativamente colhidos, dá sentido ao mais abstrato que concretiza e dá sentido ao mais concreto que lhe concretiza, reciprocamente, existencializando-se na mediação hermenêutica do observador, quando de sua aplicação tópica, transcendente do sentido estático que o todo e as partes guardam em sua potencialidade enquanto "apenas" norma. É na aplicação e, consequentemente, mediação pelo intérprete entre a norma e o mundo, que nasce a verdadeira positividade, como um ego normativo, que encontra um alter-ego no operador e um super-ego na jurisprudência. A norma é imanência; não é por si só, precisando ser no mundo para ser direito positivado. Daí a importância da "Vontade de Constituição", no sentido dado por Konrad Hesse. É nela que a sociedade do Estado Social se transcende. Portanto, é meta desse mesmo Estado Social.

2.3. Destinatários sociais

São destinatários deste direito fundamental todos aqueles que, submetidos ao sistema jurídico brasileiro, sejam nacionais ou estrangeiros, explicitando-se inexistir direito adquirido contra a Constituição. Na sociedade, toda a pessoa física ou jurídica acessa capacidades desse direito fundamental em alguma seara.

No âmbito do mercado, decorre a possibilidade de titularidades serem reconhecidas assegurando domínio individual ou coletivo sobre bens materiais ou intelectuais. Não se cogita, de outra banda, reconhecimento de titularidade sobre algo que não se constitua um bem ou em sendo, tenha restrição constitucional para apropriação. A propriedade sobre bens virtuais é um exemplo. Adquirir terrenos em um mundo virtual,[164] importa apenas contratar serviços e não implementar patrimônio, nada havendo que tratar de direito fundamental de propriedade no Direito brasileiro; mesmo que eventual legislação estrangeira assim regule.

No âmbito social, afora os largos sentidos que essa nova propriedade manifesta enquanto direito fundamental – no direito da cidade, ambiental, agrário, industrial e as demais (já "indisciplinares") áreas do conhecimento jurídico – um destaque especial advém para o acesso à propriedade no caráter mais vulgar do termo. Trata-se do acesso aos bens enquanto mínimo social, a expressar o próprio conjunto de direitos fundamentais que imprime o *telos* do programa de Estado e do sistema jurídico que expressa e instrumentaliza esse Estado e a respectiva sociedade em todos os seus setores e representações; para além e em resistência ao espetáculo em consumo e mercado.

3. A propriedade e o inciso XXII do art. 5º: do garantismo proprietário à garantia proprietária

Falar de sopro, sem capitular, sobre a complexidade proprietária que se elevou das torres cinzentas nas chaminés da Sociedade Pós-Industrial edificadora, anties-

[164] Exemplo comum deste cenário pós-moderno é o fenômeno global do Second Life, dentre outros.

truturalmente, de uma "Espetacular Babel Pós-Moderna", pulsante em anunciadas crises paradigmáticas, é atividade consubstanciadora de muitos riscos. A simplificação cartesiana é, com certeza, o maior deles. Assim, opta-se por uma unidade expositiva, socrática na forma, sem costuras capitulares, deveras "epistemanciadoras" daquilo que não se põe a costuras. No sentido dado por Nietzsche, transforma-se dificuldade em legitimação de novas possibilidades estéticas. Éticas.

Como referido à abertura dos comentários aà este tema, no *caput* desse mesmo dispositivo, não se verifica originalismo constitucional em garantir o direito de propriedade, porém inovou-se ao garantir esse direito fundamental do modo como a Carta o fez.

Assim, o dispositivo em análise não inova, porém é inovado pelo conteúdo dos dispositivos vicinais, em especial a partir dos que lhe secundam em dimensão; tendo o sentido revigorado na parte, pelo e em prol do todo material, transcendente do mero somar de normas, mas em especial pela conexão axiológica e intersubjetiva dessas enquanto significantes que ganharão significado na tópica mediação concreta do observador no mundo. Pelo vitalizador sopro hermenêutico do intérprete, vinculado ao sistema que, por ele é sistematizado, em consideração e legitimação recíproca.

Assim, a propriedade é um signo jurídico cuja existência não pode prescindir do sistema onde significará mas que, em potência, na estática não mediada do intérprete, é imanência. Existe como *pathos* como essência do devir hermenêutico, necessariamente constitucional, em tutela dos valores que se jurisdicizaram na malha instrumentalizadora do direito positivo.

É nessa medida que, comentar o dispositivo em tela, muito mais importa em comentar os efeitos que dele se vêm possibilitados ou já realizados, para bem além da notícia histórica da norma, em raso misoteísmo científico ou funcional, em repetição do que foi dito ao *caput* ou dir-se-á ao art. 170, que dialogam diretamente com o princípio especial aqui expresso.

O domínio é a expressão jurídica dos vínculos possíveis entre os sujeitos, individual ou coletivamente considerados, e o patrimônio material ou imaterial que se põe a apropriação na sociedade complexa e as múltiplas relações que a compõe, recortadas pelos muitos sistemas costurados pela epistemologia que o olhar racionalizante e disciplinador lhe aplicou.

Enquanto expressão de uma relação jurídica *in re*, necessita de uma titularidade que lhe instrumentalize no âmbito intersubjetivo, gestando uma obrigação passiva universal, classicamente identificada como oponibilidade *erga omnes*, gestionável ante tudo e diante todos, caracterizada como um dever negativo de todos os não titulares frente àqueles que opõe a titularidade do respetivo bem.

Caracteriza-se a titularidade, com destaque para a propriedade, a mais ampla de todas as titularidades positivadas no direto nacional (que instrumentalizam vínculos *in re propria*, *in re aliena*, ou ainda *inter res* [caso específico das servidões prediais]), pelo direito subjetivo de exigir a abstenção de todos para que não intervenham em sua dominialidade, constituída por faculdades de uso, fruição, disposição, edificação, posse ou todas as possíveis relações entre o titular e a coisa.

Representativa do interesse privado (individual ou coletivo) que orientou a edificação dos direitos fundamentais concebidos na aurora da Modernidade, nascidos com o Estado Liberal por eles conformado economicamente, essa garantia da propriedade privada ora tem um contraponto relativizador pelo interesse social, de natureza difusa, que emerge do princípio da função social, positivado logo ao inciso XXIII desse artigo que arrola formalmente parcela dos direitos fundamentais da Carta.

Assim, pelo *caput* percebe-se tutelar-se a propriedade como um direito fundamental; porém, para que essa exista juridicamente como um direito fundamental a ser assim tutelado, a propriedade deve atender sua função social. Essa é a esfera discursiva do direito de propriedade como um direito fundamental, principiológica e geracionalmente complexo. Portanto, a propriedade tratar-se-á de um direito fundamental, somente em concreto, topicamente, nunca em abstrato.

Concorrem no bojo de quaisquer titularidades, interesses de natureza diversa. A intervenção pública na propriedade privada não causa espanto; quando mesmo ao nascimento do Estado Liberal seus traços eram perceptíveis e o tempo histórico viu corroer muitas de suas restrições. A novidade fica por conta do interesse social que adentra o concurso de interesses na titularidade privada, conformando a noção contemporânea do instituto.

Se é certa a impossibilidade de sua abolição enquanto garantia, não menos certo é a intolerância do sistema com aquela propriedade voltada a interesses não condizentes com os interesses concretos dos grupamentos sociais em que se insere, principalmente em um Estado de dimensões continentais como o Brasil. As noções de coletividade e socialidade ganham um sentido jurídico revigorado na apreensão normativa, fluindo para todas as suas concretizações; seja no Direito Civil, da Cidade, Ambiental, Agrário, Mercantil ou até mesmo Penal.

De modo sintético, pode-se apontar quatro teorias sistematizadoras da propriedade privada ocidental (excepcionado os sistemas da *common law*, tributária de outras raízes, principalmente a partir do Século XVI), que buscaram sua tradução, com âncoras metodológicas distintas, não obstante revelarem sua inaptidão à contemporaneidade brasileira desde a primeira vista. As teorias civilistas, nominadas realista, personalista e eclética, ainda biografárias do direito das coisas nos manuais acadêmicos, suportam um direito subjetivo de natureza absoluta, consoante o compromisso liberal que servia de lente aos seus olhares.

Os realistas, de corrente racionalista histórica, fundados em um argumento de natureza histórica, idealizaram uma propriedade absoluta com assento romano, identificada aos *jura in re*, importando em uma relação absoluta por traduzir-se apenas entre o titular e o bem; supostamente ao modo do Direito Romano, apesar da identidade mínima ou até ausente.

De outra banda, personalistas, em seu racionalismo eivado da nova metafísica kantiana (que inaugurava o idealismo alemão), encontram o caráter absoluto da propriedade privada em sua oponibilidade *erga omnes* que importa na sujeição de tudo e de todos.

O positivismo dogmático fundiu essas percepções na teoria mista ou eclética, esposada em ambos códigos civis nacionais, onde a absolutividade é revelada nos dois aspectos atribuídos à propriedade. No interno ou econômico, estaria a relação do titular com o bem. No aspecto externo ou jurídico, o dever de abstenção universal que a propriedade faria derivar, tudo em coerência ao Direito Privado tradicional, em torno do qual se construiu o Direito Público do Liberalismo Clássico.

As oposições formais a essas percepções são diversas, porém superadas pela oposição material que o Direito vigente, mormente de índole constitucional, perfectibiliza. A funcionalização imposta à propriedade na esfera dos direitos fundamentais enquanto medida ao exercício proprietário, edificando limites internos ao próprio direito subjetivo de propriedade; impossibilitando compreendê-la absoluta sem inconstitucionalidade como mácula. É relativa por fundamento. Esse é o entendimento pacífico do Supremo Tribunal Federal, já na primeira metade dos anos noventa do Século XX. A propriedade contemporânea é geneticamente dinâmica.

A quarta teoria que o sistema descarta, em face da fundamentalidade deste inciso da Carta, é a de León Dugüit, que percebe a propriedade como uma função, e não como um direito subjetivo. Essa opção jurídica resultou descartada no ordenamento constitucional brasileiro, ao garantir-se o direito de propriedade. A propriedade se legitima em fundamentalidade por sua função, mas tutela-se enquanto direito individual ou coletivamente privado; não enquanto uma função.

Tal Escola não transita no ordenamento jurídico nacional, pois sua adoção importaria em verdadeira supressão do direito de propriedade (em geral), também possuindo óbice material nos direitos fundamentais, para além dos formais derivados da incapacidade de sua articulação processual.

A Teoria da Autonomia, ao emancipar o domínio, enquanto conjunto de faculdades reais subjetivas, da propriedade, na condição de titularidade instrumentalizadora dos respectivos vínculos reais subjacentes, da qual derivam deveres bilaterais aos titulares e não titulares, estrutura uma teoria dúctil o suficiente para apropriar-se do instrumental clássico do Direito Privado e reescrevê-lo diante dos compromissos constitucionais atuais, sem as anteriores contradições ou simplificações da dogmática civilista clássica.

Destaque, diante todo o exposto é a unidade do sistema jurídico para além da própria irradiante unidade constitucional que o centraliza e constitui a partir dessa nuclearidade. Não há uma propriedade civil, uma propriedade mercantil, ou seja qual for a propriedade disciplinar que o conceitualismo abstraia, em contraponto a uma propriedade constitucional. Existe uma arquitetura fractal que o sistema emana para todo o estatuto proprietário; que por por ele é positivado e que nele deve se legitimar.

No jogo hermenêutico, cuja filtragem pelos valores constitucionais é um momento essencial; para muito além dos estertores modernos, quando era um momento possível, ou na vitalidade da arrogância determinista, da aurora das codificações, quando era uma impossibilidade substanciada pela lógica formal dominante e pelo paradigma mecanicista iluminista.

4. A propriedade e o inciso II do art. 170: propriedade e mercado na economia do estado social

A importância topográfica do dispositivo em tela, comporta seja o tema ferido a partir da questão do fundamento da garantia proprietária no espaço privado, reconstruído na geografia do mercado, onde são jogados os "dados (*dices*) patrimoniais" da vida econômica, nas veias da Sociedade do Espetáculo contemporânea.

Importa refletir qual o limite de sua tutela pelo Estado frente ao Mercado, ou seja o Público diante do Privado, bem como qual o limite da intervenção do Estado no núcleo do exercício dominial no atual seio do sempre mutante tráfego econômico e social.

No Liberalismo, edificado pelo útero iluminista que precipitou o Estado Mínimo reafirmado pelas teorias oitocentistas, cabia ao Poder Público manter o *status quo*, constituído pela ordem jurídica legislativa (Propriedade, Família e Contrato); percebida qual o Mito de Tântalo, cujo protagonista acreditava poder comer a ambrosia dos Deuses, impunemente. O Juiz, como um neutro aplicador da lei (no sentido newtoniano-mecanicista) cirurgicamente extraída de qualquer disciplina de contato com a realidade, serviria de um fantoche de hierofante que, nas entranhas dos processos, veria o ontem e o amanhã. Detentor disciplinar do fetiche da verdade jurídica, desde que mantivesse a serviência positivista. O Tântalo Moderno, filho da Revolução Científica que, difusamente, encerrou a Renascença. Com ela, o Humanismo em resgate. Eis o desterro, como punição do Novo Tântalo e seus modernos pecados, de suas modernas idiossincrasias e revigoradas idolatrias.

A Pós-Modernidade foi receptáculo das angústias e frustrações kafkanianas de gerações formadas sobre as certezas oitocentistas, dilaceradas fora do simulacro científico. A incerteza, natural do Homem, cuja grandeza também se apoia em suas fragilidades, importou um amargo retorno aos muitos que a enfrentaram, com maior ou menor sucesso. Outros tantos, como as Grandes Guerras e suas verdades demonstraram, preferiram olhar retratos subjetivamente traçados, por servis metodologias deterministas, e fazer-se acreditar ver paisagens à janela. O Estado Social e Democrático de Direito importa em uma larga ruptura com os impasses hamletianos advindos da Modernidade já líquida. Ainda existem verdades a serem buscadas no discurso jurídico. Não deterministas. Melhores verdades, tópica e axiologicamente consideradas. Na partícula em relação à onda.

Garantir a propriedade na ordem econômica tem seu sentido dado pela necessária concretização dos direitos fundamentais formais e materiais da presente Carta, enquanto finalidade axiológica que suporta a aplicação e sistematização do Direito.

Sem a pretensão de retomar-se a controvérsia entre Habermas e Appel, mas em um sentido de transcendê-la, na oferta das reais possibilidades contemporâneas do Estado Social, é certo, desde a leitura do Preâmbulo, que um rol de valores explícitos e implícitos, são ou não recepcionados pela tessitura constitucional irradiadora da "gravidade axiológica", cujas normas (princípios, regras ou normas individuais) devem concretização para ganharem legitimidade.

Em condição inversa, esses valores necessitam ganhar sentido na aplicação concreta da norma, para ganharam existencialidade. Para serem. *Dasein*, para além do horizonte heideggeriano. Deixarem seu estado de imanência estática, garantindo sentido na dinâmica transcendente da interpretação do Direito. Positivação. Realização da "vontade de constituição", no contexto dado por Hesse e já exposto em nossos comentários ao tema, seja no *caput*, como no inc. XXII do art. 5º. Assim ocorre a legitimação recíproca entre intérprete e sistema. No discurso jurídico que exterioriza a interpretação do Direito sua conformação e aplicação. Transestruturalmente e existencialmente. Pós-funcionalista, afastando-se do risco utilitarista. Do Sistema para as Cordas. Através das Cordas para os sistemas. Na totalidade sem costuras da realidade.

Em contraponto à ótica Liberal do Estado-Mínimo ou Socialista de Estado-Máximo, o Estado Social se modula fractalmente, se acomoda liquidamente, à realização do mínimo social edificado pelos direitos fundamentais que lhe orientam teleologicamente. De modo ativo. Intervindo ou retraindo-se, topicamente. A cada caso concreto, o sistema todo é mediado para a legitimação de seu sentido. O Direito somente existe em abstrato, para que a Justiça possa existir em concreto. Aqui todas as normas devem recuperar o sentido dos direitos fundamentais, para orientação teleológica e concreção valorativa.

Justiça enquanto justeza de conformação axiológica do Direito, sempre que chamado a solver conflitos de interesse. Em especial na esfera judiciária, um papel especial resulta atribuído ao Judiciário em um Estado Social e Democrático do Direito, pois lhe é dado alcançar toda a esfera política e social, sendo casuisticamente legislador e administrador negativo. Se ao juiz moderno cabiam as vestes talares de Tântalo, é no legislador e no administrador moderno que os muitos faustos reconheceriam seus traços, trejeitos e trajes. Assim não ocorre na Pós-Modernidade, diante do programa constitucional, em face da concepção do Estado Social. Seja nas prestações jurisdicionais, seja nas ações afirmativas da administração pública. À luz do Direito. Fundamentalmente (no sentido bíblico ou literal) Constitucional.

A Constituição não admite, por força dos direitos fundamentais, suprimir a propriedade dos bens e do capital, e, por força deste inciso do artigo vestibular da ordem econômica, resta inconstitucional vedar a circulação da titularidade na esfera privada (afora atuais restrições no interesse público ou social), caracterizando-se, com isso, uma economia de mercado. A nota de destaque, vai para o caráter socializado atribuído ao sistema econômico pelo sistema jurídico, em especial a partir da dignidade da pessoa humana. Princípio expresso logo ao art. 1°, III, da CF/88. A malha jurídica imanta esse sentido ao discurso jurídico, pelo viés da legitimidade constitucional que lhe filtra axiologicamente.

O *caput* do art. 170, do qual o inciso em comento concerne e no qual se fundamenta, obtém suporte teleológico dos direitos fundamentais, tradutores do mínimo social significador da dignidade da pessoa humana, balizada nos valores do Preâmbulo que ostentam a condição de bússola material para os fins e meios constitutivos do Estado Social e Democrático de Direito brasileiro.

No contexto globalizado (paradoxalmente multicultural e monológico) das relações internacionais, importa gizar as singularidades que diferenciam essa opção constitucional da Carta. É a dignidade da pessoa humana que legitima a intervenção estatal na esfera privada, e não a perspectiva de manutenção ou *performance* econômica do Mercado. É o indivíduo humano concreto que dá sentido ao Mercado, e não o contrário. Aqui repousa a opção material da Constituição.

Intervenções na ordem econômica, sejam legislativas, judiciais ou administrativas, devem pautar-se pela agenda constitucional, enquanto programa do Estado, como afirmação dos respectivos valores positivados. A última palavra é do Direito (não de uma *ratio* econômica eficientista), ou distanciar-se-á do contexto jurídico vigente; a cada ano progressivamente "existente" no Brasil, desde 1988. Ano inaugural do maior período de democracia já havido em solo brasileiro.

Destaque para mais um fator de modificação para o contexto privado. Nunca tantas gerações se sucederam na democracia nacional em condições de aprimorar seus mecanismos, institutos e instituições. Mesmo que diante dos mesmos fundamentos axiologicamente traçados no texto entregue pelo constituinte originário, legitimamente eleito (não sem heranças militares no Senado da República, sem contingência de vício).

Aos cultores do Direito Civil, mormente tradicional, foi chocante perceber o movimento doutrinário e jurisprudencial que acabou por dar às atuais feições das titularidades privadas, cujos laços históricos poderam registrar novas rupturas. Entre silêncios sepulcrais e rejeições incondicionais, no arco histórico que abriu a década de 1990 e ora rasga o século seguinte, assistiu-se à uma pertença privatística, socialmente jurássica, publicizar-se como meio de realização da pessoa humana na pós-modernidade brasileira recente.

Esse texto foi esculpido em torno de uma peça acabada, embrutecida pelo desbaste temporal do pensamento, nos termos anunciados desde sua introdução. É um texto calcado em desconstrução existencialista que evoca aquele que em seu inacabamento perfeito é muitos; ao ponto de ser apontado por muitos como o primeiro desconstrutor e por outros tantos como o último kantiano. Por aquele que desafia qualquer rótulo, ou mesmo significação: **NIETZSCHE** (foto). Erigiu-se a partir de um texto meu de 2006, apontado por hermético ao ponto de invocar esclarecimento. Para isso convidou-se o talentoso amigo e colega Prof. Gustavo Pereira, possuidor de um jovem pensamento maduro de matrizes profundamente identificadas ao meu. Para além da admiração e afeto, a escolha se traduz no reconhecimento do domínio desse sobre as minhas perspectivas e análises sobre o Direito e suas aporeses. O Existencialismo é assim, por todos os ângulos, privilegiado no texto, seja pelas minhas linhas ou de meu parceiro nesta aventura jurídico-literária. Para que não se diga menosprezar o essencialismo ou correntes espiritualistas e idealistas, Sócrates e Platão contribuem na fluidez do grego que titula as partes recentes, produzidas pelos autores, em contraste à dureza do latim que nomina a parte prévia (3), a bibliografia e o próprio texto. No contraste entre *Organum* e *Corpus*.

VII.

O direito e a palavra: *corpus novarum* – por ARONNE e PEREIRA

1. O *Críton* de um Autor – por Ricardo Aronne

"e àqueles que foram vistos dançando, foram julgados insanos por àqueles que não podiam escutar a música."
F. Nietzsche

Escrever, sem dúvida, é um ato de liberdade. O fato de ser reflexo do pensar, não obstante os grilhões da ignorância ou estupidez que acompanham a humanidade, conduz essa conclusão às portas da obviedade. Porém, mesmo essa simples obviedade parece ser, não raro, contraditada pelos paradoxos da Pós-Modernidade. Cada vez mais constata-se que obviedades edificadas pelo paradigma moderno estão em seu ponto de ruptura; persistentemente elastecidas e forçadas para além de qualquer tolerância, qual seus dogmas, ritos e métodos. Quaisquer tentativas de resposta importam produzir novas perplexidades. Muitos poderiam perceber aqui uma condição de impossibilidade. Uma razão para petrificar. Qual Hamlet... Para outros tantos, aqui está a riqueza. Nessa condição de impossibilidade de encerrar o devir, encarcerando o amanhã. Essas linhas buscam espelhar tal opção.

Produzir um texto que possa refletir isso, edifica-se na real possibilidade de dialogar com paradoxos, como imanência da incerteza regente do paradigma nascente. Isso, na percepção de que o tempo pós-moderno, amplificador da condição de escassez, insiste em sitiar o pensar. Fundando-se no Espetáculo (Debord), a volúpia do consumo faz e desfaz padrões para as manadas pastarem felicidade descartável, ontologicamente camuflada por ideais provisórios (Bauman), disfarçando sujeitos como sujeitados de uma biografia repleta de páginas em branco.

Produtor de novos simulacros (Boudrilard), o mercado, produz o próprio tempo ausente, para em seguida produzir fórmulas de sobrevivência através da alienação cerebral; depois as vende para as próprias vítimas, consumidoras onerosas da "autoajuda" literária ou vicarial. Enfartados do óbvio contrastado ao surpreendente e vice-versa, mergulhamos nesse caldo hipnótico de ausências, sendo tragados pelo vazio enquanto consumidores de essências; de ontologia. De bem e mal.

Debrucei-me sobre essa introdução, quase prefacial, para tematizar um dever. Foi quando percebi que precisava falar sobre Liberdade. Afinal, para algo não ser, necessita antes ser. E falar sobre deveres seria falar sobre liberdades, em algum sentido. Aí me dei conta do privilégio que era escrever. Cabe uma melhor explicação nesse ponto. Esse texto iniciaria com a frase *"todo o autor tem o dever de ser claro"*; e aqui, devo confessar a vocês, tenderia a prosseguir com uma intensa crítica aos alemães, cuja literatura edifica prodígios que parecem ignorar esse postulado.

Pensei no ônus disso. Afinal, aquilo que seria uma expressão da liberdade paradoxalmente importa em deveres. Nisso, percebi que o pensamento é uma expressão da liberdade. A escritura não; em rasa tomada, seria um instrumento da comunicação. Em maior densidade, porém, ela é formadora de camadas de consciência e cultura. Essa liberdade teria necessária mediação em favor da comunicação das ideias. Uma mínima objetivação de subjetividades, para formação de um platô de intersubjetividade o mais apropriado possível ao respectivo auditório. Desmentir-me-ia, portanto. Ao menos em algum sentido.

A liberdade fundamental (já teorizada pelos modernos), estaria deslocada para o pensar. No encontro do consigo que esvanece o eu, possibilitando emergir o outro em nós. Um "outro com meu rosto", e não o comumente produzido "eu com outro rosto". Platonicamente projetado nas modernas relações cotidianas, colonizadas de essencialismo e carecedoras do devir, qual medidores do amanhã. Frustradas e absorvidas como consumidoras de novos sonhos para serem plantados em existências vazadas de existência.

Desde a modernidade, isso se reproduz. Obscurecido no simulacro do mercado, tendo o sujeito sido nele introduzido como mercadoria. Agora sequer temos tempo para pensar. Esse último, ainda que primeiro, campo de resistência. De vida. Pensar. Refletir. Revelado como fundamento do ser, pelo pai desta que ora tenta lhe matar. Descartes. *Cogito, ergo sum.* Antropofagismo... Bíblico até. Cada vez temos menos tempo para pensar. Simplesmente parar e pensar. Sem compromisso algum, senão com a própria reflexão. Sem capitalizar o pensar. Quanto mais a sociedade ocidental verificou a importância disso, mais preparou o homem para ignorar tal postulado de amor próprio. Mais visível a impossibilidade metafisicamente anunciada. A própria noção de "vida boa", no sentido proposto e reinventado desde Aristóteles, perdeu-se em algum lugar da história.

Assim, poder pensar, hoje, começa a ser considerado um verdadeiro luxo. Luxo maior, beirando o verdadeiro desplante, é poder preservar e transmitir esse pensamento. Mais surpresa, nesse contexto, é perceber a importância que tantas outras pessoas, muitas das quais muito você admira (outras não), se interessem pelas ideias produzidas. Agora, poder voltar a um texto já publicado, dialogando em plenas condições de reconstrução e esclarecimento, é um verdadeiro privilégio. Nunca um ônus.

Por outro lado, verdadeiramente instigante, é produzir um texto sem ponto final em suas possibilidades. Isso tem marcado minha produção. Ocorre que às vezes traz certa densidade ao texto, que apenas aqueles que conhecem de modo mais acabado o pensamento de seu autor têm cabais potencialidades de extrair toda a expressão das respectivas linhas.

Exemplo disso, ocorreu-me em 2006, quando era homologado pela Direção da Faculdade de Direito da PUCRS, núcleo voltado ao tema Direito e Linguagem (Nepradil), aos cuidados de minha amiga e colega Profª. Clarice Sönghen. Fui convidado a apresentar o órgão em texto socrático, prefaceador do respectivo Portal e posteriormente publicado pela BDJUR (STJ): *O Direito e a Palavra: In Iuris Sedices – Quiusque Codex ad Labilis.*

Devido às limitações de então, o texto, que perfaz o capítulo seguinte (tendo suprimido os parágrafos introdutórios), pareceu-me muito hermético. Pensei esclarecê-lo, ao retomar sua escritura, quando percebi o quanto poderia se ampliar se o esclarecimento viesse de nova reflexão, ampliada na alteridade de ideias produzida por uma mente que o houvesse compreendido e dominasse com apuro o que ali houvera versado.

Não foi difícil encontrar a mente cabível nessa empreitada. Meu amigo e colega Prof. Gustavo Pereira, pesquisador e advogado no auge de sua vitalidade científica, era o portador indicado e acolheu com afeto o convite, para o agrado do anfitrião da obra. Sem dúvida àquele que postar devida atenção às suas linhas, haverá de concordar com tal escolha. Dele é o capítulo terceiro e as referências desse texto, nascido bricolado e edificado qual a pós-modernidade. Às avessas, rebuscando sua razão no chafurdar do *Kaos.*

Kafkanianamente, nasceu do corpo para receber seus membros, quando então teve o intróito a encabeçar-lhe, acefalicamente sem intento de dar-lhe algum método ou ordem. Demonstra a força criadora do ser enquanto devir, para muito antes do método. Na prática da vida, arrazoando a vida prática. Ganhou novo nome para ganhar vida própria. Qual dos muitos exemplos errantes do Antigo Testamento, onde Abrão é tornado Abraão. Porém em texto lançado na vida nua... onde pingos tocam nossa fronte, enquanto constatamos não estarmos entre os pares escolhidos por Noé.

Será que alguém virá nos salvar? Será?? O que será??? Será...

2. *In iuris sedices – quiusque codex ad labilis*. A apologia

"Ama-se o desejo e não o desejado."
F. Nietzsche

[...] Nasce em ano marcante. Em diversas *nuances* de um multifacetário, fractal e complexo prisma. Gêmeo (bivitelino, por certo), da notável e vanguardista experiência brasileira inaugurada juntamente com este belíssimo Projeto, consistente no Museu da Linguagem, em São Paulo, na Estação da Luz. Em período marcante. Em torno do centenário de Freud. Dos sistemas de Einstein (ótica?) e Saussure (linguagem?) também se constituírem centenários. Teorias que se consolidavam no início da decadência de Rasputin nas mãos do Czar Frederico II, que anunciaria os útimos anos daquele paradigma de *delayed mid ages,* pré-bolchevista. Período... Periodicidade. (Tempo não é linguagem?)

Será um prenúncio do fim desta infindável modernidade tardia? Oxalá um anúncio de desassosse(ssare)go. Um farol cultural de inconformidade. No vazio de uma virada de século que se edificou na desconstrução pós-estruturalista caricaturada nos restos (*memorabilia*) do Muro de Berlin ou do *World Trade Center.*

Uma voz. Um palco e, portanto, um espaço neste universo (um verso) difeomórfico de vastidões metafóricas e imagéticas. Espaço que há de se fazer público, para se fazer espaço e, para fazer deste espaço, sua própria linguagem. Em linha e traço. Perfil e linhagem. Pois é no tamanho da voz que se observa o tamanho do interlocutor. No espaço de seu tempo e no tempo de seu espaço. Com um número, uma letra, ou mesmo apenas um traço. Com um signo; tão arbitrário quanto possa parecer (Lacan).

O homem nasce com a linguagem. Antes era apenas o antes. (Caos?) Impossível de retrato, por ausência de luz. (Caos???) De linguagem que o reproduza ou expresse. O homem existe enquanto relação que o sistematize biograficamente no mundo em que se insere e frente ao qual reage. Como um livro não linear, que é escrito à medida que vai sendo lido. E não seria concebível de outro modo. Afinal, o jogo também se deixa influenciar pela sua narração, sem que se confunda com ela. Linguagem. Luz e sombra.

A linguagem e o jogo são uma associação centenária (cem?), que fez fama em Wittgenstein sem dever-lhe paternidade (sem?). Não obstante, em que pese não ter a palavra final, é de Pascal a primeira teoria sobre a aposta, no sentido que ainda empregamos, filosofiamente, para designar uma pleiade de decisões com insofismável relevância ao Direito.

O Direito é, sem dúvida, melhor apreensível em termos de sistema e da Teoria dos Sistemas. É um sistema axiológico não linear, sensível, dinâmico, aberto e teleologicamente orientado de regras, princípios e valores, potencialmente entrópicos que se hierarquizam topicamente, para preservação de sua unidade axiológica fractal.

Porém, o sistema necessita do intérprete para sistematizar, não obstante o *bass found* de *autopoiesis* da águia neoliberal eficientista (para alguém e em algum sentido). Não raro, a mais concreta regra, por vezes, necessita ganhar densidade. Daí se faz preciso uma norma individual. Mesmo aí, é o intérprete que aplica dinâmica ao sistema. Nessa medida, o esforço de um é o esforço do outro.

Um pai deve alimentos ao filho, por força de uma densa norma codificada. Quanto ele deve? O primeiro atrator evidente é a norma que estriba tal dever parental, vinculando no contexto dos valores e princípios com que interage e verte sentido. Em seguida, o próprio contexto do caso concreto, que vincula a interpretação da respectiva regra. Ele, por exemplo, tangenciando a intangenciável complexidade que pluraliza e potencializa toda a aporética no Direito, se identifica no binômio possibilidade paterna e necessidade filial, filtrado pelo princípio da proporcionalidade, no fito de evitarem-se distorções.

Porém, tudo isso não é um dado. É um construído, ainda que se edifique à luz semeadora do sistema em detrimento da desrazão do arbítrio. Ainda assim uma construção. Concretista e factual. Desafiadora do anterior paradigma. Determinista. Ansioso por segurança. Mormente econômica. Patrimônio em detrimento do existencialismo inato do Direito. O qual, por mais que Público, teima em se fazer Privado. Em se fazer privar. Em fazer privar.

Quando o sistema, por exemplo, define alimentos, não define o que ou quanto é devido de alimentos; mas do que se trata, o que envolve e a que alcança. Dá sua semiologia. Isso é o que cabe ao sistema jurídico estabelecer, enquanto direito material. Não raro, envolve valores plurais que se remetem dialogicamente ao debate que se estabelece em uma instância necessariamente dialética, diante dos interessados; frente ao Estado, como ocorre no processo judicial que visa a sanar uma determinada lide; ou interprivados, frente ao mercado, como nos processos contratuais, de interesses alinhados, mais ou menos justapostos (nada é linear).

Em todos os casos, busca-se estabelecer uma solução de interesses, opostos ou alinhados, dialeticamente estruturados. O elemento motriz para as conexões e operações no sistema, evidenciando hierarquizações axiológicas entre princípios, solvendo antinomias ou colmatando lacunas, é a Teoria do Discurso.

Mesmo os fatos, que em verdade trata-se de elementos tão axiológicos e indeterminados como são as normas, comparecem para aprecição do Direito, através do discurso, normalmente, por meio da prova.

A linguagem resulta em instrumento de violência simbólica, quando é proativa de interesses entrópicos ao sistema. O discurso nunca é neutro. Se proceder a definição de um gol em uma partida de futebol, não estarei determinando o placar final e com isso o resultado do jogo. Este ainda deve ser jogado para que se encontre o resultado. Na arquitetura traduzida pela metodologia jurídica tradicional, o resultado é distinto.

Quando a Teoria do Discurso substitui a condição axiomática que a teoria clássica, mormente do Direito Privado, atribui ao formalismo positivista, o Direito retoma saudável grau de oxigenação.

Um conceito de propriedade, absoluto e excludente, insensível aos valores e socialidade que permeia o Direito atual, não deixa espaço para o jogo acontecer. Ser jogado. Sua abstração como condição de verdade, importou em seu pecado mortal. É um jogo de cartas marcadas, sem correspondência ao que se encontra nos tribunais.

A semiologia do sistema não é incondicional. Funda-se em interação, reciprocidade e relatividade material. O fato de o sistema dar trânsito a determinado rol de interesses individuais importa imediatamente em uma pretensão, não em um direito subjetivo. Diante de uma pretensão resistida, à luz de interesses diversos, também com trânsito no sistema, o jogo ainda está para ser jogado. Somente na análise do caso concreto, poder-se-ão encontrar as matizes do direito subjetivo em liça.

Levantando-se mais um véu, deste arquetípico disfarce da racionalidade moderna, perceber-se-á a linguagem como o componente universal destes elementos. Seja o discurso ou o sistema. E mais, percebe-se a interação e influência recíproca entre estes componentes.

A linguagem é o fundamento de compreensão, pois é a linha e a agulha na tessitura do sistema e do discurso que o move, nessa totalidade sem costuras, que insistimos em coser. O sistema da natureza é traduzido pelas "leis" da Física, mal traduzidas outrora. A linguagem é, pois, a matemática do Direito. E é atingida por males similares.

A própria matemática, juntamente com a música, geometria, o braile, o morse ou a pintura, são linguagens. Modos de expressão. De comunicação. Afora as condições fronteiriças, como a arquitetura ou a literatura. Que possuem uma linguagem. Ao mesmo tempo constituem-se em linguagens. Assim foi com a Economia.

Como em larga medida o Direito é um modo de comunicação da sociedade e na sociedade, com modos e estados distintos, fica uma questão: Ele possui uma linguagem ou é uma linguagem? E essa indagação pode ser "tomada" pelo viés complexo. Admitida a condição de linguagem, essa não resultaria do fato dele ter sido possuído por sua própria linguagem? Uma "epistemenciação"!

A linguagem pode voltar-se contra seu suposto senhor. É seu papel. Babel. Desde quando posta, por Thoth, a serviço do Homem, no *pharmakós* de leitura do universo. *Num verso.* Que pode destruir, como toda a ação medicamentosa desta Farmácia de Platão. Como todo o saber. Ele pode retirar do Paraíso quem o prove. Do paraíso da conformidade equestre. Da superfície lacustre, que burramente reflete a lua, crente que faz vomitar luz em seu ondular jocoso.

Ainda aqui. Nesse obtuso reflexo na onda do lago, no *pleni lunio*, há uma forma que se constrói e desconstrói, a ser descoberta e revelada na natureza. Mesmo as ondas, em sua inaptidão para obediência à regularidade, como imanente na sua subjetividade não linear como condição de ser, fazem revelar um padrão. Se intersubjetivam. Nesse momento, até mesmo o universo físico evidencia sua linguagem... Caos.

3. O *êutifron* de outro autor – por Gustavo Pereira

"A linguagem resulta em instrumento de violência simbólica,
quando é proativa de interesses entrópicos ao sistema.
O discurso nunca é neutro".
Ricardo Aronne

Como definir a propositura de um autor? Talvez o melhor caminho de iniciar uma escrita seja na forma de uma pergunta. Mas não uma pergunta qualquer.

Necessita ser uma pergunta que traga o estranhamento como pedra de toque. Uma pergunta que abale as estruturas de um determinado conceito. Uma tarefa árdua, quando se trata de um endereçar-se, derridianamente falando, a perspectiva de pensamento de um autor que carrega nas entranhas um obstinado desejo construtor pela desconstrução e perpassa suas ideias para bem mais além dos conceitos seguros, "inencaixáveis" em qualquer clausura de epistemologia acabada, acariciada por um dogmatismo declarado, ou um dogmatismo escondido nas arestas de sua famigerada propositura. Na incessante procura pelo sentido de um texto, o momento de encontro talvez já seja a hora de perdê-lo novamente.

Não é tarefa fácil. Como falar criticamente de um pensamento que nos colocamos como apreciador? Como ser neutro falando de alguém que nos inspira? Não se estaria escapando daquilo que se faz necessário em qualquer apontamento enquanto percepção? Não sejamos ingênuos de acreditar que exista em algum prisma de realidade a probabilidade de um discurso neutro. Na verdade, *não existe nada mais violento do que a pretensão de neutralidade.*

Ainda não começamos. Falar das ideias de um autor é sempre estar na possibilidade de traí-lo a qualquer momento. Mas abandonemos a metafísica da presença, pois os dizeres de um autor estão sempre além do que seu próprio pensamento percebera. Estão em construção, e por isso, se põem a desconstrução. Os textos desconstroem a si mesmos e por isso é possível perceber as mudanças de perspectivas que nosso período histórico de caos e complexidade traduz. Ou ainda estaríamos presos à perspectiva dos homens "bons" e "maus", dos holofotes da vontade de verdade e dos flertes religiosos de outrora. Não podemos negar que essa é a nossa tradição, mas não podemos deixar de perceber que nesta esteira, a verdadeira postulação morreu na cruz com seu justo criador.

O que há por trás de uma vontade de verdade ou pretensão de cientificidade de um discurso que se diz simétrico a todos os cidadãos? Na verdade, não é de hoje que "cidadania" se mede por uma régua ou compasso bastante peculiar: A propriedade. Mas não mais a propriedade lockiana, que pressupunha a diretriz primordial do soberano como regulador de um Estado estratificado. Agora essa propriedade ganha outra perspectiva que institui uma nova lógica, ou melhor, um novo braço a esse já desenfreado prisma de realidade.

Desde Aristóteles se percebe o homem como um animal dotado de fala. A necessidade da fala; da comunicação, nada mais é do que o indício de nossa própria finitude. O infinito não necessita de comunicação. "Deus não precisa de conceitos" já alertara Heidegger. Nós precisamos de conceitos, de linguagem, de linguajar, de produção de significado por que somos finitos enquanto existência. Preenchemos a nossa existência produzindo sentido, através da linguagem, não devido a um *telos* natural que nos conduz a tal. Não por uma pitoresca epistemologia deontológica que nos inspira dever. Preenchemos sentido exatamente porque somos carentes dele. Somos repletos de vazio. Repletos de nada. E por isso, a própria criação de nós mesmos está a nossa disposição. Somos criadores de nós mesmos. Esteticistas de nossa própria existência, onde o observador privilegiado, enquanto criador, pode se contentar com uma produção em série, um artefato de fábrica produzido a varejo, ou pode esculpir uma identidade transgressora, como uma obra de Dalí, ilimitada, em devir, assumindo o recorrente peso da decisão, que sempre recorre ao outro.

Já no título do artigo o autor impõe o ritmo do estranhamento. Procura, pela estruturas duras do latim, uma linguagem indigesta; um soco que intenta abalar a principal diretriz do pensamento edificante: a diretriz da segurança. "*In Júris Sedices – Quiusque codex ad labilis*" (Da linguagem do Direito – desde os códigos até os lábios). A pretensão de estatuir o Direito vem ao encontro da vontade de verdade iluminista que é pedra de escândalo da concepção proprietária monádica do indivíduo moderno.

A abstração conhecida como "propriedade privada" (Locke) condiciona o solipsismo humano (temporal e geograficamente situado). O homem se autocompreende através da propriedade: O "ser" deu lugar ao "ter". Esta premissa legitima o pensamento de Hannah Arendt, que designa o animal humano como escravo de sua própria condição de fabricante, mantendo a lógica produção-consumo, e acaba sendo caracterizado e considerado pelo que produz, e não por aquilo que de fato é.

O mercado, na vertente consumidora da modernidade recente, lustra o palco para o seu mais proeminente protagonista: o consumidor, mas não mais o consumidor *Homo faber* arendtiano de outrora; que fabrica para consumir e consome para fabricar; não mais consumidor sujeitado foucaultiano, ainda presente mesmo quando ausente. Ele agora é o âmago de todo (des)ordenamento social. De toda fragilidade relacional que estatui e institui o consumo como a entidade a ser protegida pelo Direito. Qual a consequência disso? Excluir aquele que não está no palco, e sim no picadeiro. O diferente, o estranho, o pobre, o estrangeiro, aquele que apenas consome-a-dor de não ser consumidor. O sem linguagem é aquele que o código não enxerga, ou melhor, enxerga com lentes repletas da intencionalidade facínora na busca por culpados, pois só encontrando culpados poderemos ser inocentes...o sem linguagem é aquele que não tem voz, mas fala. A infelicidade pra quem sistematiza o sistema.

As crises do sistema capitalista já não suportam os remendos que os Estados utilizaram para mantê-lo respirando. O estado de bem-estar social, como manobra política para a superação da crise, não absorveu os golpes da instabilidade e da insegurança ontológica das relações de troca. Os valores das sociedades modernas se mostram plenamente atrelados às diretrizes impostas pela globalização e pela dinâmica de mercado que vem se desenvolvendo. Não se verificam mais, na sociedade contemporânea, aspectos consagrados pelo *welfare state*, onde a previsibilidade das relações econômicas e sociais mantinha estável a perspectiva meritocrática de produção-lucro.

A modernidade recente dá plenitude ao hiperindividualismo, como afirma Jock Young. A cultura da velocidade, dos relacionamentos instantâneos, da supervalorização do consumo na era da informação na qual não há lugar para desinformados, exclui os indivíduos não inseridos nesse contexto. Ou seja, nesta lógica do valor, do indivíduo-necessidade, em busca da satisfação de seus desejos, somente atinge estágio de cidadão aquele que pode consumir e dar alicerce às engrenagens desta lógica mercadológica.

Não podemos traduzir a crise sobre o olhar fixo de uma percepção solitária. Não podemos referir a crise do direito, a crise do Estado, a crise do capitalismo ou qualquer visão que represente uma fatia isolada da realidade, já que ela se dá sem costuras. A crise que aqui tentaremos desenvolver perpassa por aquilo que a escola de Frankfurt eloquentemente percebera: A crise é da racionalidade. E ela se manifesta em todos os campos relacionais por onde passa, em que trata relação como um instrumento. Ou seja; como primordial incumbência teríamos a difícil tarefa de nos transportarmos da racionalidade instrumental para a racionalidade ética, pois quando a realidade transborda de tão real a ponto de não suportar mais os anseios totalizantes dos argumentos bem articulados, resta a reconstrução do fundamento que já não dá conta das aventuras em que o individualismo desenvolveu. Tarefa árdua: Construir uma racionalidade que dê conta da multiplicidade de racionalidades.

Podemos olhar o mundo e saber que ele realmente atravessa uma voraz crise de sentido e atuarmos indiferentes a esta premissa, reforçando, assim, o paradigma enraizado no senso comum dos aforismos que afirmam eloquentemente as assertivas: "o mundo é dos espertos", "pagando bem que mal tem" e que o "ter" ou o "parecer ter" valem mais que o "ser", na ambivalência do mundo moderno. Ou podemos ver o mesmo mundo e ainda ter consciência de sua crise de sentido, mas atuar avesso ao que nos é quase imposto cotidianamente.

Saber que somos instituídos, mas que podemos também instituir, e construir, deparando-se com a nossa finitude, a própria estética de nossa nova existência. Como diz Adorno "não repetir Auschwitz é o novo imperativo categórico". Talvez essa ideia seja passiva de complementação, aronnisticamente falando: "*Encontre uma verdadeira razão de existir, na qual você entregaria toda a vida por ela, e morra por isso*".

Olhar para o olhar de alguém e saber que há um dever de resposta, de uma mística, mas urgente loucura pela possibilidade de justiça, justiça não profícua, sem recompensas, inquantificável, sem a busca de adornos retóricos absolutórios para escapar deste compromisso, sabendo, assim, que daqui a muitos anos a humanidade poderá conter alguma diferença, e que estes atos podem ter feito uma pequena, mas substancial parte desta.

Mergulhar na crise pode parecer significar que a ruptura com qualquer tipo de alicerce que represente o fundamento de alguma verdade predeterminada, seja ela de natureza ontológica, teológica ou axiológica, dê vazão a um pleno descomprometimento com qualquer possibilidade de postulação ou um relativismo inconsequente, fundado em um niilismo sem pai. Mas o que ocorre é exatamente o contrário: por não ser mais possível agarrar-se a alguma diretriz epistemológica determinista, que solucione os problemas da modernidade recente por uma única direção, é que se amplia a responsabilidade de quem se propõe a discutir este tema.

Também não se está querendo dizer que a lente contextualizada e necessária para se observar o mundo moderno deva aderir à concepção de uma perene mudança ininterrupta, que questionaria qualquer tipo de saber, uma vez que não haveria como fazer afirmações sobre nada que esteja em constante mutação. A civilização moderna necessita encontrar a dosagem salutar entre o mutável e o imutável. A sociedade precisa tanto do devir quanto do ser para garantir uma crítica permanente, mas também encontrar maneiras criativas, contínuas e direcionadas para construções de sentido sobre a pergunta "– O que existe?".

A busca por uma reconstrução da linguagem no Direito não perpassa meramente pelo campo do ordenamento jurídico. Está entrelaçada por ele. Para quem pensa que o Direito é um mero jogo de regras, tendo apenas os juristas como personagens protagonistas, esta visão se torna ainda mais embaçada. O direito está na vida. Fato é vida. Norma é vida. Não se dissociam como muitos gênios ingênuos há tempos tentam prescrever.

Uma perspectiva reflexinonante não está na busca pelo consenso entre as relações humanas, pois a diferença tende a gerar a ambivalência. Compreender e aceitar essa ambivalência, geradora do Trauma para transformá-lo em Encontro, é o maior desafio da modernidade: o desafio da nova linguagem; onde o diferente tenha fala. A desistência de qualquer tentativa de aprisionamento e redução de sentido determinista. Dispensar a pretensão do discurso da totalidade não significa abandonar a necessidade de se repensar, a todo instante, os limites que o tensionamento da ruptura dá vazão no discurso jurídico. *Dispensar, aqui, não significa dêspensar.*

A crise de sentido se dá no âmbito relacional e nunca encontrará frestas de oxigenação por meros meios legislativos. Sólida solidariedade é algo que não se pode legislar, apesar do sonho iluminista. Uma visão jurídica que pretenda dar respostas a sociedade pela implementação de leis é um equivoco tão presentemente verificável em alguns pensadores atuais, que não surpreende o foco de visão que atua em perspectiva de caos. Ou seja, isso seria tentar solucionar o problema da modernidade com mais modernidade, com todos os vícios desta. Todos os "ismos" refletem o fracasso e a crise de sentido do mundo moderno.

A pedra angular desta reflexão nos absolve da tentativa sempre frustrante de desvelar a fixidez de uma resposta, e nos mantém fiéis à insegurança – a insegurança desconstrutora – que põe a todo instante o nosso pensamento em cheque, já que inexistem certezas, apenas um arco de possibilidades Traz-nos novas questões. Novas repostas para antigas perguntas. Novas perguntas para o necessário "ainda sem resposta". Sem medo! Pois ao encontrarmos novas formas de perguntar já estaremos chegando, de algum modo, a algum resultado.

A contextualizada percepção se inclina a buscar um sentido imune a percepções totais. Talvez a proposta seja pensar, apropriando-se de um linguajar focaultiano, na ideia de uma interna e introspectiva microrevolução, já que não há mais como se falar em macrorevoluções, desde a queda do muro.Tal condição significaria quebrar os espelhos de nossa autoiluminação, de nosso narcisismo. Isso fica mais fácil de perceber quando compreendemos que a Alteridade não é um capricho da natureza ou algo que podemos optar por receber ou não, mas é, antes, o que nos constitui – exatamente – como sujeitos, para além da mera identidade psíquica.

Ricardo ARONNE, neste texto, denuncia a dignidade em leilão que a linguagem tradicional do direito se esforça em esconder. Mas esse esconderijo fora encontrado. E pela porta dos fundos. Pela porta da desconstrução. Que não precisa de chaves para derrubá-la, pois tem o teor de loucura necessária para tal tarefa: a loucura pela justiça, sabendo-se que há de se ir mais além...sempre!

4. *Summarium index*

ARENDT, Hannah. *A condição humana.* Rio de Janeiro: forense universitária. 2004.

ARISTÓTELES, *Política.* São Paulo: Edipro, 2002.

ARONNE, Ricardo. *O Direito e a palavra: in Júris Sedices* – Quiusque codex ad labilis. Texto cedido pelo autor.

——. *Direito civil-constitucional e teoria do caos.* Porto Alegre: livraria do advogado, 2006.

BAUMAN, Zygmunt. *O mal estar da pós-modernidade.* Rio de janeiro: Jorge Zahar editor, 1998.

BAUMER, Franklin L. *O pensamento europeu moderno nos séculos XVII, XVIII, XIX e XX.* Volumes I e II. Rio de Janeiro: Edições 70, 1977.

DERRIDA, Jacques. *Força de lei. O fundamento místico da autoridade.* São Paulo: Martins fontes, 2007.

——. *Gramatologia.* São Paulo: perspectiva, 2004.

FOCAULT, Michel. *A história da Loucura na idade clássica.* São Paulo: Perspectiva, 1995.

——. *A ordem do discurso.* São Paulo: Loyola, 2005.

GADAMER, Hans-Georg. *Verdade e método.* Traços fundamentais de uma hermenêutica filosófica. Petrópolis: Vozes, 1998.

HEIDEGGER, Martin. *Ser e tempo.* São Paulo: vozes, 2006.

——. *Carta sobre o humanismo.* Rio de Janeiro: tempo brasileiro, 1967.

LÉVINAS, Emmanuel. *Entre nós. Ensaios sobre a alteridade.* Petrópolis: Vozes, 1997.

——. *Totalidade e infinito.* Lisboa: Edições 70, 1980.

NIETZSCHE, Friederich. *O anticristo.* São Paulo: Martin Claret, 2000.

SARTRE, Jean-Paul. *O existencialismo é um humanismo.* São Paulo: Abril Cultural, 1984.

——. *O ser e o nada.* Ensaio de ontologia fenomenológica. Petrópolis: Vozes, 2007.

SOUZA, Ricardo Timm de. *Sentido e alteridade. Dez ensaios sobre o pensamento de Emmanuel Levinas.* Porto Alegre: EDIPUCRS, coleção filosofia – n° 120, 2005.

——. *Em torno à diferença.* Aventuras da alteridade na complexidade da cultura contemporânea. Rio de Janeiro: Lumen juris, 2008.

YOUNG, Jock. *Sociedade excludente.* Exclusão social, criminalidade e diferença na modernidade recente. Rio de Janeiro: Renavan, 2002.

Qual fome de ontologia move o civilista, que tende a ignorar a existência em busca de supostas essências, naturezas ou estruturas conceituais abstratistas?? Esse texto foi produzido para o Programa de Doutorado em Direito em que integro o corpo docente, para recuperar essa discussão a partir da chamada recodificação do Direito Privado, após localizado o atual impasse jusprivatista em avançar na franca constitucionalização que vinha ocorrendo nos últimos anos do Século XX, aparentemente refreada pelo novo diploma civil. Impasse "hamletiano", localizado na obra de **SHAKESPEARE** (Foto), que faz invocar o fantasma que alerta o respectivo personagem para a necessidade de ruptura com a inércia.

VIII.

O Direito Civil-Constitucional e o Reino da Dinamarca: Hamlet, codificação e o fantasma paterno

1. Três badaladas e o pano resiste em abrir

No sexto aniversário de vigência da idosa codificação civil recente, sua paradoxal existência ainda me parece extravagante e desconfortável. Simboliza, inexorável e jocosamente, uma provocação do passado à contemporaneidade, presenteando-lhe um amanhã vestido de ontem. Intencionando despir o maltrajado e esfarrapado humanismo do Direito Civil, no logro da criatividade e alteridade incorporadas pela jurisprudência do final do Século XX, constitucionalizadora dos conservadores recantos jusprivatistas, sedentos de conceitos e repletos de verdades.

Esse texto é um alerta, e não um lamento. Como não se pranteia espectros, o tema deve ter características fantasmagóricas... Na medida em que o Direito Privado brasileiro parece imóvel, qual o príncipe da Dinamarca, relutante em concretizar suas instâncias ou até obviedades, evoca Hamlet...

Esse texto deve ecoar como o fantasma do pai ecoou na mente do jovem príncipe, não obstante a esperança que o civilista contemporâneo seja mais percuciente de sua dimensão e compromisso atual.

É preciso reconhecer tal palco, cena e impasse. É preciso sair dessa zona de conforto em que o Direito Privado se autoexilou desde o advento comemorado por muitos como recodificação. É preciso ouvir o fantasma. Em algum sentido assombrar-se com a realidade e suas dobraduras, saltando para fora dos simulacros. O fantasma é preciso. O Código quer ser... Por nós e nossas vontades de verdade. Assombramo-nos, em verdade, é conosco. Talvez egoísmo ou cegueira...

Cena a ser montada rápido, pois longa parece ser a fala do fantasma. Cena a ser vivida hologramaticamente. Como o velho professor que exegeticamente desfila entre as cadeiras dos alunos, com seu tomo amarelado da codificação, revelando o que é e o que não é, dentre as verdades privadas do Direito Civil... Como o jovem príncipe, passeando entre os túmulos, com a caveira amarelada do pai na mão; porém sem respostas. Ser ou não ser... Apenas questões... Estarão tão distantes entre si, esses tristes personagens? Sublinhemos o óbvio, então. O embaçado, porém óbvio.

Uma das figuras mais centrais da arte nordestina estaria a completar cem anos. Mestre Vitalino é o responsável por desenvolver aquelas figuras em barro que retratam o folclore e o cotidiano da vida no Nordeste e que hoje fundam o sustento de comunidades e famílias de artesões. Os traços típicos e característicos de sua cultura, qual retratado pelo cordel, ritmos ou cancioneiro reconhecem essa condição a Mestre Vitalino.

Não obstante ser de fácil percepção, no sistema jurídico, a tutela do "objeto social" de conglomerados comerciais que fundam sua atividade nas diversas formas de bens intangíveis, qual a propriedade industrial, autoral ou de *software*; é quase uma obviedade que os herdeiros de Mestre Vitalino não conseguem se reconhecer como *players* desse mesmo jogo... São fantasmas... Não é óbvio?

O Código vaga e cantarola pelos corredores e saguões do sistema jurídico, qual Ofélia. Sem sentido. Fechado em sua (des)razão. Dócil e inofensivo para uns (lá nobres, aqui *bourgueous*); amedrontadoramente distante e *nietzschinianamente* potente diante da plebe proletarizada e sem rosto ou papel. Servindo assim de joguete. Para quem?? Essa questão pode ser abandonada, com a vigência do respectivo diploma???

Ubicado nessa percepção, trago de 2001, quando aprovada a codificação, um largo conjunto de reflexões sobre o direito das coisas que lhe subjaz, formulado criticamente e ainda sob o choque da denominada recodificação, para *dar voz ao fantasma*. Trata-se de conferência realizada em Porto Alegre/RS, a convite do Prof. Dr. Eugênio Facchini Neto, no curso de atualização de magistrados oferecido pela AJURIS em 13 de setembro daquele ano, em seguida à aprovação do Projeto. As notas foram colocadas posteriormente. Infelizmente não restaram degravadas as intervenções temáticas havidas pelos debatedores presentes, em especial o Des. Puggina, cuja ausência, ressente o Direito Privado gaúcho e a quem se dedicam as respectivas palavras proferidas.

2. O fantasma em discurso

Quero, inicialmente, agradecer à Escola da AJURIS e à Corregedoria da Justiça, por mais esta iniciativa em favor do desenvolvimento da Ciência e aplicação do Direito, na pessoa da Profa. Edith, responsável pela presidência desta mesa. Agradeço a lembrança de meu nome dentre tantos outros qualificados para este desiderato e agradeço, principalmente, a possibilidade da interlocução com o qualificado Judiciário gaúcho, sobre o nosso Direito Civil, neste momento especial; Direito Civil a ser – constante e insistentemente – rediscutido, revisto e repensado.

Talvez o grande, senão único, mérito daquele que se propõe a ser Projeto do novo Código Civil, estatuto a disciplinar o trânsito jurídico, as titularidades, a empresa e os projetos parentais, seja este:[165] provocar o debate sobre instituições que

[165] Já teve oportunidade de eloquentemente dizer, com notável conveniência, André Osório Gondinho em seu Codificação e Cláusulas Gerais (*Revista Trimestral de Direito Civil*, v. 1, Rio de Janeiro, Padma, 2000, p. 5-6): "Em decorrência dessas considerações, a questão que ora se propõe é a de saber se as causas de superação da idéia de codificação, em geral, e do Código Civil Brasileiro, em particular, são

vêm sendo revisitadas à luz do Direito Civil contemporâneo e que hoje se deparam com um projeto de raízes eminentemente clássicas,[166] [167] projetando-se como um novo Código Civil.[168]

O Projeto de Lei nº 118, de 1984, o Projeto do Código Civil, na dicção do Senador Josaphat Marinho,[169] seu relator, teve o objetivo de trazer a unidade ao Direito Privado, que estaria completamente pulverizado[170] em razão de leis especiais, de

---

inerentes ao próprio sistema codificado, ou, antes, representam conseqüência da forma como essa codificação foi realizada. {...} Acreditamos, por essas razões, que uma solução possível seria a adoção de cláusulas gerais como fatores de flexibilização e mobilidade do sistema, permitindo, ainda, a integração do Código com o que está a sua margem, ou seja, os denominados microssistemas. Nessa concepção, a própria noção de Código se modifica, visto que este não tem mais a pretensão de abarcar, *em seu corpo*, a completude do direito positivado, mas antes permitir essa completude mediante a atuação das cláusulas gerais nas diversas fontes do Direito". Poder-se-ia aditar, por pertinente, que a ideia de completude supera-se pelo reconhecimento da incompletude do sistema jurídico e de sua completabilidade, mediante a colmatação de lacunas e superação de antinomias. Em verdade ele se reconhece incompleto e não tem pretensão de completude, até por reconhecer-se aberto, distante da ideia de sistema fechado, inerente a concepção de codificação. Sobre o exposto, Cristiano Tutikian (Sistema e Codificação – O Novo Código Civil e as Cláusulas Gerais. In: ARONNE, Ricardo (org.). *Estudos de Direito Civil-Constitucional.* Vol. 1. Porto Alegre: Liv. do Advogado, 2004, *passim*).

[166] É o responsável pela Comissão Revisora e Elaboradora do Código Civil quem aduz que esta se reuniu "na esperança de ser aproveitada a maior parte do Código Civil de 1916", assentando como a primeira das diretrizes para os trabalhos, a "preservação do Código vigente sempre que possível." (REALE, Miguel. Visão geral do novo Código Civil. In: TAPAI, Giselle de Melo Braga (org.). *Novo Código Civil Brasileiro – Estudo Comparativo do Código Civil de 1916, Constituição Federal, Legislação Codificada e Extravagante.* São Paulo: RT, 2002, p. XI).

[167] Mesmo em recantos mais conservadores da civilística, a recodificação não se mostra um tema pacífico: "Em tese sempre me opus a uma integral reforma de nossa legislação civil, pois o problema da codificação do Direito Civil não me seduz. Todavia, no que diz respeito à aprovação do livro do Direito de Família, tal qual se encontra em discussão no Congresso Nacional, minha posição tem sido veementíssima, pois entendo que a eventual aprovação do Projeto, nessa parte, traria um retrocesso para o nosso Direito de Família de mais de vinte anos." (Silvio Rodrigues. Considerações sobre o Direito Civil (julho do ano 2000). In: Lisboa, Roberto Senise; DINIZ, Maria Helena. (coord.) *O Direito Civil no século XXI.* São Paulo: Saraiva, 2003, p. 533. Nesse sentido também são conhecidas as oposições à ideia de recodificação, versadas pelos Profs. Orlando Gomes e Caio Mário da Silva Pereira.

[168] TEPEDINO, Gustavo. O velho projeto de um revelho código civil. *Temas de Direito Civil.* Rio de Janeiro: Renovar, 1999, p. 437: "Na discussão sobre o projeto do novo (?) Código Civil, o que menos importa é o indiscutível brilho e o extraordinário talento da comissão de juristas que o elaborou e do Senador Josaphat Marinho, seu Relator. O fato é que o projeto foi redigido há quase 30 anos (a comissão foi constituída em maio de 1969) e a sua aprovação representará impressionante retrocesso político, social e jurídico."

[169] Esta é uma das notas principais apontadas pelo então Relator como base primordial para refutar-se quaisquer críticas sobre a própria oportunidade de codificação. É repetida por Miguel Reale, quando expõe qual sobre as tarefas da comissão encarregada da elaboração do Código (*Visão geral do...*, ob. cit., p. X).

[170] Remontando bem a percepção de sistema fechado, Miguel Reale, cujo papel na direção da comissão dos notáveis que desenharam a codificação desde sua concepção, em recente obra retoma antigas ideias, às quais acreditava-se superadas. Leciona: "Desde o Código Napoleão vige o entendimento de Portalis, segundo o qual os artigos de um código devem ser interpretados uns pelos outros." (REALE, Miguel. *Estudos Preliminares do Código Civil.* São Paulo: RT, 2003, p. 49). A lição é tão importante e nodal para o apontado jurista, que é reprisada logo adiante na mesma obra: "'Em um código os artigos se

estatutos ou, como chamaria o Prof. Natalino Irti[171] (entre nós Francisco Amaral),[172] de microssistemas que teriam afundado esta proposta de unidade estrutural do Direito Privado, a ser refundida através de uma nova codificação.

As bases do Código Beviláqua são francamente mantidas pelo Projeto do novo Código, cujo racionalismo não altera o do Código de 1916,[173] ou seja, ele tem o mesmo racionalismo patrimonialista,[174] o qual não mais se observa nos corpos legislativos contemporâneos, de racionalidade bem diversa, mais voltada à concretização do princípio da dignidade da pessoa humana,[175] como o Estatuto da Criança e do Adolescente, o Código de Defesa do Consumidor ou o Estatuto da Cidade.[176] Nestas, é priorizada a existencialidade frente à pertença, na racionalidade impressa pela Constituição de 1988.[177]

---

interpretam uns pelos outros', eis a primeira regra de Hermenêutica Jurídica estabelecida pelo Jurisconsulto Jean Portalis, um dos principais elaboradores do Código Napoleão." (idem., p. 61). Não obstante, o jurista em seguida afirmar ter a nova codificação superado a leitura civilística da Escola da Exegese e da Pandectísta (ibidem, p. 65), vê-se que o intérprete contemporâneo há de manter a guarda alta, sob pena de assistir-se o cadáver levantar, saltar a janela e fugir correndo. A antiguidade não passou e facilmente reveste-se de jovem, de modo que o passado pode se fazer presente com a nova codificação. O discurso de fechamento também, pois, ficando-se com o mesmo autor e obra, o Código "exclui a possibilidade de os homossexuais nela se abrigarem, devendo aguardar lei especial." (Ibidem, p. 71-72).

[171] IRTI, Natalino. *Codice Civile e Società Politica.* Bari: Laterza, 1995, *passim.*

[172] AMARAL, Francisco. Racionalidade e sistema no direito civil brasileiro. Separata de: *O Direito*, ano 126, v.I e II, p.63- 81, 1994, *passim.*

[173] Vide em especial o parecer formulado por solicitação do Dep. Gustavo Fruet, por Luiz Edson Fachin e Carlos Eduardo Pianovski Ruzyk, publicado na RTDC (Um Projeto de Código Civil na Contramão da Constituição, *Revista Trimestral de Direito Civil*, v. 4, Rio de Janeiro, Padma, 2000, p. 243 e segs.).

[174] A crítica à ideia de codificação e sua estrutura e finalidade patrimonial, remonta a crítica de Bobbio para Jemolo (BOBBIO, Norberto, *As Ideologias do Poder em Crise.* 3ª ed. Brasília: EDUNB, 1994, p. 240), em verdade muito mais descritiva do que prescritiva: "O fato de Jemolo considerar-se um pequeno-burguês significa, segundo creio, uma forma de mostrar-se fiel às próprias origens, um ato de homenagem àquele 'mundo já passado' cujos ensinamentos desejaria não fossem esquecidos nos tempos atuais." O novo Código e seus defensores, como se pode observar, também mostram-se fiéis ao apontado mundo passado, para quem a "nova Lei Civil" é a "constituição do homem comum". (REALE, Miguel, *Visão geral* ..., ob. cit, p. IX).

[175] Para mais integral percepção do que se aponta, no sentido do conteúdo normativo do princípio da dignidade da pessoa humana, é fundamental a leitura da basilar obra de Ingo Sarlet (*Dignidade da Pessoa Humana e Direitos Fundamentais.* Porto Alegre: Liv. do Advogado, 2001, *passim*), certamente a primeira referência cardeal sobre o tema na doutrina nacional.

[176] Vide por todos, último ensaio a quatro mãos de Fachin e Carlos Eduardo (Luiz Edson Fachin; Carlos Eduardo Pianovski Ruzyk. Direitos fundamentais, dignidade humana e o novo Código Civil. In: SARLET, Ingo Wolfgang. (Org.) *Constituição, direitos fundamentais e direito privado.* Porto Alegre: Liv. do Advogado, 2003, p. 87 e segs.)

[177] TEPEDINO, Gustavo. Premissas para constitucionalização do Direito Civil. *Temas de Direito Civil.* Ob.cit., p. 18.

Não obstante, o Projeto do Código Civil mantém a mesma arquitetura dos códigos oitocentistas;[178] adotando a teoria dualista,[179] divide o direito patrimonial em esferas de relações jurídicas reais e pessoais, como é próprio dos códigos que iniciam com a sua Parte Geral e conseguem reduzir a pessoa humana a um sujeito de uma relação abstrata de sujeito titular, remetendo à ausência os não titulares.[180] Tutela o ter, em detrimento do ser, o que lhe traz substancial inconstitucionalidade,[181] na ausência de uma reedificante (porém possível) interpretação conforme os valores constitucionais e direitos fundamentais, de impreciso e dificultoso trânsito para leituras despreocupadamente formais.[182]

As alterações havidas no Direito das Coisas são pontuais e, em meu modesto ponto de vista, não se mostram tão inovadoras quanto possam parecer a outras leituras.[183] Se houve alteração no atacado; não chega a fazer-se sentir no varejo.[184] O

---

[178] FACHIN, Luiz Edson; PIANOVSKI, Carlos Eduardo. *Um Projeto* ... Ob. cit., *passim*.

[179] A divisão dos direitos subjetivos patrimoniais em categorias, imanente à teoria dualista, é o núcleo de afirmação tradicional da existência de direitos absolutos. Em uma visão monista, é inerente a percepção relacional intersubjetiva, no cerne das respectivas relações jurídicas, de modo que já se concebem relativos os direitos subjetivos que disciplina.

[180] Nesse sentido há de se retomar as palavras recentes de Gustavo Tepedino (*A parte geral do novo Código Civil – Estudos na perspectiva civil-constitucional.* Rio de Janeiro: Renovar, 2002, p. XV): "Com a entrada em vigor do Código Civil de 2002, debruça-se a doutrina na tarefa de construção de novos modelos interpretativos. Abandona-se, deliberadamente, o discurso hostil dos que, justamente, entreviam a incompatibilidade axiológica entre o texto codificado e a ordem pública constitucional. Afinal, o momento é de construção interpretativa e é preciso tirar do elemento normativo todas as suas potencialidades, compatibilizando-o, a todo custo, à Constituição da República. Esta louvável mudança de perspectiva, que se alastra no espírito dos civilistas, não há de ser confundida, contudo, com uma postura passiva e servil à nova ordem codificada. Ao revés, parece indispensável manter-se um comportamento atento e permanentemente crítico em face do Código Civil, para que, procurando lhe conferir a máxima eficácia social, não se percam de vista os valores consagrados no ordenamento civil-constitucional."

[181] Por todos, cumpre seja citado duplamente, para aprofundamento na matéria em específico: FREITAS, Juarez. *A interpretação sistemática do direito*. São Paulo: Malheiros, 1995. e *A substancial inconstitucionalidade da lei injusta*. Porto Alegre: Vozes, 1989.

[182] Necessária remessa a recente ensaio de Canotilho. O autor luso, com serenidade, discorre sobre o tema e salienta de início: "É crescente o número de trabalhos dedicados às relações entre o direito constitucional e o direito civil. Por vezes os estudos denotam logo a matriz constitucionalista ou civilista dos seus autores. Com efeito, uns falam com arrogância de 'civilização do direito constitucional' e outros respondem com igual sobranceria com a 'constitucionalização do direito civil'." (José Joaquim Gomes Canotilho. Dogmática de direitos fundamentais e direito privado. In: SARLET, Ingo Wolfgang. (Org.) *Constituição, direitos fundamentais e direito privado.* Porto Alegre: Liv. do Advogado, 2003, p. 339).

[183] Até por sua importância, aponta-se o parecer do relator final do Projeto, o Dep. César Fiúza, indicando as razões pelas quais deveria ocorrer a aprovação nas casas legislativas da União.

[184] Quanto a progresso efetivo, no meu sentir, o que a codificação objetivava era muito mais uma consolidação das mudanças já havidas e incorporadas pela doutrina e jurisprudência ao Direito Privado, buscando padronizá-las e dar um critério de unidade (formal, saliente-se), cristalizando-as em regras e, quando imprescindível, diante de indeterminações axiológicas, se valendo, em alguns setores, de cláusulas gerais. Os avanços, mínimos, foram pontuais. Também, pontualmente, houve retrocessos.

compromisso do Projeto em debate não se alinha como um projeto de evolução.[185] Visa timidamente, mais que a codificar, a consolidar – não sem regressos –, diversas das mudanças impressas pela realidade social nas categorias tradicionais do Direito Civil clássico.

Observemos o início das alterações a partir da abertura do Direito das Coisas no Projeto, que se dá, tal qual no Código Beviláqua, pela posse.

Em primeira análise, a perspectiva situacional geográfica do instituto é a mesma do Código Beviláqua; a posse segue regulada antes do direito de propriedade. Ao contrário do que pregava Jhering, aduzindo que a matéria deveria situar-se após a propriedade, na medida em que seria seu instrumento[186] – conforme a teoria objetiva –, a forma adotada na sistematização também não atende à teoria subjetiva, que vê a posse como simples fato[187] e para qual descaberia tratá-la como direito subjetivo.

Diferentemente do que se observa na crítica do Prof. Caio Mário, para quem o Projeto tenta conciliar as duas teorias, entendo que ele não chega a adotar nenhuma das duas, como o fez Beviláqua.[188] O Código de 1916 recebia alguma influência de uma e de outra escola, mas não se pode identificar a posição de Jhering ou de Savigny, como já alertava o seu autor.[189] Vamos partir da apontada crítica, em homenagem ao papel de seu autor, no cenário que já serviu de fundo à doutrina civilista brasileira.

A referida crítica versada pelo Prof. Caio Mário[190] dispõe que o Código de 1916, em definição programática, teria abraçado sem titubear a "Escola Objetivista" de Jhering: ao mesmo tempo em que conceitua a posse em termos precisos, teve a coragem de oferecer a seu intérprete, desde logo, o supedâneo doutrinário tanto mais indispensável quanto mais tormentosa a fixação das noções básicas. Já o projeto em comento (anteprojeto, quando então), numa indecisão lamentável – confor-

---

[185] Importantes são as considerações de órbita metodológica, reitere-se, traçadas por Cristiano Tutikian (Sistema e codificação – o Código Civil e as cláusulas gerais. In: ARONNE, Ricardo. *Estudos de Direito Civil-Constitucional.* Porto Alegre: Liv. do Advogado, 2004, p. 19-79).

[186] JHERING, Rudolf von. *Teoria Simplificada da Posse.* São Paulo: Saraiva, 1986, p. 104: "A posse aparece como uma relação *imediata* da pessoa com a coisa; pertence, pois, ao direito das coisas".

[187] SAVIGNY, Friedrich Carl von. *Traité de la possession – En droit romain.* 4ª ed. Bruxelles: Bruylant, 1893, p. 87-91.

[188] GOMES, Luiz Roldão de Freitas. Notas sobre o direito das coisas no projeto do Código Civil. *Revista Trimestral de Direito Civil*, nº 1, Rio de Janeiro, Padma, 2000, p. 78: "O Código de 1916, em definição programática, abraçou sem rebuços a escola objetivista de VON JHERING. "Ao mesmo tempo que conceituou a posse em termos precisos, teve a coragem de oferecer ao seu intérprete, desde logo, o supedâneo doutrinário, tanto mais indispensável, define a posse no art. 1.390 [agora 1.196] em tais termos que não se sabe bem a que subsídio recorrer em termos conceituais".

[189] BEVILÁQUA, Clóvis. *Em defeza do projecto de Código Civil Brazileiro.* Rio de Janeiro: Francisco Alves, 1906, p. 107-108.

[190] Em que pese não subscrevermos a posição do autor, esta é colhida para que se observe que o novo código desagrada juristas das mais variadas Escolas do Direito Privado.

me o autor –, define a posse no art. 1.390 (do então anteprojeto),[191] em termos que não se saberia mais a que subsídios recorrer conceitualmente.[192]

Considera possuidor, diz o artigo 1.196,[193] quem manifesta o poder de fato sobre a coisa. Aqui está sua inclinação, segundo a respectiva crítica, pela concepção subjetivista – posse é igual a poder físico sobre a coisa, exercício –, uma vez que, para Savigny, toda posse exige elemento material, *corpus*, que representa um poder material a ser aliado a um elemento espiritual, *animus*, representado pela *affectio tenendi*.

Prossegue o mencionado artigo analisando que esse poder de fato se exprime mediante comportamento que corresponde ao exercício de faculdade inerente à propriedade. Aí o anteprojeto encaminha-se rumo à Escola Objetiva de Jhering, e o referido autor tece uma longa série de críticas ao trabalho havido, pela comissão responsável.

Entendo que o Projeto não define posse, mas possuidor; tal qual fazia o Código Beviláqua. Assim, qualquer crítica que se faça ao Novo Código nesse sentido é uma crítica que também se estende ao Código Beviláqua. A única diferença entre ambos é a dicção. Propriedade e domínio são termos adotados pelo Código de 1916, sendo extirpado o termo *domínio* no novo Código.

O Projeto, hoje, dispõe a matéria no art. 1.196: "Considera-se possuidor todo aquele que tem, de fato, exercício pleno ou não de alguns poderes inerentes à propriedade". Segundo o Código Beviláqua: "Considera-se possuidor todo aquele que tem de fato exercício, pleno ou não, de alguns poderes inerentes ao domínio ou propriedade".

Entendo que a mudança é semântica. Tão somente semântica porque a civilística tradicional trabalha com a identificação dos termos *domínio* e *propriedade*;[194] compreende-os substancialmente sinônimos. Portanto, não há alteração nenhuma, pelo viés tradicional de leitura das titularidades.

Ao contrário da pregação clássica, ainda incrustada no Projeto do Código, a posse mantém perspectiva tripartida,[195] conforme a jurisprudência brasileira já sistematizava o fenômeno, na leitura do Código de 1916.

Apenas para demonstrar o exposto: transita no ordenamento pátrio, tanto em dimensão única e exclusivamente jurídica, como direito real, no *jus possidendi*, como

---

[191] N.A.: Art. 1.196 do Código Civil de 2002.

[192] FREITAS, Luiz Roldão de. Notas sobre o direito das coisas ... Ob. cit., p. 78.

[193] Os números foram alterados de modo à corresponder com os aprovados pelo Congresso, quando votado o Código Civil de 2002.

[194] Por todos, vide LOPES, Miguel Maria de Serpa. *Curso de direito civil.* 4. ed. Rio de Janeiro: F. Bastos, 1996, p. 281-282. v. 6.

[195] Sobre a Teoria Tríptica da Posse, seja-me permitido indicar recente estudo: ARONNE, Ricardo. Titularidades e Apropriação no novo Código Civil – Breve ensaio sobre a posse e sua natureza. In: In: SARLET, Ingo Wolfgang. (Org.) *O novo Código Civil e a Constituição Federal.* Porto Alegre: Liv. do Advogado, 2003, *passim*.

em esfera contratual e obrigacional, no *jus possessionis*, como ainda enquanto fato, ao tutelar-se a posse *ad usucapinonem*, que não se estriba em direito subjetivo de posse algum.[196]

Portanto, isso quer demonstrar que o Direito Civil brasileiro não adota completamente nenhuma das duas escolas, mesmo que não as exclua ou deixe de ser ou ter sido influenciado pelas mesmas. Para ambas as teorias, ainda que por razões formais distintas,[197] o possuidor decorrente de contrato (locatário, arrendatário ou comodatário) era mero detentor. Sem prejuízo disto, tal figura transita como possuidor no ordenamento vigente. É reconhecido direito aos interditos, efeito da posse, para aquele que ostenta posse derivada, por exemplo, de contrato.

O novo Código, no art. 1.197, os percebe com madura independência das titularidades. Se lhes reconhece a ação, dando trânsito ao interesse, é porque positivou o direito subjetivo. Logo, é complexo inferir de modo absoluto que o Código em vigor e o que poderá viger, adotam esta ou aquela teoria, restritivamente

No Direito Civil brasileiro, trata-se de possuidor jurídico àquele que em razão de um vínculo contratual, possui o bem para dar uso, destino e funcionalidade, conforme seu espaço de autonomia privada. Reconhece, nosso ordenamento jurídico, também a posse dominial, que era denunciada por von Jhering. O *jus possidendi* está presente na propriedade, no usufruto, na superfície, no uso, na habitação, subjazendo à outras titularidades. É a relação imediata de apreensão do bem, enquanto direito subjetivo real. Além destas duas dimensões jurídicas, reconhece a posse em sua dimensão de fato, com relevância jurídica suficiente a produzir efeitos e ter trânsito para ser tutelada mediante os respectivos interditos.

É mantida a sistematização da posse tal qual era no Código de 1916. Sinto no Projeto, porém, uma ausência, e aqui a crítica não é com relação às mentes que participaram da elaboração do anteprojeto, cujo brilho é claro e reconhecido no meio jurídico, mas às ideias. Sinto como ausência a função social da posse, que passou em branco em todo o direito possessório codificado, no meu sentir.

A detenção sofre uma alteração com o parágrafo único do art. 1.198, cujo *caput* é uma repetição do Código vigente, que já definia detentor.[198] "Art. 1.198: Considera-se detentor aquele que, achando-se em relação de dependência para com outro, conserva a sua posse em nome deste e em cumprimento de ordens ou instruções suas". Equivale ao art. 487 do antigo Código, mas foi acrescido um parágrafo único: "Aquele que começou a comportar-se de modo como prescreve este artigo, em relação à coisa e à outra pessoa, presume-se detentor até que prove o contrário".

---

[196] Idem, ibidem.

[197] Para Escola Objetiva, pela ausência de um direito real, a caracterizar a posse deste como uma relação direta com a coisa. Para a Escola Subjetiva, pela ausência do elemento psicológico, caracterizado pelo *animus*.

[198] Diferentemente da Escola Subjetiva, para qual a noção de posse nasce e decorre da noção de detenção, a Escola Objetiva repudia esta figura, denominando-a uma anomalia para o direito da posse.

Aqui temos uma inovação de cunho formal (como via de regra foram às ocorridas), que precisa de uma leitura à luz do princípio da proporcionalidade, porque, se observamos um locatário passar a se comportar como detentor, não posso presumi-lo detentor, ainda terei de presumi-lo possuidor, em razão do vínculo contratual que ele mantém.

Na esfera dos efeitos da posse, o Projeto suprimiu a regulação da concessão de liminar, deixando de abordar a questão do ano e dia, deixando ao CPC a temática da liminar *initio litis*. Ainda conserva, porém, o traço processualista no trato dos efeitos da posse. Faço essa crítica, porque o Código se propõe a ser um Código Civil, o Estatuto de Reunificação do Direito Privado e, portanto, um diploma de regulação de um direito subjetivo material, e ele adentra na esfera do processo, falando sobre a questão da reintegração, da manutenção de posse e, tal qual o Projeto Beviláqua, esquecendo a imissão.

O que revela esse silêncio? Revela, novamente, a manutenção do viés clássico, em que a imissão de posse é vista como ação petitória fundada em titularidade, quando, na verdade, não se discute oponibilidade de direito real, e sim posse. Pretensão possessória, decorrente de direito possessório, cuja ação em exercício há de perceber-se possessória e autônoma de titularidades.

No âmbito da propriedade, o projeto acrescenta um parágrafo no dispositivo correlato ao art. 524 do Código em vigor, o art. 1.228: "O proprietário tem a faculdade de usar, gozar e dispor da coisa e o direito de reavê-la do poder de quem quer que injustamente a possua ou a detenha".

O parágrafo a que me refiro é o § 1°, tido para muitos como a introdução, o reconhecimento do princípio da função social da propriedade no direito das coisas. O que ele dispõe: "O direito de propriedade deve ser exercido em consonância com suas finalidades econômicas e sociais, e de modo que sejam preservados, de conformidade com o estabelecido em lei especial, a flora, a fauna, as belezas naturais, o equilíbrio ecológico e o patrimônio histórico e artístico, bem como evitada a poluição do ar e das águas".

O que parece ser uma inovação, na verdade, não é. O princípio da função social da propriedade está insculpido no art. 5° da Constituição Federal. Foi introduzido em 1988 no Direito Civil, a partir dos Direitos Fundamentais. No Projeto observa-se um retrocesso. Dispõe que o conteúdo de função social da propriedade vai ser explicitado em lei especial, porém, em sentido diverso, o § 1° do art. 5° da CF/88, dispõe que todos os direitos fundamentais – no que se incluem os de segunda dimensão, como o princípio da função social da propriedade – são autoaplicáveis.

Importa dizer, os direitos fundamentais sociais, assim como os individuais, têm eficácia plena, independente de lei complementar. Contemporaneamente trata-se da eficácia horizontal; portanto, eficácia interprivada.[199] Discute-se hoje função social na relação entre particulares e os conflitos daí decorrentes.[200]

Colocar uma referência à função social, dispondo que ela deve ser regulada em lei especial não é avanço, é atraso. Principalmente quando o *caput* do dispositivo desenha uma arquitetura tradicional de direito absoluto, nos moldes da teoria eclética. Aliás, não atende à boa técnica legislativa, muito menos de quem quer fazer um Código. Se um Código visa à unidade, a trazer para si toda a regulação da matéria, o pior a fazer é remessa à lei especial.[201] Então, se discutível é termos um Código, há aqui um anteprojeto de Código que já se apresenta não querendo ser um Código. Portanto, mesmo para quem é dado a codificações (e unificações formais), é um problema, ainda que sanável.

O princípio da função social é autoaplicável, a partir do núcleo duro da ordem constitucional, de onde emana, alcançando a ordem econômica e o Direito Privado, para fixar-lhe bases teleológicas de aplicação das regras e bases positivas de colmatação de lacunas e solução de antinomias.

Retomando a apreciação do art. 1.228, no respectivo § 2º é introduzida uma outra figura que não é inovadora. Assim consta: "São defesos os atos que não trazem ao proprietário qualquer utilidade e sejam animados pela intenção de prejudicar outrem". Isso é a teoria do abuso do direito, mesclada ao antigo conteúdo do art. 524 do Código Civil vigente, para dar uma nova roupagem ao que já é velho. A teoria do abuso do direito não é nada mais, nada menos do que o reconhecimento da absolutividade do direito de propriedade, em coerência ao *caput* do artigo.

Se o direito de propriedade é relativo – e é relativo porque deve atender à função social, e função social é uma medida de exercício –, ele já é informado por uma norma constitucional que veda um exercício abusivo. Então, não precisamos da

[199] Vide, por todos, o essencial texto de SARLET, Ingo Wolfgang. Direitos fundamentais e direito privado: algumas considerações em torno da vinculação dos particulares aos direitos fundamentais. *A Constituição concretizada – construindo pontes entre o público e o privado.* Porto Alegre: Liv. do Advogado, 2000, p. 107 e segs. Trazendo abalizada coletânea em torno a temática, o mesmo autor organizou o recente *Constituição, direitos fundamentais e direito privado.* Porto Alegre: Liv. do Advogado, 2003. Para considerações diretamente ligadas ao tema dos direitos reais, colham-se os dois primeiros capítulos de meu *Por uma nova hermenêutica dos direitos reais limitados: das raízes aos fundamentos contemporâneos.* Rio de Janeiro: Renovar, 2001. Essencial a leitura, na perspectiva civilista contemporânea: FACHIN, Luiz Edson. *Teoria crítica do direito civil.* Rio de Janeiro: Renovar, 2000. PERLINGIERI, Pietro. *Perfis do direito civil: introdução ao direito civil constitucional.* Rio de Janeiro: Renovar, 1997.

[200] A temática da função social da propriedade em oposição nas lides entre particulares já deixou as folhas dos processos para ganhar as páginas dos jornais e ser discutida nos bares e na arte com mais conforto do que na Academia.

[201] Reitere-se, para boa compreensão da crítica feita, a já citada lição de Portalis, nas linhas de Miguel Reale, transcrita em nota anterior. Ainda mais quando se afirma, de modo oitocentista, tratar-se o Código da "Constituição do Homem Comum". Quem é o homem comum? O proprietário? O direito dos comuns era o *ius civile* ou o *ius gentium*?

teoria do abuso de direito como precisou a França do final do séc. XIX e início do séc. XX.[202] Estamos no séc. XXI, e o estado da arte da Ciência do Direito é outro.

Os §§ 4º e 5º também me trazem uma leitura diferente da dos apreciadores da codificação. O § 4º dispõe: "O proprietário também pode ser privado da coisa se o imóvel reivindicado consistir em extensa área na posse ininterrupta e de boa-fé por mais de 5 (cinco) anos de considerável número de pessoas, e estas nela houverem realizado, em conjunto ou separadamente, obras e serviços considerados pelo juiz de interesse social e econômico relevante". § 5º: "No parágrafo antecedente, o juiz fixará a justa indenização devida ao proprietário, pago o preço. Valerá a sentença como título para a transcrição do imóvel em nome dos possuidores".

Não nascesse superada essa figura, pelo usucapião coletivo, em 2001 introduzido pelo Estatuto da Cidade,[203] então sua aplicação literal padeceria de inconstitucionalidade por ferir o princípio da igualdade. O pequeno proprietário que tem a sua área ocupada não faz jus à indenização, só a grande propriedade seria indenizável, porque deve de ser extensa a área e de um único proprietário. Onde está o interesse social e econômico relevante? Remunerar melhor o latifundiário, o grande proprietário urbano que não explora a sua propriedade. De novo, a racionalidade do projeto está em desconformidade com a racionalidade do resto do sistema jurídico. O viés patrimonialista, aqui, prepondera sobre o viés existencialista que informa o Direito Civil contemporâneo.

Não vejo como uma evolução, se assim encarada, em tão estreitos limites, a denominada desapropriação judiciária. No meu sentir, mantida sua exegese rente à literalidade do texto, resulta inconstitucional, por ferir o princípio da igualdade. Assim ocorre com qualquer leitura que não preencha efetivamente com valores existenciais, diretamente decorrentes do art. 1º, III, da CF/88,[204] os conceitos jurídicos indeterminados[205] que permeiam os dispositivo em tela. Porém caminhos se abrem para que o intérprete possa dar vivencialidade ao instituto.

Quanto à descoberta – e vou, em razão da hora, tentar voltar-me mais para as modificações introduzidas –, temos a introdução do parágrafo único do art. 1.234: "Na determinação do montante da recompensa, considerar-se-á o esforço desenvolvido pelo descobridor para encontrar o dono ou o legítimo possuidor, as possibilidades que teria este de encontrar a coisa e a situação econômica de ambos".

A introdução do art. 1.236 também traz alguma alteração na disciplina: "A autoridade competente dará conhecimento à descoberta, através de imprensa ou de

---

[202] Para a teoria, vide: JOSSERRAND, Louis. *Derecho civil.* Buenos Aires: Bosch, 1952. v.3. Tomo 1.

[203] Vide art. 10 do Estatuto da Cidade.

[204] Novamente deve ser referenciada a obra de Ingo Wolfgang Sarlet (*O princípio da dignidade da pessoa humana.* Porto Alegre: Liv. do Advogado, 2001, *passim*).

[205] Tanto o dispositivo em comento, como larga parte das normas codificadas se valem de conceitos jurídicos indeterminados, restando de suma importância perceber seu papel axiológico no sistema positivado. Para maiores estudos vide: ENGISH, Karl. *Introdução ao pensamento jurídico.* Trad. J. B. Machado. 6.ed. Lisboa: Fund. Calouste Gulbenkian.

outros meios de informação, somente expedindo editais se o seu valor comportar". Outra modificação se colhe no parágrafo único do art. 1.237: "Sendo de diminuto valor, poderá o Município abandonar a coisa em favor de quem a achou".

Como se pode constatar, as mudanças pouco inovam, mantendo o instituto da descoberta arcaico e francamente sem maior utilidade contemporaneamente. Não se colhe caráter funcionalizante no trato da matéria não obstante suas possibilidades, até mesmo para além da propriedade sobre bens materiais.

Na usucapião, o art. 1.238 e o seu parágrafo único trazem – e aqui vem uma observação favorável – uma salutar redução do prazo da usucapião ordinária para 15 anos (de 20 para 15), fazendo-o de modo flexibilizado, porque dispõe que o prazo, da usucapião ordinária se reduza a 10 anos se o possuidor houver estabelecido, no imóvel, a sua moradia habitual ou nele realizado obras ou serviços de caráter produtivo.

Aqui, sim, se vê uma adequação da usucapião à luz do princípio da função social da propriedade, concretizado pela função social da posse, com uma alteração relevante. Temos reduzido o prazo da usucapião ordinária e flexibilizado à luz da função social da posse. Ocorre que não precisávamos de um novo Código para isso.

O art. 1.242, parágrafo único, em sede de usucapião ordinária dispõe: "Adquire também a propriedade imóvel aquele que contínua e incontestadamente, com justo título e boa-fé, o possuir por 10 (dez) anos". No caso, observa-se que a usucapião extraordinária ficou equiparada à ordinária flexibilizada, quando incidente apenas a regra temporal do *caput* do respectivo dispositivo. Não obstante, também resultou diferenciada por flexibilização, quando houver qualificadores próprios à respectiva posse *ad usucapionem*.

O respectivo parágrafo único vai dispor: "Será de 5 (cinco) anos" – então, temos uma nova flexibilização – "o prazo previsto neste artigo se o imóvel houver sido adquirido onerosamente, com base na transcrição constante do registro próprio, cancelada posteriormente, desde que os possuidores nele estiverem estabelecido sua moradia ou realizado investimentos de interesse social e econômico". Portanto, tal qual foi flexibilizado o prazo do modo extraordinário, o ordinário também o foi.

Em sede de usucapião, aqui estão as modificações. Ao demais, o projeto buscou consolidar as espécies existentes, deixando ao relento a usucapião coletiva, constante do art. 10 do Estatuto da Cidade. Talvez a opção havida decorra da possível antinomia entre a usucapião coletiva e o § 4º do art. 1.228 da nova codificação. Não por isso haver-se-á de compreender que a usucapião coletiva não tenha cidadania no Direito Privado. É instrumento social importante para o acesso à propriedade e garantia de moradia como direito fundamental, assim como é instrumento público de grande valor aos municípios, no que pode dizer com regularização fundiária.

De positivo, a função social da posse se mostra um diferencial decisivo na leitura da matéria, e isso foi percebido pelo Projeto, ainda que não com a intensidade devida. Enquanto o Código Beviláqua diferenciava o prazo de usucapião com base na onerosidade do trânsito jurídico e na expressão da autonomia de vontade individual, como é imanente na noção de justo título, o Projeto, sem distanciar-se daquele paradigma, soma o aproveitamento social da coisa, como diferencial para incidência do prazo.

Sem dúvida é uma característica de repersonalização das titularidades,[206] compreender este óleo social como gerenciador das engrenagens da apropriação privada e das regulações do mercado.[207]

No mais, e aí está possivelmente a diferença de numeração que os senhores veem no Projeto,[208] o art. 1.239 não apresenta nada novo em relação à usucapião constitucional rural, que está na Constituição, e o art. 1.240 vem agora para o corpo da codificação com o usucapião constitucional urbano, que é o mesmo dispositivo da Constituição completamente transcrito, inclusive nos seus parágrafos, aliado ao usucapião especial urbano, retratado no art. 9º do Estatuto da Cidade além da codificação.

O art. 1.241 e o parágrafo único – isso está depois da usucapião constitucional urbana e antes da usucapião extraordinária, configurando-se numa colcha de retalhos – dispõem o seguinte: "Poderá o possuidor requerer ao juiz seja declarada adquirida mediante usucapião a propriedade imóvel. Parágrafo único: A declaração obtida na forma deste artigo constituirá título hábil para a transcrição no Registro de Imóveis".

Para uma boa compreensão e distribuição racional e didática da matéria, esse dispositivo poderia prestar-se como antessala à Seção I do respectivo capítulo, como uma perspectiva geral da usucapião, estando deslocado na posição atual. Não tem por que existir no Projeto. Mais interessante seria sua retirada, pois a regulação específica precedente, esvazia a regulação genérica posterior, no caso em comento.

Observa-se uma inadequação terminológica, novamente, na alteração da redação havida no Código Beviláqua no que diz respeito à usucapião, quando passa a suprimir a disposição *domínio* e a fazer uso do termo *propriedade*, que, embora, classicamente, sejam vistos como sinônimos, não são, como já tivemos oportunidade de discutir.[209]

---

[206] Vide: FACHIN, Luiz Edson. *Estatuto jurídico do patrimônio mínimo*. Rio de Janeiro: Renovar, 2001. Ricardo Aronne. Propriedade e domínio – reexame sistemático das noções nucleares de direitos reais. Rio de Janeiro: Renovar, 1999.

[207] LÔBO, Paulo Luiz Netto. Contrato e mudança social. *Revista dos Tribunais*, São Paulo: RT, n. 722, p.40-45, 1995.

[208] À época da manifestação, em razão de uma série de emendas no Senado, haviam sido renumerados recentemente os arts. do Projeto.

[209] Para verticalização temática quanto à teoria da autonomia, com especial trato da matéria de usucapião, Ricardo Aronne (*Propriedade e domínio*..., ob. cit.). Para crítica em visão contemporânea, vide Danilo Doneda (RTDC 4, 2000). Os efeitos da teoria são explorados em *Por uma nova hermenêutica dos direitos reais limitados*...(ARONNE, Ricardo, ob. cit.). Para análise, veja Cristiano Tutikian (RTDC 14, 2002).

O sujeito, quando implementa materialmente a usucapião, antes de aforar a respectiva ação declaratória, adquire o domínio, mas ele não tem titularidade registral, portanto, não se configura proprietário. Maior prova disso é que posso ter a usucapião do imóvel já implementada de fato e de direito – tendo o domínio, porque este é declarado (reconhecido, portanto) pelo Juiz –, porém não tenho ação reivindicatória até ter titularidade registral. Não sou proprietário, portanto, perante o ordenamento jurídico brasileiro, até ter titularidade registral.[210]

A terminologia empregada pelo novo texto é inadequada, no meu sentir, por não incorporar diretamente os elementos da teoria da autonomia. Quando o sujeito implementar a usucapião, ele não se tornará diretamente proprietário, ele adquire domínio e virá a ser proprietário após a ação de usucapião, que não é sinônimo da usucapião em sentido material.

Quanto à transcrição,[211] o Código, quando regula o respectivo modo de aquisição – já que adentrado o terreno da semântica –, adota uma terminologia já ultrapassada no ordenamento nacional, diante do conteúdo da Lei dos Registros Públicos. Deveria ter sido utilizado o termo *registro*, e não *transcrição*, mas insiste o Projeto nessa terminologia em desuso, como coerentemente critica em sua cátedra Gilberto Aronne. Em face da lei especial, o termo que designa todos os atos registrais é *registro*, migrando da condição de espécie para gênero.

Os parágrafos do art. 1.245 não chegam, assim, a modificar o que temos dentro do Código Civil brasileiro em vigor. Dispõe o § 1º: "Enquanto não se transcrever o título translativo, o alienante continua a ser havido como dono do imóvel"; § 2º: "Enquanto não se promover, por meio de ação própria, a decretação de invalidade da transcrição e o respectivo cancelamento, o adquirente continua a ser havido como dono do imóvel".

Não há inovação.[212] O nosso sistema jurídico, no âmbito registral, adota o princípio da publicidade para dar oponibilidade *erga omnes* às titularidades, dentre as quais a propriedade sempre ocupou um papel central. Daí o título ser requisito para o ajuizamento de pretensão reinvindicatória. Assim, o Código procede bem em retomar o princípio da prenotação, como ordenador do anterior, positivando-o no art. 1.246.

---

[210] Vide ainda minhas notas aos arts. 1.225 e 1.228 do novo Código, bem como ao título da usucapião imobiliária: Ricardo Aronne. Direito das Coisas. In: PEREIRA, Rodrigo da Cunha. (coord.) *O novo Código Civil brasileiro anotado.* Porto Alegre: Síntese, 2004.

[211] A redação para o Código, como aprovado, foi alterada de "transcrever" para "registrar". Ficou mantido o respectivo texto de crítica, apenas para não alterar o conteúdo da palestra proferida na época, quando a crítica procedia.

[212] Nesse sentido, tratando-se da esfera registral, tem-se que o cenário brasileiro, afora o insucesso da regulação do Registro Torrens, sempre se mostrou pacífico e sem maiores ondas, apesar de suas águas turvas. Sobre o tema, não sem conservadorismo, vide: Nicolau Balbino Filho. A eficaz trajetória do direito imobiliário registral brasileiro, de 1846 ao século XXI. In: LISBOA, Roberto Senise; DINIZ, Maria Helena. (coord.) *O Direito Civil no século XXI.* São Paulo: Saraiva, 2003, p. 471 e segs.

Distante do sistema franco, para o qual o juiz do *Code* não estava adstrito ao registro para prova de titularidade, o sistema brasileiro nunca chegou também a operar com a sistemática teutônica, pela qual o registro gera uma presunção absoluta, *iure et iure*, no trato da aplicação do BGB.[213]

Não distoa, portanto, o § 2º do art. 1.246 do Projeto, do que já se percebia na aplicação da codificação beviláqua; mesmo que nela não estivesse expresso, o tratamento era uma decorrência. A própria jurisprudência conduzia a dinâmica interpretativa nesse sentido, de que a presunção de propriedade oriunda do registro é única e exclusivamente relativa, não é absoluta, tanto que podemos declarar a sua nulidade. Inegável, porém, que o registro gera presunção.

Então, não é uma novidade o dispositivo. O Projeto pode ter expresso algo que era implícito, mas, enfim, está-se diante de toda a lógica e sistemática do Código Beviláqua. Repisa-se, a proposta do Projeto está muito mais em consolidar o Direito Privado por meio da codificação, do que codificar fechando o sistema de Direito Privado, por ser aspiração impossível, ainda que reveladora da hostilidade ao que é novo.

Tal impossibilidade de fechamento ou aspiração de completude remonta aos direitos fundamentais, a par do princípio da inafastabilidade. O ordenamento infraconstitucional também não se compadece de lacunas, reconhecendo-as e determinando sua colmatação,[214] como se colhe da LICC no seu art. 4º, à qual, àquele que se projeta com a pretensão de ser um novo diploma civil, não pretende revogar.[215]

Voltando à temática registral das titularidades, o art. 1.247 e o seu parágrafo único, também não podem tratados como estrangeiros ao tratamento dado à matéria: "Se o teor da transcrição[216] não exprimir a verdade, poderá o interessado reclamar que se retifique ou anule. Parágrafo único: Cancelada a transcrição, poderá o proprietário reivindicar o imóvel independente da boa-fé ou do título do terceiro adquirente".

---

[213] Interessante estudo, na seara da aplicação prática do tema pode-se colher em Marcelo Domanski. *Posse: da segurança jurídica à questão social.* Rio de Janeiro: Renovar, 1998. O autor debruça-se sobre a radical mudança na orientação jurisprudencial atinente aos embargos de terceiro propostos por promitente comprador que não registrou a respectiva promessa irretratável de compra e venda, frente a execução forçada promovida credor do promitente comprador, cuja penhora recai sobre o bem. Até viger a presente Constituição, entendia o STF em um sentido. Após, com o advento e definição de competência do STJ, a matéria passa a ter solução oposta.

[214] Importante contribuição hermenêutica neste terreno, de parte de um privatista, deve ser citada a Profª Maria Helena Diniz (*As Lacunas e o Direito.* São Paulo: Saraiva) em obra específica no tema.

[215] Apenas para que se aponte o sentido do explicitado, deriva a temática da parceria civil ou união homoafetiva, cuja análise em referencial legislativo, "conta a história de uma ausência", para que se use do amparo da eloquente e sábia *verve* de Luiz Edson Fachin. Sobre a temática, em específico vide Simone Tassinari e Felipe Klein (*in* ARONNE, Ricardo. *Estudos de Direito Civil-Constitucional.* Porto Alegre, Liv. do Advogado, 2004, Vol. 2).

[216] Registro, na redação dada ao Código, como aprovado no Congresso.

Cancelada a transcrição, há de derivar efeitos palpáveis na esfera daqueles que guardem interesse no bem. Quais seriam? A possibilidade de reivindicação, então, do novo proprietário. Nada de novo. Não é velho, é revelho, como leciona Tepedino.[217]

A rigor, dispor sobre possibilidade, ou não, da reivindicatória do proprietário entendo que tampouco é matéria de direito material, pois a possibilidade jurídica do pedido reivindicatório é matéria francamente processual.

Não se quer dizer das condições da ação não serem expressões da ação de direito material,[218] porém de pertinência de análise do CPC, como ele faz, ao adotar a visão de Liebmann, desde as raízes do Projeto Buzaid. Saliente-se a identidade de pensamento e marcos teóricos, pois as comissões das codificações reuniram-se em épocas superpostas.

Daí servir a tematização como exemplo prático da vivencialidade da teoria da autonomia e de sua instintiva aplicação por todos os operadores do Direito. Isso é decorrência do fato de não se ter logrado superar a ideia ou a aplicação da teoria dos direitos subjetivos, não obstante célebres e louváveis tentativas, a iniciar pelas construções de Dugüit.

É na teoria dos direitos subjetivos que o direito material pode se comunicar com o processo. Este último, cediço as lições de von Jhering de que o Direito, na sua síntese, é luta, não pode prescindir do processo, sob pena de kelsenianamente resultar em *sollen*.[219] Portanto, na mesma intensidade em que o processualista resulta vinculado ao direito material, por força do princípio da instrumentalidade, o civilista não pode se furtar de perceber a articulação processual do direito subjetivo analisado, sob pena de ingenuidade ou falta de isenção.[220]

Sobre construções e plantações, o art. 1.255, em seu parágrafo único, apresenta uma inovação de fato interessante. Há releitura profícua do princípio *superficies solo cedit*. Dispõe o artigo: "Se a construção ou plantação exceder consideravelmente o valor do terreno" – portanto do terreno alheio – "aquele que de boa-fé plantou ou edificou adquirirá a propriedade do solo mediante o pagamento da indenização fixada judicialmente, se não houver acordo".

---

[217] TEPEDINO, Gustavo. *O velho projeto de um revelho código civil*. Ob. cit.

[218] No sentido da distinção traduzida por Pontes de Miranda (*Tratado das ações*. 1ª ed., 2ª tiragem. São Paulo: RT, 1974).

[219] O dever-ser erige-se à condição de ser pela realização concreta do Direito posto. Daí a imprescindibilidade e silenciosa supremacia do Judiciário sobre os demais Poderes da República, bem vinda em qualquer Estado Democrático.

[220] Neutralidade no sentido contemporâneo é compromisso com valores democraticamente erigidos à positivação constitucional e com os direitos fundamentais que lhe servem de rescaldo. Parodiando a, não menos oportuna do que célebre, frase de Benjamin Constant, poder-se-ia dizer da neutralidade dos antigos (metafisicamente objetiva) e dos modernos (intersubjetivamente axiológica e teleologicamente tópica).

Não há uma negativa do princípio da *superficies solo cedit* já existente no Direito Romano e desenvolvido com contornos próprios até este século. Há uma reafirmação dele, porém com preponderância pela aquisição da construção não pelo proprietário, mas, sim, pelo construtor ou pelo semeador. Trata-se da influência do princípio da função social da posse, de cujos valores o dispositivo abeberou-se positivamente, como ocorrido em sede de usucapião.

Daí pensarão que o Projeto me contradiz: – "Aqui está o princípio da função social da posse, de modo explícito". A patrimonialização, não obstante tudo o que foi apontado, ainda é elemento distintivo da noção de Direito Privado que a nova codificação busca emoldurar. Se é acertado concluir que a principiologia contemporânea alcançou o Projeto, não menos certo é o predomínio da arquitetura tradicional imposta ao Direito Civil.

O elemento que prepondera para o fato de incidência do dispositivo não guarda assento no valor existencial da respectiva construção, edificação ou semeadura; mas, sim – conforme dicção da própria regra em vias de ser codificada –, no valor patrimonial desta.

Dispõe: "Se a construção ou a plantação exceder consideravelmente o valor do terreno". A mediação não é dada pela esfera existencial dos interessados, e sim pela esfera patrimonial por excelência. De novo, uma dissonância com o ordenamento jurídico vigente, principalmente à luz do, propalado pelo Des. Puggina,[221] princípio da dignidade da pessoa humana, que repersonalizou todo o Direito brasileiro.[222]

O avanço que se pode extrair do dispositivo em comento é o *status* atribuído ao possuidor, na relação sobre o qual se debruçou o codificador, se comparado à condição de esquecimento que o Código Beviláqua lhe reserva, tratando instrumentalmente a posse, sem derivar-lhe maior substancialidade.

Os arts. 1.258 e 1.259 vão seguir a mesma linha de racionalidade do analisado. Vou-me abster de maiores comentários, em razão do tempo que devora este espaço epistemológico e porque já procedi à crítica central para com a percepção do Projeto.

Repito, apenas por insistência, que ainda é a preponderância do interesse econômico da obra, muito mais que o interesse social na edificação – como é contemplado no Estatuto da Cidade, que vai tratar do parcelamento compulsório dentre diversos instrumentos de funcionalização –, que sustenta a leitura formal daquilo que se projeta – mesmo que meio de última hora, no afogadilho – como o Código de amanhã, ou, para alguns, do amanhã.

---

[221] A menção ao Des. Puggina se fez pertinente, mais do que pela presença na mesa, na condição de debatedor, pela sua atuação constante, tanto na magistratura como na breve advocacia que lhe acompanhou nos últimos dias, em defesa de um direito socialmente includente e plural.

[222] Vide, por todos: Jussara Meireles. O ser e o ter na codificação civil brasileira: do sujeito virtual à clausura patrimonial. In: FACHIN, Luiz Edson (Org.). *Repensando os fundamentos do direito civil brasileiro contemporâneo*. Rio de Janeiro: Renovar, 1998, *passim*.

Quanto à perda da propriedade, o inc. V do art. 1.275 vai inserir, e isso é natural em algo que se vê como um projeto de codificação,[223] a desapropriação. Não precisava? Não. Deveria também colocar a usucapião, porque esta é modo de aquisição originário,[224] elimina domínio anterior para que nasça um novo, cancela registro anterior para que nasça um novo. Portanto, nascem propriedade e domínio, ambos novos, não sucedidos. Então, deveria estar situado no at. 1.275, implicando modo de perda, também. A proposta não era oferecer um novo diploma civil? Reunificar o Direito Privado, reunindo-o (e aqui identifica-se o Código ao Direito Civil) em um corpo único, completo, racional e contemporâneo, a par das alterações verificadas pela jurisprudência e pela Constituição?

Ocorre que tal empreitada remonta o arquétipo da completude, importando em um movimento de fechamento do sistema em torno da Codificação! Argumento em contrário se assenta no discurso em torno das cláusulas gerais, que seriam janelas ou portas na codificação, de modo a ela aspirar elementos de outros setores.[225] Não obstante, importa questionar se uma porta simboliza abertura ou fechamento? Precisamos portas onde não temos paredes?

Se a ideia articulada seria ler o Direito codificadamente,[226] dever-se-ia olhar para o Direito das Coisas à luz do arcaico e decrépito princípio do *numerus clausus*,[227] que deveria estar na leitura do art. 1.225, assim como dentre seus incisos deveria estar o *time share*, multipropriedade imobiliária, *shopping center*, incorporações, loteamentos, toda a parte legislativa de patentes, bioética e demais seores da vida privada, para ser um Código. Mas são realidades que passaram à margem do trabalho da respectiva comissão.[228]

Os parágrafos do art. 1.275, novamente, deixam verter um pouco do óleo social derivado dos direitos fundamentais, porém não inovam, como já se pôde perceber. Interessante o teor do § 2º: "Presumir-se-á de modo absoluto" – e isso dará trabalho na interpretação – "a intenção a que se refere este artigo quando, cessados os atos de posse, deixar o proprietário de satisfazer os ônus fiscais". Essa alteração

[223] O comentário toca na questão do dogma da completude. Como obra básica para a temática, vide: BOBBIO, Norberto. *Teoria do ordenamento jurídico*. Trad. Maria Celeste dos Santos. 6.ed. Brasília: Ed. UNB, 1995.

[224] MOELLER, Oscarlino. Usucapião: modo originário de aquisição da propriedade e via incidental de reconhecimento com efeitos *Erga Omnes*. *Revista de Direito Civil*, São Paulo: RT, n.4, p.101-116, 1978.

[225] Importante para critica ao tema, a leitura de Cristiano Tutikian (Sistema e Codificação. In: ARONNE, Ricardo. (org.). *Estudos de Direito Civil-Constitucional*. Porto Alegre: Liv. do Advogado, 2004, p. 19-79).

[226] Daí recodificar no sentido de reimprimir racionalidade, coerentemente ao sedutor e perigoso discurso em torno de uma suposta reunificação do Direito Privado.

[227] Para muitos cristalizado na regra do art. 1.225 do Projeto. Para aprofundamento vide: FRAGA, Álvaro Moreira Carlos. *Direitos reais: segundo as preleções do Prof. Dr. C.A. da Mota Pinto*. Coimbra: Almedina, 1971. Em visão tradicional: FREIRE, Rodrigo da Cunha Lima. Princípios regentes do direito das coisas. *Revista dos Tribunais*, São Paulo: RT, n.735, p.57-73, 1997.

[228] Vide, para verticalização, minha nota ao artigo 1.225, no *Novo Código Civil anotado* (ob. cit.).

deixa revelar a ideia do legislador de que o último resquício de funcionalização seria o pagamento do tributo.

Entendo que isso está de acordo com a perspectiva contemporânea, porém a noção de fechamento hermenêutico dada pela regra não. A aplicação do dispositivo não pode ser formal, sob o risco de restrição de direito fundamental a partir de legislação ordinária. Relevante proposta de leitura é dada por Eugênio Facchini Neto.

Toda a temática em sede de estatuto proprietário há de ser tomada substancialmente, a par dos vetores e valores funcionalizantes da ordem constitucional, em sinergia com os valores econômicos e individuais que fomentam a iniciativa privada, regida pela ordem econômica positivada.

Tome-se, pois, uma propriedade no centro de Lavras do Sul/RS, onde não há maior expansão ou demanda demográfica ou por moradia, diante da ausência do espaço urbano. O sujeito proprietário ali, nosso sujeito codificado, não construiu, estava deixando valorizar a sua propriedade e paga os seus impostos. Está atendendo ao princípio da função social? Não dizemos que atenda ou fomente a função social em questão, porém seria uma demasia dizer que esteja desatendendo; a necessidade social, daquela coletividade em concreto, não torna imperativo um aproveitamento maior da respectiva propriedade que nela se insere.

Agora imagine-se um prédio no centro de Porto Alegre, desabitado, cujo proprietário esteja apenas pagando o IPTU, sem dar qualquer destinação ao bem ou ao espaço urbano. Posso aplicar o mesmo raciocínio? Não.

Prédio no ainda incipiente Distrito Industrial da Restinga, nesta capital. Digamos que se tenha ali 700m² de área urbana não aproveitada, pagando IPTU. Está sendo, concretamente, agredido o princípio da função social da propriedade? Quer parecer que não, porque não há demanda imobiliária para o local. Porém, tratando-se da região do ABC paulista, claro que estaria, diante da demanda social e econômica. O trato há de ser tópico, e não abstrato! Assim como não existe prestação jurisdicional em abstrato, o direito não se positiva quando não está incidindo. É mero significante; jamais significado. Faz-se significado pela atuação do intérprete.

Enfim, função social não cabe em fórmulas, muito menos em um País continental como o Brasil. Isso deve estar assente ao jurista, quando toma em abstrato uma norma da Constituição ou do Código! Não estamos a tratar de um dispositivo legislativo regional. Não é um Plano Diretor! É um Código Civil.

Nesse ponto, o artigo que parece comparecer com uma perspectiva de socialização, de humanização, coerente àquilo que se desenha como um Direito Civil da pós-modernidade,[229] em verdade, não é. Repetindo a crítica de André Osório

[229] Pode-se apontar como o Direito Civil da modernidade, àquele que começa a ser desenhado pelo iluminismo, tomando corpo a partir da Revolução Francesa. Para pós-modernidade, o marco inicial estaria em Weimar, e sua consolidação verificável a partir do pós-guerra.

Gondinho,[230] o Código adota uma fórmula legislativa reducionista, própria do pensamento oitocentista, não obstante sua articulação com cláusulas-gerais.

A se manter tal visão, deparar-nos-emos logo em seguida, nos casos de desapropriação por interesse social de propriedade urbana, com o proprietário demandando contra o decreto expropriatório, absurdamente atacando a desapropriação em si com a alegação de que paga o IPTU, de que paga os ônus fiscais, estando, portanto, seu imóvel atendendo a função social, ainda que minimamente.[231] Isso é problemático.

Quanto aos direitos de vizinhança, a novidade é a seção disposta sobre o uso anormal da propriedade. Parece novo, porém é apenas novidadeiro. Trata-se, outra vez, de novas roupagens para fórmulas passadas. A seção abre repetindo o art. 554 do Código Beviláqua e adiciona um parágrafo único ao art. 1.276, dispondo: "Proíbem-se interferências, considerada a natureza de utilização, localização do prédio[...]". Isto não é novo, já existia no nosso Direito Urbanístico de há muito, e bem melhor regulado no Estatuto da Cidade.

Afora isso, o art. 1.277 e seus parágrafos, os arts. 1.278, 1.279 1.280 e 1.281, terão de ser matizados pelo princípio da proporcionalidade, necessariamente. Como já acontecia no direito de vizinhança brasileiro, pela intervenção pretoriana – pelas decisões dos nossos tribunais –, foi incorporada a noção de razoabilidade vicinal, a ponto de, inclusive, podermos dizer que o Direito Ambiental, no Brasil, começou a ser aplicado, a ser positivado jurisprudencialmente e com base nos direitos de vizinhança. A partir de então é que se começou a legislar sobre o Direito Ambiental e a falar sobre ele.

O art. 1.285 do Projeto, conjuga os arts. 559 e 560 do Código vigente, inovando nos parágrafos, ao incorporar o tratamento que vinha sendo dado na jurisprudência, para passagem forçada. Novamente a lei intervém para consolidar a jurisprudência. A questão é a razão disto. As motivações.

O Código, nesse sentido, lembra muito o discurso da súmula vinculante. Chega de interpretação, parem de interpretar a lei. Vamos codificar para que o Juiz não tenha mais que interpretar, pois vamos dizer onde ele tem que interpretar. Olhem o paradigma da segurança jurídica, do Estado Liberal, apenas amortecido pelo dado de realidade. A racionalidade do Código, portanto, é desconforme com o sistema jurídico brasileiro, que tem um paradigma de Estado Social, que traz força criadora à decisão judicial.

Em relação à passagem de cabos e tubulações, arts. 1.286 e 1.287, e a do Direito das Águas, a matéria, novamente, encontra-se deslocada. Já é regulada pelo Estatuto da Cidade, nas legislações municipais, e assim deve ser. Não há como querer

[230] Codificação e Cláusulas Gerais. Ob. cit., p. 4.

[231] Não é novidade teorizações em torno de conteúdo mínimo do direito de propriedade. Também não é novidade que tais teorizações dificilmente transitam na compreensão de limites que não sejam externos ao direito de propriedade.

codificar em detalhe o tema, como quiseram os autores do Projeto, porque o Brasil é muito grande e tem muitos contrastes. No caso de antinomia, à luz do critério da especialidade, afastando até mesmo o critério da temporalidade, prepondera a legislação urbanística.

Perceba-se, o Direito Urbanístico tem de ser tratado como Direito Urbanístico, no que diz ao critério da especialidade, em especial para solução de antinomias. É temática de Direito Civil, ninguém diz ou pensa que não cruza dentro do Direito Civil.[232] Devemos, tal qual afirmado por Maria Celina Bodin de Moraes, entender que o Direito Civil não é mais – como aduzia Jean Domat –, um espelho do que era o Código Civil.[233] Não, o Direito Civil é muito mais. É o estatuto jurídico do cidadão.

É claro que o Direito do Consumidor é Direito Civil, o Direito da Criança e do Adolescente é Direito Civil, o Direito Urbanístico também é Direito Civil, sem deixar de ser Direito Público. Podem alguns dizer: "Mas é Direito Público". O Direito Privado publicizou-se,[234] por isso, na vivência das demandas forenses, observa-se que quem não é parte no contrato intervém no contrato revisando-o integralmente. Vemos diariamente o Ministério Público fazer isso nas relações de consumo. É por isso que, no Direito de Família, o Estado intervém, por exemplo, na preponderância dos interesses do menor, retirando-o de dentro de sua família, colocando-o numa família substituta, se isso for necessário ao bom desenvolvimento da criança. É por isso que a propriedade, hoje, não atende só aos interesses de seus titulares, sendo cobrados, dentro de seu bojo, os interesses extratitulares, de não titulares e, portanto, difusos, que também são recebidos nesse liame jurídico que conforma o instituto.

Aquele véu puído, que divida o Público e o Privado, no Estado social não existe, não há um Público e um Privado como outrora. Então por que a regulação que dispõe sobre direito de propriedade tem de estar no Código Civil? É inadequado, em dada medida, porque ofende a casuística da situação social da construção de uma cidade.

Não abordo da mesma forma as perspectivas e possibilidades de uma cidade grande e uma pequena, uma cidade grande do Nordeste e outra do Sul. São realidades diferentes, são povos diferentes, são pensamentos diferentes, e o nosso Direito tem de ser multifacetado suficientemente para responder a situação plural em que se insere.

Voltando aos dispositivos alinhados no Projeto, quanto ao direito de construir, as inovações constantes dos arts. 1.301, § 1º; 1.307; 1.311, tanto no *caput* como

---

[232] PERLINGIERI, Pietro. *Perfis do direito civil*: introdução ao direito civil constitucional. Rio de Janeiro: Renovar, 1997.

[233] A caminho de um direito civil constitucional, ob. cit.

[234] Por todos, vide: FACHIN, Luiz Edson. Limites e possibilidades da nova teoria geral do direito civil. *Estudos Jurídicos*, Curitiba: Universitária Champagnat, v.2, n.1, p.101-109, 1995.

no parágrafo único; 1.312, tanto no inc. II como no § 2º, também não trazem nada de substancialmente novo.

No condomínio voluntário, o Projeto incorpora a noção de condomínio *pro indiviso* do Código Civil brasileiro. Beviláqua, somando ao condomínio horizontal em edificações, originalmente regulado pela Lei n. 4.591/64. Designa essa última modalidade de condomínio edilício. Quanto ao condomínio tradicional, que chamávamos de condomínio do Código Civil, ele o divide em necessário e voluntário.

O voluntário é o antigo condomínio por todos nós conhecido, e o necessário é a antiga regulação do condomínio em paredes, cercas e valas, do Código Civil brasileiro, que regulava a matéria dos arts. 642 ao 645. Portanto, o chamado condomínio necessário não é uma inovação, é uma nova denominação para algo que já existia ao tempo do Esboço de Teixeira de Freitas.

Quanto ao condomínio voluntário, cria o Código uma presunção no parágrafo único do art. 1.315 quanto às cotas. Isso é uma modificação. Dispõe: "Presumem-se iguais as partes ideais dos condôminos". Essa presunção não havia no nosso direito material, até porque, sempre que havia um condomínio, regulada deveria estar a cota-parte dos integrantes, como normalmente acontece. No silêncio, presume-se que as cotas sejam iguais, cabendo prova em sentido contrário, na forma do art. 1.247.

O Projeto cria, no art. 1.316 e seus parágrafos, uma forma de extinção do condomínio que esbarra na questão do bem indivisível. Observem o *caput* do art. 1.316: "Pode o condômino eximir-se do pagamento das despesas e dívidas, renunciando a parte ideal. § 1º – Se os demais condôminos assumem as despesas e as dívidas, a renúncia lhes aproveita adquirindo a parte ideal de quem renunciou na proporção dos pagamentos que fizeram. § 2º – Se não há condômino que faça o pagamento, a coisa comum será dividida".

O problema fica por conta da coisa indivisa, porque, se há problema no condomínio de bem divisível, a divisão é a primeira atitude dos particulares. Esses problemas vão surgir na coisa indivisa, e para esta o dispositivo não dá resposta nenhuma. Mantém a possibilidade da indivisibilidade, que estava nos arts. 629, parágrafo único, e 630 do Código Civil, e mantém aquele prazo máximo de 5 anos, que já havia para a indivisibilidade, acrescentando a possibilidade de intervenção judicial no § 3º.

De novo, o racionalismo do séc. XVIII se faz presente, assentado no dogma da completude. O Código não precisa prever a possibilidade da intervenção do Juiz quando temos o princípio da inafastabilidade. O art. 5º, XXXV, dispõe que nem a lei pode impedir o Juiz de apreciar lesão ou ameaça de lesão a direito. Portanto, sempre o Juiz pode intervir, porque o sistema, ao contrário do que possa objetivar um projeto de codificação, não é fechado, é, necessariamente, aberto. E não é de regras, é um sistema positivo de princípios e valores também.

O art. 1.321, que regula a matéria de divisão, faz um interessante paralelo com a partilha da herança: "Aplicam-se à divisão do condomínio, no que couber, as regras da partilha da herança", e de novo traz algo de diferente no art. 1.322, parágrafo único, que diz com a questão das benfeitorias, como elas se regulam.

Condomínio edilício. O condomínio em edificações, chamado pelo Código de condomínio em edilício, mantém a mesma matriz da Lei n. 4.591/64 com um detalhe, o Projeto silencia sobre incorporações. Se a ideia do Projeto é revogar a Lei n. 4.591/64, isso é problemático, na medida em que as incorporações não são tratadas no Projeto do Código Civil, e são uma realidade na vida urbana.

Adota, a partir do art. 1.331, uma noção ampla do que seja o condomínio em edificações, não deixando clara a distinção fundamental entre ambos. Entre o condomínio que denomina voluntário e o condomínio em edificações. O primeiro seria um condomínio de pessoas vinculadas a um mesmo bem, enquanto o último seria um condomínio de pessoas em razão da interligação patrimonial de suas unidades autônomas. Isso passa em branco.

Alguns pontos, porém, são causa de preocupação mais séria. O Projeto possibilita a cobrança de multa, ainda que no silêncio ou inexistência de convenção. Isso é contrário ao que tínhamos na legislação anterior, porque trata de modo muito mais amplo do que previa aquela exceção do art. 10 da Lei n. 4.591/64.

Art. 1.336, § 2º: "O condômino que não cumprir qualquer dos deveres estabelecidos nos incs. I a V" – que por um detalhe só tem quatro; dos problemas que há no projeto, isso é o de menos – "pagará a multa prevista no ato constitutivo ou na convenção, não podendo ela ser superior ao valor de cinco vezes ao de suas contribuições mensais independente das perdas e danos que se apurarem. Não havendo disposição expressa, caberá à assembléia geral, por dois terços, no mínimo, dos condôminos restantes, deliberar sobre a cobrança de multa". Então, imaginem que a vizinha chata pode sofrer a sanção de tal multa, enquanto o vizinho simpático e solícito do prédio pode não ter multa alguma.

Anteriormente tínhamos, na Lei de Condomínios e Incorporações, que, na ausência de previsão da convenção, não há multa. E é o correto, porque aqui temos um casuísmo interprivado, em que um codificador dirá algo no qual não cabe ao Juiz interferir à luz do princípio da autonomia da vontade.

Pela "racionalidade interna" do Código, seria essa a resposta do sistema jurídico.[235] Afasta-se de pleno tal solução, porque o Código não é código no sentido do fechamento da tecitura jurídica. Temos é o projeto de um Estatuto Civil, não de um código, porque ele não pode ser fechado e ter uma racionalidade em si mesmo, buscando centralizar o Direito Privado. Não lhe é dado esse poder. Não é dado ao legislador ordinário este poder.

[235] Lembremo-nos, tal qual Reale, da lição de Portalis, sempre com o cuidado de não restar enamorado pela Escola da Exegese ou pela Pandectística.

O Direito, seja Privado ou Público, se alguém conseguir defini-los,[236] tem a sua base axiológica não no Código, mas, sim, na Constituição Federal. Esta é o cimento que une os tijolos do nosso ordenamento. Ela é que dá a base axiológica do nosso ordenamento, e não uma codificação.

Quanto à alienação fiduciária, esta comparece impropriamente chamada de *propriedade fiduciária*, em local inadequado, porque não está entre os direitos reais de garantia, em que pese ser um direito real de garantia e o Projeto tratá-la como direito real de garantia. Mas, não mantendo aquela perspectiva que tivemos em anteriores regimes políticos brasileiros, chamou-a de propriedade e não a colocou entre os direitos reais de garantia.[237]

O art. 1.361, de novidade, apresenta um problema, por afastar a possibilidade de alienação fiduciária de bem imóvel, quando o sistema financeiro da habitação hoje se estrutura sobre uma das formas de garantia da alienação fiduciária de bens imóveis. A questão, novamente é sanável pelo manejo do critério de especialidade, para solução de antinomias, prosseguindo vigente e eficaz a Lei do Sistema Financeiro da Habitação, nosso antigo BNH.

O § 3º do art. 1.361, persiste em conceber o credor fiduciário como proprietário, tal qual ocorre com a legislação esparsa. Prestem atenção ao art. 1.365: "É nula a cláusula que autoriza o proprietário fiduciário a ficar com a coisa alienada em garantia se a dívida não for paga no vencimento".

Se o credor não pode ficar para seu uso com coisa que seja dele, é porque dele não é. Agora, o golpe fatal está no art. 1.367: "Aplica-se à propriedade fiduciária, no que couber, o disposto nos arts. 1.420, 1.424, 1.425, 1.426 e 1.435",[238] que são regulações acerca de penhor e hipoteca.

Se a alienação fiduciária é uma garantia real, e a própria lógica do projeto se contradiz mostrando que é uma garantia real, como posso ter garantia no meu próprio patrimônio? Como eu, credor, posso ter uma garantia da dívida que sou credor, no meu próprio patrimônio?

O proprietário fiduciário é o devedor. Por que manter essa racionalidade? Para manter a condição de depositário para o devedor, que não o é; e, desse modo, tentar manter a possibilidade, inconstitucional, da prisão civil. Ele não é depositário, ele é proprietário, é dono do seu bem.

Na alienação fiduciária, o devedor desdobra o domínio da coisa dada em garantia, alcançando o *jus disponendi*, com uma cláusula de resolução desse domínio, ao credor como beneficiário. O Código, em verdade, confunde alienação fiduciária com *leasing*.

---

[236] Por todos, vide: GIORGIANNI, Michele. O direito privado e as suas atuais fronteiras. *Revista dos Tribunais*, São Paulo: RT, n. 747, p.35-55, 1998.

[237] Permita-me remeter ao respectivo capítulo de meu *Por uma nova hermenêutica dos direitos reais* ..., ob. cit.

[238] Estes números de artigos estão alterados no Código aprovado.

No *leasing* o bem se encontra no patrimônio do credor, ostentando o devedor das prestações do arrendamento mercantil direito real sobre coisa alheia (também o *jus disponendi*). Esse direito real importa na possibilidade do exercício de opção, na espécie, com a aquisição do bem pelo implemento do resíduo. Importa em uma promessa sinalagmática de venda. Este tema é ausente do diploma em questão.

O Projeto traz o Direito de Superfície para o Direito brasileiro e produz algumas antinomias, neste processo, frente ao Estatuto da Cidade. O art. 1.377 vai dispor que mesmo a superfície atinente à pessoa de Direito Público é regulada pelo Código. E existem discrepâncias entre os estatutos.

A ausência de prelação no Direito de Superfície é absurda, deve haver uma regulação de prelação, a partir da leitura do art. 1.373, cuja sequela se opera a partir do princípio da elasticidade, de onde deriva a força atrativa de consolidação do domínio. O art. 1.376 demonstra o reconhecimento natural do princípio em tela, pelas regras da disciplina codificada. Reconhecida a preferência como prelação, aplica-se sequela no direito do proprietário, bastando-lhe consignar o valor em favor do legitimado e reinvindicar o bem, consolidando o domínio, voltando a titularidade a ser plena. O art. 685 do Código vigente regula a matéria em sede de aforamento.

O projeto elimina a possibilidade de enfiteuse, no meu entender, de modo errado. Na servidão, ele se omite de defini-la, diferentemente do que faz o Código em vigor, no art. 695, e apenas a delineia com brevidade, mantendo a já existente abertura e indeterminação, o que é salutar. O art. 1.382 é igual ao art. 701 do Código Civil brasileiro, adicionando, única e exclusivamente, um parágrafo único, ou seja, não há alterações maiores no que diz respeito à servidão.

Quanto ao usufruto, uso e habitação, ele não vem conceituado como vinha antes, no art. 713 do Código, e o usufruto impróprio ganha uma nova roupagem no § 1º do art. 1.392, lembrando que usufruto impróprio é usufruto de bem consumível: "Se entre acessórios e acrescidos, houver coisas consumíveis, terá o usufrutuário dever de restituir" – e aí coloca a regulação do usufruto impróprio, o que nos faz perquirir se foi, ou não, admitido o usufruto impróprio no sistema jurídico do Código.

Posso ter usufruto impróprio como uma extensão de um usufruto patrimonial, ou posso ter usufruto singular em bem consumível? É algo a refletir, e teremos de fazer isso caso o Projeto seja aprovado, e espero que não seja.

Quanto à questão da sub-rogação e restabelecimento do usufruto, o Projeto mantém os problemas do Código Beviláqua. O mesmo ocorre no que diz respeito à desapropriação, dispondo sub-rogar a desapropriação nos ônus do usufruto.[239] O novo Código, então, trata da mesma forma um usufruto temporário de dois anos, interrompido no primeiro, e um usufruto vitalício, interrompido ao início. Isso não é adequado. Não se justifica por razoabilidade. À luz do princípio da proporciona-

[239] Arts. 1.407 e 1.408.

lidade, não posso indenizar da mesma forma o usufrutuário, num caso ou noutro, quando há deterioração do bem.[240]

O § 2º do 1.412 é igual à regulação anterior, ainda vigente, no âmbito do uso. É vocacionado para a inconstitucionalidade. O *caput* regula o uso: "As necessidades da família do usuário compreendem as de seu cônjuge, as de seus filhos solteiros e as das pessoas de seu serviço doméstico". Por primeiro,, conforme vocação já denunciada, o dispositivo já peca por inconstitucionalidade, porque o companheiro também haveria de ser recebido aqui dentro.[241] Ele faz uma distinção sem razão de ser. Pela distinção que faz o Direito de Família, como arquitetado no Projeto, deveria estar cônjuge, companheira e concubina.

Em relação ao direito real de aquisição, temos um problema de denominação. É que a promessa obrigacional já regulada no Direito dos Contratos, pelo Código Beviláqua, ainda existe em nosso Direito Privado. Então, há promitente comprador desprovido de direito real de aquisição, e promitente comprador munido com o direito real de aquisição.

Aqui, por razões práticas, seria útil um critério legal de designação dissociativa. Não há. O Projeto não tratou de fazer, apesar de fazer a distinção no trato dos efeitos. Na contramão da jurisprudência, inclusive sumulada, retoma o Projeto a necessidade de registro para que haja eficácia real. Não obstante, deixa de exigir constar preço certo no negócio, para a possibilidade de direito real de aquisição. Imagine-se agora, contrato que penda seja liquidado, pelos mais diversos motivos possíveis, amparado com direito real de aquisição. No curso da adjudicação, proceder-se-á verdadeira liquidação? O valor expresso de modo líquido, assim, é uma exigência para constituição do gravame.

Nos direitos reais de garantia, ficaram ausentes a alienação fiduciária em suas duas modalidades[242] e mantida sem razão a anticrese. Há algumas modificações no âmbito do penhor, mais com a incorporação de legislação esparsa, como, por exemplo, o penhor comercial, o penhor rural, o penhor pecuário, ou seja, os da Lei n. 492/37, bem como os do Código Comercial e os do Decreto-Lei n. 403/69. Eles vêm para dentro do Código Civil.

O Projeto remonta a antiga caução de títulos como penhor de direitos e títulos de créditos. Mínimas alterações produtivas.

---

[240] Neste sentido, para aprofundamento, vide os comentários no respectivo capítulo dedicado ao tema, procedidos no já referido *Por uma nova hermenêutica dos direitos reais limitados* ... (ob. cit.), onde explora-se a temática do tempero axiológico que o princípio da proporcionalidade deve possibilitar ao intérprete, na concretização das regras, no tema ora em debate.

[241] Sobre a mutação da noção de família no ordenamento e sobre o descompasso da codificação neste âmbito, vide Simone Tassinari Cardoso (Do contrato parental à socioafetividade. In: RICARDO, Aronne. Org. *Estudos de direito civil-constitucional.* Porto Alegre: Liv. do Advogado, Vol. 2, p. 19-105)

[242] Sobre bem móvel, é regulada em local distinto; sobre bem imóvel, o Código foi silente, deixando o tema à legislação do SFN.

O que se propõe a ser o novo Código cria, em concorrência com a alienação fiduciária, um penhor de veículos; traz um estranho mecanismo para a hipoteca no art. 1.475 e seu parágrafo, quando o gravame já retirava do proprietário o poder de dispor; e os arts. 1.486 a 1.488, facilmente resultam antinômicos com a legislação e o consumo.

Observem o teor do art. 1.487: "A hipoteca pode ser constituída como garantia da dívida futura ou condicionada, desde que determinado o valor do crédito a ser garantido. Se o imóvel dado em garantia hipotecária vier a ser loteado ou nele se constituir condomínio edilício, poderá o ônus ser dividido, gravando cada lote ou unidade autônoma, se o requererem ao Juiz o credor, o devedor ou os donos, obedecida a proporção entre o valor de cada um deles e o crédito".

Ou seja, a incorporadora para construir a obra contrai uma dívida, grava com hipoteca a obra, eu compro o apartamento e compro hipotecado por uma dívida que não é minha, é da construtora. Vou pagar todo o meu apartamento, não sei se a construtora vai repassar para o banco os valores, e posso perder o meu apartamento, porque ele está hipotecado. Então, potencialmente, a opção codificada fere o princípio da vulnerabilidade e o princípio da isonomia contratual. É mais um dos retrocessos, impulsionado pela vocação patrimonialista do Projeto.

Teria muito mais a ser dito enfrentando tema de horizonte tão amplo como o direito das coisas no Projeto, mas Chronus é um deus cruel, que devora nosso tempo impiedosamente.

Em apertada síntese, basicamente entendo impertinente a codificação, não só pelos problemas de um Projeto que foi feito na década de 70, no auge do milagre econômico, em plena ditadura, mas porque está em franco descompasso a própria ideia de codificar o Direito Privado com a perspectiva do atual Direito.

O que é um Código? O Código é um sistema fechado de regras a ser lido à luz de conceitos fornecidos pela dogmática. Como os senhores sabem, isso remonta à teoria jurídica dos sécs. XVIII e XIX. De muito, já não se tem esse tipo de percepção jusracionalista do Direito. O Direito há muito já superou tais fetiches, e à custa de muito sangue.

A partir da construção de um Estado Social, todas as perspectivas de eficácia de direitos fundamentais, modo de legislar, tudo isso se alterou no Direito. A base axiológica de um sistema jurídico, hoje, é a Constituição Federal. Jamais será um diploma infraconstitucional, sem o prejuízo de séculos de conquistas políticas e sociais da humanidade. Nenhum diploma infraconstitucional pode alçar-se a isso, ainda que tivesse uma racionalidade compatível com a Constituição.

No caso, o Projeto do novo Código Civil não tem. A Constituição, ao ter como princípio estruturante o Estado Social Democrático de Direito, tendo como concretizador o princípio da dignidade da pessoa humana (princípio fundamental), sendo que o princípio da liberdade e o da igualdade comparecerem como princípios gerais concretizadores da dignidade humana, operou uma repersonalização do Direito.

No Código Beviláqua, tinha-se um código do sujeito dotado de patrimônio: quem não tinha patrimônio era excluído. O Projeto em estudo peca ainda mais nessa racionalidade patrimonialista. Com base no Direito da Empresa, o patrimônio é sujeito no Código, a ponto de eu ter de falar em despersonalização da pessoa jurídica, para não ser anacrônico.

Enfim, em meu ponto de vista, não se está a inovar na esfera legislativa – pois, como se sabe, mutação ocorre pelo intérprete, e não pelo legislador. Não se pode concordar com o Senador Josaphat Marinho, quando pergunta: como nós, juristas do séc. XXI, vamo-nos furtar de ter um novo Código Civil? Quem constrói o Código não são os juristas, quem constrói o Código são os legisladores, o jurista constrói o Direito, que é muito mais que uma nova codificação, em franco desalinho com o núcleo essencial de valores salvaguardados na Constituição.

Invocaria aqui – formalmente presente, mas materialmente ausente do Projeto do Código Civil – a função social, para que retomemos, olhando-nos e pensando sobre a nossa função social como operadores do Direito, as consequências que podem vir, o atraso que pode trazer para o Direito brasileiro uma nova codificação, opção essa que o berço da codificação, a França, entendeu ultrapassada e optou por não ressistematizar o Código Napoleônico.

Eu gostaria de poder celebrar o Projeto ou sua aprovação, mas a única coisa a festejar, dele decorrente, é a possibilidade de mais uma vez estarmos aqui, reunidos para repensar o Direito Civil contemporâneo.

Muito obrigado.

3. Ser... ou não Ser...

Salta aos olhos a imobilidade em que se projetou o Direito Civil, a partir do vacilante discurso de segurança e modernidade da atual codificação; caracterizador de sua hermenêutica do medo. Do medo de alteridade... da mudança... do outro... A hermenêutica da paralisia.

Isso não é pontual ou errático. É programático. Integra uma *agenda do medo*, evocando o título de uma fala do filósofo Luis Felipe Pondé que, apesar de não poder ser aqui reproduzida, importa em necessárias possibilidades de diálogo para a hamletiana condição atual da jurisprudência privatista, em face do projeto constitucional. Necessidade inerente à nossa alteridade substancial. Aquela que Milton evoca, no discurso da queda de Lúcifer no abismo: "*Melhor reinar no inferno à servir no Paraíso.*"

Nosso medo, funda-se em uma experiência ancestral[243] que promove uma perturbadora costura na existência humana.[244] Sem dúvida isso está na base dessa fome de certeza e ilusão de verdade, que a codificada metafísica civilista se vale para vingar. Tudo em face da dificuldade humana em perceber que o universo não é um berço, e que o homem é um náufrago.[245]

Imaginemos, retomando Pondé, um deserto na costa africana subsaariana, onde vamos aproximando o foco desde fora do continente. Aos poucos vemos uma menina muito pequena, caminhando em choque sobre a areia, trêmula. Ela busca pegar a mão da menina maior ao seu lado, que em seu andar cataléptico toma-a quase por inércia. Fome e sede imperam. Ao seu lado um homem. Apavorado e olhando para todos os lados, assustado com as centenas de corpos ao seu redor e com os apavorantes rugidos e ruídos que surgem fora da vista. Eles sentem muita fome e sede. Ao seu lado vaga uma mulher. Possui um imenso ventre, com um feto morto em seu interior. Dor, muita dor. A menina pequena pisa em uma saliência (em verdade um crânio de homem idoso, parcialmente devorado). Colhe algo viçoso que se movimenta na areia à sua frente (por certo alguma forma de verme). A mulher grávida olha para cima, em busca de seu criador. Em busca de sentido. Enxerga um deus cego, com os olhos injetados de sangue, olhando suas criaturas.

Estes são os nossos Patriarcas. Descendemos daqueles que sobreviveram nesse mundo hostil e conseguiram passar sua carga genética adiante. Aqueles que nada temem e tudo ousam, em tal ambiente que circunscreve-se como natural e onde a seleção de espécies está atuando em todo vigor, certamente vão durar muito pouco. Aqueles que paralisarem diante do terror do mundo, também. Segundo Becker, sobreviverá aquele que melhor mentir para si mesmo.[246]

Sem dúvidas temos muito a temer da vida, porém não podemos paralisar diante do terror. Às vezes, isso importa em investir em uma mentira salvadora, recalcando a consciência de que tudo está errado. Esse medo ancestral está na base da cultura humana, que só pode desenvolver-se recalcando-o. Ainda assim, permanece a sensação de que a existência é um naufrágio.[247]

Voltando à condição de nossos Patriarcas, percebemos que neste universo completamente hostil ao homem, sua racionalidade é o único elemento com o qual pode contar, tendo em vista sua inaptidão. Dentes, unhas, pele, visão, audição e olfato são muito inferiores aos de seus predadores.

Assim, a "racionalidade" é sua tábua de salvação, para resolver seus problemas de adaptação e assim nos impulsionar. Ao mesmo tempo ela nos corrói, pois revela que ao final nós vamos perder. Assim, fugimos de nós mesmos, ignorando a reali-

---

[243] DARWIN, Charles. *The origin of species.* Oxford: Oxford press, s.d.,

[244] BECKER, Ernest. *A negação da morte.* Rio de Janeiro: Record, 1995.

[245] JASPERS, Karl. *Introdução ao pensamento filosófico.* São Paulo: Cultrix, 1965.

[246] BECKER, Ernest. *A negação da morte.* ob. cit.

[247] GASSET, José Ortega y. *Que és conocimiento?* Madrid: Alianza, 1984.

dade, mas o mundo nos arrasta de volta a ela e nos frusta com o fracasso.[248] Pode-se inferir que o medo integra o inconsciente que nos constitui. Portanto, o papel de nossa consciência, por esse vislumbre, é fazer-nos esquecer de nós mesmos.

O que distingue, pois, a "Consciência" da "Codificação" são os fins. Uma visa à alteridade; a outra, à paralisia. Na codificação, o medo é uma forma de consciência, fundadora de uma segurança burguesa, encrispada por uma metafísica de subúrbio. E em sua racionalidade, não sobra espaço para heróis. Ela nos dissolve na fuga da realidade. Consegue ser um não espaço e um não tempo, sem qualquer transcendência. Apenas abstraindo. Em busca do "Homem Médio" (em outros termos, medíocre). A propriedade, a família e o contrato!! Quais!!???[249]

Ontologia. Caldos e rescaldos de ontologia nos cobrindo para afastar o medo. Conhecer pelo ignorar. Trocar o concreto pelo abstrato, o real pelo virtual. Medo... Do outro. O método é muito próximo do medo. Como a ignorância. O medo é uma forma de consciência e de hermenêutica. Heróis não são racionais.[250] O Código é... Nas suas entranhas.

Portanto, mesmo que evitemos o heroísmo, o medo ainda estará lá. Sempre estará. O covarde não sente coragem, mas o herói sente medo... Apenas o louco não... Isso porque somos um cérebro que enxerga, ama e faz poesia, amarrado a um tubo digestivo que simboliza nossa constante necessidade de algo... Somos um deus amarrado a um corpo...[251]

Platão invoca a figura sempre insatisfeita de Eros (o amor). Sempre insatisfeito, não sendo homem ou deus... Um semideus, fruto do encontro da divindade com uma mortal. Ele sente a fome, mas pressente a plenitude. Ficando com essa imagem, temos sempre a opção de dar precedência à essa face divina... De transcendência...

Somos apenas um corpo?? O Direito Civil que construímos se reduz a um amontoado de regras codificadas???

É hora de decidir... Ser... Ou não...

---

[248] FREUD, Sigmund. *O mal estar da civilização*. Ob. cit.

[249] Com o fito de colorir a exposição, rememora-se a sagacidade de Woody Allen, em certa entrevista na qual o repórter não parava de se referir ao judeu ou aos judeus e ele questiona: Qual judeu? Meu tio Isaac??

[250] Fiquemos com uma cena: Uma cidade europeia no curso da ocupação nazista. Uma família local, a qual não tem vínculos ou raízes judaicos, nem ciganos e todos seus membros são heterossexuais brancos de olhos azuis e aparência ariana. Basta ficar em silêncio, submeter-se à ocupação, sem resistir e todos ficarão bem. Ocorre que o avô abriga duas famílias judaicas no porão da casa, pondo todo o grupo em risco por causa daquelas pessoas que nenhum deles conhece. Agora, cada minuto é de terror, olhando para a porta e pressentido a aproximação de um grupo SS para cumprir seu desígnio. Qual a racionalidade da conduta do avô??

[251] PLATÃO. *O banquete*. Ob cit.

Anexo I

Àqueles a que tudo julgam, a que tudo estarão a julgar? Interrogações sobre Direito Processual e simulacro na sociedade do espetáculo[252]

Chega 2009 e um tema se mantém na pauta. A Reforma do Judiciário (ao lado da constante reforma processual) ocupa a mente de juristas, juízes, advogados, políticos, jornalistas e deveria estar na mira de todo o brasileiro preocupado com os rumos da cidadania, como um *bonus pater familias*, cuja casa esteja (constantemente) em obras. Não obstante a importância da horizontalidade do respectivo debate, o que nos ocupa por ora é o rumo que toma a verticalização do tema na Imprensa, no Legislativo e dentro do Poder Judiciário, no contexto da Sociedade do Espetáculo, pulsante na esfera pública.

No ano que encerrou, 2008, a jovem Constituição Federal festejava seus vinte anos, e a idosa codificação civil, os seus cinco anos no Brasil. Dentre os muitos eventos dedicados aos aniversários, eu destacaria um momento em específico. Na abertura do Congresso da OAB, dedicado ao Código, onde tive a honra de ladear o ilustre amigo, Prof. Antonio Junqueira de Azevedo (USP), seguindo à sua fala. Disse, assim, o preclaro doutrinador paulista, como arauto do evento: *"Nunca se viu, na sociedade brasileira, tão grande fuga do Poder Judiciário, como nesses cinco anos de vigência do Código Civil. A sociedade está fugindo do Judiciário. Exemplo disso é o crescimento dos juízos de conciliação e das cortes de arbitragem"*. A fala seguinte coube a mim. Disse eu, no momento vestibular de minha conferência: *"Nunca se viu, na história desses muitos brasis, uma acorrida tão grande ao Poder Judiciário, como nesses vinte anos de vigência da Carta. À luz da edificação de uma Estado Social, no desenvolvimento de sua imanente cidadania, o povo, para bem além de suas elites, inicia paulatinamente à acessar o Judiciário. Em detrimento de juízos excepcionais, não raro dirigidos pela mais diversa forma de criminalidade. Onde não houver Estado, alguém ocupará seu papel"*.

Destaque maior vai para o fato de que não há divergência alguma entre minha conferência e a do Prof. Junqueira. Apenas estávamos a falar de brasis distintos, dentre os muitos brasis que se abrigam no "território real" (?) dentro do "mundo real". Em um deles, de megacorporações e empreendimentos, essa fuga é uma evidência; porém no Brasil-favela, irredutível a fórmulas em seus paradoxos, uma mudança no

[252] Texto produzido para o jornal *Estado de Direito*.

sentido contrário se pôs em curso. Mesmo que fosse em um "horário diferido", com um algo "fora de expediente", então chamado "Juizado de Pequenas Causas", certas camadas da população passaram a acessar espaços de cidadania que não lhes eram permitidos. Destaque-se o esforço em prol do chamado acesso à justiça, corporificado em especial nas Defensorias Públicas que se espalham nas unidades da federação; onde, vergonhosamente, o estado de SC até hoje não o implementou, negando realização de direitos fundamentais de muitas comunidades necessitadas.

Ocorre que, precedentemente a qualquer discussão sobre acesso à justiça, deve-se ter uma sólida noção do que tomamos por Jurisdição e, sem dúvida relevante perquirir na contemporaneidade nacional, o que se percebe como um mínimo jurisdicional necessário. Afinal, ao vetar a autotutela dos direitos subjetivos pelos particulares, o Poder Público atrai para si um dever de prestar uma adequada jurisdição aos respectivos direitos. Ou seja, um dever de jurisdicionar minimamente e com eficácia os direitos subjetivos de seus administrados, adequando procedimentos e ritos à singularidade das lides que aportam diariamente nos foros e tribunais. De modo indisponível.

É nesse contexto que gostaria de proceder alguns destaques que viabilizem uma crítica, quiçá útil, aos rumos da discussão das muitas reformas pensadas em torno do processo e do Judiciário. Principalmente para não corrermos o risco de reduzir a discussão à tematização, mormente em torno da eficiência, de números e resultados; mera expressão da percepção do drama processual das partes como um número lançado à capa dos autos.

Nesse contexto, importante destaque vai para as diversas manifestações e a crescente simpatia para com as iniciativas conciliatórias. Em 2008, chegou-se a ver em solo nacional mutirões em unidades da federação, não sem aplauso da Presidência do STF; fato certamente indicativo de uma tendência. Na imprensa as respectivas autoridades emolduram tais iniciativas sinalizando com a impossibilidade de instruir-se e julgar tantos processos. Perceba-se o quanto isso é chocante. Não a afirmação, propriamente, mas como ela passou em branco. Certamente dissesse o Ministro da Saúde, em meio a uma suposta ou afirmada crise do sistema de saúde, que o problema do setor decorreria do excesso de doentes no Brasil, estaria sendo indagado do sentido de suas palavras. Já o Judiciário parece ter certas prerrogativas decorrentes do hermetismo jurídico; não raro úteis para o silêncio do espaço público. Desse modo percebe-se o quanto é forçado um acordo nos processos, com diversas marcações de audiências conciliatórias, não raro ancoradas em risíveis (quando não trágicas) tentativas quase coativas de não se instruir os feitos. Bom para todos... Quais todos??? Talvez aqueles que acusem os recursos como vilões procrastinatórios. Serão eles que retiram efetividade do processo ao suspender seu trâmite? Para isso, o efeito suspensivo deveria ser regra na esfera recursal... Mas não é... Não obstante, distribuída uma separação, esta, antes de qualquer apreciação, irá, no estado do RS, para o Projeto Conciliação. Somente após começar-se-á a discutir seu mérito... Depois de quanto tempo??? E se houver alguma urgência nesse ínterim, com a alteração do estado fático do objeto litigioso?? Implementa-se a tipologia do atentado. Quem vai apreciar a respectiva cautelar? O Projeto Conciliação??? E a dependência por conexão que resulta no apensamento?? Basta explicar ao Juiz e apressar o Cartório para desapensar, não é?? Quanto tempo terá passado??? Como apreciar a cautelar em dependência (ou seja, não preparatória, incidental) sem os autos principais?

Perceba-se o quanto da credibilidade da Democracia é posta em risco com tal aposta da administração da Justiça e regulação do processo. Nesse passo, importa perquirir se alguém ousaria apontar a realidade processual trabalhista como exemplo de efetividade processual, no contexto brasileiro. Qual a eficácia, portanto, da problemática unificação do processo de conhecimento com o de execução, no último conjunto de reformas do processo civil? O procedimento mudou?? Tudo virou uma grande monitória??? Aumentou-se a efetividade do processo civil???? Já iniciativas como juizados especiais intinerantes existentes em regiões mais pobres, ou ainda a iniciativa manauara do Juizado Especial de Trânsito, onde um pequeno cartório e sala de audiências circula em um veículo e julga *in loco* os respectivos litígios, ficam fora do foco dos "diálogos". Parece-me, estas últimas experiências, estarem muito mais próximas de iniciativas em prol da efetividade do processo do que as demais. Não obstante, o que comparece ao espaço público para um monólogo acéfalo, parece o contrário. E isso é muito significativo.

Voltemos, pois, aos recursos (sem trocadilhos). Direito, ao fim e ao cabo, lida com valores, de modo a trazer a subjetividade qual sua sombra (em verdade sua luz). Isso é fato (o que também é valor) irretorquível, mesmo quando negado nas teorias apegadas ao fetiche da neutralidade. Neutralidade de todos!! Sistema, Juiz, Legislador... Isso quando a própria teoria é o elemento de menor neutralidade, dentre os *players* metafisicamente privilegiados. Temas recorrentes podem revelar problemas recorrentes. Aqui não se vislumbra exceção. Por trás de tudo, o outro. "O inferno são os outros", já disse Sartre, mesmo "entre quatro paredes". Diferença. Alteridade. O outro.

Não há processo sem o outro; não havendo Direito sem alteridade. Essa frase tem implicações carentes de serem razoavelmente exploradas nos limites de um editorial; mas revela amplas possibilidades de investigar o tema em liça. Até porque tratar a reforma do Processo é tratar de alteridade. De mudança... Ou não... Como se trata também, especificamente no recurso. Reformar... Ou não... Simulacro. Paradoxalmente, processo é representação e, portanto, sempre mapa; nunca território. Assim perceberia Boudrillard. Os atores (ou fantoches) processuais, estão imersos na *Matrix*. Em alguma medida, demandar é adormecer. Sonhar com conceitos e embalar pretensões.

A norma é a inimiga da alteridade, sempre que tomada no paradigma tradicional. De outra banda, ela também é a própria afirmação dessa alteridade. Normaliza-se, e portanto normatiza-se, somente o que oscila. Nunca o que é estático ou sem relativos. Sem relatividade não há medida. *Rule*... Sem relatividade, qualquer medida é desmedida... Qualquer verdade é desmentida...

E sequer chegamos a tocar no tema recursal... Talvez como um recurso retórico... Talvez não... O tema merece editorial próprio. Até lá... Sem recurso...

Anexo II

Um texto não escrito em uma versão impublicável. Versões erráticas para leitores errantes

Certos livros nunca serão escritos. Esse texto compõe este acervo. Se dá a ler como anexo, porém não publicado como concebido. Como obra autônoma em sua condição acadêmica ou literária. Passa a ser um anexo, para não ser obra. Um longo anexo. Assim se dá a ler... Inacabado em sua finitude escrita. Acabável em sua incompletude compreensiva e sempre reiniciante de acabamento.

Minha primeira tese no tradicionalmente chamado direito material, assim compreendida academicamente, foi concebida em 1997 e em 1998 alçou-me à condição de Mestre em Direito do Estado (PUCRS), sob orientação do magnífico mestre e amigo Prof. Luiz Edson Fachin.

Publicada, sua primeira edição esgotara-se, sendo republicada até o advento do novo Código Civil (2002), o qual importou em desatualizar suas referências legislativas, impedindo eventuais reimpressões. Trata-se do livro *Propriedade e Domínio*, publicado pela Editora Renovar (RJ).

Desde então vinha eu, em meio a sequência natural de minha produção científica, buscando atualizar a respectiva edição original. Ocorre que esta seria a menor de minhas angústias. A cada vez que eu me debruçava sobre o texto, o reescrevia por inteiro, edificando um outro livro, e não uma reedição.

Infelizmente descobri não respeitar suficientemente minhas linhas. Cada olhar importa-me em novo olhar. Nova linha em detrimento da que passou. Porém a Ciência não faz de nossa obra um conhecimento privado. Com isso, retira-nos certas faculdades de dispor dela. Ela deve servir. Para além de nós e nossas vontades ou crenças. Eu não podia, simplesmente, recriar aquele livro. O referencial que ele importara não permitia tal excesso. Anos de tentativas e fracassos. Desisti em 2006, pouco após o lançamento de meu *Direito Civil-Constitucional e Teoria do Caos* (Porto Alegre, Liv. do Advogado).

Só uma solução era possível. Transcender o ego da paternidade autoral e da abstrata vestalidade do texto. Assim, em 2008, convidei a Prof.ª Simone Tassinari Cardoso, destacada e experiente jurista das novas gerações do Direito Civil-Constitucional brasileiro, conhecedora profunda de meus textos e teorias, para tal empreitada. Para meu agrado e honra, o convite foi aceito. A muito poucos eu confiaria o encargo. Isso resolvia a questão primeira, mas ficaram meus rascunhos... E com eles minha incapacidade de calar.

Esse longo e denso ensaio consiste no conjunto de meus apontamentos em torno da releitura dos primeiros seis capítulos do texto original de *Propriedade e Domínio*, na busca de atualizar seu conteúdo ao meu pensamento na virada do milênio e com a legislação civil alterada. Saliente-se que se publica na incompletude que os vestia no original. Sem revisão ou acabamento final, inclusive com notas de rodapé em aberto e estilo textual sem maior sofisticação literária.

Como exposto, de modo algum tem caráter atualizador, atividade eminentemente restauradora. Porém, o texto é demonstrativo das profundas rupturas que o paradigma que emergiu em nossas linhas de pesquisa, faz com a metodologia com matrizes epistemológicas deterministas. Acredito que deixa claro certos avanços insuprimíveis da Ciência do Direito no Século XXI. Erigidos sobre novos pressupostos.

Afora isso, há o caráter de curiosidade literária, da posse e do desconforto da intimidade que preside a relação entre texto e autor, em matrizes claramente psicanalíticas. Além disso, presta-se ao recorte com a versão em produção pela atualizadora oficial do texto, cujo rigor e qualidade científica precedem a própria publicação da respectiva edição.

1. A pretexto de um texto prévio como pré-texto absolutamente necessário: nota quântica à segunda edição (2006)[253]

"Devemos aceitar o que é impossível deixar de acontecer."

W. Shakespeare. As Alegres Comadres de Windsor. V, V. 1601.

O texto que ora retorna a público, após certo período esgotado, vem redimensionado por elementos importantes, motivadores desta volumosa nota que perfaz uma antessala da obra em liça. Previa isso desde sua concepção, encerrando-se no flerte com a abertura e incerteza natural dos sistemas vivos, assinalada em sua frase última, talhada à página final e lá mantida.

A tese por ele veiculada consiste na *Teoria da Autonomia* e foi concebida no curso de meu mestrado acadêmico, sob a segura e paterna orientação do Prof. Dr. Luiz Edson Fachin, em 1996, onde se desenvolveu como dissertação defendida no Programa da PUCRS em 1998, frente a uma notável banca composta pelo orientador, ladeado dos Profs. Drs. Gustavo Tepedino e Juarez Freitas (que também integrariam minha arguição doutoral dezesseis meses após, na UFPR juntamente com a Dra. Carmem Lúcia Ramos e o Dr. Paulo Luiz Netto Lôbo).

[253] Esse intervalo de obra, se (pro)põe como uma introdução. É sabido pelo autor, revisor e editor, que introduções não são numeradas (talvez por isso tampouco comumentemente lidas); portanto de introdução não se trata, ainda que se (im)ponha. Wittgenstein? Não; Oppie. Oppenheimer.

No conjunto da Banca, que avaliou o original com grau máximo (proporcional ao rigor e à extensão da arguição, representativos dos novos rumos institucionais em curso), estava o núcleo central da epistemologia que o teceu. A íntegra desse texto foi dado a público pela Editora Renovar em 1999, na destacada coleção Biblioteca de Teses, que tem contribuído para a divulgação nacional e internacional da pesquisa jurídica brasileira de ponta, produzida em nossas principais Universidades. Consistiu na 1ª edição deste livro, repisa-se, ora esgotada.

Seu objetivo, enquanto pesquisa e teoria, era dar uma arquitetura para o tratamento dos direitos reais coerente ao Direito Civil-Constitucional, já incompatível com a oferta do arcabouço clássico. Da dogmática à pragmática, na doutrina e na jurisprudência, eram evidentes as fissuras no verniz oitocentista, pincelado pelas três teorias individualistas, deterministas e patrimonialistas que o Direito Civil decantara até então. Teorias excludentes, que conviveram e complementaram-se, paradoxalmente, lado a lado na história qual Einstein, Freud e Rasputin.

As Teorias Realista, Personalista e Eclética consolidaram por mais de dois séculos os fundamentos do direito das coisas e assim, do Direito Civil continental, formulando o cerne da classicamente proposta Teoria Geral dos Direitos Reais; determinista qual a Mecânica de Newton. Seu reinado sofrera apenas um leve importúnio, ao início do Século XX, por León Dugüit, mínimo perto do que a Mecânica Quântica produziria em sua "prima exata", alguns anos após. E este abalo ocorrera indiretamente, pois o alvo era a Teoria do Direito Subjetivo. A propriedade fora atingida de raspão; porém, uma semente fora lançada. Ela se encontra no DNA desse texto. A propriedade enquanto função.

Nos mares do Direito Privado tradicional dogmático, no curso do século passado, as obras dedicadas ao núcleo teórico do direito das coisas seguiam tributárias ao oitocentismo fetichista dos monumentos codificados. Seguras. Deterministas. Surdas aos movimentos jurisprudenciais, legislativos e sociais. Surdas à doutrina mais atenta e rejuvenecida. Laterais e tagenciantes.

O desafio da Tese, então vertida na condição de dissertação, entre diversas inconsistências teóricas, equívocos práticos e incoerências verificadas no curso do discurso jurídico com o qual esse texto dialoga à medida se tece, era constituir-se em uma verdadeira teoria contemporânea para propriedade e domínio, sistematizando instrumentos prévios no campo metodológico e pragmático do Direito. Factível, natural e irresistível. Fractal. Filha de sua vivencialidade. Compromissada com suas gerações. Complexa e transdisciplinar. Diria, com Milton Santos, inscrita em um lugar e tempo.

Ao que parece, o intento teve sucesso. Tem quem acolha, reinterprete, distorça ou ignore. Não tem (ao menos ainda) quem refute. Pela síntese, representam-se as produções civilísticas baiana, mineira e carioca em Farias e Rosenvald, que, introduzindo a temática dos direitos reais, demonstram a respectiva relevância que o tema assumiu, invocando Tepedino como grifo em apoio:

"Ao avançarmos no trabalho e estudarmos a distinção entre propriedade domínio, bem como a função social da propriedade, perceberemos que a hermenêutica tradicional, alicerçada na distinção entre direitos reais e obrigacionais se tornou cientificamente insuficiente para explicar a obrigacionalização do direito de propriedade, resultante de uma perspectiva constitucional na qual a titularidade dos bens impõe deveres jurídicos a seu titular perante a coletividade. Fortes na lição de Gustavo Tepedino: 'Trata-se de tese que altera, radicalmente, o entendimento tradicional que identifica na propriedade uma relação entre sujeito e objeto, característica típica da noção de direito real absoluto (ou pleno), expressão da *massima signoria sulla cosa* – formulação incompatível com a idéia de relação intersubjetiva'".[254]

Muitas vezes dialoga-se, nos capítulos que seguem, com o estado do tema até então, tendo alguns trechos sido preservados para não descaracterizar certos elementos do original. Destaca-se, para que certas linhas não pareçam anacrônicas em seu (con)texto.

Neste sentido, observa-se o seu lisonjeiro trânsito pelas mais diversas Escolas, seja no Direito Civil-Constitucional, como em Fachin, Ivan Chemeris, Paulo Nalin, Ana Rita Vieira Albuquerque, Eugênio Fachinni Neto ou Eroults Courtiano Jr.; nas conhecidas obras de pragmática contemporânea, como Rosa Maria e Nelson Nery Jr., ou em autores tradicionais melhor atualizados, como Orlando Gomes.

Na mais diversa jurisprudência, seja cível, registral, ambiental, administrativa, penal, urbanística ou mercantil. Nos estudos de Direito Comparado, como os produzidos na Itália pelo Prof. Caliceti, ou na Alemanha pelo Prof. Jörg Neunner, em torno do discurso proprietário brasileiro. Na discussão legislativa do Parlamento Nacional, mormente nas críticas ao Código ou pareceres de bancada, quando em vias de ser votado.

Naturalidade foi buscada, como parâmetro genealógico de compreensividade. Criando uma dicotomia abolicionista no critério patrimonialista adotado pela unidade formal clássica (esquizofrênica por segurança jurídica e determinismo negocial, além de oligofrenicamente liberal-econômica), a *Teoria da Autonomia* persegue uma arquitetura semiológico-discursiva (plasticamente fractal, probabilista, plural e multifacetária) possibilitadora da operação com os direitos reais repersonalizados em sua complexidade concreta.

Em sintonia com os direitos fundamentais sociais trajados pelas constituições contemporâneas, exuma o instrumental tradicional de Direito Privado, sem abrir mão de seus saberes ao mesmo tempo em que não pretende conformá-los.[255] Indeterminista; nunca indeterminante. Paradoxal? Não. Dialógica e Complexa. Certa da incerteza indene à vida. Epidermicamente. Sem paralelismos.

---

[254] FARIAS, Cristiano Chaves de; ROSENVALD, Nelson. *Direitos reais*. 6ª ed. Rio de Janeiro: Lumen Juris, 2006, p. 17.

[255] Talvez aqui esteja a maior revisão da edição segunda. No olhar do autor.

A propriedade e suas expressões (tradicionalmente designadas por direitos reais limitados ou direitos reais sobre coisas alheias), já pacificamente relativas na jurisprudência brasileira, não mais permaneceria absoluta na arquitetura da teoria civilista. Mas haviam ausências. Simplificações. Externalidades demais. Mesmo na doutrina mais arejada, em que se afirmava perdida a estaticidade, resultava uma lacuna denunciada pela carência da alternativa de uma teoria operacional de suporte.[256]

A propriedade privada, diante do princípio da função social, tornara-se uma obrigação? Era ela um pouco absoluta, mas relativizável através do recurso às cláusulas gerais? E os valores e princípios; como operar? As questões éticas, conjugadas com os avanços tecnológicos e desenvolvimento da sociedade de informação, potencializam ainda mais as indagações crescentes. Questões sem solo à que se lançarem com possibilidade de semeadura ou lavra, nas estéreis digressões tradicionais.

Observe-se a extensão prática do problema, em 1996, no Brasil, à época da concepção da Teoria: A propriedade é relativa em face da aplicação imediata do princípio da função social, com plena eficácia vertical e horizontal, na medida da indiscutível superioridade constitucional dos direitos fundamentais sobre o Código. O tema pacificara-se, recentemente (1994), na jurisprudência constitucional e infraconstitucional brasileira. Porém, tal qual no Emílio "rousseauneano", perguntas simples ficavam em aberto. A propriedade privada deixara de ser um direito real? E o art. 526 do Código que vigia, reeditado ao *caput* do art. 1.228 do que vige, como interpretar-se-iam? Como aplicá-los, se a doutrina percebe seu conteúdo absoluto? Como embasar a interpretação? E o art. 1.225 do atual Código, herança que positiva expressamente direitos reais, dentre os quais a propriedade, inclusive com a técnica já utilizada por Beviláqua, de valer-se do *numerus clausus?* Como interpretar-se-iam? Os direitos reais haviam deixado de ser absolutos? Como se distinguiriam dos pessoais? Estaria revogado o capítulo do direito das coisas codificado e recodificado em 2002? Qual o limite da interpretação conforme à Constituição? Queremos abrir mão da operação com direitos reais, na medida em que tudo é relativo? E os bens imateriais? E a informação?

Por certo era um extremo avanço, no Brasil recém-democratizando-se, dizer – com alguma pacificidade – relativa a propriedade (sem dúvida, o mais fundamental e primário avanço no tema), impondo novos efeitos ao regime de titularidades patrimoniais, que o Direito Civil contemporâneo vinha apresentando. Não obstante, à medida que se desenvolvia e era absorvido pela jurisprudência as questões teóricas em aberto vinham ganhando relevância. Não estava tudo solucionado. Nunca estará! Mudar é o preço da vida! Não é uma externalidade. É uma inerência.

Para além da crítica, importava agora ao Direito Civil-Constitucional, oferecer uma teoria de suporte para este novo direito das coisas, arrostado à história recente do Direito Brasileiro e Universal, em melhor sintonia com o panorama doutrinário

[256] Neste sentido, relevantes conclusões, a partir de Ascarelli, encontra-se em Tércio Sampaio Ferraz Jr. (*Introdução ao estudo do direito: técnica, decisão, dominação.* 4ª ed., São Paulo: Atlas, 2003, p. 39.).

civilista continental ocidental do Direito Privado contemporâneo; redimensionando a entropia a que fora conduzido o sistema nacional, pela dinâmica aplicada no esforço operacional da jurisprudência. Assim dispunha o *riassunto*, ainda constante da edição original deste livro:

> "A presente dissertação tem por objeto a revisão dos conceitos de propriedade e domínio, cujos exames dedicados ao tema observáveis na doutrina, têm por base as concepções clássicas da civilística, já incompatíveis com o sistema jurídico contemporâneo. O fio condutor do estudo centra-se na exigência do sistema de 'repersonalização', com o desfoque protetivo do patrimônio, observável na concepção liberal burguesa do Direito, para o indivíduo inserido solidariamente no contexto social da comunidade em que se encontra, ante os valores constitucionais que adentraram ao ordenamento desfigurando o Direito Civil tradicional, dando-lhe novos contornos, molduras e exigências. Nesse passo, são conduzidas ilações sobre a publicização do Direito Civil, com sua chamada 'constitucionalização', por ser um dos fatores centrais que dão a nova fisionomia da espécie, que se aparta do norte individualista e egoísta que o guiava, reorientando-se teleologicamente em face de princípios e valores que passam a dar um novo conteúdo material às regras que lhe são próprias e subsistem, bem como positivando outras, em sentido completamente diferente das havidas no século passado, ainda inspiradoras de nossa civilística fundada na Jurisprudência dos conceitos. A base de desenvolvimento desse estudo, como se pode observar, é a metodologia jurídica, cuja escola inspiradora é a do pensamento sistemático, o qual é suscintamente explicado em capítulo próprio, que busca expor o método de compreensão jurídica, em sede de Teoria Geral do Direito, que orienta as linhas que se seguem. O texto inicia o trato a partir dos conceitos de propriedade e domínio, identificados um com o outro, fruto da inspiração pandectista que alimentou a dogmática clássica, fundante das bases do Direito Civil, que deságua em nosso século e que ainda tem grande influência na produção jurídica contemporânea. O tema supradefinido dá margem ao trato tópico da matéria, com vistas à problematização dessa identificação conceitual, onde se busca demonstrar que tais conceitos emergem autônomos do sistema jurídico. A partir de então, o texto passa a dar o trato autônomo dos conceitos de propriedade e domínio, revelando seus contornos próprios e independência, onde se observa que sequer as naturezas jurídicas de domínio e propriedade se identificam, sendo o primeiro de ordem real e o segundo pessoal. Salientadas as distinções, advém o estudo em específico do domínio como conceito autônomo, do que, em seguida decorre sua autonomia como instituto, também centralizando os direitos reais. A dissertação dedica momentos à análise da funcionalização do mesmo, fruto da porosidade principiológica que o comunica com a propriedade, instituto diverso que tem por objeto instrumentizá-lo pela via obrigacional, de modo que as faculdades no bem, por parte do titular, hão de ser exercidas em proveito social. Seguido ao domínio, advém ao texto a análise do conceito e consequentemente do instituto da propriedade, onde explicita-se as concepções conceituais que a doutrina apresenta para o tema,

confessadamente insuficientes, para partir-se para a sistematização do instituto, com vistas a que seja apreendido um conceito apto ao ordenamento contemporâneo. Antevista a obrigacionalização da propriedade, esta é repassada historicamente, e é buscada a perspectiva que o sistema jurídico orienta em prol da funcionalização desse direito, outrora absoluto e ilimitado internamente, ora completamente alterado de modo a se impor a revisão de seu próprio conceito, a partir do sistema jurídico atual, de modo a que se limite interna e impulsionadoramente, em prol da função social que lhe advém, com vistas à realização do primado da igualdade material (princípio esse que tem capítulo dedicado ao seu estudo), como exigência ao seu titular. A conclusão repassa rapidamente os tópicos do texto, centrando-se nesse redimensionamento dos conceitos da propriedade e domínio, abertos e preenchidos tópica e axiologicamente, para revelar a franca decadência da civilística tradicional, centrada em conceitos historicamente resgatados e imutáveis, recheada de distorções formais e materiais ante as abstrações que lhe são comuns, que dá lugar a um Direito Civil repersonalizado e contemporâneo, que assume seu papel instrumental em face de uma realidade social a qual não pode ignorar."

Ingênuo, porém transparente. Nascia o texto original, antes editado e ora atualizado e ampliado por algumas razões. Com muito cuidado e carinho. Não sem resistência e hesitação, dado a importância dele para comigo. Tema, texto e pesquisa. Não obstante, deve ser feito por razões que se dá a conhecer; e afinal, vida é mudança.

A reimpressão ou novas tiragens sem atualização daquela edição, após o, então surpreendente, advento do "novo" Código Civil em 2002, tornou-se impossível. Nascera uma "nova" disciplina legal específica sobre o tema, com a revogação do corpo legislativo de 1916[257] no que diz com a crítica tecida no curso da respectiva dissertação à teoria tradicional que conformara o instituto proprietário e alimentara o texto original.

Este é apenas o primeiro motivador dessa atualização. Refere aos dispositivos legais.[258] Nada além disso, no que toca ao novo Código. Fora mantida a concepção arquitetônica do anteprojeto findo em 1974, filho da Pandectísta que orientou o Código Beviláqua (oriunda dos estudos do Projeto III do BGB), com uma mudança paisagística e situacional, mediante uma reforma na "planta" em geral, que alcançou o direito das coisas, na incorporação de elementos do Projeto IV, do que efetivamente se tornou o BGB, corporificado no distante 1896, para vigorar em 1900, embalando a unificação alemã. Isso se deve à manutenção de uma Parte Geral, somada à introdução da técnica das denominadas cláusulas gerais e dos conceitos jurídicos indeterminados.[259] Tudo isso não sem toda carga de influência francesa,

[257] RIZZARDO, Arnaldo. *Direito das Coisas*. São Paulo: Forense, 2003, p. IX.

[258] Atente-se que fôssemos saxônicos, diria aqui eu: *Not law... only rules.*

[259] TUTIKIAN, Cristiano. Sistema e codificação: o Código Civil e as cláusulas gerais. *In*: ARONNE, Ricardo (org.), *Estudos de direito civil-constitucional*, Porto Alegre: Livraria do Advogado, 2004, p. 19-79, Vol. 1.

via Escola da Exegese corporificada no Code Napoleón e sua farta doutrina como "pelego".[260]

O texto do novo Código, não sem prejuízo de retrocessos, buscou de modo pontual introduzir alguns elementos já consolidados por avanços legislativos e jurisprudenciais,[261] retomando o paradigma oitocentista de unidade formal do Direito Privado, não obstante dar as costas a extensos temas relevantes (lacunosos ou não).[262]

Mudanças, assim, houve. Todas no atacado. No varejo sopravam as mesmas brisas patrimonialistas e individualistas da racionalidade do Direito Civil clássico tradicional. É mantido o "desalinho" com o "espírito" da Carta de 1988. Potencializado pelo discurso de unidade do Direito Privado no "novo" Código Civil, na condição de Constituição do Homem Comum[263] (dos centros ou das periferias?). Distante do que se viu no Código de Processo Civil. Velho? Mais entropia em potencial. Distante da promissora noção erigida pelo físico David Bohm, de uma totalidade sem costuras, axiologicamente irradiada da Constituição.

Nada obstante, dois elementos outros se superpõem em seguimento e relevância ao tema da codificação, impulsionando as linhas que remodelam as originais da primeira edição. O mencionado fato da ampla incorporação da *Teoria da Autonomia* ao direito das coisas (na doutrina e jurisprudência afeitas ao Direito Privado continental, mormente de matriz Civil-Constitucional)[264] e do desenvolvimento da

[260] Regionalismo do Rio Grande do Sul, indicativo do cobertor que vai sob a sela, durante o encilhamento do cavalo para montaria. É polissêmico, como já indicam suas possibilidades metafóricas. Como o Código busca transformar a vida em uma metáfora da ideia de vida que estatui excludentemente. Metáforas lhe são adequadas.

[261] RIZZARDO. Idem, ibidem: "A entrada em vigor do Código Civil sancionado pela Lei nº 10.406, de 10.01.2002, que revogou o Código Civil introduzido pela Lei nº 3.071, de 1º.01.1916, não causará um impacto forte e muito menos inspirará grandes modificações nas relações da vida civil, social e econômica das pessoas. Isto porque grande parte das inovações mais fortes que apareceu já era conhecida, tendo colaborado com a difusão a longa tramitação do Projeto nas Casas do Congresso Nacional. De outro lado, várias das matérias novas vinham sendo debatidas e aplicadas pela doutrina e jurisprudência. {...} No caso do Direito das Coisas, ficou acentuada a tendência de se manter o Código de 1916, tendo a nova ordem mais aperfeiçoado o texto antigo, introduzindo poucos princípios ou institutos totalmente diferentes dos existentes no direito codificado ou superveniente anterior."

[262] Para minhas críticas, em maior detalhe e em franca convergência com o tema em trato: ARONNE, Ricardo. *Código Civil anotado. Direito das coisas, disposições finais e legislação complementar selecionada.* São Paulo: Thomson, 2005, p. 17-25. Vide ainda, ARONNE, Ricardo. Titularidades e apropriação no novo Código Civil brasileiro – Breve ensaio sobre a posse e sua natureza. In: SARLET, Ingo Wolfgang. (org.) *O novo Código Civil e a Constituição.* Porto Alegre: Liv. do Advogado, 2003, p. 215-220.

[263] Aliás, termo esse conhecido no meio jurídico universal e cuja autoria deu-se a público em 1983, quando o Prof. Miguel REALE arrogou-a para si, tal qual o fizera com a tridimensionalidade aristotélica. *O projeto do código civil – situação atual e seus problemas fundamentais.* São Paulo: Saraiva, 1986, p. 40. Aprendemos todos.

[264] Não obstante merece destaque a receptividade da tese no contexto acadêmico de determinadas bibliotecas de *Common Law*, como Baron, Washington e Califórnia.

Quântica Jurídica enquanto Escola.[265] Caos. Portanto, de alguma maneira, ordem e sentido.

Quando o texto original de Propriedade e Domínio foi concebido, nascia com ele uma teoria opondo-se a séculos de dogmática privatista, que, arbitrariamente, unia e ainda insistentemente mantém unidos o significado de significantes autônomos interligados,[266] definindo como sinônimos os institutos da propriedade e do domínio, para o trato do direito das coisas e confecção das teorias de base dos direitos reais.

A teoria em tela tem por escopo sistematizar a pragmática das titularidades e direitos reais no Direito Privado, completamente descolada do ideal clássico, vertido então na manualística. Linha bibliográfica em pontual (talvez inócuo) esforço de reciclagem, hoje bem mais arejada, cediço ainda manter-se surreal, determinista e formular, a manualítica preserva-se atuante nos cursos de graduação mais conservadores, não obstante o desprestígio prático e no ambiente acadêmico superior.

Tenho a felicidade que poucos cientistas encontram em vida, com suas teorias e especialidades. Decorre do frequente testemunho da surpresa dos que (nem sempre neófitos) descobrem que o tratamento teórico da disciplina até então era distinto do proposto pela *Teoria da Autonomia*. O espanto da obviedade. "Não fora sempre assim?" Ou, surpreendentemente: "Não fora isso que eu dissera sempre?" Alegra-me testemunhar seu capitanear das análises da jurisprudência, pesquisa e doutrina mais compromissada com o núcleo constitucional do sistema. O mérito é de sua consistência. Isso transcende qualquer autor.[267]

Trilhou-se na busca de guardar coerência material no sistema jurídico, constitucionalmente vocacionado a dar vazão à dignidade humana. Procurou-se preservar o ferramental (teórico, normativo ou terminológico) processual e material civil disponível (ora atualizado), funcionalizando-o por uma teoria de matriz principiológica de ponta no pensamento jurídico do final do Século XX (Tópico-Sistemática), bem representada por seu autor maior, Claus-Wilhelm Canaris. No curso desta atualização, volta-se a atravessar o mesmo rio. E, como por certo fica claro, não se trata do mesmo rio.[268]

---

[265] Nascida no berço do Grupo de Pesquisas Prismas do Direito Civil-Constitucional (PUCRS/CNPq) e já batizada nos *meetings* acadêmicos e bibliografia da comunidade científica internacional. Pioneira e transdisciplinarmente operando Teoria do Discurso, Fractais, Teoria da Complexidade, Teoria dos Sistemas e Teoria do Caos no Direito. A Escola teve seu batismo internacional à nível continental no *IV Congresso Sul Americano de Filosofia do Direito* e à nível global no *IX Experimental Chaos Conference.* Vide-se respectivos anais.

[266] SAUSSURE, Ferdinand. *Curso de lingüística geral.*26ª. ed. Cultrix: São Paulo, 2004, p. 79-93.

[267] Uma tese que se ampare em bases sólidas, edifica-se em saberes que lhe são precedentes e de uma ratificação que lhe é posterior. Seu rigor, pois, necessariamente transcende o autor, não obstante qualquer mérito; como já bem intuira Newton ao referir que se erguera nos ombros de gigantes, referindo-se mais especificamente à Galileu e Descartes.

[268] ARONNE, Ricardo. Introdução ao sistema jurídico, direito privado e caos: prismas sumários de pesquisa em direito civil-constitucional. *Direito Civil-Constitucional e teoria do caos – estudos preliminares.* Porto Alegre: Liv. do Advogado, 2006, p. 35: "Na irrepetível espiral histórica, as novas ciências se reencontram tardiamente, fruto de um prolongado afastamento formal na modernidade. Voltam com as marcas do dilaceramento secular em sua carne. Voltam amadurecidas pela consciência de suas perdas.

A entrada em vigor do novo Código, paradoxalmente, parece reafirmar a necessidade de operar-se com a *Teoria da Autonomia*,[269] mesmo que desenvolvida em face do anterior. Para um código do início do Século XX, produzido à luz dos saberes do Século XIX e valores do Século XVIII, como o de 1916. Uma teoria de resistência (humanista), com raízes existencialistas (derivadas de Heidegger, Arendt e Sartre) lançadas no constitucionalismo do Estado Social Pós-moderno. Muito necessária diante das contradições operadas pelo atual Código Civil.[270]

Código cuja matriz iluminista ilumina apenas o perímetro da teoria da relação jurídica, deixando invisíveis aqueles sem dotação para nela adentrar.[271] O sensível jurista e jusfilósofo gaúcho Lenio Streck, remetendo à contemporânea crônica psicanilítica de Contardo Calegaris, não por acaso no V *Encontro Internacional de Direi-*

Voltam, paradoxalmente, não para um recomeço e sim para um retrilhar. Não é o mesmo rio. Passou. É novo, sem sê-lo. Sem dúvida, não se cogita o fim das especialidades, como não mais é cogitável negar a complexidade pela simplificação (outrora ignorante e hoje perversa). Se o indeterminismo, nos padrões metafísicos, arruinou o pensamento moderno como legado, um rastro de razão foi deixado para a pós-modernidade: Caos. *Allea jacta est*, disse César ao cruzar o Rubicão. Transposto em quatro milênios, à luz do *bushidô* científico atual, diante de um novo Rubicão, paradoxalmente imemorial, acrescentaria: – *In famulus. Servitus ad calculum non peregriniatur oraculorum.* Visionário? Não, apenas bem informado".

[269] Tome-se relevante exemplo da melhor doutrina brasileira comentando a codificação em tela. FACHIN, Luiz Edson. *Comentários ao código civil.* São Paulo: Saraiva, v. 15, 2003, p. 169: "Impende, para bem compreender a noção de condomínio, ter presente a distinção entre domínio e propriedade. Tanto a doutrina tradicional, que afirmava a propriedade – e os demais direitos reais – como uma relação entre o sujeito e a coisa, como as teses personalistas, que sustentam uma *obrigacionalização* absoluta dos direitos reais, não apreendem o universo jurídico que deflui de tais situações patrimoniais". E explica: "É possível conceber o domínio como o poder direto do sujeito sobre a coisa, o elemento interno do direito real. Emerge daí um elemento externo, de ordem obrigacional, que é a relação jurídica entre o sujeito proprietário e o denominado *sujeito passivo universal*, relação essa que fundamenta eticamente o dever de abstenção da coletividade e que, dialeticamente, limita o exercício dos poderes dominiais, com o reconhecimento de que a propriedade também obriga seu titular".

[270] MEIRELLES, Jussara. O ser e o ter na codificação civil brasileira: do sujeito virtual à clausura patrimonial. In: FACHIN, Luiz Edson (Org.). *Repensando os fundamentos do direito civil brasileiro contemporâneo.* Rio de Janeiro: Renovar, 1998, p. 89. "Na ordem jurídica, a pessoa é um elemento científico, um conceito oriundo da construção abstrata do Direito. Em outras palavras, é a técnica jurídica que define a pessoa, traçando seus limites de atuação. Esse delineamento abstrato decorre, substancialmente, da noção de relação jurídica, as pessoas são consideradas sujeitos, não porque reconhecidas a sua natureza humana e a sua dignidade, mas na medida em que a lei lhes atribui faculdades ou obrigações de agir, delimitando o exercício de poderes ou exigindo o cumprimento de deveres".

[271] Hoje, em junho/2006, em São Paulo, enquanto estas linhas são escritas, um cortador de cana recebe R$ 2,50 (Dois Reais e Cinquenta Centavos) por tonelada abatida. Junto com a cana, pelas condições de trabalho em que se encerra, é abatida sua saúde, seu voto, sua estimativa de vida, seu amor próprio, sua carne, sua mulher e seus filhos. Dois Reais e Cinquenta Centavos é o preço pelo qual certos setores da sociedade compram o corpo, a carne de outros segmentos.

Acham que podem ainda, pelo valor já pago, ter comprado suas almas. Privá-los do protesto. Remeter-lhes ao esquecimento do limbo da existência. Amordaçá-los, deitar e dormir. Em paz ... paz de quem? A que preço? No Pará, por exemplo, os fornos de produção de carvão, além de serem alimentados por flora amazônica protegida, o são por braços escravos. R(F)elação jurídica? O tema talvez não seja jurídico o suficiente para alguns. Aconselho a estes encerrar sua leitura por aqui.

tos Fundamentais,[272] lembra que o grito destes excluídos não raro é ouvido da boca de uma arma que pode estar apontada para qualquer um de nós. A Constituição importa uma fotografia não revelada.[273] O papel do jurista é operar sua fotometria complexa. Não obstante, simplificação e invisibilidade compõem o léxico da(s) codificação(ões).[274] As lições do histórico Jacques Távora Alfonsin mostram isso. Dignididade não é delegável.

Não se esqueça, porém, de que este valor atribuído ao Código, como se apreende do aplicar em lógica, da lucidez atravessada de Nietzsche, ou é dado por quem o produziu ou pela ideia que busca eternizar.[275] Não passa, porém, enquanto direito

---

[272] Organizado pelo Programa de Pós-Graduação da PUCRS e coordenado pelo Prof. Dr. Ingo W. Sarlet.

[273] FRANCO, Maria Sylvia de Carvalho. *Homens livres na ordem escravocrata.* 4.ed. São Paulo: UNESP, 1997, p.11: "Ao se apontar a presença dessas duas modalidades de produzir, no latifúndio, é preciso não perder de vista que, no contexto brasileiro, elas ganham identidade: uma não existe sem a outra. A produção e o consumo diretos encontram sua razão de ser na atividade mercantil, como meio que se definiu juntamente com a extensão das terras apropriadas, as técnicas rudimentares, a escravaria. A combinação colonial dos fatores de produção repousou, em larga medida, na possibilidade do latifúndio auto-suprir-se. Isto posto, não basta constatar que produção para subsistência e produção de mercado estejam arranjadas numa estrutura e sejam interdependentes. Ainda assim se correrá o risco de chegar a uma visão dissociativa dos componentes do latifúndio e indicar que, nele, formações socioeconômicas distintas estão combinadas, compondo uma dualidade. Respeitar-se-á, ao invés, sua integridade ao se apreender aquelas duas modalidades de produzir como *práticas que são constitutivas uma da outra.* Dessa perspectiva, os princípios opostos de ordenação das relações econômicas aparecem sintetizados e, ao observá-los, não seremos levados a representar a economia colonial como *dualidade integrada*, mas como *unidade contraditória.* Essa síntese, determinada na gênese do sistema colonial, sustentou, com suas ambigüidades e tensões, a maior parte da história brasileira".

[274] Afirma Washington de Barros Monteiro (*Curso de direito civil – direito das coisas.* São Paulo: Saraiva, 2003, 37ª atualizada, p. 1), introduzindo a matéria em pauta, denunciando uma fronteira entre o direito e o não direito, haverem bens sem interesse para o direito das coisas, fazendo perceber sua matriz patrimonialista – sem atenção aos arts. 170 e segs. da CF/88 –, de forma mais nítida ao posicionar-se dizendo neste ponto haver uma "sincronização perfeita entre a ciência jurídica e a ciência econômica."

[275] Neste sentido, ARONNE, Ricardo. Summa habermasiana, uma introdução ao pensamento de Jürgen Habermas ou fundamentos epistemológicos dos sistemas axiológicos instáveis para a teoria do caos. *Direito Civil-Constitucional e teoria do caos – estudos preliminares.* Porto Alegre: Liv. do Advogado, 2006, p. 84-85: "Assim, busca Habermas, na razão o fundamento para legalidade. Mas se, de acordo com Max Weber, a inserção da moral no direito retira sua razão e por sua vez sua legalidade, pode-se questionar o fato da razão estar baseada na moral. Não se retira o padrão moral social do limbo. Ele é axiológico. Outro recorte, com perdão por tratar-se de uma sumarização, já dentro de uma síntese de pensamento. Caso tivesse eu que fazer o rascunho da ementa mais sintética do filósofo mais complexo. Ou seja, ter que descrever Nietzsche em uma só letra, não obstante temer pela simplificação, diria eu que neste ponto, enfrentado por Habermas, está o foco da sua preocupação. Niezstche nos mostra que escolhemos certos valores, preenchendo-os com um certo conteúdo de sabida mobilidade e indeterminação adaptativa. Passamos a repetir os padrões sociais decorrentes, incansavelmente, de modo a transcenderem-nos, a ponto de modificarmo-nos em nosso detrimento, para não relativizar-lhes o conteúdo. Por toma-los como algo dado, como algo posto e intocável. Trazido nas tábuas, por Moisés, ao descer de Zion. Como dogmas. Não obstante, isto é falso. Foram padrões construídos. Humana e subjetivamente. Ampliando o recorte. Em Seminário Temático do Prismas, na metade de 2005, voltado a discussão das teorias sistêmicas e da autopoiese, um de nossos destacados pesquisadores, Roberto Porcher, trouxe um exemplo que merece ser textualizado. Três macacos foram colocados em uma área de contenção isolada. Geraram uma comunidade. Foram baixadas bananas ao grupo, de uma maneira

positivo, de um arbitrário conjunto cultural de significantes, em um sistema axiológico e aberto, constituído de atratores normativos determinantes ao discurso jurídico (em variada indeterminação), voltados à realização dos direitos fundamentais, blindados no irradiante núcleo valorativo promotor do telos ordenamental.[276]

A progressiva consciência disso, entre erros e acertos, vem sendo determinante ao Brasil democrático, em busca de inclusão. Isso é Quântico. E, obviamente, paradoxal e novoparadigmático. Talvez por isso, no atual horizonte, esta nova edição encontre um amplo clima de diálogo, diante da receptividade da teoria vertida na original primeira. Seria anacronismo inexplicável deixar o texto infenso ao trato que o panorama do direito das coisas lhe vem dispensando. Os comentários dos anotadores da lei, dos manuais, dos diversos níveis da doutrina mais densa, sua constante adoção pelos cursos de Direito desde a graduação e, finalmente, da jurisprudência.

O outro elemento distintivo que se apontou diz com o panorama metodológico do novo milênio, também em diálogo direto com o tema, sua Escola e seu autor. Os avanços em sede de Teoria do Discurso, Retórica e Linguística alçados ao bojo da Tópica-Jurídica, bem como os recursos impressos na Teoria dos Sistemas pela operação com Caos e Complexidade, estruturados e alavancados em proposições novoparadigmáticas e transparadigmáticas,[277] alinhadas à pós-metafísica subjacente a uma dimensão fractal dos fenômenos jurídicos, trazem novas possibilidades que não podem ser ignoradas pelo presente texto e sua época.

Ao lado de tudo isso, impactante movimento existencial posterior alcançou diretamente o direito das coisas, com duro golpe no patrimonialismo que o moldara.[278] Foi produzido por Luiz Edson Fachin. Trata-se de recente teoria sua, dada a

---

que apenas um por vez, subindo, teria acesso. Quando um subiu, foi disparado um jato d'água em cada um dos remanescentes que ficaram embaixo. O jato era mantido, enquanto um estivesse comendo. Assim foi, até que os dois baixaram o primeiro de seu posto gastromicamente privilegiado. Isso se repetiu. O primeiro subiu, a água disparou e os dois trouxeram o guloso de volta. Quando da próxima vez e pelas seguintes, os remanescentes não deixavam o glutão ter acesso às bananas. Não o deixavam sequer subir. Foi trocado um dos macacos originais, substituído por um que não vivenciara o fato gerador da conduta dos demais. Repetiu-se a oferta de alimento e o novo membro se apresentou para pegar as bananas, no que foi impedido pelos demais. Foi substituído outro, restando apenas um dos originais. Repetida a experiência, igual resultado. Por fim, foi substituído o último dos símios originais. O resultado continuou sendo o mesmo. Os demais não vivenciaram (empirismo) o jato d'água, não obstante, mantinham a conduta resultante da norma. Essa, porém, não se legitimava mais. Niezstche, como se vê, também entendia de macacos, apesar de escrever para humanos. Seria isso ou o contrário?".

[276] ARONNE, Ricardo. Introdução ao sistema jurídico, direito privado e caos..., p. 29 e segs.

[277] Tradição necessária para fundamentar o rigor. Mesmo na mais densa noção de ruptura, encontra-se a noção de continuidade.

[278] PASQUALINI, Alexandre. O público e o privado. In: SARLET, Ingo W. (Org.). *O direito público em tempos de crise*. Porto Alegre: Livraria do Advogado, 1999, p. 30: "No DNA do *laissez faire*, ao lado do protestantismo (Weber), e da revolução tecnológica, achava-se alojado o espírito individualista da lei da terra, que foi, também, a lei do contrato, que era, então, a lei de todos. O fundamento econômico indispensável ao despontar do capitalismo foi, assim, fornecido pelas relações contratualizadas da lógica senhor-vassalo. Faltava apenas a ruptura do amalgamento entre economia e política, já que o *laissez faire* exigiu um mercado com um alto grau de liberdade. Tal contribuição veio das revoluções libertárias inglesa, americana e francesa".

público no primeiro ano deste milênio, em torno da noção de patrimônio mínimo; reciprocamente ampliativa do conteúdo da *Teoria da Autonomia*. Deve ser traçada a interação entre ambas.

Como se pode perceber, são diversos os elementos que facetam esta nova edição. Dando conta do movimento aninhou seu conteúdo. Complexo e caótico. Em Prismas.

Quando se afirmara que viver é mudar, subjaz que a grande mudança se opera no "parar de mudar". Paradoxalmente, o anverso do Arcano XIII, significado pelo Ceifador. O *Green Reeper*. Assim a paradoxal e dialógica viragem que trata é uma reafirmação das raízes fixadas no trabalho original ao máximo preservado. Onze pancadas para dez *sefiroth*.[279] Não há *continuum* sem rastro de mudança e, para perpetrar-se, tudo muda sob o risco do fenecimento. Da não dialógica indisfarçada de não dialética.

Ocorre um ampliar do instrumental disponível à Teoria Geral do Direito pela perspectiva Quântica, a partir do pensamento tópico-sistemático, incorporando elementos do novo paradigma desenhado no início do milênio.[280] Onde a certeza da incerteza inerente ao conhecimento humano deve comparecer como um saber, e não um temor. Que não sirva na condição de medusa, cuja olhar estatifica. Esse olhar é inevitável. É um dado, não um valor. A pena para nos imobilizarmos covardemente pelas nossas corajosas dúvidas é padecermos qual Hamlet, na porta de uma nova Renascença; afinal, "há algo de podre" no reino do determinismo laplaciano, que se incrustou, com ou sem cláusulas gerais, no Direito Privado. Caos.

Por fim, esse texto é um convite. A descobrir-se e ser descoberto. Na humana pintura da realidade diária. No picadeiro da vida. Onde o espetáculo nunca pode parar... Independentemente de qualquer teoria que o explique. Ou não... Sob pena de ... mudar??

Coragem!!

2. Reintroduzindo os alicerces semasiológicos ao auditório semiológico

"O mel mais delicioso é repugnante por sua própria delícia."
W. Shakespeare. Romeu e Julieta. III, II. 1602.

A matéria de enfoque é o esteio fundamental onde é centrado o direito das coisas na sua matriz tradicional,[281] enquanto redutora via reguladora da relação entre os indivíduos e os bens da vida que o cercam.

---

[279] Talvez daí a conclusão de que os capítulos introduzidos, na verdade se tratam de componentes de explicitação de algo que apesar de reconhecidamente comparecer, o faz como algo que já estava lá. Paradoxal? Assim é a vida. Diferente não pode se dar com esse texto. Menos ainda, com algo que se proclame como Direito.

[280] PASQUALINI, ibidem, *passim*.

[281] BEVILÁQUA, Clóvis. *Direito das coisas*. 5ª ed., Rio de Janeiro: Forense, s.d., Vol. 1, p. 11.

Em que pese o "academicismo" que possa externar a proposta original da Tese, pela indiscutível dificuldade que se observa na doutrina tradicional anterior em vislumbrar propriedade e domínio como conceitos e institutos próprios, com funções e objetos distintos, na "pragmática" de tais institutos (relações condominiais, litígios, transmissões, posse, desdobramentos em gravames, usucapiões, direitos de vizinhança, ...), observa-se que tal autonomia resulta natural.

O destaque reside, no sobrepasso que a Ciência do Direito Moderno importa, ao amputar, com suas já imperfeitas escalas da vida, a pragmática, assim como a incerteza e o erro, de seu já débil corpo. Os efeitos que se extraem da Teoria da Autonomia têm caráter fundamentalmente prático, não só diante das possibilidades que se abrem na estrutura jurídica do direito das coisas, como pelas possibilidades na órbita de repersonalização dos respectivos institutos singularizados e pelo amplo diálogo que passa a haver entre a codificação e o universo normativo que a dilui axiologicamente em proveito do sujeito em seu leito existencial concreto. É uma via de constitucionalização da disciplina codificada em 1916[282] e recodificada, em semelhante racionalidade em 2002,[283] na busca de suturar suas lacerações.

Nesse passo, é importante proceder o reexame proposto com os olhos contemporâneos, na medida em que a matéria vinha sendo visitada, tendo por base surrada dogmática, social e jurisprudencialmente superada, da Escola da Exegese e da Pandectista, herdadas do séculos XVIII e XIX.[284] Uma revisão teórica nos moldes objetivados, além da relevância já intrínseca de repensar conceitos ("realidades abstratas") postos pela civilística clássica, traz importantes repercussões práticas na operação com os direitos reais, também no que se refere às possibilidades discursivas de conformação dos respectivos institutos,[285] para além do claustrofóbico recurso às denominadas cláusulas gerais.[286]

---

[282] Sobre desatualização daquele projeto, vide: GOMES, Orlando. *Raízes históricas e sociológicas do código civil brasileiro*. São Paulo: Martins Fontes, 2003, em especial p. 32-44.

[283] REALE, Miguel. Visão geral do novo Código Civil. In: TAPAI, Giselle de Melo Braga. Novo Código Civil Brasileiro – Estudo Comparativo do Código Civil de 1916, Constituição Federal, Legislação Codificada e Extravagante. São Paulo: RT, 2002, p. XI.

[284] Para que se compreenda a real extensão deste fenômeno, com a prospecção nos três pilares fundamentais do Direito Privado (propriedade, família e contrato), vide Luiz Edson Fachin (*Teoria crítica do direito civil*. Rio e Janeiro: Renovar, 2000, cap. 1, *passim*).

[285] Enquanto construção axiológica, o direito de propriedade se projetou para um inconsciente da percepção jurídica (qualquer paralelismo com o inconsciente coletivo traçado Jung, não somente é possível como necessário; neste sentido a propriedade ocupa o papel de arquétipo) através de um reiterado, aprofundado e decapado discurso. Para aprofundamento vide a indispensável obra de Eroults Courtiano Jr (*O discurso jurídico da propriedade e suas rupturas*. Rio de Janeiro: Renovar, 2002, *passim*).

[286] FACHIN, Luiz Edson. Limites e possibilidades da nova teoria geral do direito civil. *Estudos Jurídicos*, Curitiba: Ed. Universitária Champagnat, v.2, n.1, p. 99-100: "O projeto dos juristas do século passado está teoricamente desfigurado, mas a doutrina e a prática do direito, ao responderem às novas exigências sociais, ainda se valem da inspiração no valor supremo da segurança jurídica e do purismo conceitual. Se a teoria do modelo clássico se acomoda como passagem da história jurídica, mesmo assim, segue firme e presente certa arquitetura de sistema que tem mantido afastada uma suposta realidade jurídica da realidade social, hábil para "se refugiar num mundo abstrato, alheio à vida, aos seus interesses e

Os conceitos de domínio e propriedade (mormente quando se refere à titularidade) centralizam o direito das coisas, cujos demais institutos decorrem de seus desdobramentos. Em face disso, perfazem as noções nucleares do direito das coisas, cujas alterações, devido à inter-relação com os demais institutos de direitos reais, impõem reflexos em toda a respectiva disciplina.[287] No espectro prático e teórico.

O texto trabalha ainda com outra dicotomia, esta porém cartesianamente estabelecida. Um recorte da navalha de Guilherme de Ockham (*Navalha de Occam*), que se estabelece em crítica para que o pensamento guarde o atrito da realidade, sem prejuízo de suas potencialidades abstratas. De suas metáforas pós-metafísicas. Nem sempre dicotômicas. Trata-se da distinção estabelecida entre vínculos reais e pessoais. Direito real e obrigação.[288] Para estabelecer-se a radiografia das titularidades e relações dominiais.

As definições tradicionalmente propostas para tais objetos são confusas. Incoerentes. Descabivelmente simétricas e justapostas, na identificação de propriedade e domínio. Como decorrência, o direito das coisas torna-se uma disciplina árida. Com desdobramentos que resultam em perplexidades,[289] nada singelas, derivadas de postulações arbitrariamente conceitualistas, que alcançam doutrina, jurisprudência e até mesmo a legislação. Que se abrandam em muito pela *Teoria da Autonomia*, aqui vergastada. Dialogicamente. Sem recursos simplificativos.

---

necessidades". [...] Não se trata de uma crise de formulação, eis que o desafio de uma nova teoria geral do direito civil está além de apenas reconhecer o envelhecimento da dogmática. Deve-se tratar, isso sim, das possibilidades de repersonalização de institutos essenciais, como a propriedade e o contrato, bem assim do núcleo do direito das obrigações para recolher o que de relevante e transformador há nessa ruína".

[287] No que diz a influência que precede o olhar terminológico, Derrida (*Gramatologia*. 2ª. ed., Campinas: Perspectiva, 2004, p. 3) introduz o tema indicando o etnocentrismo do método resultando em uma metafísica da escritura, orientada por logocentrismos que o pós-estruturalismo deve ficar atento para não resultar refém.

[288] TRABUCCHI, Alberto. Istituzione di diritto civile. 33.ed. Milão: CEDAM, 1992, p. 51. "I diritti reali hanno per oggetto immediato una cosa, valgono erga omnes e impogno a chiunque l´obbligo, sempre negativo, di rispettarne i'esercizio; i diritti di obbligazione si dirigono verso uno o piú soggetti passivi determinati e impongono l'obbligo (corrispondente al diritto del titolare) di dare, fare o non fare alcunché suscettibile di valutazione economica." Ou: "Os direitos reais têm por objeto imediato uma coisa, valem *erga omnes* e impõem a cada um a obrigação, sempre negativa, de respeitar o exercício; os direitos obrigacionais dirigem-se diretamente a um ou mais sujeitos passivos determinados e impõem a obrigação (que corresponde ao direito do titular) de dar, de fazer ou não fazer algo suscetível de valoração econômica". (Tradução livre)

[289] CORDEIRO, António Menezes. Problemas de direitos reais. *Estudos de direito civil.* Coimbra: Almedina, 1991. v.1, p. 201: "O Direito encontra-se em evolução, permanentemente, quer em obediência às modificações sociais, quer em consonância com a sua própria dinâmica interna. As modificações registradas no tecido jurídico não são uniformes: em cada momento histórico, certas disciplinas jurídicas apresentam um dinamismo particular, superior às demais. Nesta panorâmica, existe divulgado o entendimento de que o Direito privado comum, com tónica, pois, no Direito das Obrigações e em Direitos Reais, se situaria numa zona de estabilidade acentuada, o que é dizer, pouco permeável a inovações. Francamente inexacto no tocante às Obrigações, esta asserção bem poderia colher em Direitos Reais".

A proposta da obra, enquanto trabalho, é a revisão dos institutos da propriedade e domínio como autônomos, com os pés fincados na metodologia jurídica, de modo a que se possa "arejar" o direito das coisas, a partir de seus pilares; com os bons ventos da contemporaneidade, buscando no tratamento da matéria a "repersonalização" nos direitos reais, amparada na "constitucionalização" do Direito Civil.

No intento de vazar a normatividade principiológica e a eficácia interprivada dos direitos fundamentais – sem utopias ou construções de *lege lata*, *lege ferenda*, *praeter legem*, ou *contra legem* – ao Direito Privado. Tudo à luz irradiante dos valores e princípios constitucionais, dialogicamente interagindo, em todas as suas potencialidades e em extensão do sistema, na sua fractal tradução de unidade axiológica.[290] Repleto de caos, não linearidade, dinâmica, indeterminação e complexidade. De homens para homens.[291]

Assim, passa-se de modo incidental pela manualística mais conhecida, com o fito de centrar problemáticas, expor divergências, ou para entabular abordagens. Não há compromisso epistemológico com esta.[292] As raízes do texto se deitam em outro jardim. Indeteterminista, por excelência.

O pensamento jurídico sistemático, originalmente, mostrou-se lente apta pela qual se revelaram o domínio e a propriedade autônomos, teleologicamente orientados pelos valores constitucionais,[293] no curso do presente estudo. Frutificou neste bom solo. Resulta desenvolvido para o horizonte metodológico quântico, caoticamente hipertrofiado na virada de século, no esboroar das fronteiras entre as ciências do complexo e indeterminista horizonte jurisprudencial.[294]

> "E no entanto, no entanto... negar a sucessão do tempo, negar o eu, negar o universo são desesperos aparentes e consolos secretos... o tempo é a matéria de que sou feito. O tempo é um rio que me arrebata, mas eu sou o rio; é um tigre que me destroça, mas eu sou o tigre; é um fogo que me consome, mas

---

[290] SARLET, Ingo Wolfgang. *A eficácia dos direitos fundamentais*. Porto Alegre: Livraria do Advogado, 1998, p. 63: "No âmbito de um Estado social de Direito – e o consagrado pela nossa evolução constitucional não foge a regra – os direitos fundamentais sociais constituem exigência inarredável do exercício efetivo das liberdades e garantia de igualdade de chances (oportunidades), inerentes à noção de uma democracia e um Estado de Direito de conteúdo não meramente formal, mas, sim, guiado pelo valor de justiça material".

[291] ARONNE, Ricardo. Introdução – O corte em recorte. *Direito civil-constitucional e teoria do caos – estudos preliminares*. Porto Alegre: Liv. do Advogado, 2006, p. 15-20.

[292] CORDEIRO, op. cit., p. 217: "Estes aspectos basilares da Ciência do Direito actual comportam, na sua efectivação, a recepção de contributos jusculturais variados. A viragem decisiva para a solução concreta, que postulam e implicam, tem, em si, potencialidades bastantes para protagonizar a superação do irrealismo metodológico em que soçobrou a Teoria Jurídica do último meio século. Torna-se claro ainda que toda a estrutura jurídica existe e funciona na medida em que visa certas soluções: o dado jurídico é, por definição, teleológico, numa fenomenologia que se prolonga na necessidade complementante de, das decisões, ponderar as consequências."

[293] Vide Preâmbulo da CF/88.

[294] ARONNE, Ricardo. Introdução – O corte em recorte... ob. cit., p. 15-20.

eu sou o fogo. O mundo, desgraçadamente, é real; e eu, desgraçadamente, sou Borges".[295]

As definições a serem reexaminados, para que se possa vislumbrar as dificuldades que se apresentam como inerentes ao tema proposto, importam em titularidade (seja em aspecto positivo ou negativo) e objeto (enquanto liame de faculdades perante o bem da vida), porém não se identificam, apesar de não se excluírem.[296]

A busca da independência conceitual entre propriedade e domínio, não obstante de mostrar-se de maior correção científica (como observar-se-á), tem fim precípuo diverso do que o simples rigor. Não se trata de uma busca formal. Saliente-se, com Delleuze, que tampouco o presente texto é tributário de conceitos (no sentido jurídico tradicionalmente atribuído), para perseguir formular algum.

Parte-se de conceitos, por sua predominância no horizonte instrumental do método clássico; interlocutor privilegiado do discurso. Não obstante, a mirada é proceder uma semiologia das titularidades e direitos reais, a partir de uma genealogia do discurso jurídico proprietário formulado pelo Direito Civil clássico.[297]

Tal independência é perseguida para que se alcance a autonomia entre propriedade e domínio no âmbito de institutos de Direito Privado, por razões existencialistas. Veicula a despatrimonialização do direito das coisas (pela obrigacionalização do estatuto formal e material das titularidades),[298] pondo-o em nova sintonia com o sistema jurídico, repersonalizado a partir de 1988 no que toca ao Brasil. Busca-se funcionalizar a propriedade sem abrir mão de operar com direitos reais. Como Dirac operou, na sua lúcida álgebra quântica, diante do ambiente científico que o cercava.

Se o conservadorismo é uma tônica na genealogia do Direito Privado, nascido redentor, no que se refere mais especificamente à propriedade privada, mais graves se constatam os problemas emergentes de sua conceituação e limitação. A doutrina majoritária, com uma visão permeada pelos ideais liberais há muito desmitificados, ainda trata a propriedade como um direito absoluto, quase no sentido exato do termo. Tal postura não corresponde à realidade da sociedade e do próprio sistema jurídico que a regula. Deriva do enfrentamento proposto.

No intuito deste repensar, o respaldo da conceituação de Karl Larenz,[299] sobre o direito de propriedade, por seu rigor de estruturação, se mostra adequado enquanto lente da qual é possível analisar o estatuto proprietário na trilha de um novo

---

[295] BORGES, Jorge Luís. *Obras completas*. V. 2. São Paulo: Globo, 2001, p. 148.

[296] Em especial vide: MAURO e SILVA, Roberta. Relações reais e relações obrigacionais: Propostas para uma nova delimitação de suas fronteiras. In: TEPEDINO, Gustavo. *Obrigações – Estudos na perspectiva civil-constitucional*. Rio de Janeiro: Renovar, 2005, p. 81-82.

[297] FOUCAULT, Michel. *As Palavras e as Coisas*. São Paulo: Martins Fontes, 2002, p. IX-XXII.

[298] MAURO e SILVA, Roberta. Relações reais e relações obrigacionais... Ob. Cit.

[299] LARENZ, Karl. *Derecho civil: Parte general*. 3. ed. Jaén: Revista de Derecho Privado, 1978, p. 53. trad. Miguel Izquierdo.

conceito na linha em que, logo após a positivação da função social como direito fundamental, já apontara em costumeira vanguarda Gustavo Tepedino.[300]

Que seja aberto e teleologicamente orientado pelos valores recebidos no sistema jurídico vigente, que se tensionam a partir do art. 5º da CF/88. É sobre esses ombros que se erige a *Teoria da Autonomia*, ora vertida. Parte de Larenz, seguindo a trilha apontada por Tepedino. Indeterministicamente. Pluralmente.

No que se refere ao domínio, impõe-se um reexame da doutrina civilista clássica, que normalmente o identifica integralmente com propriedade ou o aponta como sendo o direito de propriedade referente a bens materiais, sempre sem o reconhecimento da devida autonomia. Proceder, conforme Foucault,[301] uma genealogia jurídica do discurso proprietário, erigido nos sistemas que sucessivamente influenciaram as percepções atuais, importa em ampliativa do ferramental investigativo com que os civilistas trabalham.

O direito de propriedade se vislumbra a partir do proprietário em relação aos demais indivíduos, já o domínio se vislumbra de modo diverso, ou seja, do indivíduo em relação ao bem. Interligados, porém autônomos e de naturezas distintas.[302] Da concepção clássica derivaria a base do atributo dominial. Como conjunto das relações entre o indivíduo e a coisa, era expresso na Teoria Realista pelo *jus fruendi, utendi* e *disponendi*. Nela, equivaleria a descrição da propriedade imóvel. Não só a identidade apregoada é falsa, como a complexidade dominial alcançada, resulta desafiar também a fronteira tradicionalmente dada na tríplice atribuição limitativa, de fonte bizantina.

No curso do trabalho, emparelhar-se-ão tais noções provenientes do direito das coisas tradicional com hipóteses concretizantes, para análise de seus efeitos e desdobramentos, repisando e demonstrando serem a propriedade e o domínio institutos autônomos, derivando-lhes arquiteturas autônomas.

Mostra-se possível e necessário compreender suas diferenças, das quais emanarão repercussões práticas e teóricas que trazem novos rumos ao tratamento das

---

[300] TEPEDINO, Gustavo. Contornos constitucionais da propriedade privada. In: *Estudos em homenagem ao professor Caio Tácito*. Rio de Janeiro: Renovar, 1997, p. 321. Utilizou-se no original, também o texto originalmente publicado na Itália, em 1991, à cura de Pietro Perlingieri. Contorni della proprietà nella costituzione brasiliana de 1988. *Rassegna di Diritto Civile*, Ed. Scientfiche Italiane, 1/91, p. 96-119, 1991.

[301] FOUCAULT, Michel. *As palavras e as coisas*. São Paulo: Martins Fontes, 2002, *passim*.***

[302] FACHIN, Luiz Edson. *Comentários ao Código Civil*. São Paulo: Saraiva, v. 15, 2003, p. 169: "Impende, para bem compreender a noção de condomínio, ter presente a distinção entre domínio e propriedade. Tanto a doutrina tradicional, que afirmava a propriedade – e os demais direitos reais – como uma relação entre o sujeito e a coisa, como as teses personalistas, que sustentam uma *obrigacionalização* absoluta dos direitos reais, não apreendem o universo jurídico que deflui de tais situações patrimoniais". E explica: "É possível conceber o domínio como o poder direto do sujeito sobre a coisa, o elemento interno do direito real. Emerge daí um elemento externo, de ordem obrigacional, que é a relação jurídica entre o sujeito proprietário e o denominado *sujeito passivo universal*, relação essa que fundamenta eticamente o dever de abstenção da coletividade e que, dialeticamente, limita o exercício dos poderes dominiais, com o reconhecimento de que a propriedade também obriga seu titular".

titularidades e direitos reais, não identificados, em razão das respectivas autonomias estruturais e funcionais, sendo tão somente complementares, interligados e instrumentalizadores ou legitimadores recíprocos, em distintos graus.

A Teoria busca retomar a concretude e singularidade dos elementos que se traduzem em institutos jurídico, dotados de uma abstrata lógica própria que não raro toca no cerne de nossos estudos, para além de artificialismos de mercado, tatuados na codificação de racionalidade enviesada. Teoria, que entre seus prismas, é refratária da absolutização do valor de circulação no mercado em detrimento do valor de subsistência, na dosimetria de um mesmo bem. Daí ser significativo exemplo de publicização do Direito Privado, o instituto do bem de família, como bem recolhe Fachin na sua fundamental construção da noção de patrimônio mínimo,[303] aqui já incorporada.

A proposta da Tese tema pareceu conceitualista para alguns, como ao dileto amigo e processualista José Maria Rosa Tesheiner[304] ou ao talentoso civilista carioca Danilo Doneda.[305] Talvez, pelo fato do tema desenvolvido estar centrado em conceitos; o texto original já alertava para isso.

Assim, deve novamente ficar consignado que o intuito da *Teoria da Autonomia* é justamente o desapego de uma visão correlata à Escola da Exegese ou Pandectista, cimentadas por uma tardia Jurisprudência dos Conceitos ou historicismo savigniano; que amparam a metodologia clássica,[306] terminando por engessar o sistema através do tratamento estanque de conceitos dos quais não pode fugir.[307]

O reexame conceitual das noções "propriedade" e "domínio", enquanto instituto e discurso jurídico, será a lente pela qual poderá ser observada a alteração dos direitos reais no Direito Civil brasileiro, implicando uma exegese diferenciada da empreitada clássica. Visa a desconstruir seus elementos, para examinar suas premissas. Tal qual a visão antagonizada, com uma forte influência franco-teutônica. Não pela *Ecole* somada à *Pandectersystem*. Mas pelo pós-estruturalismo somado à Escola de Frankfurt. De Puchta e Portalis, para Habermas e Derrida. Com muito mais molho e tempero do pensamento caboclo tupiniquim, junto a Darcy e Rouanet, estrutura-

---

[303] FACHIN, Luiz Edson. *Estatuto jurídico do patrimônio mínimo*. Rio de Janeiro: Renovar, 2001, *passim*.

[304] Paralelismo retomado em sua crítica à *Teoria Tríptica da Posse*, edificada à luz da mesma Escola. ARONNE, Ricardo. Titularidades e apropriação no novo Código Civil brasileiro: Breves notas sobre a posse e sua natureza. In: SARLET, Ingo W. *O novo Código Civil e a Constituição*. Porto Alegre: Liv. do Advogado, 2004/2006(2ed).

[305] RTDC, vol. 4.

[306] CORDEIRO, op. cit., p. 217

[307] VIEIRA, Leonardo Alves. Coerção em Kant e Schelling: fundamentação e consequências. *Veritas*, Porto Alegre: EDIPUCRS, v. 43, n. 4, p. 866, 1998: "No contexto de modernização e racionalização das sociedades ocidentais analisadas por Weber, Habermas identifica o que ele considera uma unilateralidade no modo como Weber aborda o Direito moderno: a redução da racionalidade do Direito à racionalidade do tipo instrumental. Este tipo de redução levado a cabo por Weber acarreta 1) a sua tese de que a legitimidade do poder é alcançada mediante a legalidade e 2) a recusa e crítica do que ele denominava moralização ou materialização do Direito".

do à Teoria do Discurso, Teoria dos Sistemas, Teoria da Complexidade e Teoria do Caos.[308] Construindo pontes claras e transparentes. Ligações e dessintonias.

Busca-se uma arquitetura semiológica para as titularidades e direitos reais que possua plasticidade e indeterminação suficiente ao discurso jurídico contemporâneo, com claras amarras no Direito Civil-Constitucional, que suporte a terminologia e o instrumental (significantes) com que o Direito está familiarizado a séculos, mas que otimize as possibilidades de eficácia horizontal dos direitos fundamentais (*dritwirkung*), mantendo sua coerência substancial.[309] Um novo jogo, diria com Wittgenstein, com as mesmas regras, peças e tabuleiro. Um jogo para os jogadores, e não para o jogador. Um jogo em que, necessariamente, as apostas são visíveis. Sem neutralidades. Humano.

Resigna-se, porém, com a incompletude que o alimenta. É impossível um sistema de Direito, nos moldes atuais de Democracia e Pluralismo,[310] sem lacunas ou antinomias. Estas refletem a necessária entropia de qualquer sistema. Sistema sem entropia é sistema morto. Sem interação.

Não obstante, o sistema jurídico não reconhece vácuo absoluto, identificado na noção de anomia. Mesmo em Buracos Negros verifica-se derivar partículas.[311] Mesmo na lacuna existem valores e princípios na condição de atratores não deterministas do discurso, em diferentes densidades. O indeterminismo é o legado que a modernidade deixou, apesar da rejeição positivista em reconhecê-lo no seu rastro.[312] No seu próprio DNA.[313] Como o jusracionalismo acabou por devorar e ignorar a cultura jusnaturalista que lhe deu à luz. Tudo exatamente(?) no (des)velar da Renascença e do Iluminismo.

Como resultado de operar sistematicamente com o ordenamento jurídico, sem as reduções e simplificações tradicionais, extirpadoras da perspectiva complexa, os conceitos mudam ou evoluem à luz do discurso (mormente constitucional), como

---

[308] ARONNE, Ricardo. *Introdução ao sistema jurídico, direito privado e caos...*, ob. cit., p. 17-35.

[309] VIEIRA, L.A., op. cit., p.867: "Aos olhos de Habermas, Weber, em virtude desta crítica à materialização ou moralização do Direito, quer limitar a racionalidade do Direito a uma perspectiva meramente cognitivo-instrumental, impedindo-o de abrir-se à resolução discursiva de pretensões de correção normativa (normative Richtigkeit). [...] Usando a terminologia até então empregada neste texto, Weber desloca o Direito da esfera prático-moral, considerando como algo prejudicial à dinâmica do Direito a aproximação com postulados morais, para o âmbito prático-técnico como sinal do mais alto grau de evolução do Direito. A crítica de Habermas se dirige justamente contra este estreitamento da racionalidade do Direito, colocando-o, em virtude disto, pelo menos no que diz respeito às intenções teóricas, na mesma linha de Kant e Hegel".

[310] Em especial: BOBBIO, Norberto. *Estado, governo, sociedade: para uma teoria geral da política*. São Paulo: Ed. Paz e Terra, 1995; Liberalismo e democracia. 6.ed. Brasília: Ed. Brasiliense, 1994; O futuro da democracia: uma defesa das regras do jogo. 6.ed. São Paulo: Paz e Terra, 1986.

[311] HAWKING, Stephen. *God play dices?*. http://www.hawking.org.uk/lectures/dices.html.

[312] Idem, ibidem.

[313] STRATHERN, Paul. *Hawking e os buracos negros*. São Paulo: JZE, 1998, p. 53-57.

recurso da mobilidade do sistema no qual se inserem;[314] com reflexos nos respectivos institutos, descabendo seu tratamento estático, comprometido com a manutenção de um *status quo* que sequer é vigente no âmbito do direito positivo que vincula o intérprete ou observador.

Moldam-se aos atratores, os elementos vinculantes nos diversos graus de abstração do sistema, indeterministicamente caóticos,[315] em reflexo da abertura e mobilidade do ordenamento. Nesse passo, tem-se por objeto a sistematização da propriedade e do domínio, na perspectiva de superar a visão imposta pela doutrina civilista tradicional, edificada por metodologia já superada na Ciência do Direito, cujas incongruências formais e materiais atentam contra a malha jurídica. São mantidas, assim, na medida de sua condição dialética, pois o núcleo de sua legitimação terá caráter ético-comunicativo. Não mais instrumental.[316]

Revela-se assim a razão da opção de (des)construir as linhas que partem do pensamento sistemático. Se o reexame proposto se amparasse na doutrina clássica, em que se funda na Escola da Exegese e a Pandectista,[317] dificilmente poder-se-ia chegar a conclusões e desdobramentos outros que os já apregoados pelo sistema civilista tradicional, em franco descompasso com a sociedade atual e a própria realidade jurídica que dela e para ela deve emanar.

Seu papel é segurança e certeza. Determinismo. Como em Laplace. *Se eu sei um determinado estado no presente, eu sei o seu passado e seu futuro.*[318] O Código foi dimensionado por esta matemática. Falsa.[319] É no método que se agudizam as controvérsias. No

[314] Importante observar, mesmo fora do texto, que o intérprete também é modificado pelo sistema, na mesma medida em que o modifica. Isso deriva para a sociedade. Fractalmente.

[315] PRIGOGINE, Ilya. O fim das certezas – tempo, caos e as leis da natureza. São Paulo: UNESP, 1996, p. 42.

[316] HABERMAS, Jürgen. *Técnica e ciência como "Ideologia"*. Lisboa: Edições 70, 1997, p. 49: "A 'racionalização' de Max Weber não é apenas um processo a longo prazo da modificação das estruturas sociais, mas também ao mesmo tempo 'racionalização' no sentido de Freud: o verdadeiro motivo, a manutenção da dominação objectivamente caduca, é ocultado pela invocação de imperativos técnicos. Semelhante invocação é possível só porque a racionalidade da ciência e da técnica já é na sua imanência uma racionalidade do dispor, uma racionalidade da dominação".

[317] O Direito Privado clássico conheceu e se abeberou de diversas escolas importantes, na perspectiva metodológica, como a Jurisprudêndia dos Conceitos (Puchta), a Escola Histórica (Savigny), ou mesmo a Jurisprudência dos Interesses (seja por Jhering, seja por Stammler). Não obstante, entende-se que as apontadas conseguem traduzir representativamente o pensamento do período. Concorda com tal afirmação, também, Miguel Reale (*Nova fase do direito moderno*. São Paulo: Saraiva, 1998, p. 94), em importante obra, pouco divulgada e cujo conteúdo parece ter passado em branco. Mesmo para o autor, em diversos momentos.

[318] HAWKING. *God play dices?* Ob. cit.

[319] ARONNE, Ricardo. *Summa habermaseana...*, ob. cit., p. 89: "Esse texto encerra-se, com a tranqüilidade de ter batido em diversas portas, cabendo aos cientistas, zeladores dos respectivos nichos epistemológicos, começarem a abri-las, preferencialmente escancarando-as a comunidade. Não obstante guarda uma reflexão perturbadora. Vivemos o paradoxal momento de travessia de um paradigma, cujo apogeu construiu a modernidade e o declínio rasgou as portas do milênio que abre. A ante-sala do paradoxo, já revelava a crise do paradigma determinista, cujo ceticismo extremado, é mais confirmação do que

seu rigor. Não obstante, assim o Código Civil se apropriou do tempo e, ainda que um projeto de sua época, tem a paradigmática pretensão de imortalidade. Como se a ampulheta pudesse influir sobre as rugas da mão que a manuseia. Frágil pretensão, desenganada ainda no século em que se inscreveu, através de Poincaré.[320]

> "Eu não conheço nenhuma leitura capaz de arrebentar tanto o coração quanto Shakespeare: quanto um homem deve ter sofrido para ter uma tal necessidade de ser bufão! *Entende-se* o Hamlet? Não é a dúvida, é a *certeza* que enlouqueçe... Mas para isso a gente tem de ser profundo, tem de ser abismo, tem de ser filósofo para sentir assim... Nós todos temos medo da verdade...".[321]

No compromisso dialético que costurou esta Tese, "Repersonalização" do Direito e "Constitucionalização" do Direito Civil[322] emergem no trato da matéria como a coluna vertebral do texto, em prol de superar-se a proposta de estatuto proprietário objetivada pela dogmática civilística clássica, como exigência imposta à própria abordagem no tribunal do método.

Propriedade e domínio se revelarão autônomos pela própria compreensão do sistema (para além de conceitos jurídicos indeterminados), através de arquiteturas semiológico-discursivas que se preenchem axiologicamente pelos valores positivados no sistema jurídico e se hierarquizam topicamente em face dos valores sociais apreendidos pelo mesmo em sua abertura, resultando em diversos desdobramentos cambiáveis em face dos casos concretos aos quais o ordenamento tem de responder, na modulação discursiva do intérprete e no olhar do observador.

A autoimposta inaplicabilidade da Jurisprudência dos Conceitos é fator determinante para evolução metodológica, com a qual resulta superada a civilística tradicional por refutar, em suas bases, a mobilidade e abertura do sistema, abrindo caminho para que este revele a independência dos conceitos de propriedade e domínio. A construção de dois institutos jurídicos autônomos e completamente reo-

---

contestação. Hoje emerge, entre o abissal determinismo e a nebulosa estocástica, um novo paradigma cuja inteireza dos contornos ainda está por ser revelada. Um século se passou e chegamos ao XXI, sem ter respostas às perguntas decorrentes do XIX. Não calemos. Lembremos, da poesia do Rappa, conclamada por Falcão, que acaba por resumir na instância sensibilidade e razão, o sentimento global da pesquisa do Prismas: "A minha alma está armada e apontada para a cara do sossego. Pois paz sem voz..., não é paz é medo." Nas salas de aula, o paradigma superado, é transposto como um dado, nas raízes da dogmática que começa a nos ser incrustada quando jovens. Novilhos. É sabido que as simplificações operadas pelo determinismo laplaciano, da lógica à retórica, da matemática à lingüística, estão equivocadas. São aproximações. São falhas. Mas são ensinadas como verdades absolutas. E assim tida pelas manadas. O mesmo ocorre com os valores. Na própria formação da personalidade. Positivismo incrustado. Se no Século XXI somos assolados pela gripe das aves, no Século XIX fomos pelo Marquês de Pombal. Assim é. Assim não deveria ser. Assim falou Zaratustra".

[320] POINCARÉ, Henri. *A ciência e a hipótese.* Brasília: UNB, 1988, *passim.*

[321] NIETZSCHE, Friedrich. *Ecce homo.* Porto Alegre: L&PM, 2005, p. 55.

[322] Para que se compreenda a real extensão deste fenômeno, com a prospecção nos três pilares fundamentais do Direito Privado (propriedade, família e contrato), fundamental a leitura de Luiz Edson Fachin (*Teoria crítica do direito civil.* Ob. cit.).

rientados teleologicamente pelos valores e princípios constitucionais é natural do ordenamento. É uma convergência. Caótica e complexa.

Seu estudo abre-se aqui.

3. Metodologia empregada – ciência jurídica "cons(m)" ciência do discurso

"Nas pálpebras dos velhos o cuidado sempre se mostra vigilante; e onde esse soldado está de guarda, o sono não penetra."

W. Shakespeare. Romeu e Julieta. II, III. 1595.

A metodologia empregada para o exame do tema proposto partiu originariamente do pensamento tópico-sistemático identificado em Canaris,[323] para alcançar, no diálogo entre a Teoria dos Sistemas, Pensamento Pós-Estruturalista, Teoria do Discurso e da Linguagem, Teoria da Complexidade e Teoria do Caos, embalada nos braços existencialistas do novo paradigma que se erige transdisciplinarmente na pós-modernidade, tudo isso somado às descobertas da Quântica no Século XX e uma Jurisprudência dos Sistemas Dinâmicos, Sensíveis e Não Lineares.[324] Uma Jurisprudência do Caos.

Tem-se por metodologia, parafraseando Karl Larenz,[325] o método científico de compreensão e solução de questões jurídicas no contexto de um determinado ordenamento jurídico. As escolas de metodologia jurídica são os nichos epistemológicos do pensamento jurídico. O principal *front*, das grandes guerras travadas na pós-modernidade em todos os setores e escalas, como nos ensinaram Deleuze e Foucault[326] é a própria Ciência. A palavra, portanto, é o atual fuzil da liberdade.[327]

---

[323] CANARIS, Claus-Wilhelm. *Pensamento sistemático e conceito de sistema na ciência do direito.* Trad. A. Menezes Cordeiro. Lisboa: Fund. Calouste Gulbenkian, 1989, *passim.*

[324] Para síntese: ARONNE, Ricardo. Introdução ao sistema jurídico, direito privado e caos: prismas sumários de pesquisa em direito civil-constitucional. *Direito Civil-Constitucional e teoria do caos – estudos preliminares.* Porto Alegre: Liv. do Advogado, 2006, p. 21-35, em especial: "Reconheça-se que mesmo diante da mais estável jurisprudência, existem desvios casuais. Reconheça-se, ainda, que estes desvios, em macroperspectiva, são probabilísticos. Possuem configurações. Perceba-se que nada é imprevisível, neste movimento da jurisprudência; também nada é determinável. Perceba-se que na aproximação de microperspectiva dos desvios, em crescente, apura-se as razões pelas quais a solução da respectiva lide tomou determinado rumo (trajetória), o qual, na lógica interna do processo, pode ser encadeado às condições iniciais, colimadas no caso concreto (tópica). Note-se também, que o Direito imprime uma noção artificial e variável de tempo e reversibilidade, que vem sendo revisitada pela jurisprudência na pós-modernidade; reconstruindo a temática do dano e da tutela de urgência, para ficarmos apenas em exemplos iniciais." (p. 23).

[325] LARENZ, Karl. *Metodologia da ciência do direito.* Lisboa: Calouste Gulbenkian, 1989, p. 1.

[326] FOUCAULT, Michel. *Microfísica do poder.* 22ª. ed. São Paulo: Cultrix, 2006, p. 69-78.

[327] Liberdade no sentido que lhe atribui CHOMSKI e BAUMANN, e não no tido por RAWLS ou KEYNES.

É importante o destaque. O desenvolvimento desse estudo tem assento no método e no rigor para melhor clareza, seja semântica ou científica, a melhor sintonia possível entre o texto e àquele que o interpreta é recomendável e mais facilmente alcançável. Isso sempre cientes do princípio postal, sabiamente revelado por Derrida, de que as mensagens normalmente não chegam como esperado, ao seu destinatário. O mesmo vale para a norma.

O *pharmakos* jurídico, tal qual a palavra, pode vitimar seus destinatários. O observador, o intérprete e operador do Direito deve ter o princípio postal presente no horizonte de suas apostas exegéticas. Faz evitar surpresas.

O conceito de sistema jurídico, extraído do Século XX, que acompanhará a reflexão é derivado de Juarez Freitas[328] para a Quântica, visando à maior interação com as noções de complexidade, sensibilidade e não linearidade, caracterizadores de sua condição caótica.[329]

O sistema jurídico é uma rede móvel, entrópica, aberta e axiologicamente hierarquizável de regras, princípios e valores, positivados no ordenamento de modo implícito ou explícito, teleologicamente orientados na concretização tópica. O sistema é sensível às condições iniciais que lhe são propostas, é não linear, respondendo diferente e não proporcionalmente a *inputs* ou interações diferentes. Decorrência, ainda, de sua abertura, é sua complexidade de arquiteturas e influências à que, necessária e corretamente, se expõe.

É indeterminado, porém possui padrões. Em síntese: Caos.

Em sede de sistemas, afasta-se aqui de Luhmann, em diversos matizes e matrizes. Compreendem-se os valores assimilados ao sistema e vinculantes ao operador. Ainda assim, perceba-se que se trata de uma totalidade sem costuras. São elementos mutuamente constituintes e reciprocamente considerados. Na hermenêutica, assim, é o intérprete fundamental ao sistema, em igual proporção da fundamentalidade deste ao operador.

---

[328] FREITAS, Juarez. *A interpretação sistemática do direito.* São Paulo: Malheiros, 1995, p. 40. "Em tal linha, sempre em atenção à imprescindível e irrenunciável meta de um conceito harmônico com racionalidade intersubjetiva, entende-se mais apropriado que se conceitue o sistema jurídico como uma rede axiológica e hierarquizada de princípios gerais e tópicos, de normas e de valores jurídicos cuja função é a de, evitando ou superando antinomias, dar cumprimento aos princípios e objetivos fundamentais do Estado Democrático de Direito, assim como se encontram consubstanciados, expressa ou implicitamente, na Constituição". Antinomias e contradições são as entropias do sistema jurídico. Isso é fundamental e deve ser desde logo retido.

[329] GLEICK, James. *Caos – a criação de uma nova ciência.* Rio de Janeiro: Campus, 1990, p. 4: "Hoje {1987}, uma década depois, o caos se tornou uma abreviatura para um movimento que cresce rapidamente e que está reformulando a estrutura do sistema científico. {...} Em todas grandes universidades e em todos os grandes centros de pesquisas privados, alguns teóricos relacionam-se primeiro com o caos, e só em segundo lugar com as suas especialidades propriamente ditas. {...} A nova ciência gerou sua linguagem própria, um elegante jargão de *fractais* e *bifurcações, intermitências* e *periodicidades*, difeomorfismo *folded-towel* e mapas *smooth noodle*. {...} Para alguns físicos, o caos é antes uma ciência de processo do que de estado, de vir a ser do que de ser. Agora que a ciência está atenta, o caos parece estar por toda parte."

A necessária "vontade de constituição", corporifica-se como uma condição metacognitiva no ordenamento jurídico. Ao mesmo tempo, perfaz uma tradução dessa cognição em retorno sistematizador. Nesse processo, o sistema reconhece erros e disponibiliza recursos aos interessados, que os utilizarão ou não, para minimizar miasmas e desvios, ou causar outro naipe de problemas operacionais.

Portanto, não há autopoiese no sistema jurídico. Ele depende de seus operadores para ser sistema. Não se sistematiza sozinho. Não ganha eficácia sozinho.

Conceituado como tal, pode-se intuir que seja qual for o método empregado na virtual interpretação do ordenamento, para não incompatibilizar-se dentre os mecanismos incidentes, deverá ser sistemático em alguma medida. Não no sentido empregado por Carlos Maximiliano,[330] e sim no de que ao interpretar-se ou aplicar-se uma regra ou princípio, estar-se-ia interpretando ou aplicando o sistema como um todo, procedendo uma dialógica sistematização do direito neste processo. Incorporando a unidade do sistema à compreensão do caso, sempre que invocado em cada ponto, de modo indeterminado, porém, jamais aleatório.[331]

Seja em qual grau do sistema esteja o observador/intérprete debruçado, esse processo é quântico. Por mais que se esforce para ser determinista, sua inferência não é. Será um juízo de possibilidades e métodos. O melhor método, ao contrário de ser aquele que busca domesticar ou agrilhoar o Direito ou a jurisprudência, é aquele que diagnostica seu padrão. Criticamente. Sem ser tributário da jurisprudência; dialoga até suas premissas. É epistemologicamente darwinista; seletivo do melhor discurso. Tópico. Sem privilégios.

A interpretação se dará com a hierarquização dos sentidos teleológicos das regras, princípios e valores jurídicos, esclarecendo-os (*ágathon*) e dando-lhes unidade teleológica (*telos*) evitando quebras no sistema;[332] extraindo-se a *ratio* do sistema integral, em sua incidência tópica e complexa.[333] Essa busca de unidade teleológica se observa não ser formal e sim material, como bem demonstra Pasqualini.[334] Ela

[330] MAXIMILIANO, Carlos. *Hermenêutica e aplicação do direito.* Rio de Janeiro: Forense, 1984, p. 156. Assim lembra também Juarez FREITAS.

[331] HEISENBERG, Werner. *A parte e o todo.* Rio de Janeiro: Contraponto, 1996, p. 108: "Dessa maneira pode-se dizer que, na ciência atual, todo processo físico tem aspectos objetivos e subjetivos. O mundo objetivo da ciência do século XIX era, como sabemos hoje, um conceito ideal e restritivo, e não a realidade".

[332] PASQUALINI, Alexandre. *Hermenêutica e sistema jurídico.* Porto Alegre: Livraria do Advogado, 1999, p. 78.

[333] Especificamente no trato do tema: ARONNE, Ricardo. Sistema jurídico e unidade axiológica: contornos metodológicos do direito civil-constitucional. *Direito civil-constitucional e teoria do caos...*, p. 37-62.

[334] PASQUALINI, Alexandre. Sobre a interpretação sistemática do direito. *Revista do Tribunal Regional Federal da 1. Região*, Brasília, v. 7, n. 4, p. 96, 1996. "Sem descuidar da valiosa e indispensável busca de «coerência lógica mínima do ordenamento», chama a atenção para o fato de que tal exigência de unidade jamais será lograda apenas no patamar formal, uma vez que, na origem mais remota do Direito, estão presentes princípios e valores jurídicos potencialmente contraditórios. Isso importa em afirmar-se optar por outra formulação – que o Direito, com asas de cera do formalismo dedutivista, nunca atingirá coerência sem comprometer, ato contínuo, sua eficácia e legitimidade substanciais".

se comunicará com a noção de entropia. A maior garantia é a incerteza. Garante a mobilidade do sistema e sua hospitalidade para com a imprevisão. Sangra o dogma de completude que preside a própria concepção de codificação.

Não obstante, na plural condição metodológica contemporânea, o hermeneuta encontra em uso todos os instrumentos de que aqui se vai valer para uma exposição à luz da recente Quântica Jurídica; cujos caminhos se desbravam pela Teoria do Caos, para não recair-se em fácil niilismo. O registro é importante, não só para evidenciar facilitadores de seu entendimento, mas principalmente para que perceba estar-se a sistematizar uma pragmática natural a qualquer operador do Direito. Sem artificialismos ou ginásticas epistemológicas.[335] Sem simplificações.

Afora textos especificamente sobre metodologia jurídica, em três momentos determinados tive a oportunidade de tecer considerações doutrinárias os sobre princípios em relação aos direitos reais. Primeiro, ao expor sobre a aplicação da Teoria da Autonomia nos direitos reais sobre coisas alheias. Após trabalhar a noção de sistema e unidade no Direito Privado em geral e das coisas em especial,[336] dedicou-se todo um capítulo ao estudo do conteúdo de uma larga plêiade de princípios jurídicos, nos mais distintos graus de densidade.[337] Posteriormente, nas duas oportunida-

---

[335] Dissera, noutro momento, sobre a pirâmide de Kelsen, quando tratava os fractais: "Ocorre que, na contemporaneidade, esta fórmula já não mais reflete fidedignamente a realidade complexa do fenômeno jurídico. Ainda que não se possa apontar como errada, não se pode acolher como exata. É uma aproximação. Uma simplificação. Concebido o Direito como um sistema não linear, instável, complexo e dinâmico, com as características já sinteticamente apontadas, seu sentido apenas resulta construído em concreto. {...} Um princípio que tenha guardado preponderância em uma determinada solução poderá estar relativizado em outra, diante da situação posta ao Direito, para solução. E não há possibilidade de *non liquet*, do Direito dar às costas ao respectivo jurisdicionado, negando-lhe jurisdição. O Direito sempre deverá dar uma resposta, quando for chamado. Isso não acontece em todos os campos do conhecimento. O Direito é como a vida. Dificilmente reconhece a linearidade como natural. Ela é mais comum nos ambientes preparados para isolar o meio: laboratórios e codificações. Para o desespero de alguns, Deus não é um geômetra. As copas das árvores não são triângulos, laranjas não são esferas perfeitas, nossa pele não é uma superfície plana, o mundo não foi desenhado com compasso e régua. Talvez ao compasso de regras, mas nunca ao sabor delas. Sempre à mão-livre. Possivelmente canhota. O Direito reflete isto. Kelsen, qual um Di Cavalcanti (registrada a diversidade de intenções, sensibilidade e matrizes), pintou o universo jurídico com as cores de uma abstração, às quais poderão, topicamente, parecerem pálidas ou aberrantes demais. As relações humanas, não são expressões de uma órbita cubista, redutora dos detalhes da existência. O Direito guarda fractalidade. Possui uma plástica apta a moldar-se ao caso concreto, até o limite de sua resistência axiológica, de sua torção. Isso refuta as simplificações da teoria tradicional, visíveis em toda a ciência moderna. Variando a lide, poderá variar o sentido da norma incidente, pois varia todo o sistema em sua dinâmica de unidade axiológica, garantidora de coerência material, evitando entropia. A preocupação da ciência jurídica moderna era com a coerência em parâmetro meramente formal. Influência de Kant. Decendência direta da metafísica. Há de superar-se. O sistema é sensível as condições iniciais e ao meio. Isso se reflete no todo e nas partes. Nada é linear. Talvez, em situações determinadas, apenas esforce-se para ter linearidade. Não obstante, persegue coerência e unidade material." (ARONNE. *Introdução...*, p. 33-34).

[336] ARONNE, Ricardo. *Por uma nova hermenêutica dos direitos reais limitados*: das raízes aos fundamentos contemporâneos. Rio de Janeiro: Renovar, 2001, p. 101 e segs.

[337] Idem, ibidem, p. 110-162.

des em que anotou-se o livro do direito das coisas, na atual codificação, antecedeu uma grade encadeada de princípios,[338] como suporte ao intérprete na revelação do sistema.

Como visto, mesmo que aqui não se trate do respectivo conteúdo, a operação com os elementos normativos é inerente a qualquer reflexão jurídica. Cumpre algum elastério no tema, sem que se alargue. O tema nunca é vão.

A tipologia de normas utilizada é representada por Dworkin,[339] na qual norma é gênero, e princípios e regras são espécies. Diferem tais espécies de normas, efetivamente, não atinente à sua jurisdicidade, outrossim à sua forma normativa de incidência. As regras possuem maior concreticidade e os princípios têm maior grau de abstração.[340] Não obstante, se articulam interagindo na incidência concreta. Sempre. Em maior densidade, na Quântica, trabalha-se, ainda, com as normas individuais. Estas últimas poderão se constituir no arranjo privado dos acordos ou contratos, ou provir do Estado, mediante decisão dotada de eficácia para tanto.

Em face da compreensão do sistema em sua unidade (onde há uma ligação intrínseca do mais abstrato princípio constitucional à mais densa regra da legislação infraconstitucional, *interagindo sem costuras* – David Bohm), a alteração da Constituição Federal traz consequências exegéticas no Código Civil, de modo a que não se faça possível interpretá-lo da mesma forma em face de Constituições diferentes, como procedia a manualística com o antigo Código. O fazia a partir de conceitos que toma como metassistêmicos.[341] Assim volta a proceder, diante do Código de 2002, tornando-o, por vezes, mais velho do que já nascera, pela dogmática que o possui corpo e alma. Com seu discurso fragmentário.

A unidade apregoada pela noção de sistema que se adota não é de ordem formal. Não pode ser para não colocar o próprio sistema em risco, a partir de legitimidade substancial. É unidade material, pela compreensão da normatividade da malha jurídica, em novos graus e parâmetros de positividade. Os princípios vinculam. É pacífico que o sistema disponibiliza recursos em diversos graus, contra interpretações que não se atentem a isso. Também é pacífico que as partes nem sempre se valem deles. Aqui repousa mais um pilar de indeterminismo no ordenamento, sempre complexo e sensível.

O Estado Social e Democrático de Direito enquanto, princípio estruturante que escora todo o arcabouço de compreensão do Direito Brasileiro vigente, deve ser

[338] ARONNE, Ricardo. *Código civil anotado...*, ob. cit., p. *** Idem. Direito das coisas. *** In.

[339] DWORKIN, Ronald. *The philosophy of law*. Oxford: Oxford University Press, 1986, p. 44.

[340] CANOTILHO, J. J. Gomes. *Direito constitucional*. 6. ed. Coimbra: Almedina, 1993, p. 167-169. O referido autor expõe com clareza e didática, sem perda de precisão, a matéria em tela, com respaldo nas conclusões de Dworkin, Larenz e Alexy.

[341] Especificamente tratando o tema: ARONNE, Ricardo. Sistema jurídico e unidade axiológica: os contornos metodológicos do direito civil-constitucional. *Direito civil-constitucional e teoria do caos*. Ob. cit, p. 37-62.

realizado em todas as interpretações jurídicas. Da subsunção de regras à colmatação de lacunas. É um atrator dos atratores normativos mais concretos.

Essa característica, ou "inerência", decorre de sua abstração elevada ao maior grau do sistema, cobrindo-o em toda extensão e iluminando o que lhe é incorporado. O simples fato de ter a Constituição de 1988 positivado igualdade, justiça, bem-estar, como valores supremos a consubstanciar uma sociedade pluralista fundada na harmonia social,[342] já houvera deslocado o contexto do Código de 1916 (cuja arquitetura do direito de propriedade impressa no art. 524, foi reimpressa no *caput* do art. 1.228 do diploma de 2002), exigindo do intérprete uma leitura sob novos moldes, pois ele resta vinculado por tal norma (suprema) em sua operação exegética. Com o Código já nascido sob sua égide, por certo é intolerável retrocesso interpretativo, mormente em se tratando de direitos fundamentais.[343]

No caso brasileiro, em virtude do saudável método híbrido de controle de constitucionalidade, tal afirmação potencializa-se ainda mais. O próprio juiz de primeira instância é Juiz Constitucional. Nem todas as estruturas jurídicas convergem para este nível de controle de constitucionalidade.[344] A opção nacional deve ser aplaudida, como a mais efetiva via de preservação das garantias intitucionais e individuais contra o *pathos*[345] econômico.

Condicionar esse natural atrator que preserva a integridade material do Direito, percebendo-o em sua fractal e complexa unidade axiológica, para impor-lhe um sentido antitético à sua vocação teleológica importa negar condição de sistema ao Direito. Também resultaria em retrocesso intolerável.

A dignidade da pessoa humana[346] se positiva no grau de princípio jurídico geral, fundamentando o princípio estruturante do Estado Democrático de Direito. Como exemplo, tome-se, o regime Constitucional do Estado Democrático de Direito, no Brasil.

Somente se concretiza na medida em que atende a dignidade da pessoa humana, inexistindo na sua falta. Haveria uma entropia, cuja fissura no sistema que pode

---

[342] Preâmbulo da CF/88.

[343] Com idêntica preocupação vide CHEMERIS, Ivan. *A função social da propriedade*. São Leopoldo: Unisinos, 2003, p. 37.

[344] ARONNE, Ricardo. Introdução ao sistema jurídico, direito privado e caos..., ob. cit., p. 31: "Identifica-se em Canaris o horizonte epistemológico de nossos estudos, não obstante ampliação do enfrentamento com certas excussões, decorrentes de diversidades concretas nada brandas; dentre as quais se pode citar a diferença entre os respectivos países, das técnicas de controle de constitucionalidade utilizadas, assim como do próprio sentido cultural do federalismo teutônico e brasileiro, com reflexos práticos no Direito".

[345] Nietszche emprega o termo como *vontade de potência*. Assim vai neste texto.

[346] Art. 1º., III da CF/88.

dela derivar, potencialmente, atinge o núcleo de legitimação do ordenamento, caso não seja sanada.[347] Trata-se da preservação dos elos do sistema.[348]

Se impõe, por força do próprio conjunto normativo, uma "racionalidade re-personalizante" ao Código, deslocando seu enfoque protetivo do patrimônio para a dignidade da pessoa humana, em face do esclarecimento recíproco das normas, nos moldes que adiante se busca elucidar em alguns pontos do direito das coisas.

Os reflexos desse olhar, supostamente teórico, são fundamentalmente pragmáticos. Não por outra razão, os efeitos dessa cadeia atingem as normas individuais de ambas espécies, na sua condição atratora. Uma decisão que fere princípio, enseja recurso em socorro. Uma conduta que fere princípio, fundamente uma ação como remédio.

Mudanças no Código Civil não se confundem ou identificam mudanças legislativas no corpo do Código ou de Código Civil. O Direito Civil sofre e promove mutações, em tese, por qualquer alteração no sistema jurídico que integra. Ou seja, a sociedade brasileira recebeu um novo Direito Civil ainda em desenvolvimento e expansão. Porém seu notável *ponto de mutação*, não repousa no Código Civil reedificado em 2002, fruto de um projeto desenvolvido entre os cinzentos anos de 1968-1974.[349]

---

[347] FERNANDES, Florestan; FREITAG, Barbara; ROUANET, Sérgio Paulo. *Habermas*. São Paulo: Ática, 1993, p. 15-16: "As normas vigentes não são discutidas porque são apresentadas como legítimas pelas diferentes visões de mundo que se sucederam na História, desde as grandes religiões até certas construções baseadas no direito natural, das quais a doutrina da justa troca, fundamento do capitalismo liberal, constitui um exemplo. A ideologia tecnocrática partilha com as demais ideologias a característica de tentar impedir a problematização do poder existente. Mas distingue-se radicalmente de todas as outras ideologias do passado porque é a única que visa esse resultado, não através da *legitimação* das normas, mas através de sua supressão: o poder não é legítimo por obedecer a normas legítimas, e sim por obedecer a regras técnicas, das quais não se exige sejam justas, e sim que sejam eficazes. [...] A ideologia tecnocrática é muito mais indevassável que as do passado, porque ela está negando a própria estrutura da ação comunicativa, assimilando-a à ação instrumental. Pois enquanto àquela, como vimos, se baseia numa intersubjetividade fundada em normas, que precisam ser justificadas (mesmo que tal justificação se baseie em falsas legitimações), esta se baseia em regras, que não exigem qualquer justificação. O que está em jogo, assim, é algo de muito radical, que é nada menos que uma tentativa de sabotar a própria estrutura de interesses da espécie, que inclui, ao lado do interesse instrumental, também o interesse comunicativo".

[348] SARLET, Ingo Wolfgang. A eficácia ... Ob. cit., p. 62: "Os direitos fundamentais, como resultado da personalização e positivação constitucional de determinados valores básicos (daí seu conteúdo axiológico), integram, ao lado dos princípios estruturais e organizacionais (a assim denominada parte orgânica ou organizatória da Constituição), a substância propriamente dita, o núcleo substancial, formado pelas decisões fundamentais, da ordem normativa, revelando que mesmo num Estado cons titucional democrático se tornam necessárias (necessidade que se fez sentir da forma mais contundente no período que sucedeu à Segunda Grande Guerra) certas vinculações de cunho material para fazer frente aos espectros da ditadura e do totalitarismo".

[349] Representativo, na arte, para além da extensa produção bibliográfica narrativa, fica indicado como fonte a personagem de Zuzú Angel como ícone, biografada cinematograficamente ao ano desta atualização, no papel encarnado vívidamente por Patrícia Pilar.

Repousa, outrossim, noutro leito Na transição democrática, demarcada na Carta de 1988 e marcada por um anseio de inclusão, radicado no Pluralismo.[350]

Diversos princípios do sistema jurídico, sem que sejam *numerus clausus*, estão expostos ao longo do Título I do texto constitucional. Sua concreticidade é dada por outros princípios decorrentes, de modo a desvendar uma senda político e jurídico-constitucional, clarificando seu sentido e, com eles, formando o que Karl Larenz viria a denominar união perfeita, que redunda em um sistema jurídico, legitimado materialmente até suas regras, de modo conciso e orientado.[351]

O princípio do Estado Social de Direito, de tal forma, densifica-se, para se mostrar desvelado pelos princípios da dignidade, proporcionalidade, bem-comum, independência dos tribunais, vinculação do legislador e outros tantos.

As regras jurídicas, de igual forma, concretizam o princípio estruturante de modo direto ou indireto. Exemplo do exposto é o caso da alínea "a" do inciso XXXIV do artigo 5º da CF/88, que assegura o direito de petição, densificando o princípio geral da legalidade da administração e o princípio especial da prevalência da lei, bem como o princípio estruturante do Estado de Direito.

Existe uma tendente perda de abstração, que vai do mais etéreo princípio (estruturante/geral/especial/especialíssimo) à mais densa regra e às normas individuais (judiciais ou não). Uma norma se densifica em outra através da cadeia do ordenamento. Os princípios estruturantes em gerais, estes em especiais, então em especialísimos, até a concreticidade das regras e normas individuais.

Prospecte-se: Do princípio do Estado de Direito (Princípio Estruturante) decorre o princípio da vinculação do legislador aos direitos fundamentais (Princípio Geral), do qual, decorre o princípio da irretroatividade (Princípio Especial), do qual decorre o princípio da reserva legal (Princípio Especialíssimo), do qual decorre a regra que dispõe sobre a sanção presidencial (Regra Jurídica). Decorre dessa forma, um sistema uno, móvel, aberto e garantidor da congruência das normas que o integram, não somente no sentido formal como no material.[352]

Outro exemplo: Estado Social e Democrático de Direito, Dignidade da Pessoa Humana, Igualdade, Igualdade entre o homem e a mulher, isonomia familiar, regras codificadas, distributivas dos deveres parentais dos genitores.

É um caminho em que não se transita em uma única direção. Todas são quanticamente possíveis e incidentes. Das normas mais etéreas para as mais densas, das mais abstratas para as mais concretas, de cima para baixo; eis que a formação de um sistema é atingida através de um processo de esclarecimento recíproco.[353] É como uma escala modal. Não possui fórmulas, ainda que possua formas (Jônica, Melódica,

[350] Sobre pluralismo: BOBBIO. *Esquerda ou direita* ***.

[351] LARENZ, *Metodologia...*, p. 180-183.

[352] Em especial nos direitos reais: ARONNE, Ricardo. *Por uma nova hermenêutica dos direitos reais...*, p. 110-164

[353] ARONNE, Ricardo. Contornos metodológicos..., ob. cit., *passim*.

Diatônica, Sensível, Pentatônica). Possui tons. A partir dos valores. Atratores mais ou menos deterministas, consoante sua condição de densidade. Como nos tons. Encontra-se a tônica.

Porém, não há clareza real no fragmento. Esse esclarecimento ocorre na totalidade do ordenamento jurídico, enquanto sistema uno, a partir da teleologia derivada da Constituição, de modo irradiante. Esse processo alcança qualquer interpretação jurídica, mesmo que de norma infraconstitucional, categoria na qual se insere o Código Civil, na condição de Lei Ordinária em comunicação com o núcleo constitucional. Ou seja, para novamente buscarmos olhar para a música, no parâmetro intervalar, observada uma escala enquanto sistema, colhe-se que se a tônica dá o tom, sua condição tonal não é autoreferente, é dada pela terça e sua imanência dada pela quinta. Isso para ficarmos em exemplos rasos. O tom é o sentido da escala, que estrutura o comportamento da música. Por isso é também *àgathon*. Não é o *telos*, na medida em que uma melodia pode ter uma trajetória triste ou alegre, estando em modo maior ou menor, não obstante o tom. Assim é no Direito também.

Os princípios estruturantes precisam das demais espécies de normas (regras e princípios menos abstratos), para ganharem densidade e, ao mesmo tempo, transparência. Portanto, somente o todo formará uma unidade material que, justamente, é a unidade sistemática. Mesmo aí haverá lacuna. Ocorrerão antinomias. Haverá entropia, de algum modo. De algum modo o intérprete participa do sistema, como este daquele. O observador não é neutro. Como em *Las Meninas*.[354]

A interpretação jurídica haverá de se orientar pelo princípio da hierarquização axiológica[355] (de modo a serem superadas lacunas, vencidas ou evitadas antinomias e conflitos principiológicos), informada por outros princípios jurídicos objetivadores da interpretação, de modo a que garanta-se operatividade aos atratores, traduzindo a eficácia do sistema.

Na intersubjetividade do discurso, ponderado na indeterminação normativa, investem as apostas observador e auditório, diluindo subjetivismos e evitando mera retórica, sem a cientificidade necessária, para leitura dos valores que conformam o jogo interpretativo.[356]

Tendo por instrumento a palavra, o intérprete desenha seu quadro axiológico na moldura do discurso, em repouso sobre o cavalete do Direito enquanto sistema, com seu olhar debruçado sobre a controvérsia que anima a cena.

Como princípios objetivadores, atente ou não o intérprete, informam o princípio da hierarquização axiológica: o princípio da unidade sistemática, do efeito inte-

---

[354] FOUCAULT, Michel. *As palavras...* ob. cit., p. 3-61.

[355] Sobre o princípio da hierarquização axiológica e sua utilização, vide Juarez Freitas, in *A interpretação* ..., p. 90-144.

[356] SÖNHGEN, Clarice. Nova retórica e argumentação: a razão prática para uma racionalidade argumentativa de Perelman. In: ARONNE, Ricardo. Do uso e do discurso *in digesto. Direito civil-constitucional e teoria do caos...*, ob. cit., p. 186-211.

grador, da máxima efetividade ou otimização dos direitos fundamentais, da justeza sistemática, da concordância prática, da normatividade constitucional ou força normativa da Constituição e, finalmente, o princípio da interpretação conforme a Constituição e seus três subprincípios. A violação submete a decisão à reforma. Discurso por discurso. Razão por razão. Ora de modo dialógico, ora de modo dialético.

Da metodologia ora empregada, verifica-se ciência e não política do Direito, ao contrário do que referia Kelsen,[357] podendo apontar qual das possíveis interpretações de uma norma, dentro da moldura do ordenamento jurídico, é a melhor na resolução de determinados interesses em um caso concreto, em um dado momento histórico de uma determinada sociedade. Não será a única,[358] mas poderá, genealogicamente, se revelar a melhor e a pior. E mais: necessitamos das más interpretações. Dialogicamente.[359]

Ciência em paradigma distinto[360] do que conceberam as deterministas codificações oitocentistas. Intersubjetivo. Indeterminista. Consciente. Este paradigma, paradoxalmente não se reconhece puramente estruturalista. Por ser o Direito problemático, a interpretação há de ser feita topicamente, podendo o intérprete, em face de casos diferentes ou momentos históricos diferentes, chegar a resoluções diversas, na aplicação ou observação de uma mesma norma.

Interpretar importa em concretizar a norma. Importa, assim, em algum sentido modificá-la, intersubjetivando-a. Quanticamente. O processo de interpretação não deixa intocada a norma. É como perguntar ao outro se ele está dormindo. Modificará seu estado. É como a luz. Quando não observada, comporta-se como uma onda; observada, se comporta como partícula.[361] O mesmo se dá com a norma e com um processo judicial, por exemplo. A observação modifica o comportamento. Sentido, conteúdo e eficácia normativa. Um recurso também. Ou não. O sistema é sensível e não linear. Possui, porém, padrões. Indeterminísticos. Dependentes das condições iniciais que constantemente o retroalimentam.

---

[357] KELSEN, Hans. *A teoria pura do direito*. 4. ed. São Paulo: M. Fontes, 1995, p. 393.

[358] PRIGOGINE, Ilya. *As leis do caos*. São Paulo: UNESP, 2002, p. 88.

[359] ARONNE, Ricardo. Introdução ao sistema jurídico, direito privado e caos..., ob. cit., p. 23.

[360] KUHN, Thomas S. *A estrutura das revoluções científicas*. 5ª. ed. São Paulo: Perspectiva, 1998, p. 126: "As revoluções políticas iniciam-se com um sentimento crescente, com freqüência restrito a um segmento da comunidade política, de que as instituições existentes deixaram de responder adequadamente aos problemas postos por um meio que ajudaram em parte a criar. De forma muito semelhante, as revoluções científicas iniciam-se com um sentimento crescente, também seguidamente restrito a uma pequena subdivisão da comunidade científica, de que o paradigma existente deixou de funcionar adequadamente na exploração de um aspecto da natureza, cuja exploração fora anteriormente dirigida pelo paradigma. Tanto no desenvolvimento político como no científico, o sentimento de funcionamento defeituoso, que pode levar a crise, é um pré-requisito para revolução".

[361] Introduzindo a temática, são muito claras as teorias fundamentais da quântica, como as de Heisenberg, Schrodinger, Dirac, Plank, Born, Bohr e Oppenheimer. Para primeira aproximação, o já citado filósofo e físico Paul Strathern (*Oppenheimer e a bomba atômica*. São Paulo: JZE, 1998, p. 12-13.), em especial quanto à mecânica ondulatória, mecânica matricial e álgebra quântica.

Assim definido o sistema, compreende-se as implicações de interpretá-lo. De tocar e ser tocado por ele,[362] sendo os diversos recursos redutores (interpretação literal, autêntica, histórica, conforme, teleológica, etc.), tão somente momentos de um olhar plural, probabilista e multifacetário, pelos quais passa o intérprete.[363]

O sistema deve estar em constante processo de interpretação. Quântica.[364] Essa é sua respiração, seu movimento, seu *spin*, suas avenidas em direção à concretização. Com isso, são necessárias, também, as más interpretações, como interpretações possíveis, fruto de nossa falibilidade. Da possibilidade quântica da norma, em dado *momentum* de sua trajetória histórica, em dada sociedade. Se a interpretação é ruim, verifica-se do discurso que a substancia e motiva. Lá está sua matemática e seu preço. Sua razão. Não se lhe pode negar o espaço público do diálogo, totalizando o método.[365]

O sistema prevê isso. Colegia-se para isso. Recursivamente. Interativamente. Com maior ou menor atração e adesão (eficácia), proporcional ao grau de entropia de seus elementos. Quanto maior sua incoerência (sua entropia), menor adesividade social, eficácia econômica, legitimidade axiológica, credibilidade política e enraizamento com outros sistemas terá. Será um Direito fraco, mesmo que totalitariamente imposto.

Tais esclarecimentos se fazem essenciais pois traçam os pontos iniciais pelos quais se guia o reexame proposto, a fim de que se evite os agudos problemas apresentados pela sistemática civilista tradicional. Determinista e estática. Cristalizada nos paradigmas iluministas, corroídos ao longo do Século XIX e desmascarados no Século XX.

O repensar do Direito Civil, prospectando o Século XXI, portanto, há de ir além do revelar os descalábrios da dogmática civil clássica, cuja manualística insiste em manter arraigada no pensamento jurídico contemporâneo, com ares de indiscutível cientificidade, em justificações metodológicas, cujas quadras devem ser investigadas.

---

[362] GADAMER, Hans Georg. Verdad y método. Salamanca: Sigueme, 1994, p. 117, Vol. 2: "La reflexión hermenéutica es la que en toda comprensión de algo o de alguien se produce una autocritica."

[363] Nesse sentido, para o olhar sistemático mais tradicional (certo que não tradicional), vide Juarez Freitas (*A interpretação* ..., p. 15.), onde se perceberá que toda a interpretação ou é sistemática ou não é interpretação jurídica. É uma perspectiva original e distinta da quântica.

[364] Cabe explicação metodológica no ponto, reduzida para nota evitando-se desvio temático sem empobrecimento de possibilidades de clareza. O sistema jurídico é quântico, na medida em que oferece possibilidades de solução ao intérprete sem uma determinística mecânica. Não obstante, à luz de seus atratores, de caráter normativo e densidade variável, oferece um padrão para compreensão, leitura e aplicação. Aqui se revela o Caos, no sentido em que se lhe atribui a Ciência da Pós-Modernidade. Esse é o sentido que o texto dá ao termo.

[365] Importante em face do que se entende, atentar à política de reformismo nas estruturas judiciárias brasileiras, derivada da EC 45. Tempo e eficácia do processo são noções que se reconstroem nos atuais estudos sobre tutela de urgência e litisregulação.

A metodologia figura como bússula para o jurista. Visa dar-lhe horizonte interpretativo para o manancial entrópico de normas sobre as quais se debruça. Visa uma melhor compreensão do discurso jurídico, pelo auditório à que se dirige, enquanto comunidade privilegiada de intérpretes. O papel da revelação metodológica, com vistas à transparência, tem por tônica a constante evolução do pensamento jurídico; é nela que se dão os confrontos em sede de ciência e, portanto, jurisprudência.

Daí a importância da compreensão da corrente de pensamento sob o pálio da qual tais linhas se desenvolveram. Quando opto por uma interpretação, faço uma aposta necessária[366] diante de um auditório. Mais ou menos segura diante das razões que me fazem optar, mas sempre uma aposta, como revelara Pascal.[367] Todos a fazem, seja juiz, cidadão, administrador público, procurador, empresário, consultor ou promotor público. Também, em distintas medidas, todos participam do auditório. Mesmo na omissão.

Migra-se para novo paradigma. Não existe determinismo absoluto a suportar a segurança da certeza e da verdade, como postulava a modernidade.[368] Um dos primeiros a demonstrar isso, ainda no curso do Século XIX, foi Henri Poincaré.[369] É uma afirmação de nosso livre-arbítrio, enquanto homens.[370] É hora do Direito Civil morder a maçã da sabedoria, para adentrar ao mundo terreno. Ele não se tornará pior que as demais áreas do conhecimento. Nem melhor. Apenas abandonará seu falso e frívolo Paraíso. Seu condomínio epistemologicamente fechado. Seu *"Alphaverve"*!

Poincaré fez com os números o que Nietzsche fez com os valores, e Freud, com a mente. Sangraram o determinismo moderno na virada do século passado. Poincaré mostrou que a lógica da ciência está sujeita ao erro e suas verdades à dúvida. Sua ideia principal é a de que os axiomas e definições, bases de qualquer ciência dedutiva, são indemonstráveis. Entretanto, são convenções não arbitrárias, baseadas na imprecisa observação da natureza. Não arbitrariamente alocadas por uma dada opção axiológica.

Nada é novo. Apenas trabalha-se com elementos que promovem cortes epistemológicos mais profundos em análises deterministas. Antes mesmo de Hume,

[366] MORIN, Edgar. *Introdução ao pensamento complexo*. Lisboa: Piaget, 1995, p. 115-117.

[367] PASCAL, Blaise. *Pensamentos*. São Paulo: Martin Claret, 2004, 418 (233).

[368] SILVA, Ovídio Baptista da. Fundamentação das sentenças como garantia constitucional. *Direito, estado e democracia – entre a (in)efetividade e o imaginário social.* Porto Alegre: IHJ, 2006, p, 325.

[369] POINCARÉ, Henry. *A ciência e a hipótese*. Brasília: UNB, 1988, *passim*.

[370] PASQUALINI, Alexandre. O público e o privado. In: SARLET, Ingo W. (Org.). *O direito público em tempos de crise*. Porto Alegre: Livraria do Advogado, 1999, p. 36-37: "O agir humano há de representar, nos limites do factível, a transição da subjetividade individual para o platô mais elevado da intersubjetividade plenária e universalizável. Eis o motivo por que o individualismo – na sua implícita e recalcada aversão ao outro – se constitui no pecado original da liberdade. Sem dúvida, o maior inimigo da autonomia é o individualista: ele sempre acaba desejando a liberdade – sobretudo econômica – apenas para si. Pior: o individualista na esfera privada é, no mais das vezes, o demagogo na esfera pública. Neste instante, de novo, o público se torna privado [...]".

ainda no Século XVII, o filósofo empirista irlandês Berkeley, demonstrou que a matemática trabalha com axiomas falhos, enquanto verdades necessárias. Por exemplo: Se 5x0=0 e 63x0=0, então 63=5. Pode-se multiplicar por 0, porém não se poderá dividir. É um elemento matemático arbitrário. Sem querer-se avançar onde Prigogyne parou (com um Nobel!), em suas prospecções sobre Caos na Mecânica Quântica e na Química aplicada a sistemas de pressão e sistemas dissipativos, é irresistível não apontar transdisciplinarmente as possibilidades de aplicação da ideia de flecha do tempo no tema de Poincaré, na esteira das possibilidades do Teorema de Bell. Nunca a ciência foi tão transdisciplinar como na contemporaneidade pós-estruturalista.

4. Motivações da teoria da autonomia – entropia e unidade material

"Sofro até o fundo da alma, quando vejo dois poderes em pé, sem que o primado nenhum alcance, e como facilmente penetra a confusão no espaço entre ambos, vindo, assim, mutuamente a se destruirem."

W. Shakespeare. Coriolano. IV, I. 1608.

Existirão descrições fáceis? Idealmente dúcteis capacitando conceituar qualquer universalidade irrestrita? De transcender singularidades, ignorar subjetivismos e impor discutíveis objetivações? Não reconhecer matizes, conforme a ótica dialética imposta pelos múltiplos sistemas binários que acostumamos encilhar nossos raciocínios para radiografar cognitivamente o mundo?

É muito fácil enveredar no engôdo moderno, cujos resultados fragilizaram o planeta e seus habitantes. A partir das polissêmicas noções ora em trato. Propriedade e domínio. Singularidades que não se compadecem de normalizações, escalas, codificações ou quaisquer nichos epistemológicos de acondicionamento oitocentista do ser. Institutos que chegam ao Direito e se projetam do Direito, em constante processo complexo de rearticulação. Entre sístoles e diástoles. Com influências diversas, quando não transversas, de Aristóteles a Mefistófoles. Sensível e não linear.

Impossível adotar uma postura determinista, correlata à Jurisprudência dos Conceitos, para subsidiar uma construção teórica factível pragmaticamente. Importa em ruptura para com os compromissos que costuraram os raciocínios da civilística clássica, sistematizando nos códigos uma unidade lógico-formal, através de conceitos abstratos, ditos "puros", *sintrópicos*.[371] Limpos de tudo o que haja de particular e axiológico.[372] O resultado foi a coisificação oitocentista da condição humana.

[371] Sintropia é um termo cunhado por Ilya Progine (PRIGOGINE, Ilya, STENGERS, Isabelle. *La nouvelle alliance*. Paris: Gallimard, 1979) para designar o contrário de entropia. É um elemento fundamental para caracterizar seus sistemas dissipativos. É o elemento que corresponderia, em Luhmann, à *autopoiese*. Os sistemas jurídicos são entrópicos.

[372] LARENZ, Karl. *Metodologia da ciência do direito*. Lisboa: Calouste Gulbenkian, 1989, p. 20.

A Pandectista e a Escola da Exegese fundem-se em seu positivismo iluminista,[373] na medida em que lhes coube a tarefa de sistematizar as fontes romanas, como matéria-prima para construções conceituais que visavam dar unidade ao direito, que seria positivado nos códigos que perfazeriam sistemas fechados que se revelariam através desses mesmos conceitos. De modo auto-referenciado, seguro e determinado. Objetivo. Objetividade científica, derivada da metafísica kantiana e seus temperos cartesianos, era a palavra de ordem da modernidade. Imunes aos valores, remetidos à irracionalidade, "incivilidade" e selvageria.[374]

> "Foi Puchta quem, com inequívoca determinação, conclamou a ciência jurídica do seu tempo a tomar o caminho de um sistema lógico no estilo de uma «pirâmide de conceitos», decidindo assim a sua evolução no sentido de uma «Jurisprudência dos conceitos formal»".[375]

A voluntarista civilística tradicional, por centrar-se na consideração exclusiva dos conceitos, se afasta do próprio ordenamento dentro do qual se inserem as proposições jurídicas vinculantes, daí resultando quebras no sistema. Entropia e incoerência que deve ser evitada, sob pena de insustentabilidade de suas estruturas axiológicas. Já se teve oportunidade, logo ao início do novo século, de tecer longas notas ao Direito Civil clássico e seu perverso diletismo "abstratatista-conceitual".[376]

O estudo crítico, para além de conceitos e categorias jurídicas, em perspectiva quântica, aplicada via Teoria dos Sistemas, como proposto, há de ser obrado, também, axiologicamente, hierarquizando regras, princípios e valores, colmatando lacunas, evitando antinomias e contradições materiais no sistema, em face de soluções conceituais. Alcança, portanto um "não conceito". Uma arquitetura semiológica fractal. Supera nessa mediada a perspectiva metafísica que informa o Direito

---

[373] SÖNHGEN, Clarice. Epistemologia e metodologia científica: uma perspectiva pluralista. In: ARONNE, Ricardo. Do uso e do discurso *in digesto. Direito civil-constitucional e teoria do caos...*, ob. cit., p. 171-177.

[374] FUNDAMENTAL síntese: LÔBO, Paulo Luiz Netto. Contrato e mudança social. *Revista dos Tribunais*, São Paulo: RT, n.722, p. 41, 1995: "A Declaração dos Direitos do Homem e do Cidadão, da Revolução Francesa, em 1798, proclamou a sacralidade da propriedade privada ("Art. 17. Sendo a propriedade um direito sagrado e inviolável..."), tida como exteriorização da pessoa humana ou da cidadania. Emancipada da rigidez da Idade Média, a propriedade privada dos bens econômicos ingressou em circulação contínua, mediante a instrumentalização do contrato. Autonomia de vontade, liberdade individual e propriedade privada, transmigraram dos fundamentos teóricos e ideológicos do Estado liberal para os princípios de direito, com pretensão a universalidade e intemporalidade. Considere-se o mais brilhante dos pensadores da época, Kant, especialmente na Fundamentação da Metafísica dos Costumes, onde distingue o que entende por autonomia de heteronomia. A autonomia é o campo da liberdade, porque os seres humanos podem exercer suas escolhas e estabelecerem regras para si mesmos, coletivamente ou interindivindualmente. A heteronomia, por seu turno, é o campo da natureza cujas regras o homem não pode modificar e está sujeito a elas. Assim, o mundo ético, em que se encartaria o direito, seria o reino da liberdade dos indivíduos, enquanto tais, porque a eles se dirige o princípio estruturante do imperativo categórico kantiano. Na fundamentação filosófica kantiana, a autonomia envolve a criação e aplicação de todo o direito.

[375] LARENZ, ibid., p. 21.

[376] ARONNE, Ricardo. Por uma nova hermenêutica..., cap. 1, passim.

Privado tradicional, a partir de sua Teoria Geral do Direito Civil, como já se pôde colher da lição pós-estruturalista francesa, herdada pelas escolas do novo milênio.

> "A consciência, nossa intuição do mundo, está além da lógica. Ela não intui qualquer 'presença' de verdade absoluta. Conhecemos o mundo e a nós mesmos por meio da consciência e do 'espelho da linguagem', que são o fundamento de nosso conhecimento, aquilo que o torna possível. No entanto, esse processo, além da razão e da lógica, é, na verdade, *excluído* do processo pelo qual obtemos conhecimento – lógica, razão e assim por diante. As diferenças que dão origem aos significados na linguagem, são transformadas pela lógica em distinções, identidades e verdades. Para Derrida, essa contradição, inevitavelmente, abala a 'verdade' do conhecimento".[377]

Deve ser vislumbrada criticamente a figura conceitual resultante e revelado o seu conteúdo a partir do sistema, de modo a encontrar a melhor solução possível, dentro de muitas que, eventualmente, deverão decorrer. O Direito incorpora, desde seus princípios, a incerteza como elemento inerente. Nucleada nos valores. Admitida sua lógica, percebe-se tocar o novo paradigma. É uma lógica redimensionada e fractal.

Com esteio na metodologia em tela, não há observação ou interpretação neutra. Trata-se de uma matriz, ideologicamente comprometida com a figura do Estado Social positivada na *Lex Máxima.* Por incorporar a incerteza no seu quadro de percepção[378], devem ser radiografados e diagnosticados os resultados de interpretações conceitualistas. Na consideração única e exclusiva dos conceitos, o intérprete afasta-se do ordenamento no qual se insere e ao qual resta vinculado; acaba por gerar quebras. Aí, dentre outras, revela-se uma de suas graves insuficiências.

A fixação dos conceitos, exatamente por não ser geográfica ou histórica,[379] pode variar. Os conceitos derivam da rede axiológica do ordenamento jurídico e existem para ele; nunca o contrário. Perceba-se a historicidade da noção de Família para o Direito, cujo conceito é apenas um redutor. O historicismo é somente um de

---

[377] STRATHERN, Paul. *Derrida.* São Paulo: JZE, p. 35.

[378] PASCAL, Blaise. *Pensamentos.* São Paulo: Martins Fontes, 2001, p. 200: "O homem não é senão um caniço, o mais fraco da natureza, mas é um caniço pensante". Pascal, nesta obra, operando com pensamento dialógico, em detrimento da dialética, acaba por revelar que os opostos simultaneamente antagonistas e complementares são parte inalienável da condição humana. No que em larga medida, acaba posteriormente acompanhado por Nietzche e Hanna Arendt, ele percebe na "condição humana" a coexistência de grandeza e miséria; entendendo que a natureza corrupta é inseparável da grandeza humana. Seriam condições opostas e complementares. A grandeza do homem seria sua faculdade de pensar e sua fragilidade seria a sua miséria. Tal racionalidade é fundamental na operatividade dos princípios.

[379] Neste sentido, vide Juarez Freitas. *A interpretação sistemática do direito.* São Paulo: Malheiros, 1995, p. 16: "Neste quadro, para além do sentido da norma singular deve descobrir o sentido do sistema em relação à proposição prescritiva, não raro sem coincidência com a vontade do legislador histórico, de difícil apreensão precisa. Tal vontade histórica é menos importante que a vontade normativa presente, em função da própria historicidade do Direito, que reclama a sua adaptação às necessidades finalísticas contemporâneas".

seus elementos não sendo o principal.[380] Não pode retirar a fractalidade do Direito, para impor eventual cubismo simplificador e excludente.[381]

Cumpre percorra-se o historicismo sem que necessariamente se lhe atribua a trajetória da interpretação, a palavra final na exegese. É instrumento. Alavanca dialógica de compreensão de normas ou institutos,[382] enquanto significantes que passam a significar na mediação concreta do intérprete,[383] iterativamente no sistema. Para sua genealogia.

Um conceito deriva do instituto que busca descrever. Que se dá a conhecer. Na condição didática. Já um instituto, é revelado ou introduzido a partir do sistema jurídico, que, gize-se, é aberto e completável em sua sempre saudável mobilidade, de modo adequar-se ao fim social, teleologicamente orientado pelos valores que positiva de modo expresso ou implícito.

O núcleo dos institutos, não radica retroativamente, próprios conceitos. Estes, em algum sentido, são metáforas em sede de Ciência. Apenas elementos compreensivos do sistema, paradoxalmente metacognitivos, se concebidos a partir de uma Jurisprudência abstratista.[384] Conflitos conceituais, tal qual os normativos, hão de ser solvidos à luz dos princípios, regras e valores que os informa materialmente. Cognitivamente. Não antecedem ou antagonizam ao sistema. Servem-no.

---

[380] Idem, ibidem, p. 15: "Por outro lado, quando se acentua que a interpretação do Direito tem que ser sistemática, pretende-se dizer que as fases exegéticas (literal, autêntica, histórica, gramatical, lógica, teleológica e outras) são apenas momentos de uma mesma atividade cognitiva, construtiva e relacional".

[381] ARONNE, Ricardo. Introdução ao sistema jurídico, direito privado e caos... Ob. cit., p. 33: "Para que a temática não se remeta a um vácuo, pinço um outro ponto em referência, nesta relação do Direito com fractais, pois comporta melhor síntese. Kelsen, dentre as inúmeras contribuições à Teoria Geral do Direito, revelou sua *grundnorm*, reconhecedora da descodificação e publicização do Direito Privado, como princípio de solução formal no sistema, para evitar entropia, garantindo sua coerência. Daí derivou a fórmula, correta e útil, da hierarquia das fontes, encimada pela Constituição, seguida de tratados e leis complementares, cimeiros à legislação ordinária, decretos e medidas provisórias, que são seguidos por regulamentos e regulações menores. Esta estrutura notabilizou-se, estando presente na doutrina internacional, de maneira pacífica, desde a primeira metade do Século XX. Ocorre que, na contemporaneidade, esta fórmula já não mais reflete fidedignamente a realidade complexa do fenômeno jurídico. Ainda que não se possa apontar como errada, não se pode acolher como exata. É uma aproximação. Uma simplificação. Concebido o Direito como um sistema não linear, instável, complexo e dinâmico, com as características já sinteticamente apontadas, seu sentido apenas resulta construído em concreto. Neste ponto, importantes conclusões, atinentes à metereologia e caos, foram aferidas por Lorenz e, antes ainda, por Póincaré".

[382] Saliente-se que a própria interpretação histórica traduz subjetivismo do intérprete, eis que advém de fatos e informações que além de serem imprecisas na maioria das vezes, não foram vivenciadas pelo intérprete, devendo, portanto, os próprios dados serem interpretados e serem passíveis de diversas interpretações, tal qual se dá com a interpretação originária, quando versa sobre textos legais antigos. Nada é determinado ou absoluto.

[383] SÖNHGEN, Clarice. Hermenêutica e lingüística. In: ARONNE, Ricardo. Do uso e do discurso *in digesto. Direito civil-constitucional e teoria do caos...*, ob. cit., p. 178-185.

[384] STRATHERN, Paul. *Derrida*. Ob. cit., p. 37.

A abertura de um conceito é a garantia de sua manutenção ante a mobilidade que dele decorre, garantindo sua permanência útil no ordenamento, por se adequar ao mesmo e à realidade social, variável com o passar do tempo. Inaplicabilidade implica em descarte.[385] Deve-se, paradoxalmente, preservar o sistema de entropias em detrimento do mais tradicional conceito. Do contrário o Direito não possuirá legitimidade substancial, sucumbindo diante do potencial atrator de elementos mais significativos que ocupem seu lugar.[386]

A indeterminação é fruto de preenchimento valorativo. Deriva da informação principiológica, axiologicamente cambiante e dialógica, resolúvel topicamente. Esse plano segundo, de natureza axiológica, é o elemento determinante de sua compreensividade indeterminada. Daí a aproximação com a semiologia, para além de um conceitualismo. O verdadeiro conteúdo de qualquer conceito se revelará na análise de símbolos e sinais subjacentes, interconectados no sistema jurídico, cuja superfície sustenta a estrutura. Criticamente.[387] Ou operará como um antielemento. Contra o sistema.

Apesar de centrado em conceitos, cumpre reiterar que inexiste identificação de pensamento ou atitude para com o conceitualismo e dogmatismo da civilística clássica. É sob o pálio do pensamento jurídico sistemático que nasceram às linhas que ora se desenvolvem quanticamente. Como dissera Fachin, "{...} é menos uma antinomia e mais um paradoxo partir do qual suscitam-se criação, crítica e reconstrução".[388] Assim também vem constantemente sendo reafirmado pela jurisprudência, desde o novo texto constitucional.

> "Todavia como coisa essencialmente viva, o Direito ultrapassa os limites interpretativos que vão se tornando tradicionais, para atualizar o conteúdo da Lei, buscar no domínio axiológico o seu sentido finalístico, através de encadeamentos visualizadores do que seja justo e razoável. O saudoso Professor Nelson Sampaio lecionava que as decisões judiciais devem evoluir constantemente, referindo, é certo, os casos pretéritos, mas operando passagem à renovação judicial do Direito, sem contudo, abrir a porta ao arbítrio judicial. O ato de aplicar

---

385 Aqui também é verificável uma racionalidade ou lógica própria, a merecer algum destaque no que tange a sua natureza. Trata-se de uma natureza pós-darwinista, que a modernidade tardia construiu. Nela, não necessariamente o mais apto, nos termos originais destes conceitos advindos da Biologia, é o elemento que prepondera em deterimento do outro.

386 PASQUALINI, Alexandre. Sobre a interpretação sistemática do direito. *Revista do Tribunal Regional Federal da 1.ª Região*, Brasília: O Tribunal, v.7, n.4, p.96, 1995: "Em outras palavras, a lei se apresenta tão-só como o primeiro e menor elo da encadeada e sistemática corrente jurídica, da qual fazem parte, até como garantia de sua resistência, os princípios e os valores, sem cuja predominância hierárquica e finalística o sistema sucumbe, vítima da entropia e da contradição. Vale dizer, a unidade só é assegurada por obra do superior gerenciamento teleológico, patrocinado pelos princípios e valores constituintes da ordem jurídica. Vai daí que a idéia de sistema jurídico estava a reclamar conceituação mais abrangente, sob pena de se tornar incapaz de surpreender o fenômeno jurídico em toda a sua dimensão, principalmente na esfera decisória".

387 STRATHERN, Paul. *Derrida...*, p. 51.

388 FACHIN, Luiz Edson. *Estatuto jurídico do patrimônio mínimo*. Rio de Janeiro: Renovar, 2001, p. 23.

a lei ao caso concreto não se resume à subsunção à pragmática das sentenças judiciais anteriores mas que se tenha também como presentes os ensinamentos relevantes da doutrina científica do Direito, fonte subsidiária e elemento revalorizador de todos os julgados".[389]

Através de tais operações, aqui representadas em paradigmático aresto dentre muitos que se poderiam colher como representativos,[390] não tomará o Juiz liberdades permissivas com a Lei, decidindo contra o seu comando, mas, ao estabelecer, em atividade recriadora, a norma regente do caso concreto, dentre as várias opções interpretativas que se oferecem ao seu espírito, escolherá aquela que mais completamente realize o ideal do justo.

A doutrina tradicional, por estar arraigada em conceitos provindos do Direito Romano, distorcidos na Idade Média,[391] estava a engessar a mobilidade sistêmica, de modo que o direito das coisas, assentado em suas teorias de suporte, se encontrava em pleno descompasso com as demais áreas do Direito Civil contemporâneo.[392]

É observável franca evolução em matéria de direito de família, obrigações, ou empresa, entre outros; no entanto, o direito das coisas continua a ser tratado como o era no Século XVIII, mesmo com todas as alterações havidas no Direito, com franca carência de repersonalização, perseguida nos demais ramos. O próprio "novo" Código, neste sentido, buscou ao máximo preservar o anterior, de 1916.[393]

Mesmo a doutrina mais avançada, com uma visão clara da necessidade de maior funcionalização do instituto do direito de propriedade, para dar efetividade à exigência constitucional concretizada na função social dessa, se vê impotente, por vezes, para defender a exigibilidade de tais normas, quando se enreda nas matrizes

---

[389] Do voto do Min. César Rocha, na condição de relator do Rec. Extraordinário 15.468-0-RS, junto ao STF, em julgado do distante 11.11.92, publicado no DJ em 12.04.93 e RTDP 5/265-272, p. 268.

[390] A opção se assenta em um atrator. É proveniente do distante 1992, quando ainda não se solidificara o Direito Civil-Constitucional ou sua epistemologia, hoje dominante. É proveniente do STF, sabidamente a corte mais conservadora dentre os tribunais nacionais.

[391] DANTAS, San Tiago. *Programa de direito civil.* Rio de Janeiro: Rio, 1979, p. 104-107. v. 3.

[392] Em FUNDAMENTAL análise: PASQUALINI, Alexandre. *Hermenêutica e sistema jurídico: uma introdução à interpretação sistemática do direito.* Porto Alegre: Livraria do Advogado, 1999, p. 23: "A exegese, portanto, não se dá a conhecer como simples e secundário método ancilar à ciência jurídica. Como fenômeno algo transcedental da cognição, o acontecer hermenêutico não é exterior, passivo, muito menos neutro em face do seu objeto. A experiência interpretativa se sabe interior e imanente à ordem jurídica. Na sua relação com o intérprete, o sistema não atua como um sol que apenas fornece sem nada receber em troca. Que fique claro que o sistema ilumina, mas também é iluminado. A ordem jurídica, enquanto ordem jurídica, só se põe presente e atual no mundo da vida através da luz temporalizada da hermenêutica. São os intérpretes que fazem o sistema sistematizar e, por conseguinte, o significado significar".

[393] É o responsável pela Comissão Revisora e Elaboradora do Código Civil quem aduz que esta reuniu-se "na esperança de ser aproveitada a maior parte do Código Civil de 1916", assentando como a primeira das diretrizes para os trabalhos, a "preservação do Código vigente sempre que possível." (REALE, Miguel. Visão geral do novo Código Civil. In: TAPAI, Giselle de Melo Braga (org.). *Novo Código Civil Brasileiro – Estudo Comparativo do Código Civil de 1916, Constituição Federal, Legislação Codificada e Extravagante.* São Paulo: RT, 2002, p. XI).

tradicionais.[394] É como se as noções de beleza rompessem completamente com a noção de evolução genética e reprodução humana. É possível? Sim. Porém pode, facilmente, trazer consequências prejudiciais à manutenção da respectiva comunidade em que se aplique o esforço.

São traçadas soluções incompatíveis até com o próprio sistema, ou que intersubjetivamente não se revelam as melhores, por restarem influenciadas por conceitos advindos da Pandectista, que terminam por emperrá-lo,[395] resultando seus textos quase que em lamúrias sobre as necessidades de efetivação da função social e da incompatibilidade de certas normas infraconstitucionais com o texto constitucional, sem oferecerem alternativas juridicamente viáveis e coerentes.[396]

Para que reste evidenciado o apego, ainda atual, a arcaicos conceitos, não mais condizentes com a metodologia jurídica viva e o alcance de tais enraizamentos, é digno de transcrição Arnoldo Wald, referente ao ponto nevrálgico da Tese resultante:

> "Na realidade não nos cabe apreciar aqui a utilidade da distinção entre direitos reais e pessoais. Trata-se de uma diferenciação com fundamento histórico que as legisla-ções modernas adotaram e que se mostrou fecunda nos seus resultados práticos. Não a devemos discutir de *lege ferenda*, como não discutimos a divisão do direito em público e privado. São dados e quadros que a legislação positiva nos oferece e que constituem as categorias fundamentais do nosso pensamento jurídico. A função do jurista, no campo do direito civil, é meramente dogmática e não crítica e filosófica. Dentro do nosso sistema jurídico, o Código Civil define e enumera os direitos reais, cabendo ao estudioso o trabalho de caracterizá-los, interpretando as normas legais existentes e resolvendo, de acordo com os

---

[394] COMPARATO, op. cit., p. 96

[395] GIORGIANNI, Michele. O direito privado e as suas atuais fronteiras. *Revista dos Tribunais*, São Paulo: n. 747, p. 35-55, 1998, p. 36.

[396] FREITAS, Juarez. ibidem, p. 26: "Descritivamente refletindo, em matéria de conhecimento jurídico, não se pode pressupor um mundo acabado fora do pensamento, nem se deve pretender constituir um conceito de sistema a partir de definições alheias ao mundo dos valores materiais e, portanto, históricos. Ainda mais quando se sabe que o núcleo do sistema é constituído de valores e de princípios que transcendem o âmbito da lógica estrita, por ter o intérprete jurídico que operar também com as denominadas interferências não-dedutivas. Vai daí que a adequação ao sistema é atividade marcada e predominantemente teleológica e de escolha crítica de critérios, inclusive e muito especialmente quando se tratar da realização do diagnóstico e do enfrentamento de incompatibilidades entre as normas e princípios, já que, se é certo que a lei posterior – como regra geral – revoga a anterior, quando seja com ela incompatível, não é menos certo que – regra das regras – tal incompatibilidade, como se verá, por envolver um enunciado semântico e teleológico, igualmente exige ser enfrentada à luz dos fins a que as normas presumidamente em colisão se destinam, além de haver a necessidade imperiosa de se levar em conta as exigências prioritárias dos princípios fundamentais. De outro lado não é de se esposar, inteiramente e sem reservas, a concepção da escola histórica, visão meramente indutivista, segundo a qual, classificatoriamente, partir-se-ia do sistema, desde a norma menos complexa até elaborar um conceito amplo e generalíssimo (salvo se se tiver da indução um sentido diverso que a aproxime da metodologia a ser aqui proposta). A mesma crítica serve para os representantes da chamada teoria objetivista da interpretação".

princípios básicos e gerais do nosso direito, os casos limítrofes e as dúvidas eventualmente suscitadas".[397]

O conceito de propriedade hoje já não é o que se via no oitocentismo.[398] Não obstante, concebida a propriedade, como veiculando dois institutos autônomos, onde se liberta o domínio do seu interior, apesar de manter-lhe complementar. Viabiliza novo tratamento à disciplina da propriedade, pela revitalização do instituto, amparada em exegese calcada na metodologia moderna, que a funcionaliza e aproxima da realidade social. A articulação do sistema jurídico confronta afirmações deterministas[399] como a de Arnoldo Wald.

Inaceitáveis posturas no Direito, de passividade e conservadorismo perante o sistema jurídico, em franco comprometimento com ideais liberais burgueses já não abarcados no ordenamento sem relativização alguma, como outrora.[400] São ilegítimas, com puro suporte em desmentida racionalidade instrumental.[401] Incorretas? Não; equivocadas no atual horizonte hermenêutico. Daí a escolha do texto. Os ins-

---

[397] Originalmente colhido de, à luz do Código de 1916: WALD, Arnoldo. *Direito das coisas*. 10. ed. São Paulo: RT, 1995, p. 31. E prossegue ainda, mesmo em nova edição e editora, à luz do suposto novo Código: WALD, Arnoldo. *Curso de direito civil brasileiro – Direito das coisas*. 11ª ed. São Paulo: Saraiva, 2002, p. 31.

[398] Da tradução portuguesa de John GILISSEN, *Introdução histórica ao direito*. 2.ed. Lisboa: Calouste Gulbenkian, 1995, p. 648: "A descrição histórica das situações reais tem sido severamente afectada por utilizações retrospectivas de esquemas conceituais e dogmáticos. Sendo as situações reais, nomeadamente sobre bens imóveis, situações duradouras, elas estão sujeitas a contínuas reinterpretações conceituais. Assim a dogmática oitocentista, dominada pelo paradigma da propriedade absoluta e da oposição público/privado reinterpretou a seu modo as formas de deter as coisas herdadas do passado (exemplar, neste plano, a discussão oitocentista sobre a questão dos forais); a dogmática do direito comum, por sua vez, já reinterpretara, de acordo com as categorias doutrinais tardo-medievais e modernas, as fórmulas dos documentos medievais ou as relações reais estabelecidas na prática; por fim, os notários dos sécs. XII e XIII já tinham procurado classificar as situações vividas nos esquemas terminológico-conceituais da *ars notariae*. De tudo isso resulta a necessidade de uma progressiva decapagem da tradição, que nem sempre tem sido levada a cabo pela historiografia dominante, pelo que o panorama actual da história dos direitos reais, também em Portugal, se revela ainda bastante grosseiro, apesar da atenção que tem despertado".

[399] MELGARÉ , Plínio. Horizontes da democracia e do Direito: Um compromisso humano. In: MELGARÉ, Plínio; BELMONTE, Cláudio. *O Direito na sociedade contemporânea*. São Paulo: Forense, 2005, p. 526.

[400] Cabe aqui citar a análise de Marx, pinçado do texto de Boaventura Santos, mas que talvez traduza o grande problema de uma jurisprudência dos conceitos: "*É tanto mais fácil ao bourgeois provar, usando a sua linguagem, a identidade entre relações económicas e individuais ou até humanas em geral, quanto é certo que esta linguagem é, ela própria, um produto da bourgeoisie e que, portanto, na linguagem, como na realidade, as relações mercantis tornaram-se a base de todas as outras relações humanas.*" (*apud* Boaventura de Sousa Santos. *O Discurso e o Poder: Ensaio sobre a sociologia da retórica jurídica.* Porto Alegre: Fabris, 1988, p. 03).

[401] PASQUALINI, Sobre a interpretação..., p. 96: "Sem descuidar da valiosa e indispensável busca de 'coerência lógica mínima do ordenamento', chama a atenção para o fato de que tal exigência de unidade jamais será lograda apenas no patamar formal, uma vez que, na origem mais remota do Direito, estão presentes princípios e valores jurídicos potencialmente contraditórios. Isso importa em afirmar-se optar por outra formulação – que o Direito, com asas de cera do formalismo dedutivista, nunca atingirá coerência sem comprometer, ato contínuo, sua eficácia e legitimidade substanciais".

titutos e noções em enfoque, propriedade e domínio, são de grande importância por tratarem-se dos fundamentos aptos para compreensão e operação em relação a todo o direito das coisas.[402] Com novas possibilidades que abrem. Complexas.

As perplexidades advindas dos bancos acadêmicos, ainda fruto de um tratamento esclerosado pela maior parte da atual doutrina civilista, voltada para os direitos reais, não raro desbordam para atingir os tribunais e a legislação pátria, que enfrentara claras dificuldades para tratar toda a matéria de direitos reais, fundando-se na Teoria Realista, Personalista ou Eclética, ainda na margem do Século XXI.

Na noção de propriedade, que conforma o instituto e deriva da última das três assinaladas teorias, adotada com maior pacificidade pela doutrina do final do milênio, destacam-se dois elementos completamente distintos e com naturezas diversas, um, fruto de seu aspecto interno e outro, de seu aspecto externo, em forçada correlação didática com a perspectiva mista.

O próprio tratamento dispensado na prática ao aspecto interno da propriedade pela Teoria Eclética, é completamente diferente do externo, que se denominará propriedade, na condição de titularidade. O interno compreende o que se designa comumente por domínio na legislação e, inconscientemente, na própria doutrina, apesar de conceituá-lo de forma completamente diversa, quando do trato específico.

Não é um privilégio do domínio ou da propriedade. Também se dava com a posse, estando superadas as bases sobre as quais se erigiu a doutrina referente à matéria, como também tratado em momento próprio,[403] mesmo que posterior ao nascimento da Teoria da Autonomia. Nada novo, outra vez.[404] O Direito, assim como toda a Ciência, tem compromisso com as gerações viventes e vindouras, não obstante seu legado enquanto marco de horizonte. O passado preserva-se enquanto

---

[402] DÍEZ-PICAZO, Luis; GULLÓN, Antonio. *Instituciones de derecho civil.* Madri: Tecnos, 1995, p. 37. v. 2.

[403] Referência ao texto que gestou a Teoria Tríptica da Posse, em moldes semiológico-discursivo-sistemático correlatos à Teoria da Autonomia: ARONNE, Ricardo. Titularidades e apropriação no novo código civil brasileiro: breve ensaio sobre a posse e sua natureza. In: SARLET, Ingo Wolfgang. *O novo código civil e a constituição.* 2ª. ed. Porto Alegre: Liv. do Advogado, 2006, *passim*. Colhe-se: "A posse não trouxe novidades. Visitada como o foyer da propriedade privada, principalmente propriedade privada da terra, meio de produção por excelência desde o Brasil colonial – realidade que perdurou nas primeiras repúblicas –, abre o capítulo dedicado ao direito das coisas, oscilando entre as teorias alemãs clássicas mais aceitas (objetiva e subjetiva), adaptando-as para servirem de escudo a eventuais ataques à propriedade imobiliária."

[404] GONNARD, René. La propriété dans la doctrine et dans l'histoire. Paris: LGDJ, 1943, p. 1-2: "Dans les sociétés humaines même les plus rudimentaires, se pose le problème de l'appropriation, c'est-à-dire le problème de la manière dont sera assurée, aux individus ou aux groupes, la faculté, plus ou moins durable et plus ou moins exclusive, de disposer des biens.[...] Et le droit de propriété, dans sa forme et dans son organisation, on a beaucoup varié dans le temps et dans l'espace". Ou seja: "Na sociedade humana, mesmo nas mais rudimentares, é colocado o problema da apropriação, quer dizer a maneira que será assegurada, aos indivíduos ou aos grupos, a faculdade, mais ou menos durável e mais ou menos exclusivo, para se dispor dos bens. [...] E o direito de propriedade, na sua forma e na sua organização, alterou-se no espaço e no tempo". (Tradução livre)

passado; pode, porém, ser influenciado assim como de alguma forma influenciará as dimensões temporais seguintes.

A Genealogia é um exemplo de como o presente pode reconstruir o passado, chegando a distintas histórias, paradoxalmente verdadeiras em suas verdades de acolhimento. Tom. Cor. Valor. *Momentum*. As gerações, enquanto medida de passagem de algo que se proponha a definir como tempo, integram os elementos multiculturais que a pós-modernidade deu passaporte na metodologia científica.

Não deve ser aceita com passividade doméstica a dogmática pandectista como método privilegiado. As atuais sociedades de informação do início de milênio registram outro estágio. São, em tendência, completamente diferentes e mais complexas das que sucedeu. Também nos métodos e fundamentos. Seja do jusracionalista, do romano em quaisquer de suas múltiplas facetas, da feitura dos grandes códigos, no arco do BGB e do *Code*, de tardia modernidade iluminista, o sistema jurídico migrou de sentido no pós-estruturalismo.[405] A sociedade também.[406]

É paradoxalmente desigual, em desafio a definições que possam situar-se no espaço ou tempo. Dois indivíduos, em uma mesma comunidade, podem ter seu acesso à tecnologia disponível, sem qualquer proporção ou medida. Um pode ter acesso à medicina de ponta, enquanto o outro somente acessa o conhecimento do Século XIX. Esses saltos potencializam-se entre comunidades distintas. Mais ainda entre sociedades.

Isso se replica, fractalmente, por dimensões de complexidade múltiplas. Educação. Informação. Segurança. Higiene. Qualidade de vida. Transporte. Comunicação. Jurisdição. Economia. Legislação. Saneamento. Representação. Dignidade. Ou seja, diversos elementos componentes de algo complexo, qualificável como "Janela". Uma janela através da qual há acesso ao mundo exterior. Ao mesmo tempo, um espelho. Reconhece um mundo exterior do qual sequer tem noção conhecer, e passa ao estágio de transformação. Dialogicamente.

Para aumentar a complexidade – como o exterior é reflexivo de um interior que o transcende e é plural –, a imagem desse exterior é mutante diante de cada interior que, por sua vez, reciprocamente influenciado, também está em mutação. Em cada "janela" e de cada "janela". Como se pode inferir, a noção de paradoxo não pode ser retirada do processo de conhecimento ou compreensão. Não pode, por extensão, ser retirada na noção de interpretação ou de concretização. Da her-

[405] Ressalta-se que a dimensão pós-estruturalista que nossa metodologia agasalha, sem dúvida abebera-se em muito da atual Escola Francesa de Filosofia, bem representada por Derrida, porém não lhe deve filiação ou submissão, principalmente ao se constituir pós-metafísica. Assim, o mesmo "niilismo" que irmana em dados momentos, distancia em outros. Paradoxo? Identidade. Cabocla.

[406] Nesse sentido é notável que o Direito Administrativo brasileiro, influenciado por doutrinas distintas, nunca teve o apego de codificar-se. Aliás, é continental a diversidade para com o Direito Privado, chegando em muitos momentos a parecer-se com o direito norte-americano. Daí repetir-se fetichista o Direito Civil, com seus freudianos mitos codificados. Ora recodificados. Para quem? Até quando?

menêutica. Também é desafiada a noção de subjetividade com que a ciência de "pós-modernidade tardia" vem dialogando.

Desafiar metodologicamente essa realidade importa numa opção racionalista pelo irracionalismo moderno dos modelos tradicionais, aqui universalizados em grandes linhas representativas de algumas destas Escolas. Não é uma aposta sábia, diria hoje Pascal. O grande problema da dogmática centrada no Historicismo, na Exegese, no conceitualismo, na Pandectista,[407] ou na salada epistemológica proferida pelo papagaiar manualístico, é seu parasitário risco de atentar contra o próprio Direito diante do solipcismo que lhe é inerente.[408] Esse mal também atinge todas as demais correntes positivistas que desfilam até a Teoria Pura, já no Século XX. A simplificação. A complexidade desmistifica esse paradigma moderno.

As conclusões encaminhadas pela Teoria da Autonomia chocam-se diretamente com muralhas dessa racionalidade; a exemplo das fronteiras traçadas por Arnoldo Wald, enquanto paliçada conceitual. Chocam-se também com sua postura epistemológica, pois residem em outro contexto de compromissos. Sociais ou paradigmáticos. Outro contexto de aposta epistemológica.

É impossível, ignorando a noção de "janela", fazer com que a vida humana e a realidade social caibam dentro dos Códigos, sob pena de um erro fundamental de premissa a resultar em que o Direito tenha um fim em si mesmo, perdendo completamente sua natureza instrumental.[409] Daí o problema da crise das codificações, fundado essencialmente na negação da abertura do sistema jurídico.[410] Abertura re-

---

[407] Para que bem se observe o atraso da manualística pátria em termos de produção digna de ser classificada como científica, vale a leitura de Karl Larenz (*Metodologia da ciência do direito*. Lisboa: Calouste Gulbenkian, 1989, trad. José Lamego), onde o autor traça toda a história da evolução das escolas do pensamento jurídico ocidental, até sua época. A obra é muito bem sintetizada por Juarez Freitas (*Interpretação sistemática do direito*, op. cit., p. 22-25, nota 03). As conclusões derivarão muito simples.

[408] GOMES, Orlando. *Transformações gerais do direito das obrigações*. 2. ed. São Paulo: RT, 1980, p. 03: "Para os pandectistas, o ordenamento jurídico há de ser um sistema totalmente organizado e independente, isento de lacunas, de sorte que todo o caso jurídico possa ser enquadrado num conceito. Reduz-se, em consequência, a função do juiz a mero autômato, por isso que lhe cumpre apenas encontrar o Direito pelo processo de subsunção, e se limita a instrução jurídica ao aprendizado da doutrina em uma sucessão sistemática totalmente ordenada sob forma estritamente lógica".

[409] Sobre a questão versada Orlando de CARVALHO faz ao intróito de sua obra (*A Teoria geral da relação jurídica: Seu sentido e limites*. 2. ed. Coimbra: Centelha, 1981, p. 7-15) importantes digressões sobre a pandectista e a repersonalização do direito, que se hão de ter presentes, principalmente à nota 1, ao replicar críticas do professor Antunes Varela sobre suas observações quanto à teoria geral pandectista.

[410] É fundamental demonstrar na origem. Remontando bem a percepção de sistema fechado, Miguel Reale, cujo papel na direção da comissão dos notáveis que desenharam a codificação desde sua concepção, em recente obra retoma antigas ideias, às quais acreditava-se superadas. Leciona: "Desde o Código Napoleão vige o entendimento de Portalis, segundo o qual os artigos de um código devem ser interpretados uns pelos outros." (REALE, Miguel. *Estudos Preliminares do Código Civil*. São Paulo: RT, 2003, p. 49). A lição é tão importante e nodal para o apontado jurista, que é reprisada logo adiante na mesma obra: "'Em um código os artigos se interpretam uns pelos outros', eis a primeira regra de Hermenêutica Jurídica estabelecida pelo Jurisconsulto Jean Portalis, um dos principais elaboradores do Código Napoleão." (idem., p. 61). Não obstante, o jurista em seguida afirma ter a nova codificação superado a leitura civilística da Escola da Exegese e da Pandectísta (ibidem, p. 65). Como já pude outrora

conhecida explicitamente na lei; textualmente.[411] Reduzida a uma fotografia em sépia, envelhecida pelo desgaste da incoerência.

Repudia-se conservadorismos metodológicos emperradores do sistema jurídico.[412] São socialmente perversos. Fixam, atemporalmente, o Direito em coordenadas que se superam diariamente. Este é e há de ser móvel para acompanhar a própria evolução da sociedade à qual se destina regular. A sociedade não cabe ou serve ao ordenamento (formalmente percebido como fechado e desprovido de valores). O próprio sistema não cabe em conceitos predefinidos, de uma alegada legitimidade histórica improvável e de cientificidade e racionalismo mais do que discutíveis.[413]

Sequer a segurança prometida é factível de ser promovida. É apenas um mito. Um fetiche. Uma colorida oferta de espelhos e colares *d'além mar*. Um *constructo*. Arquetípico. Psicosocialmente sedutor; atrator. Não obstante uma miragem nos desérticos compromissos da modernidade.

> "[...] No Direito, ninguém dá a última palavra (interpretação): o fim sempre constitui um novo e eterno começo. Um texto (normativo ou literário) está longe de ser uma espécie de animal doméstico mansamente acomodado aos pés do intérprete ou, ao reverso, uma besta selvagem totalmente rebelde às aproximações da exegese. [...] Apesar disso, o certo é que há boas e más interpretações, e a ordem jurídica não pode abrir mão de perseguir as melhores – as que promovam a máxima integração com o mínimo de conflito entre os elementos constitutivos do sistema. Eis o cálice do qual o intérprete não tem o direito de se afastar sem romper a aliança com o sistema e consigo mesmo. Os princípios, normas e valores alimentam diferentes leituras e sistematizações, mas são, também eles, em sinergia com a cultura humanístico-jurídica, os quais mais auxiliam no desafio de decifrar o melhor sentido. O intérprete, na multifecundidade dos significados, descobre a pluridesigualdade das interpretações, cujo necessário esforço de hierarquização, ultrapassando as escolhas politicamente arbitrárias, convoca o auxílio integrativo das linhas axiológicas do ordenamento jurídico. O Direito não deve e não precisa, na sua aberta unidade sistemática, abdicar do que possui de melhor. O sistema jurídico é, com certeza, um 'ícone' ou 'índice'

---

observar, há de se manter a guarda alta, sob pena de assistir o cadáver levantar, saltar a janela e fugir correndo. A antiguidade não passou e facilmente reveste-se de jovem, a parecer que o passado possa fazer-se presente com a nova codificação. O discurso de fechamento também, pois, ficando-se com o mesmo autor e obra, o Código "exclui a possibilidade de os homossexuais nela se abrigarem, devendo aguardar lei especial." (Ibidem, p. 71-72).

[411] Nesse sentido vide o próprio texto do art. 4º e 5º da LICC.

[412] COMPARATO, Fabio Konder. Direitos e deveres fundamentais em matéria de propriedade. *Revista do Centro de Estudos Jurídicos da Justiça Federal*, Brasília: CEJ, v.1, n.3, p.95-96, 1997.

[413] Termo empregado no sentido intersubjetivo. Não no sentido dado por Kelsen (*A teoria pura do direito*. 4. ed. São Paulo: M. Fontes, p. 18-25, trad. João B. Machado). Há uma racionalidade no sistema, sob pena de não vislumbrarmos o Direito como uma ciência, o que se diferencia é o próprio conceito de sistema, enquanto conjunto de regras, princípios e valores, teleologicamente orientados, de modo que, assim definido, definida está sua interpretação, que necessariamente há de ser sistemática, como aduz Juarez Freitas (*A Interpretação* ..., p. 14).

móvel, mas permanece, ainda e eternamente, um sistema e, como tal, evoca, em muitos casos, um número ilimitado de interpretações, sem, contudo, justificar, levadas pelo voluntarismo, leituras incontinentes e dogmáticas. A hermenêutica, embora não configure um cálculo epistemológico exato e sem resto, é, evidentemente, *meno aleatoria di una pùntata sul rosso o sul nero*. À diferença do que pensava Valéry de seus versos, a ordem jurídica não tem, pura e simplesmente, o sentido que se lhe queira atribuir ou impor. Em cada ato interpretativo, estão presentes, em distintos níveis de densidade, não só os apontados princípios, normas e valores jurídicos, mas, antes, junto à consciência dos operadores do Direito, a tradição histórica, doutrinária e jurisprudencial, com base em que a exegese faz o sistema falar. Trata-se, portanto, sem prejuízo da regra da poli-interpretabilidade do sistema, de tarefa intrínsecamente dialógica e crítica, em que a comunidade hermenêutica dos juristas culmina ou por sufragar as interpretações mais adequadas ou, então, por desenganar as mais aberrantes".[414]

Tampouco o recurso às cláusulas-gerais, integradas ao "novo" Código, ao lado dos conceitos jurídicos indeterminados, resolve as incoerências emergentes do olhar tradicional.[415] Se a propriedade resultar estruturada como absoluta, ela não estará estruturada para funcionalização. Ao contrário. Importará em armadura do interesse individual, instrumentalizado por direito subjetivo oponível contra os interesses de tudo e de todos, que não possuem guarida natural no estatuto proprietário. Como nos moldes clássicos. Não há nexo em construir-se como absoluto para afirmar-se como relativo. É uma contradição performativa que é refutada formal e materialmente no sistema jurídico.

Mesmo que seja dado ao julgador, neste ponto de incidência da cláusula-geral, articular o interesse social para dentro do bojo de toda e qualquer titularidade absoluta, quais critérios positivos que o intérprete terá para se valer, ausente toda e qualquer arquitetura? E àqueles atingidos por sua ação ou omissão interpretativa? Qual é o elemento intersubjetivador desses interesses? A cláusula-geral é uma norma eficaz ou uma possibilidade de intervenção do Estado, nos direitos subjetivos individuais?

Será o seu papel promover ou refrear a jurisprudência? Paradigmáticas as palavras de Sylvio Capanema de Souza: "Neste momento tão denso, que vive a ordem jurídica brasileira, ao receber uma nova ordem jurídica, é de excepcional relevância o papel da doutrina a quem cabe desvendar e explicar as mensagens que fluem do

---

[414] PASQUALINI, *Hermenêutica...*, p.24-26.

[415] Apenas para exercício intelectual do que se expõe, cogite-se um exemplo na esfera publica, onde a condição de um ato discricionário, por Ministro da República, equivaleria a discricionariedade do Juiz na conformação de cláusula-geral. Imagine-se que o *Cirque du Soleil* estivesse em turnê brasileira, patrocinado por duas portentosas instituições financeiras e some-se a possibilidade de um ministro que *kaya na gandaya*, no exercício de seus encargos e ceda uma verba de nove milhões de reais do Ministério da Cultura, para o evento, em ato legal. Por certo este ato é incoerente ao núcleo axiológico do sistema, vinculando hermeneuticamente no sentido de sua retificação. Importaria inclusive em responsabilidade administrativa, diante dos compromissos constitucionais do administrador público.

Código Civil, orientando a construção pretoriana que surgirá, integrando o novo texto legal, para suprir eventuais lacunas".[416] É verdade. Mas também é verdade que a jurisprudência, com acento no princípio do *non liquet*, não poderá descansadamente aguardar. Tampouco a sociedade.

Não menos verdade é não existir absoluto e que muitos setores sociais haverão de olhar por distintas Janelas, de ainda distintos edifícios epistemológicos. Isso é essencial. Garante o fundamento democrático que legitima a ordem jurídica. Teve sua semente no pluralismo.

O universo não faz lembrar agora aqueles contos árabes em que cada história se encaixa em outras histórias? A história da matéria encaixa-se na história cosmológica, a história da vida na história da matéria. E, por fim, nossas próprias vidas estão mergulhadas na história da sociedade.[417]

O dissenso é fundamental ao jogo democrático. É seu reconhecimento. Uma inerência. Como por certo haveria de estar presente nas teorizações acerca de um dos pontos mais sensíveis da própria concepção de Estado, como é o caso da propriedade privada. Posições mais diversas vertem as mais diversas opções possíveis de conformação dos valores no sistema, na articulação da dinâmica proprietária. Cite-se uma, continentalmente distante da que o texto acolhe:

Ora, não se nega se dever do proprietário [sic.], dar à sua propriedade função social. Contudo, questionável é assertiva no sentido de que a sociedade teria – ou tem – o direito de exigir do proprietário o cumprimento de seu dever. Ainda no plano argumentativo, se propriedade inócua é aquela destituída de funcionalidade social, admissível se mostra o posicionamento enquanto tratado em tese, tão somente. Todavia é curial que não compete ao Poder Judiciário, e muito menos a grupos invasores organizados, eleger ou mesmo apontar, qual propriedade está ou não cumprindo sua destinação social. Pois, como visto, tal competência, consoante mandamento constitucional expresso, é exclusivo do Poder Público municipal e da União, conforme o caso.[418]

Essa diversidade é saudável. Negar é totalizar e totalizar é negar. Opção que o ordenamento excluiu de sua estrutura axiológica, na adoção do naipe de valores que inaugura a Constituição. Em especial pelo explícito pluralismo, a ser sustentado pela epistemologia que funda a Teoria da Autonomia, pois inerente ao discurso democrático que amarra o leitor da Carta em sua arquitetura fractal.

A partir desse ponto de vista, até mesmo as decisões erradas da vida – os desvios e descaminhos, os atrasos, as "modéstias", a seriedade esbanjada em tarefas que não fazem parte da tarefa – tem seu valor e seu sentido peculiar... Nisso pode chegar

[416] Apresentando importante obra de Melhim Namem Chalhub (*Curso de direito civil – direitos reais*. Rio de Janeiro: Forense, 2003, p. IX).

[417] PRIGOGINE, Ilya. *O fim das certezas*..., p. 192.

[418] RIBEIRO FILHO, Romeu Marques. *Das invasões coletivas: aspectos jurisprudenciais*. Porto Alegre: Livraria do Advogado, 1998, p. 69.

a se expressar uma grande sabedoria, até mesmo a maior das sabedorias: onde o *nosce te ipsum* seria a receita para o nafrágio, se-esquecer, não-se-compreender, se-apequenar, se-estreitar, se-medianizar acabam se tranformado na razão em si.[419]

Deve integrar e dialogar no jogo de interesses que compõem o núcleo constitucional dos direitos fundamentais. Não deve totalizar, deve compor. Com proporcionalidade. Como um atrator, no jogo de interações que concorrem na influência da trajetória discursiva da conformação do sistema. A cada caso. Diante de cada auditório. Frente renovados interesses. Topicamente. Como uma partícula. Não obstante, sempre e ainda uma onda. No sistema.

5. Anatomia dos direitos reais – dissecando o direito das coisas

"À ação de muitos golpes de uma machadinha,
o mais possante carvalho oscila e acaba vindo ao chão."
W. Shakespeare. Henrique VI. II, I. 1591

Circunscrevendo o tema com olhos tradicionais, os direitos reais[420] compreendem a relação entre os indivíduos e os bens da vida que o cercam, sejam corpóreos, incorpóreos, fungíveis, infungíveis, frugíferos, infrugíferos, e demais que se possa classificar, cobrindo a gama de possibilidades de bens, com os quais consiga o indivíduo se relacionar na esfera dominial.[421]

Os direitos reais monopolizam o discurso do direito das coisas moderno. Denomina-se real a categoria de direitos subjetivos que ao invés de vincular indivíduos entre si, vincula sujeitos com bens.[422] Esse é o viés de análise moderno e cartesiano para ordenação da espécie no ângulo subjetivo que o Direito Civil logrou adotar, por via da tradição, na compreensão de sua disciplina.

Tais raízes se deitam no Direito Romano, porém são de sistematização oitocentista e historicidade mais compromissada em influenciar do que em investigar. Coerentemente à Teoria da Relação Jurídica que alicerça, desimporta-lhe o objeto do direito,[423] devendo ser observado o vínculo, para correta clasificação. Com apego à parte e sem visar o todo.

---

[419] NIETZSCHE. *Ecce...*, ob. Cit, p. 63

[420] Também chamado de Direito das Coisas. Existe controvérsia doutrinária, permissa *venia*, inócua, no sentido de versarem sobre âmbitos diferentes (vide FREIRE, Rodrigo da Cunha Lima. Princípios regentes do direito das coisas. *Revista dos Tribunais*, São Paulo, n. 735, p. 57-58 e ainda FERNANDES, Luís A. de Carvalho. *Lições de direitos reais*. 2. ed. Lisboa: Quid Juris, 1997, p. 14). Não nos ateremos à mesma, por não importar em prejudicial à matéria, sendo os termos aqui empregados de forma indistinta. Também o termo "coisa" restará empregado no texto como sinônimo de bem, apesar de compreendermos o segundo com uma amplitude maior, a englobar até mesmo direitos. Mesmo assim, por questões didáticas, nos valeremos de tal terminologia mais simplificada e reconhecidamente menos técnica.

[421] BEVILÁQUA, Clóvis. *Direito das coisas*. 5. ed. Rio de Janeiro: Forense, 1956, p. 11. v. 1.

[422] ALMEIDA, Francisco de Paula Lacerda de. *Direito das cousas*. Rio de Janeiro: J. R. dos Santos, 1908, p. 37-38. v. 1, e Luís A. de Carvalho Fernandes, op. cit., p. 13.

[423] Seja mediato ou imediato.

Seus elementos são dissecáveis conceitualmente para conduzir às soluções lógicas e simplificá-las. Como na, então, recente Física de Newton. Determinista e dogmática. Simbolizam o paradigma de ciência da modernidade que criou o Direito Civil. Traçam as bases de um positivismo às vésperas de se instalar com raízes muito profundas nas civilizações ocidentais. Tais fórmulas são constantemente repetidas nos manuais universitários (das mais diversas "Ciências").

Um contrato de compra e venda de imóvel[424] objetiva um bem patrimonial e tem por fim sua circulação. Caso o objeto guardasse o relevo de elemento classificatório, o direito subjetivo decorrente do contrato teria natureza real. Não é assim, não obstante o "senso comum". Afetaria a estrutura absoluta que amalgamou o discurso proprietário[425] ao despertar do Estado Moderno, na cultura dos valores germinados na Resnacença e Iluminismo. Na *Belle Époque*.

Vislumbra-se o vínculo, com o fito de classificação, podendo ser observado no anterior exemplo, que o contrato gerará um vínculo entre indivíduos (pessoal), onde o comprador fará jus a receber coisa certa, e o vendedor, a receber quantia certa. Observa-se a condição de *credere*, nos sujeitos, onde um é credor e outro devedor de certas prestações. Tal direito estará na esfera obrigacional, em face do vínculo havido.

Cartesianamente simplificador e antinatural. Kantianamente voluntarista, patrimonialista e metafísico. Vitoriano. Determinista; sem espaço para incerteza em suas fronteiras. Qual Newton. Qual a física moderna, de Laplace, à qual tinha por modelo ideal a imitar, no paradigma emergente.

Exemplos abundam. No direito de superfície, abrigado em 2001 pelo Estatuto da Cidade e albergado no ano seguinte, não sem entropia, na Recodificação Privada, a Teoria Tradicional produz diferente tom para seu matiz. Edifica o vínculo entre sujeito e bem, para caracterizar sua condição de relação de direito real. Serão irrelevantes (externalidades, para o discurso econômico ou de *Law and Economics*), em tese, os demais sujeitos além do ativo, podendo sequer existirem para aferição de vínculo, pois este não se dará entre sujeitos.

Coerentemente, ao olhar econômico pandectista e ao formalismo da *École*, a matéria vem regulada no livro dedicado ao direito das coisas. Isso ocorre em todos os gravames dominiais, sistematizados como direitos reais sobre coisa alheia na codificação, se tomados pelo viés tradicional.[426] Devastadoramente simplificador, eficiente e excludente.

Os direitos de ordem pessoal podem ter por objeto bens (foram constituídos pelo ordenamento com tal fim), tendo em vista que tanto os obrigacionais como os reais estão na esfera do direito patrimonial. Ocorre que o objeto imediato dessa es-

---

424 Art. 1.122 do CCB.

425 Eroults. O discurso jurídico da ... Idem.

426 Para uma crítica mais vertical do tema, no que tange aos direitos reais sobre coisa alheia, vide meu *Por uma nova hermenêutica dos direitos reais limitados...* (*passim*, em especial a partir do capítulo 3).

pécie terá de ser uma prestação. Havendo também um bem por objeto, nos direitos obrigacionais, este será mediato, em razão da prestação.[427]

Como resultado do discurso tradicional, forte perspectiva abstrata e patrimonialista, coerente aos ares do liberalismo econômico que gestou o regime de propriedade no nascimento do Estado Moderno a partir do discurso iluminista, se entranha no Direito Civil.[428] A infinitamente complexa simplificação cartesiana, divisora dos sentidos e dos sistemas, disseca, através da Teoria Tradicional que formula e codifica, o Direito Privado. Privadamente. Para poucos. Sussurrada.

Fundado no jusracionalismo e ancorando-se no jusnaturalismo, para qual o direito de propriedade perfaz um direito natural do homem[429], facilmente o discurso moderno entronizou a inviolabilidade da propriedade privada, alinhando-a com a noção de liberdade e dignidade do indivíduo,[430] derivada da sacralização do instituto já na Declaração de Direitos do Homem e do Cidadão havida no outono do Século XVIII.

Situou sua artificial recusa à ambiguidade, em plena regência dos ideais iluministas que tomavam o cetro da história da Europa Ocidental e se alastravam para poduzir efeitos que perdurariam até as grandes guerras do Século XX, deles derivadas. Do falecimento de arquiduques à ascenção dos regimes totalitários, o projeto da modernidade estendia suas sombras iluministas. Nele, a propriedade tem um papel central.

Recebendo um livro próprio, no *Code Napoleón*, a propriedade em suas diversas manifestações e arranjos cuja relevância interessara ao liberalismo nascente, ingressava no infante Direito Civil com arquitetura e configuração própria.[431]

---

[427] COVIELLO, Nicola. *Manuale di diritto civile italiano.* Milano: Società Editice Libraria, 1924, p. 250: "L'espressione oggetto di diritti» viene usata in vario senso. Talora con essa viene a designarsi ciò che cada cade sotto la potestà dell'uomo, e si dice anche oggetto *immediato* del diritto; talora significa ciò a cui il diritto tende, ciò che a causa del diritto ci si rende possibile, lo scopo finale del diritto, e si dice anche oggetto *mediato* del diritto. Così nei diritto d'obbligazione per esempio si chiama oggetto tanto il fato del debitore, cioè la prestazzione, quanto la cosa di cui si deve godere in forza della prestazione. Perciò, per maggiore esattezza di linguaggio e precisione d'idee, si è convenuto di chiamare *oggetto* dei diritto ciò che cade sotto la potestà dell'uomo, e invece *contenuto* dei diritti ciò che a causa dell diritto ci si rende possible ottenere".

[428] Ainda ficando-se em Lafayete. Idem, ibidem: "Nas condições da vida humana, neste mundo que Kant chamava fenomenal, a propriedade, isto é, o complexo de coisas corpóreas susceptíveis de apropriação, representa um papel necessário. A subsistência do homem, a cultura e o engrandecimento de suas faculdades mentais, a educação e o desenvolvimento dos germes que a mão da Providência depositou em seu coração, dependem essencialmente das riquezas materiais".

[429] Novamente observa-se, em Lafayete (idem, ibidem), na nota acima, que o termo a "Providência", comparece literalmente no trecho transcrito acima.

[430] Para um olhar mais específico vide: ARONNE, Ricardo. Por uma nova hermenêutica dos direitos reais limitados – das raízes aos fundamentos contemporâneos. Rio de Janeiro: Renovar, 2001, p. 7-197.

[431] GONNARD, René. *La propriété dans la doctrine et dans l'histoire.* Paris: LGDJ, 1943, p. 1-2: "Dans les sociétés humaines même les plus rudimentaires, se pose le problème de l'appropriation, c'est-á-dire le problème de la manière dont sera assurée, aux individus ou aux groupes, la faculté, plus ou moins

Na leitura tradicional privatista, a disciplina do direito das coisas corresponde ao estudo do respectivo livro da codificação, com o patrimonialismo e abstração que são naturais aos esquemas juscivilistas clássicos.[432]

> "La distinzione fra diritti reali e diritti di obbligazione è fra le più dibattute dalla nostra dottrina civilistica, impegnata nello sforzo di individuare i criteri idonei a giustificarla sul piano scientifico e su quello normativo. Non occorre certo insistere per sottolinearne l'importanza, non solo perché tutti i rapporti giuridici patrimoniali dovrebbero trovar posto, almeno in linea di massima, nell'una o nell'altra delle due categorie, pensate come esaustive, ma anche e soprattutto perché da tale collocazione dipende la scelta della disciplina normativa appropriata, rispetivamente, a quelli di tipo reale ed a quelli di tipo obbligatorio. Non va, d'altra parte, dimenticato che negli uni e negli altri si riflettono realtà economiche radicalmente diverse a seconda dei modi in cui l'uomo opera concretamente, nella vita di ogni giorno, al fine di procurarsi i mezzi necessari al soddisfacimento dei suoi bisogni. Si pensi, ad esempio, al bisogno di una casa, che può, secondo *l'id quod plerumque accidit*, essere soddisfatto acquistandola, in cambio di un prezzo, da chi ne è proprietario oppure impegnando quest'ultimo a metterla a disposizione affinché altri ne goda per un certo tempo in cambio di un corrispettivo".[433]

O determinismo que marca o paradigma clássico, torna fácil a definição da esfera de conhecimento ora ferida. Própria para dissecações. Natural à objetos mortos. Estáticos. Direito das coisas, neste horizonte, é o ramo do saber humano e das normatizações que trata da regulamentação do poder do homem sobre os bens patrimoniais e das formas de disciplinar a sua utilização econômica.

---

durable et plus ou moins exclusive, de disposer des biens.[...] Et le droit de propriété, dans sa forme et dans son organisation, on a beaucoup varié dans le temps et dans l'espace". Ou seja: "Na sociedade humana, mesmo nas mais rudimentares, é colocado o problema da apropriação, quer dizer a maneira que será assegurada, aos indivíduos ou aos grupos, a faculdade, mais ou menos durável e mais ou menos exclusivo, para se dispor dos bens. [...] E o direito de propriedade, na sua forma e na sua organização, alterou-se no espaço e no tempo". (Tradução livre)

[432] ARONNE, Ricardo. *Por uma nova hermenêutica dos direitos reais...* Ob. cit., cap. 1.

[433] PROVERA, Giuseppe. La distinzione fra diritti reali e diritti di obbligazione alla luce delle istituzioni di Gaio. *Il modello di Gaio nella formazione del giurista.* Milão: Giuffrè, 1981, p. 387. Ou seja: "A distinção entre direitos reais e direitos obrigacionais é um dos assuntos mais debatidos na nossa doutrina civil, empenhada no esforço de individualizar os critérios idôneos e justificá-la no plano científico e no plano normativo. Não é necessário insistir, nem ressaltar a importância, não só porque todos os relatórios jurídicos patrimoniais devem encontrar o seu lugar, ao menos no preceito, em uma ou em outra categoria, pensem como exaustiva, mas sobretudo porque a colocação depende da escolha apropriada da disciplina normativa, respectivamente, aqueles tipos reais e aqueles tipos obrigatórios. Não se pode, por outro lado, esquecer que em uma e em outra se refletem realidades econômicas radicalmente diversas e segundo os modos pelos quais o homem opera concretamente, no cotidiano, para obter os meios necessários à satisfação de suas necessidades. Pense-se, por exemplo, na necessidade de moradia, que, segundo o *id quod plerumque accidit*, pode ser satisfeita, em troca da oferta de um preço ao proprietário, que entregará a casa para que o comprador possa utilizá-la". (Tradução livre)

Dir-se-ia que, em última instância, que o ser humano é sempre movido tendo como motivo fundamental um fim econômico. Este fim se concretizaria na conquista de bens.[434] Por isso, o direito das coisas repercute em todos os setores jurídicos de uma sociedade estruturada sobre uma economia de mercado, seja qual for a divisão que lhe empresta a metodologia na sua consideração geral.[435]

Isso vale para o paradigma moderno, que forjou o Estado Mínimo vertente do liberalismo econômico clássico. Vale também para o Estado Social de Direito, herança de uma modernidade tardia, passível de leitura sob mais contemporâneas matrizes, que traduzem as aventuras da humanidade no milênio que abre.

Na mesma medida em que a Constituição alavanca novas prospecções, ela também preserva algum legado histórico, que acabou por traduzi-la em uma nova fábula. Por isso o risco em que pode vir a traduzir-se o discurso econômico e "eficientista" em larga medida (re)produzido na atualidade globalizada e "neoliberalizante" que se concretiza na Teoria das Externalidades.[436]

Reduzido à condição de sujeito de direito, o homem passa a ser mero partícipe do abstrato reino da relação jurídica patrimonial.[437] Como tal, este personagem somente manifesta motivações e percepções compatíveis com as opções do liberalismo laico burguês.[438]

Um homem ideal, vivendo em um cerco privado (ou mercado) ideal. Condições ideais. Imunes. Neutras. Em um determinado ponto de vista. De um observador também abstrato. Determinada visão de mundo. Filha de seu tempo. Determinista. Cria um *Homo Economicus*. Codificado. Abstrato. Eficiente.[439]

O Homem Médio. É ateu. Não possui ódio, paixão, amor, raiva, desprezo, amizade, ira, afeto ou sentimentos estranhos à codificação. Não ri ou chora. Suas motivações são exclusivamente econômicas. Ele se limita a possuir, dispor, usar,

---

[434] WEBER, Max. *A ética protestante e o espírito do capitalismo*. São Paulo: Martin Claret, 2006, p. 45-66 em especial.

[435] RIZZARDO, Arnaldo. Ob. Cit., p. 1.

[436] Procede-se em nota uma fonte distinta, de natureza cinematográfica, cuja riqueza faz insubstituível a indicação: ACHBAR; Mark; ABBOTT, Jennifer; BAKAN, Joel. *The corporation*. DVD Duplo. São Paulo: Imagem Filmes/Big Picture Media Corporation, 2003.

[437] Exemplo do que se afirma, pode ser colhido em sede de responsabilidade civil extracontratual. O dano moral, por não importar em redução do *status quo* patrimonial para o lesado, restava à margem da tutela jurídica. Não havendo prejuízo financeiro, nada haveria a reparar. A matéria ganhou pacificação apenas com o advento da Constituição vigente, no recente ano de 1988, sendo incluída no rol dos direitos fundamentais positivados no respectivo art. 5º.

[438] Afirma Washington de Barros Monteiro (*Curso de direito civil – direito das coisas*. São Paulo: Saraiva, 2003, 37ª atualizada, p. 1), introduzindo a matéria em pauta, denunciando uma fronteira entre o direito e o não direito, haverem bens sem interesse para o direito das coisas, fazendo perceber sua matriz patrimonialista – sem atenção ao art. 170 e segs. da CF/88 –, de forma mais nítida ao posicionar-se dizendo neste ponto haver uma "sincronização perfeita entre a ciência jurídica e a ciência econômica".

[439] Para mais: ARONNE, Ricardo. *Law & chaos*. Google Vídeo.

fruir ou negociar. É um autômato metalista, apto a viver sob a égide da *Lex Mercatoria*.[440] Suas motivações centram-se na teoria da justa troca.[441]

Como retrato,[442] o direito patrimonial percebe na relação jurídica o movimento do ator contratante que se obriga, nas relações pessoais de tráfego jurídico; e do ator titular, que goza e dispõe de seu patrimônio, absolutamente, contra tudo e contra todos. Este último, tem como cenário o direito das coisas. O homem coisifica-se enquanto coadjuvante dos bens patrimoniais.[443]

A presente espécie de direitos subjetivos possui duas grandes ramificações que são: os direitos reais na coisa própria (*ius in re propria*) e os direitos reais na coisa alheia (*ius in re aliena*), também chamados de direitos reais limitados.

Os institutos do domínio e da propriedade são os temas centrais dos direito das coisas,[444] bem como indispensáveis ao domínio dos direitos reais limitados, por ser imprescindível à boa compreensão e operação de tais conceitos, na exegese dos respectivos institutos, tais quais a enfiteuse, servidão, uso, usufruto, etc., que se

---

[440] Fundamental ao operador jurídico a releitura do papel das titularidades procedida por Luiz Edson Fachin (*Estatuto jurídico do patrimônio mínimo*. Rio de Janeiro: Renovar, 2001, *passim*).

[441] Florestan Fernandes; Bárbara Freitag; Sérgio Paulo Rouanet. *Habermas*. São Paulo: Ática, 1993, p. 15-16: "Toda ideologia (como veremos a seguir) tem como função impedir a tematização dos fundamentos do poder. As normas vigentes não são discutidas porque são apresentadas como legítimas pelas diferentes visões de mundo que se sucederam na História, desde as grandes religiões até certas construções baseadas no direito natural, das quais a doutrina da justa troca, fundamento do capitalismo liberal, constitui um exemplo. A ideologia tecnocrática partilha com as demais ideologias a característica de tentar impedir a problematização do poder existente. Mas distingue-se radicalmente de todas as outras ideologias do passado porque é a única que visa esse resultado, não através da *legitimação* das normas, mas através de sua supressão: o poder não é legítimo por obedecer a normas legítimas, e sim por obedecer a regras técnicas, das quais não se exige sejam justas, e sim que sejam eficazes. [...] A ideologia tecnocrática é muito mais indevassável que as do passado, porque ela está negando a própria estrutura da ação comunicativa, assimilando-a à ação instrumental. Pois enquanto àquela, como vimos, se baseia numa intersubjetividade fundada em normas, que precisam ser justificadas (mesmo que tal justificação se baseie em falsas legitimações), esta se baseia em regras, que não exigem qualquer justificação. O que está em jogo, assim, é algo de muito radical, que é nada menos que uma tentativa de sabotar a própria estrutura de interesses da espécie, que inclui, ao lado do interesse instrumental, também o interesse comunicativo".

[442] Especificamente tratando os elementos da teoria da justa troca: Jürgen Habermas. *A crise de legitimação do capitalismo tardio*. 2.ed. Rio de Janeiro: Tempo Brasileiro, 1994, p. 90-99.

[443] Em diversos momentos o leitor pôde perceber o uso do termo "bem patrimonial". Aqui não traduz neologismo. Para o Direito Civil Clássico, todo o negócio ou contrato deve ter por objeto um bem com conteúdo econômico. Um valor mensurável na esfera patrimonial. Um bem, portanto, de natureza patrimonial. A pós-modernidade do Direito Privado desafia esta ótica, acolhendo valor jurídico a todos os bens de interesse nas relações sociais. Bem passa a ter uma acepção mais ampla. O termo, assim, para além de toda e qualquer tautologia, é restritivo do alcance do sentido.

[444] PEREIRA, Lafayette Rodrigues. *Direito das Coisas*. 5ª ed., Rio de Janeiro: Freitas Bastos, 1943, Vol. 1, p. IX: "Sob esta denominação se compreendem a posse, o domínio e os modos de adquirí-lo, os direitos reais separados do domínio (*jura in re aliena*), a saber: o usufruto, o uso e a habitação, as servidões, a enfiteuse, o penhor, a anticrese e a hipoteca. Aquela simples nomenclatura é por si só suficiente para fazer antever a gravidade e o alcance da matéria; quer dizer que estamos à braços com o Direito de propriedade".

criam a partir de seus desdobramentos.[445] Os direitos reais nessa matriz, portanto, são o conjunto de direitos subjetivos que regem as relações entre os indivíduos e as coisas, tendo por base o direito real fundamental, que é o de propriedade, seguido por seus desdobramentos.

Os direitos reais são *numerus clausus*, em razão do princípio da taxatividade,[446] que resta positivado em no sistema.[447] Ao contrário dos direitos pessoais (ou obrigacionais), aqueles tendem a ser criados somente pelas normas jurídicas de direito positivo, assim como só podem ser alterados pelas mesmas. Não caberia, pois, aos indivíduos criarem formas ou espécies de direitos reais, como asseverado pela manualística.[448]

Mesmo diante do princípio em tela, as normas do direito das coisas devem ser interpretadas. Isso é inerente ao Direito. É fundamental para que se possibilite evoluir e adaptar os respectivos institutos ou para que se observe e aplique características dos mesmos em outros, não propriamente reais (como nos créditos munidos com características *propter rem* ou *ob rem*), desde que isto seja feito através de exegese adequada da matéria sobre a qual se debruça o intérprete e aplicador.

Não obstante, choca o fato de ser comum autores mencionarem descaber interpretações de instituições de direitos reais, devido a serem *numerus clausus*. Toda norma se positiva somente quando de sua interpretação perante um caso concreto ou hipótese concretizante. Em suma, é na incidência, na interpretação que as normas se positivam.[449] Somente na densificação de todo o sistema, topicamente aplicado mediante sistemática interpretação, necessariamente axiológica e hieraquizadora, é que pode-se compreender a *ratio iuris* do ordenamento jurídico.

Uma norma isolada sem ser postulada perante e em face do sistema enquanto rede axiológica de regras, princípios e valores, nada pode revelar além de seu mero literalismo, o qual nada mais é que um dos momentos da interpretação. Ademais, a

---

[445] Luis Díez-Picazo; Antonio Gullón. *Instituciones de derecho civil*. v. 2, p. 37.

[446] Conforme enfrentado em momento próprio (ARONNE, *Por uma nova hermenêutica...*, p. ****), o sentido contemporâneo que o princípio da taxatividade carrega tem relevantes mutações para com seu ancestral oitocentista. O tema é digno de destaque, possuindo relevante trabalho monográfico representado pelo ensaio de GONDINHO ***.

[447] RODRIGUES, Sílvio. *Direito civil – direito das coisas*. 27ª ed., São Paulo: Saraiva, 2002, p. 9: "O direito real é uma espécie que vem munida de algumas regalias importantes, tais a oponibilidade *erga-omnes* e a seqüela, de modo que a sua constituição não pode ficar a mercê do arbítrio individual."

[448] MONTEIRO, Washington de Barros. *Curso de direito civil*. 31. ed. São Paulo: Saraiva, 1994, p. 11-12. v. 3. O autor em tela sustenta que o princípio em questão não vigora nos direitos reais, na medida em que texto legal algum proíbe a criação e modificação dos direitos reais já existentes, pelo legislador, respeitado o princípio da reserva legal. A falta de sintonia do autor com a majotária posição contrária, pela manualística, é meramente aparente, pois o mesmo concorda que tal espécie somente pode ser criada e alterada por norma de direito positivo, e esse é o conteúdo do princípio da taxatividade. Assim, no trato da matéria, opera com os direitos reais como *numerus clausus*.

[449] Konrad Hesse. *Escritos de derecho constitucional*. Madrid: Centro de Estudios Constitucionales, 1983, p. 44-45.

máxima *in claris non interpretatio*, há muito se mostra superada.[450] Importaria, talvez, em uma contradição performativa entendermos consistir na pobreza de um sistema a sua riqueza. O Sistema importa em uma totalidade aberta. Não fragmentária.

Ausência de condição biológica não é ausência de organicidade. A divisão do direito em áreas e categorias tem finalidade meramente didática, primeiro, por ser o sistema jurídico uno, descabendo que o intérprete o reduza a um fragmento para que obre interpretação[451] e, em segundo lugar, por se dissociar da própria realidade social e prática, pois na sua aplicação as normas atuam em constante interpenetração e esclarecimento recíproco, na busca da regulação dos casos concretos, topicamente vislumbradas, tampouco podendo se entrever efetiva dicotomia entre Direito Público e Privado, quiçá subdivisões do Direito Civil.[452]

Uma concepção estanque de Direito Civil, devidamente partido em áreas incomunicáveis, além de ser irreal, presta-se a clausura dos direitos reais, confinando-o em um livro do CCB e a algumas leis esparsas (Loteamentos, Incorporações, Alienação Fiduciária, etc...), expressamente dirigidas à matéria.

Ocorre ser próprio da Pandectista ou da *École*, tal espécie de esforço teórico no sentido de fragmentar o direito em áreas independentes e incomunicáveis, afastando a incidência da normatividade constitucional das relações interprivada; cuja regulação caberia ao Código, numa condição de Constituição do Homem Privado, sozinho, egoísta e patrimonialista, como o era a do Direito Civil no apogeu das codificações.[453] Do homem privado de sua própria condição. Humana. Já foi uma concessão teórica do Direito Privado, à época da inicial da socialização do Direito, ao início do Estado Intervencionista (que no Brasil se identifica ao Populismo de Vargas), o advento da legislação "extravagante" (atenção ao termo utilizado pelos "puristas"), fragmentando a unidade formal da codificação.

---

[450] Juarez Freitas. *A interpretação sistemática do direito.* São Paulo: Malheiros, 1995, p. 16: "Frise-se que qualquer norma singular só se esclarece plenamente na totalidade das normas, dos valores e dos princípios jurídicos. Isolada, por maior clareza que aparente ter o seu enunciado, torna-se obscura e ininteligível".

[451] Sequer deve ser concebido o Direito Civil como um microssistema próprio, autônomo, diferenciado e estanque no ordenamento, possivelmente uma de suas subdivisões.

[452] Vide ainda Igor Danilevicz. Reflexões sobre a interpretação literal de normas no direito tributário. *Direito & Justiça*, v. 17, p. 119-134, 1997. O autor, adepto, também, da interpretação sistemática, brilhantemente expõe, ao longo do citado artigo, que a interpretação literal referida pelo art. 111 do CTN, deve ser sempre informada pela interpretação sistemática. Transcreve-se breve excerto do texto: "Deste modo concebido o Direito em sua dinamicidade, resulta claro, em todos os seus ramos, que, para utilizar expressão consagrada, não devemos interpretar o fenômeno jurídico em tiras. O que poderá ocorrer, quando alguém busca o sentido possível de uma regra, analisando-a isoladamente, sem tentar encontrar seu elemento teleológico e, por conseguinte, ignorando o sistema? Poderá ser dada à literalidade um sentido que o legislador certamente não pretendeu, qual seja, o de leitura isolada do comando legal, quando literalidade parece querer dizer apenas interpretação o mais restritiva possível." (p. 122).

[453] Maria Celina B. M. Tepedino. A caminho de um direito civil constitucional. *Revista de Direito Civil,* São Paulo, n. 65, 1992, p. 21- 22.

A concepção dos direitos reais, não como uma área estanque, e sim como uma categoria de direitos subjetivos, além de trazer maior cientificidade à operação jurídica, é desencasteladora do direito das coisas; afastando as trincheiras com que a doutrina clássica cercou a mesma, no objetivo de sua incomunicabilidade, enquanto um subsistema dentro do sistema do Direito Civil.

A ideia de unidade do ordenamento, onde o todo é maior do que a soma de suas partes, ante o esclarecimento recíproco das normas, já afasta a artificial visão de Direito Civil como sistema próprio. Mesmo a ideia de subsistema deve ser ressalvada, no sentido de inexistir uma autonomia perante o todo, como trata a civilística clássica, chegando a tratar com autonomia as subclasses havidas, como do direito de família, sucessões, obrigações, consumidor, coisas, etc... Inclusive dever-se-ia abandonar tal terminologia "conservacionista".

É preferível operar sem o recurso a subsistemas ou microssistemas, na medida em que isso possa gerar a ilusão de um sistema interno e um externo, concepção inadequada como demonstra Canaris em sua crítica a Heck.[454] Traz ao intérprete uma falsa sensação de autonomia jurídica, pois toda norma resta inserida na rede axiológica do sistema, e somente ganha sentido nesse todo. Desligada, passa a tecer-se pontes eventuais e artificiosas, como o recurso às cláusulas-gerais, inaugurado no BGB e redescoberto pelo Código Civil de 2002.

Decorre fácil localizar a chamada crise das codificações, que nada mais é do que a perda de sua autonomia pela transição metodológica, decorrente do avanço jurídico-científico e das necessidades sociais que impulsionam Sociedade, Estado e Direito.

O Direito Civil, portanto, se comunica como um todo e com o todo no qual se insere, sendo inadmissível os direitos reais serem vislumbrados como espécie atomizada e apartada. Trata-se de uma categoria de direitos subjetivos plurais ou individuais, que se enraizam por todo o sistema, se comunicando com todo o tecido normativo, e sendo informado por toda a malha jurídica.

O fracionamento da matéria jurídica e do ordenamento em ramos tem um sentido porque divide por competências e por necessidade de exposição de uma matéria única em si mesma, mas não deve significar que a realidade do ordenamento é divisível em diversos setores, dos quais um é autônomo em relação ao outro de modo que possa ser proclamada sua independência.[455]

Sendo a Constituição o fundamento axiológico do sistema, seu conteúdo está em todo o sistema, operando um filtro axiológico nos vetores interpretativos do sistema, para lhe impor um padrão. Fruto da dimensão dos princípios e valores da Constituição, ocorreu a "repersonalização" e a "publicização" do Direito Privado,

---

[454] Claus-Wilhelm Canaris. *Pensamento sistemático e conceito de sistema na ciência do direito*. Lisboa: Calouste Gulbenkian, 1989, p. 25.

[455] Pietro Perlingieri. Perfis do direito civil: Introdução ao direito civil constitucional. Rio de Janeiro: Renovar, 1997, p. 55.

desde 1988. Com este fenômeno, os direitos reais, constitucional e teleologicamente, foram orientados rumo a uma "despatrimonialização" em consonância com as demais espécies de direitos subjetivos.

A contribuição da Tópica Jurídica, já consolidada na Ciência do Direito, intimamente ligada ao acima exposto, se exprime no entendimento de que "o estudo do direito não deve ser feito por setores pré-constituídos, mas por problemas, com especial atenção às exigências emergentes como, por exemplo, a habitação, saúde, etc. Os problemas concernentes às relações civilísticas devem ser colocados recuperando os valores publicísticos ao Direito Privado e aos valores privatísticos ao Direito Público".[456]

Nessa medida, há de ser reorientado o enfoque metodológico de abordagem dos direitos reais, com desapego à resistente pandectista dominante no discurso manualista do final do Século XX, tal qual ocorrera no XIX.

A bem-vinda contribuição tópica, resgatada no Século XX do Pensamento Aporético Grego, reenfoca a matéria com grande valorização da jurisprudência e suas contribuições, possibilitando a objetivada "repersonalização", tal como obrado por Berthillier, pela via do direito das sucessões, ainda que com bases bem distintas das que ora se opera, na busca de uma reforma no trânsito da propriedade no Direito.[457]

Sacode o estruturalismo da visão "sistêmica" tradicional, que brilhava nas jóias de lata kelsenianas e permanece imorredouro nas prescrições dogmáticas luhmannianas. A tópica resgata a importância do caso concreto ao direito em aplicação e percebe a dinâmica do movimento jurisprudencial. Porém, nela não estão todas as respostas aos dilemas advindos da modernidade, ora somados aos que as atuais gerações vem cola(e)cionando.

Na explicitada trilha "despatrimonializadora" e redirecionadora dos direitos reais, antes que se passe à digressão sobre a "publicização" do Direito Civil, é importante tecer considerações, ainda que breves, sobre a contribuição de duas escolas antagônicas, dedicadas a essa disciplina: a escola adepta da Teoria Realista e a da Teoria Personalista, uma vez que a Teoria Eclética já foi enfrentada no curso destas considerações.

No dizer de Caio Mário,[458] para a doutrina realista, o direito real significa o poder de um indivíduo sobre um bem da vida, em uma relação que se estabelece sem intermediários, de forma direta, enquanto nas relações de ordem pessoal, necessariamente haverá um sujeito passivo, na condição de obrigado, de devedor de prestação, independentemente de sua ordem.[459]

---

[456] Perlingieri, op. cit., p. 55.

[457] Jacques Berthillier. *Pour une reforme humaniste du droit de proprieté.* Paris: [s.e.], 1991, p. 47-64.

[458] Caio Mário da Silva Pereira. *Instituições de direito civil.* 13 ed, Rio de Janeiro: Forense, 1998, v. 4. p. 2.

[459] Também Luis Díez-Picazo; Antonio Gullón, op. cit., p. 37-38.

Por outro lado, a teoria personalista, de raízes kantianas, se opõe a anterior, expressando a impossibilidade de se conceber relação entre sujeito e coisa, posto todo o direito ser correlato obrigatório de um dever, de modo ser inviável abstrair-se a ponto de imaginar a relação com apenas um sujeito e, portanto, as relações se dariam apenas entre pessoas.[460]

No direito real existe um sujeito ativo, titular do direito, e há uma relação jurídica, que não se estabelece com a coisa, pois que esta é objeto do direito, mas tem a faculdade de opô-la *erga omnes*, estabelecendo-se desta sorte uma relação em que é sujeito ativo o titular do direito real, e sujeito passivo a generalidade anônima de indivíduos.[461]

Isoladamente, de ambas teorias decorrem incongruências. De fato, uma relação exprime um direito, um dever, e um bem não possui deveres perante o titular, assim como não resiste à pretensão do mesmo.

A questão em análise é passível de conformação terminológica, que a resolve e simplifica. Enquanto nas relações pessoais, o vínculo se dá entre sujeitos, configurando, portanto, obrigação à qual corresponde dever e se bilateralizam, no âmbito real, ocorre o vínculo entre sujeito e bem.

Na medida em que vínculos não são necessariamente de ordem obrigacional, resta conformada a incongruência da teoria realista, arguida pela personalista. Ocorre persistir outra incongruência não ressaltada. Se o vínculo do sujeito é com o bem, não se vinculam os demais para se absterem de ingerência, em consonância com o conteúdo reinvindicacional verificável na propriedade.

Ilesa de crítica também não escapa a teoria personalista, pois se o vínculo se dá entre sujeitos, o conteúdo de uso, gozo e fruição dos direitos reais, será exercido através de pessoas, não havendo diferença alguma entre direitos obrigacionais e reais.[462] A diferença, por exemplo, entre uma locação residencial e um direito real de habitação deixaria de existir, apesar de tratarem-se de direitos subjetivos com distinta arquitetura.

Se em uma locação o exercício da habitação se dá pela ordem pessoal entre locador e locatário, onde a faculdade de uso do primeiro é sub-rogada ao segundo, que exercerá direito daquele, em nome próprio, sendo vedada interferência do mesmo por vínculo pessoal, o mesmo não se dá na habitação. Nesta última, o titular exerce faculdade de uso que não é do proprietário e sim sua, de modo impessoal, no que tange aos demais.

Daí exsurge a sequela, não verificável se não vislumbrado vínculo com o bem e operante na totalidade dos direitos reais. O direito é *in re,* e não *in personam* em face da arquitetura dada pelo sistema à relação interprivada com esta roupagem. A

[460] Pereira, op. cit., p 2.

[461] Idem, ibidem, p. 2-3.

[462] Díez-Picazo; Gullón, op. cit., p. 39-40.

resolução em busca de uma teoria adequada, para além da solução da Teria Eclética, transcende uma busca de coerência das que lhe são anteriores.[463]

Conforme se observa em Carbonnier, a propriedade contemporânea possui elementos de ordem real e pessoal a conviver em um mesmo instituto.[464] Na verdade, ou se está a tomar o termo em um sentido muito amplo, ou se está a perceber uma severa mutação nas características tradicionais com que o Direito Privado vestia a apropriação de bens.

Aqui reside o primeiro elemento, no curso da "repersonalização" dos direitos reais, como ângulo de abertura Reconhecer uma cidadania constitucional na propriedade e não fracioná-la em uma expressão codificada e outra constitucionalizada. Para tanto, o recurso às cláusulas-gerais e a percepção de micro ou subsistemas, desde logo começam a ser descartados.

Outro necessário destaque é a evidente redefinição que se atribui às noções de domínio e propriedade. O rearranjo conceitual importa em consequência didática ou descritiva. Não é causa da mutação. Esta foi normativa. E isto já importou em um *feedback* do Sistema Jurídico mediante *inputs* do Sistema Social, Político e Econômico, dentre outros em constante interação em meio comum onde se constituem.

Não obstante, essas novas noções resultantes devem ser estudadas, pois revelam diversas consequências em muitos planos pragmático-epistemológicos. Para tanto, um dos elementos propulsores desta revolução ainda em curso, deita relevantes raízes, aptas a servirem de guia na jornada da despatrimonialização do Direito Civil.

6. A "publicização" do direito privado – interesses estrangeiros, entre eu's e micê's

"A razão foge de tudo que pode nos causar dano."
W. Shakespeare. Tróilo e Cressida. II, II. 1601-02

O sistema social do mundo moderno, principalmente no período do pós-guerra, operou uma completa guinada na concepção de propriedade, visando a se desa-

[463] **N.A.** No original da primeira edição, percebia-se o termo "conciliação". Sem dúvida, deve ser retomado e substituído por inadequado. Efetivamente a Teoria não busca isso, como procede a Eclética, ou tampouco alcança semelhante resultado. A Teoria da Autonomia, na mesma medida em que absorve e reconstrói suas ancestrais, lhes chega em detrimento.

[464] Jean Carbonnier. Flexible droit. Paris: LGDJ, 1992, p. 261-262. "La doctrine libérale du XIXe siècle définissait la proprieté comme un droit absolu, exclusif, perpétuel, ces trois caractères étant entendus tantôt dans une acception purement techinique (par ex. la pérpetuité signifiant que l'action en revendication ne peut s'éteindre par prescription), tantôt avec des prolongaments philosophiques (la perpétuité venait à l'appui de l'héritage). Le recul du libéralisme a entrainé, ici encore, une remise en question [...]. [...] Aussi souligne-t-on dans le droit de propriété un caractère personnel dont faisait fi l'esprit pécuniaire d'autrefois. La notion est vague. Elle évoque, comme essentielle au droit de propriété, une imprégnation de la chose par l'homme: la propriété ne se legitimerait que dans le mesure où l'homme peut y mettre l'empreinte de sa création ou de son utilisation personelle".

trelar do liberalismo individualista que o orientava desde o nascimento do Estado Liberal burguês, decorrente da Revolução Francesa.

Trata-se de uma transição do Estado, desde sua concepção até seus objetivos, nessa migração para o Estado Social, promocional, retirado de um estado de quase-inércia frente relações interprivadas, para passar a intervir nas mesmas, para além do Estado Intervencionista Regulador Tradicional, também ancestral e moderno.

Integra uma complexa mutação, longe de se fazer completa ou totalmente visível, que atingiu a humanidade em todos os seus setores e redes. Da Economia à Ciência, mudanças revelam-se ou desencadeiam-se incessantemente. Em diversos níveis e sentidos. Com distintos efeitos e tensões.

Necessário, para não demasiar simplismo, proceder um recorte para melhor compreensão, nas múltiplas condições iniciais que se poderia tomar em atenção. Como neutralidade é fetiche, importa apelar-se para transparência dos critérios do observador.

Essa tese admite como premissa as condições mínimas de democracia em um dado cenário de Estado de Direito Nacional inserido na comunidade política e econômica internacional. Admite também essas condições, no mínimo para o diálogo em Ciência do Direito, implementadas no Brasil democrático do final do Século XX e início do Século XXI.

Profundas alterações no Direito concebido na modernidade, em prol da "repersonalização" objetivada, para a qual a verificada "publicização" do Direito Civil foi instrumental e merecedora de análise, a partir dos reflexos havidos no âmbito proprietário.

É intrínseco ao Estado Liberal clássico a supremacia do individual sobre o social desde o berço, em seu legítimo objetivo de derrocada do absolutismo monárquico. Nesse sentido observe-se que grupamentos sociais, econômicos ou políticos, quando tolerados, não eram bem vistos pela modernidade política de matriz iluminista, como a de Danton, Robespierre ou Voltaire. As próprias corporações, na eterna lição de Chomsky, sempre provocaram desconforto ao Liberalismo original.[465]

Com o advento do Código Napoleônico decorre o apogeu legislativo da época pós-revolucionária, tendo o individualismo exasperado contaminado as as codificações europeias e latinas. Os ordenamentos jurídicos e sociais de então possuíam tal concepção atomística da sociedade, derivada de Hobbes e advinda da filosofia de Rousseau e Locke, como Agenda. A doutrina do Contrato Social ferrenhamente apregoada em seus valores, fugidios da realidade, resultando artificialistas e abstratos.[466]

---

[465] Para além de seu notável *O lucro ou as pessoas – Neoliberalismo e ordem global* (Rio de Janeiro: Bertrand, 2002, em especial p. 73-128), vide a intervenção de Noam CHOMSKY em *The corporation* (DVD, ob. cit.).

[466] CARVALHO, Orlando de. *A Teoria geral da relação jurídica: Seu sentido e limites*. 2. ed. Coimbra: Centelha, 1981, p. 13-14. nota 1: "Por outra via, constitui um progresso em ordem a um jusnaturalismo romanticamente individualista que partia, para falarmos como Rosseau, do *promeneur solitaire*, do homem sozinho, esquecendo aparentemente a alteridade do Direito, a sua profunda e indefectível socialidade".

O indivíduo era concebido como um átomo isolado, sem qualquer traço de interdependência social sendo, portanto, causa e fim do Direito, cujo objetivo substancial seria o de assegurar a liberdade descomedida e o mais absoluta possível. A própria metafísica de Kant, estribada na racionalidade cartesiana, se encarregou de divulgar esse contratualismo.

O sistema jurídico se encontrava centrado em dois pilares, o contrato e a propriedade e somando-se a esses, a família[467] surgia instrumentalmente como uma Coluna do Templo, com o cruzado fim do amparo aos arquétipos que lhe ladeiam. Não visava equilíbrio. Visava sustentáculo. Patrimonializava quaisquer resquícios de afeto que vazassem para a lei.

Também o casamento era concebido como um contrato. Não obstante não se escreveria ser o contrato uma espécie de familiarização ou casamento. O Direito Civil era o *locus* do sujeito patrimonial. Ninguém mais. Ao estrangeiro, deriva o estatuto da lacuna. Da ausência. O Buraco Negro. Para o *Côde*: *le trous noir.*

A mais alta exteriorização da personalidade do indivíduo era o gozo pacífico, seguro e absoluto da propriedade. Esse era o ápice do Estado burguês, onde propriedade era sinônimo de realização e felicidade.[468]

Cheneaux[469] proclamava, então, que o proprietário pode usar do bem até de uma forma abusiva, exercendo seu direito em tamanha amplitude que, ainda que cause lesão a terceiros, era uma prerrogativa amparada por lei. O mundo vivia o momento do supercapitalismo de raízes notadamente patrimonialistas, através da luta de classes:

> A hipertrofia inusitada da liberdade a que atingiu, no limiar do século XIX, a doutina autonomista da propriedade, adubou a germinação das grandes empresas, com aglutinação de riquezas imensas de um lado, munindo-as de um poderio invencível, e, de outro, o definhamento das forças do trabalho humano, cavando assim um abismo sem precedentes entre a prepotência dos novos afortunados e a fraqueza dos que se escravizavam.[470]

Advém desse contexto a consolidação da Revolução Industrial com a política liberal vindo esmagar massas arrastadas ao proletariado; fermentando a inquietação

---

[467] Jean Carbonnier. *Flexible droit.* Paris: LGDJ, 1992, p. 201: "Famille, proprieté, contrat sont, de tradition, les trois piliers de l'ordre juridique. Comme dans une économie libérale et capitaliste, l'ordre juridique est forcément capitaliste et libéral, l'idée a surgi, chez ceux qui voulaient en finir avec cette économie, que son abolition passerait par le renversement préalable des trois piliers. [...] Les trois piliers valent mieux que cela, et ils pourront durer davantage: ils sont capables d'arbitrer à leur ombre les systèmes économiques, les systèmes politiques les plus différents".

[468] Idem, ibidem, p. 201: "Le contrat a été un instrument de sombre domina-tion; mais contracter est jeu et joie de toujours. La propriété privée des moyens de production est sans doute, pour ceux qui n'en ont pas, aliénation (comme on dit, mot singulier à des oreilles juridiques; que ne dit-on estrangement?); mais il est bien vrai que, pour éprouver les pleines délices de son mariage avec les choses, l'individu a générelament besoin d'en exclure autrui".

[469] *Apud in* José Serpa de Santa Maria. *Direitos reais limitados.* Brasília: Brasília Jurídica, 1993, p. 10.

[470] Idem, ibidem, p. 10.

destas contra o individualismo, de modo a questionar o mundo de então sobre a questão social. Ainda nas entranhas da modernidade, no curso do Século XIX, nasce o questionamento do modelo dado.

Começa a nascer uma nova concepção de Estado, ainda embrionário, que resultaria no Estado Social moderno, ainda a evoluir para e na Pós-Modernidade. A Filosofia e a Ciência Jurídica não passam incólumes a esse espírito reformista e dinamizador. Os fatos conspiram contra o próprio sistema que, não os refletia em seus artificialismos e abstrações. O mundo não mais se deixava descrever pelas metáforas do Direito Civil.

Assim já assinalava Gaston Morin (citado por J. S. de Santa Maria, Fachin e muitos outros), comentando o Código Napoleônico: "*L'insurrection des faits contre le Côde au defaut d'harmonie entre le droit positif et les besoins économiques le sociau a succede le revolte du droit contre le Côde, c'est-à-dire l'antinomie entre le droit actuelle et l'esprit du Côde Civile*".[471]

Os pilares do Direito positivado no seio do Estado Liberal (contrato e propriedade) passam a ser desfocados para a pessoa humana, em todo o seu contexto social, havendo uma "repersonalização" ou "transpersonalização" do Direito. Há de ser salientado que tal posicionamento extrapola o direito, abrangendo todos os ramos das ciências, como se observa no excerto, assinado por Lívia Ferrari, retirado de veículo da imprensa:[472]

Cinquenta anos depois da morte de Lord John Maynard Keynes, suas teorias, sobre a qual se construiu a ordem econômica mundial depois da 2ª Grande Guerra, voltam à cena. Num mundo dominado pelo neoliberalismo, onde a norma é a globalização, seus seguidores discutem o espólio do mestre e a eficácia atual de seus postulados. Na semana passada, o Rio de Janeiro reuniu algumas das principais estrelas desse debate, no Seminário Internacional de Economia Pós-Keynesiana. O que a globalização está provocando é uma "centralização do capital", diz Jan Kregel, da Universidade de Bolonha. "Temos de substituir a mão invisível do mercado pela mão visível do Estado regulador", resume o titular do Instituto de Economia da Universidade Federal do Rio de Janeiro (UERJ) e organizador do encontro, Fernando Cardim de Carvalho".[473]

O fenômeno da "repersonalização" deixa-se perceber como um progressivo deslocamento de enfoque dos códigos do patrimônio para a pessoa humana. Correspondente progressividade, relaciona-se às três fases pelas quais passou o Direito Privado brasileiro desde o Código Beviláqua, até o final do Século XX. A fase da codificação, de 1913 à 1930. A fase dos estatutos ou microssistemas, que perdura

[471] Idem, ibidem, p. 11.

[472] Mostram-se importantes as colocações do artigo em tela, em virtude da tão propalada onda neoliberal da atualidade.

[473] Livia Ferrari. O resgate de Keynes: Teóricos querem a mão invisível do estado regulador. *Gazeta Mercantil*, São Paulo, 04.07.97.

até 1988. Finalmente chega a fase da constitucionalização, que parte de 1988 em progressivo enraizamento cujo por vir ainda é de vir no horizonte.[474]

Ao tempo de sua criação, para suportar as visíveis insustentatibilidades da *Ecole* no *Code*, a Pandectista ressistematizou o positivismo, ao fim do Século XIX, nas codificações a surgirem na Europa do Novo Século, a partir de uma Parte Geral encadeadora de sistemas específicos de Direito Privado (Parte Especial), articulados com cláusulas gerais e conceitos indeterminados, fundados na proteção do patrimônio.

Essa sistematização também responde a uma percepção de época, indentificável em Frege ou Russel, para que fiquemos em duas gerações apenas, já superada por Wittgenstein, ainda em sua obra inicial.

Com a axiologização do Direito, pela superação de diversas visões arcaicas, a pessoa humana volta a ser a maior preocupação da ciência jurídica.

Na ordem de princípios como o da dignidade, igualdade, especificamente na área civil, boa-fé, bons costumes, reciprocidade, confiança, lealdade, não lesividade, vulnerabilidade, etc., com a incidência direta das normas constitucionais, nas relações interprivadas, o Direito Civil passa a centrar-se mais na pessoa humana do que na patrimonialidade, assim como mais no coletivo do que no individual.

O direito individual não pode ser exercido ou mesmo concebido em prejuízo da coletividade. O pluralismo suplanta o individualismo, axiologicamente considerado.[475]

Mesmo o Direito das Coisas passa a ser visto como o conjunto de regras a regular a relação entre indivíduos e coisas, em razão de sua satisfação, em uma dada comunidade.

Havia uma migração das bases axiológicas do Direito, em busca de um reequilíbrio das relações sociais, às quais este, como então considerado, não conseguia mais responder. Em face da anomia verificada, sucumbe o sistema jurídico do Estado Liberal, para a consequente construção de um novo, cujos valores correspondessem aos que emergiam da sociedade.

---

[474] Acredito que duas sínteses podem ser apontadas didaticamente como fundamentais, ainda que anteriores à codificação de 2002. Uma provém de Maria Celina Bodin de Moraes (A caminho de um Direito Civil Constitucional, ob. cit.) e Gustavo Tepedino (Premissas metodológicas para constitucionalização do ..., *Temas de* ..., ob. cit.).

[475] Apesar de não nos enquadrarmos nem um pouco no rótulo de jusnaturalistas, nesse sentido se faz digna de citação a assertiva de Michel Serres, in *O contrato natural*. Rio de Janeiro: Nova Fronteira, 1991, p. 49. "É preciso fazer uma revisão dilacerante do direito natural moderno, que supõe uma proposição não-formulada, em virtude da qual o homem, individualmente ou em grupo, pode sozinho tornar-se sujeito do direito. Aqui reaparece o parasitismo. A Declaração dos Direitos do homem teve o mérito de dizer: 'todo homem' e a fraqueza de pensar: 'apenas os homens' ou os homens sozinhos. Ainda não estabelecemos nenhum equilíbrio em que o mundo seja levado em conta, no balanço final".

Merece citação o artigo da professora Maria Bodin de Moraes[476] que bem aborda tal transição, na perspectiva civilista, da ótica pandectista do ordenamento codificado, para a desse novo sistema, superando a postura do chamado Direito Civil clássico e conservador:

> Acolher a construção da unidade (hierarquicamente sistematizada) do ordenamento jurídico significa sustentar que seus princípios superiores, isto é, os valores propugnados pela Constituição, estão presentes em todos os recantos do tecido normativo, resultando, em consequência, inaceitável a rígida contraposição direito público-privado. Os princípios e valores constitucionais devem se estender a todas normas do ordenamento, sob pena de se admitir a concepção de um "*mondo in frammenti*", logicamente incompatível com a ideia de sistema unitário.[477]

Corretíssima a autora, o sistema jurídico, sob pena de se mostrar completamente incongruente, jamais poderá ser tomado como fragmentário, devendo estar fortemente assentado na Constituição, que é seu esteio fundamental, daí o teor do princípio da unidade, e o fato de que a totalidade do sistema jurídico é maior do que a soma de suas partes, ante o esclarecimento recíproco entre as normas que o integram e daí em voga, a chamada "constitucionalização" do Direito Civil.

Ante as premissas acima expostas, advém a aplicação direta dos dispositivos constitucionais na esfera do direito, dito privado.[478]A concepção da Constituição como norma,[479] e ainda como suprema, faz com que seus princípios e valores se espalhem por todo o tecido normativo, nas palavras da professora Maria Celina, alcançando a área classicamente tida como privada. O conteúdo normativo da Constituição vincula os entes privados tanto quanto os públicos, de modo que seus contornos moldam e adequam inafastavelmente a legislação civil.

O constitucionalista espanhol Ignácio de Otto é muito claro ao apregoar a jurisdicidade constitucional, no sentido de afastamento da ideia de concebê-la como carta política de ideais a serem perseguidos pelo Estado, desprovido de normatividade:

---

[476] Maria Celina B. M. Tepedino. A caminho de um direito civil constitucional. *Revista de Direito Civil*, São Paulo, n. 65, 1992, p. 21-32.

[477] Idem, ibidem, p. 24.

[478] Pietro Perlingieri. *Perfis do direito civil.* Rio de Janeiro: Renovar, 1997, p. 10-12.

[479] Neste sentido, vide Eduardo Garcia de Enterría, in *La constitucion como norma y el tribunal constitucional.* 3. ed. Madrid: Civitas, 1985. Para que bem se vislumbre a proposta do autor em pauta, cumpre transcrever breve trecho do prólogo da obra: "La promulgación de la Constitución de 1978 nos ha sumergido súbitamente en una temática jurídica completamente nueva y, a la vez, trascedental, puesto que incide de manra decisiva, actual o virtualmente, sobre todas y cada una de las ramas del ordenamiento, aun de aquiéllas más aparentemente alejadas de los temas políticos de base. [...] No es posible en plano técnico, simplemente, manejar el ordenamiento, aun para resolver un problema menor, sin considerar a dicho ordenamiento como una unidad y, por tanto, sin la referencia constante a la Constitución, cabeza e clave del mismo. [...] Luego veremos que la Constitución es el contexto necesario de todas las leys y de todas las normas y que, por conseguiente, sin considerarla expressamente no pude siquiera interpretarse el precepto más simple, según el artículo 3º del Código Civil («las normas se interpretarán según el sentido propio de sus palabras, en relación con el contexto»), [...]" (p. 19-20).

"*Ciertamente el estabelecimento de una norma suprema, por encima de los órganos superiores del Estado, se hace mediante la promulgación de un texto escrito, la llamada Constituición escrita, con el nombre de Constituición o cualquier otro, pero sólo hay Constituición como norma cuando el ordenamiento establece que el cumplimento de esos preceptos es obligado y, en consecuencia, que su infracción es antijurídica*".[480]

Sem prejuízo de conformar os poderes do Estado, a Constituição não se escuda de seu papel normativo no sentido de estabelecer e dimensionar direitos subjetivos, individuais ou supra-individuais, sem que isso implique em sua ordinarização:

"*La Constituición, por una parte, configura e ordena los poderes del Estado por ella construidos; por otra, establece los límites del ejercicio del poder y el ámbito de libertades y derechos fundamentales, así como los objetivos positivos y las prestaciones que el poder debe cumplir en beneficio de la comunidad. [...]*
Pero la Constituición no sólo es una norma, sino precisamente la primera de las normas del ordenamento entero, la norma fundamental, lex superior".[481]

A negativa, a resistência por parte da manualística, principalmente na área dos direitos reais, em aceitar uma nova exegese do Código Civil, à luz dos valores, princípios e regras da Constituição, faz com que se entrave por completo a evolução de seus institutos, na medida em que, além de refrear o estudo científico dessa parte do Direito que, cediço que nesse ponto, retroage até a pandectista.

Os reflexos disso se fazem sentir até no Judiciário, em razão de que, inegavelmente, a manualística termina por influenciar a própria concepção jurídica da matéria, por parte dos magistrados em qualquer instância, apesar de sua discrepância com a sociedade e ordenamento modernos.

Quando se trata de crise do contrato ou mesmo crise do Direito Civil, isso se refere a crise dos conceitos arcaicos da doutrina conservadora e comprometida com um sistema que não mais é o vigente, pois se abordada cientificamente a questão, com espeque na metodologia, o que se observa é uma evolução do Direito Civil, inserido em um sistema móvel e aberto, que evolui junto com a sociedade para o qual existe, na medida em que é móvel.[482]

Nisso se reafirma a instrumentalidade do próprio Direito, pois seu fim lhe é externo e existindo para a sociedade, não tem um fim em si mesmo, não podendo,

[480] Ignácio de Otto. *Derecho constitucional.* Barcelona: Ariel, 1995.

[481] Eduardo Garcia de Enterría, *La constitucion* ..., p. 49.

[482] Nesse sentido cumpre citar o mestre Luiz Edson Fachin, in *Estado, posse e propriedade*; do Espaço privado à função social. Curitiba, 1997, texto não publicado, p. 2: "Essa dimensão sugere uma reflexão sobre o modelo reconhecido pelo sistema jurídico clássico, apta a localizar, no transcurso do arcaico ao contemporâneo, traços da ideologia que procura governar a restruturação desse desenho jurídico, e a indicar nesse âmbito pontos para alguma compreensão crítica desse fenômeno".

portanto, ter a pretensão de querer que a sociedade caiba dentro de um Código,[483] ou mesmo que este caiba dentro de conceitos estanques, predefinidos.[484]

Ainda que desaconselhável um sociologismo como método de interpretação jurídica,[485] é incompreensível um jurista se propor a trabalhar uma ciência social mantendo-se cego aos fenômenos sociais, também axiológicos, imbricados em outro sistema axiologicamente hierarquizado, de racionalismo próprio e que se comunica com o sistema jurídico, que é o sistema social, regulador também de uma mesma sociedade.

A releitura de estatutos fundamentais do Direito Privado, nessa perspectiva, é útil e necessária para compreender a crise e a superação do sistema clássico que se projetou para instituições e funções da vida privada, especialmente para a propriedade. O reinado secular dos dogmas que engrossaram as páginas de manuais e engessaram parcela significativa do Direito Civil começa a ruir. Nas sociedades de exploração, ao redor dos conceitos encastelados pelas hábeis mãos da lógica formal, se enfileiraram fatos que denunciam o outono do conformismo racional.

É o inegável envelhecimento do que já nasceu passado, pois foi parido de costas para o presente. Outro horizonte, inquietante e interrogativo, bate às portas cerradas do sistema clássico. O medievo que emoldura os institutos do *status quo* se mostra em pânico, pois na medida em que o civilismo pretensamente neutro se assimilou ao servilismo burocrata doutrinário e jurisprudencial, não conseguiu disfarçar que não responde aos fatos e às situações que brotam da realidade contemporânea.

O conceito de cidadania que desborda desses quadrantes é o continente que abriga uma dimensão fortificada da pessoa no plano de seus valores e direitos fundamentais. Não mais, porém, como um sujeito de direitos virtuais, abstratos, ou atomizados para servir mais a noção de objeto ou mercadoria.[486]

Insista-se não vislumbrar-mos crise no Direito Civil, nos termos conservadoramente ppropostos (como em Wieacker, ou antigos apontamentos de Junqueira), e sim uma crise na dogmática civilística, fundada na pandectista, que, estupefata, assiste a necessidade da evolução deste ramo do Direito, para acompanhar o desenvolvimento da sociedade na qual se insere.[487]

---

[483] Afasta-se pois o dogma da completude e do fechamento do sistema.

[484] Pietro Perlingieri, op. cit., p. 01: "O estudo do direito –e portanto também do direito tradicionalmente definido 'privado' – não pode prescindir da análise da sociedade na sua historicidade local e universal, de maneira a permitir a individualização do papel e do significado da juridicidade na unidade e complexidade do fenômeno social. O Direito é ciência social que precisa de cada vez maiores aberturas; necessariamente sensível a qualquer modificação da realidade, entendida na sua mais ampla acepção".

[485] Juarez Freitas. *A interpretação sistemática do direito.* São Paulo: Malheiros, 1995, p. 16.

[486] Luiz Edson Fachin, *Estado* ..., p. 02.

[487] Como bem expõe a prof. Maria Celina (Maria Celina B. M. Tepedino. A caminho de um direito civil constitucional. *Revista de Direito Civil*, São Paulo, n. 65, 1992, p. 22) sobre a questão: "[...] irreconhecível para os intérpretes *du code* a nova feição do direito civil, atualmente considerado, simplesmente, como

Situado o problema, como de Teoria Geral do Direito e não do Direito Civil, propriamente dito, importante referenciar as palavras do mestre que melhor o identificou e expôs:

> "A 'revolta dos fatos contra o código' captou, há algum tempo, a distância entre o clássico direito privado e as relações fáticas da vida. Já se reconheceu a fratura do direito exposta na 'esterilização dos conceitos e no desmoronamento de construções que pareciam inabaláveis'.
>
> O projeto dos juristas do século passado está teoricamente desfigurado, mas a doutrina e a prática do direito, ao responderem as novas exigências sociais, ainda se valem da inspiração no valor supremo da segurança jurídica e do purismo conceitual. Se a teoria do modelo clássico se acomoda como passagem da história jurídica, mesmo assim, segue firme e presente certa arquitetura de sistema que tem mantido afastada uma suposta realidade jurídica da realidade social, hábil para "'se refugiar num mundo abstrato, alheio à vida, aos seus interesses e necessidades'. Essa constatação já teve ares de atentado, é um reconhecimento do desajuste do ordenamento jurídico em face do 'sangue que corre nas suas artérias'.
>
> Cogita-se agora, pois, de aprofundar uma revisão crítica principiada e não terminada, dado que não basta mais revelar a franca decadência que sofreram as bases sobre as quais se edificaram os institutos jurídicos. Não se trata de uma crise de formulação, eis que o desafio de uma nova teoria geral do direito civil está além de apenas reconhecer o envelhecimento da dogmática. Deve-se tratar, isso sim, das possibilidades da repersonalização de institutos essenciais, como a propriedade e o contrato, bem assim do núcleo do direito das obrigações, para recolher o que de relevante e transformador há nessa ruína. Esse repensar começa pela compreensão dos traços do sistema das salvaguardas, adequado para dar o berço à dogmática clássica e seu séquito".[488]

Sem dúvida, o esteio da dogmática clássica se encontra nos conceitos com que trabalha, se impondo revisá-los sem apego à pandectista, pois se impõe sejam interpretados.

Isso remete a uma revisão crítica dos conceitos de propriedade e domínio, para desvendá-los à luz do pensamento sistemático e não mais com base na dogmática em que floresceu nosso Código Civil.

O entrave evolutivo na exegese dos direitos reais positivados na legislação civil brasileira é fruto da imobilidade conceitual havida em seus institutos. A operação com os respectivos conceitos ainda se dá com base nas categorias estanques e abstratas formuladas no século passado.

---

uma série de regras idôneas a satisfazer os interesses dos indivíduos e de grupos organizados, através da utilização de determinados instrumentos jurídicos".

[488] FACHIN. Limites e possibilidades da nova teoria geral do direito civil. *Revista de Estudos Jurídicos*, Curitiba, v. 2, n. 1, p. 99-100, 1995.

Tais abstrações lógicas,[489] realizadas pela pandectista em busca de seus conceitos, precediam os fatos, desnaturando-os em prol de um purismo jurídico. Portanto, além do dogma da completude do Direito, o pandectismo peca por se abstrair da realidade social, em razão dos conceitos abstratos que produz, para conformar o sistema jurídico.

Conceitos produzidos devem ser revistos pelo enfoque contemporâneo, por ainda serem necessários ao operador do direito, e restam inaplicáveis no estágio atual da metodologia jurídica, sem que contrastem com a realidade social.

Essa revisão já foi observada em outras áreas, onde se vislumbra um novo conceito de contrato, família, filiação, etc., porém, o mesmo não se dá com os de propriedade e domínio, fruto da pandectista, e consequentemente, patrimonialista e individualista.

Importa considerar que o Direito se repersonaliza à luz de sua norma fundamental, a Constituição Federal, na medida em que ela positiva como valor máximo a dignidade da pessoa humana.[490]

Inadmissível manter a interpretação do Código ou de qualquer norma de Direito Civil, concebendo a patrimonialidade (propriedade e contrato), acima da dignidade da pessoa humana e, mais, o interesse individual acima do interesse coletivo ou difuso, de modo a se ignorar a normatividade constitucional.[491]

Importante ainda referenciar que nada vale a criação de novos códigos se o problema repousa na Teoria Geral do Direito e não na legislação. Na insistência em vislumbrar o sistema como formal, fragmentário e fechado, orientado por conceitos invariáveis e fechados, absolutamente nada poderá fazer com que o Direito Civil se coadune à sociedade para o qual se destina.

Mais possível se mostraria a manutenção do Código revogado, compreendendo-o à luz da metodologia contemporânea centrada no pensamento sistemático, topicamente orientada aos casos concretos, a evoluir pela via interpretativa, do que o parto de novas codificações natimortas, como a de 1974/2002, no berço da dogmática arruinada e irracional, perigosa e nociva ao direito e à própria sociedade.[492]

---

[489] Orlando Gomes. *Transformações gerais do direito das obrigações*. 2. ed. São Paulo: RT, 1980, p. 3-4.

[490] Art. 1º, III, CF/88.

[491] Fachin, *Estado ...*, p. 7: "Mais uma vez, o sistema jurídico, ao refletir o modelo que governa as relações econômicas e sociais, serve para marcar uma marginalização. É que a atribuição de uma proposição jurídica depende, pois, do ingresso da pessoa no universo de titularidades que o próprio sistema jurídico define. Desse modo, percebe-se claramente que o sistema jurídico pode ser, antes de tudo, um sistema de exclusão".

[492] Nesse sentido repisa-se o sempre presente mestre Luiz Edson Fachin, ibidem, p. 08. "Neste despretencioso exame restou enfocado que o regime jurídico codificado sobre a propriedade imobiliária rural não destoa da imagem jurídica da sociedade civil de seu tempo, assistindo-se nos dias correntes uma reconstrução, às avessas, da idéia de *constituição do homem privado*, pressuposto ideológico fundante de uma proposta que se impõe sobre a sociedade civil. Restou tangenciado, ainda, o exame das novas tendências do Direito Civil, especialmente as limitações incidentes sobre a propriedade, e seu evidente paradoxo: a propalada *publicização de espaços classicamente privados*, e o processo em marcha de privatização do Estado.

Impõem-se algumas considerações a esse respeito, na esteira das lições do professor Fernando Noronha, fundadas na teoria dos sistemas.[493]

O ordenamento jurídico se comunica diretamente com os demais por serem todos abertos e se intercruzarem. Tal intercruzamento decorre da interdisciplinariedade do direito.

Há instrumentalidade no Direito, justamente por ele existir em virtude de um sistema social para o qual se volta como instrumento de regulação, modificação e controle, tendo por finalidade precípua o bem comum.

Em torno do sistema social, orbitam diversos outros que se comunicam com esse e entre si, que são o jurídico, político, econômico, e outros.

Todos esses sistemas recebem *imputs* e fazem *outputs*, em sua via comunicativa, uns nos outros e se constituem, como já analisado em anterior capítulo, em um "conjunto de elementos ligados por um conjunto de relações, de forma que uma modificação em um desses elementos provoca modificações em outro ou em outros;" um sistema sociocultural é, segundo Duverger, "um conjunto estruturado e coordenado de interações sociais que se comportam como uma entidade".[494]

Ainda citando o professor Fernando Noronha, observa-se como a teoria dos sistemas é una, quando o mesmo se refere à mobilidade e abertura dos mesmos:

A principal característica diferenciadora dos sistemas socioculturais, ou sociais, é o fato de não manterem uma estrutura específica, e, antes, criarem, elaborarem ou mudarem a estrutura, como pré-requisito para permanecerem viáveis como sistemas operantes, como diz Buckley. É a estes sistemas, estes socioculturais que, dentro da moderna teoria dos sistemas sociais, se chama de sistemas abertos, isto é, sistemas que estão envolvidos em permanente processo de interação com o respectivo meio, ou ambiente. Sistemas abertos respondem as alterações ambientais com mudanças em sua estrutura; quanto maior for a sua capacidade de resposta a estímulos ambientais, mais possibilidades eles terão de permanecerem viáveis e de se desenvolverem.[495]

O Direito perfaz um sistema,[496] sendo instrumental em razão de sua interdependência positiva, axiológica e teleológica. Tal interdependência se viabiliza pela

---

Além disso, tentou-se enfrentar o debate sobre os novos rumos do cerne do *direito privado clássico*, sua *crise e transformação*, cujos valores, como visto, se reportam ao núcleo da *questão agrária brasileira contemporânea*. Nesses limites foram vencidas as possibilidades da presente análise que ora se encerra. Sem projeções que seriam indícios de precipitação, o fechamento deste século espelha o desafio para iluminar, no palco contemporâneo, a essência do que tem ficado à sombra. Resta enfrentá-lo sem delongas e trocar práticas de medievo pelos saberes construídos às portas do terceiro milênio. Este é apenas o singelo ponto de partida rumo aos dramas que ainda encerram o século XX e abrem as portas do terceiro milênio".

[493] Fernando Noronha. *O Direito do contrato e seus princípios fundamentais*. São Paulo: Saraiva, 1994, p. 21-27.

[494] Idem, ibidem, p. 22.

[495] Idem, ibidem, p. 22.

[496] Não é usado o termo subsistema intencionalmente, pelas razões já explicitadas anteriormente, porém inexiste divergência de concepção.

abertura do mesmo. Através de seus *outputs*, o Direito não só assegura integração social, como também, no seu aspecto de controle é instrumento modificador da sociedade a qual tem por objeto.[497]

Essa interligação pela via da abertura fornece ao ordenamento jurídico *inputs* do sistema social e político, positivando valores, pela via constitucional, por exemplo, a demonstrar a conformação do mesmo pela via legislativa.

A via interpretativa também decorre de *input* proveniente da sociedade, na medida em que os casos concretos onde se debruça o intérprete são provenientes da sociedade, e nada mais são do que valores.

De tais *inputs* decorrerão, como resposta do Direito, *outputs*, que são *feedbacks* que virão a repercutir na sociedade como retroação do sistema jurídico no social.

Quando um *input* da sociedade não encontra regra reguladora, estaremos perante uma lacuna, que haverá de ser colmatada através dos outros elementos normativos da malha jurídica, em face de valores nela positivados a vincular o intérprete.

Quando sequer os valores sociais encontram guarida no Direito vigente, estaremos perante um caso de anomia, eis inexistir lacuna de valores. Quando os valores do sistema jurídico não condizem com a sociedade para a qual se volta, ocorre o que os constitucionalistas costumeiramente chamam de revolução, caindo tal sistema, para que outro seja construído.[498]

"Dessa relação de permanente interação entre o direito e sociedade resulta que tanto o sistema social, de que depende o sistema jurídico, como este, que também influi na sociedade, estão necessariamente em permanente transformação".[499] Por esse viés, se faz possível a análise no que tange à legitimidade e eficácia das normas, pela devida mensuração axiológica necessária.

Do exposto exsurge a instrumentalidade do Direito, salientando que os sistemas possuem racionalidades próprias, daí sua assimetria, vislumbradas por ciências próprias, respectivamente, a Ciência do Direito, a Sociologia, a Política, a Economia e outras.

Se os conceitos com que a civilística tradicional trabalha não se mostram mais material e formalmente coerentes com a realidade social e com o próprio ordena-

---

[497] NORONHA, ibidem, p. 22-24: "Na sociedade global, o direito é sistema de controle, tendo por objetivo promover a integração social; não é, porém, o único meio de controle social. [...] A integração social é também meta do direito, mas que procura realizar essencialmente assegurando a prevenção e a resolução de conflitos, através da imposição, sempre que necessário, de sanções organizadas, da competência de autoridades constituídas dentro da comunidade societária. O direito tende a ser tanto mais necessário quanto mais deficiente sejam os processos de 'internalização' dos valores normativos nas consciências individuais". Apesar de não identificarmos o direito com sanção, como exprime a ideia do autor, a assertiva demonstra bem, como não há uma hierarquização prévia dos conteúdos intersistêmicos.

[498] RUSHEL, Ruy Rubem. *Direito constitucional em tempos de crise*. Porto Alegre: Sagra Luzatto, 1997, p. 60-61.

[499] NORONHA, ibidem, p. 25.

mento jurídico, a persistência em sua manutenção fere a instrumentalidade do Direito ocasionando quebras no sistema, o que há de ser evitado, para que o mesmo não entre em contradição.

{...}

Anexo III

Uma estante em prismas: inexoravelmente cínica e paradoxal tentativa de bibliografar temas inesgotáveis

1. Uma condução sem guias?

Esse anexo busca ser útil, sem utilitarismo, em um desbaste disciplinar, sem disciplinaridade, no seu núcleo conservando – sem conservadorismo – o cerne das discussões dos últimos doze anos de produção científica do Grupo de Pesquisa Prismas do Direito Civil-Constitucional (PUCRS/CNPq).

Busca remontar uma bibliografia referencial e não exaustiva de obras cuja reflexão de nossas linhas de pesquisa tenha guardado recorrência, importando em alguma forma de alinhavo da episteme nos primeiros nove anos deste milênio. Para tal referencialidade ou recorrência nada significou a convergência total ou divergência absoluta de pensamento – ficando com extremos que nunca chega-se a tocar – para integrar esse *index* ou rol.

Talvez a pretensão seja muito mais de moldar uma personalidade possível, para uma ciência que expresse o respectivo, bricolado e transdisciplinar pensamento. Em sua falta de neutralidade clara, poder-se-ia ponderar acerca dessa possibilidade e das possibilidades de sua modelagem.

Este arrolamento, ao ganhar uma forma bricolada, nada mais faz do que expressar seu conteúdo com coerente plástica à sua natureza. Dir-se-ia, como Mac Luhan o fez ainda nos anos sessenta do Século XX, *o meio é a mensagem*. Coerente também à natureza singularmente multimidiática do homem pós-moderno, em larga medida exortativa do *homo ludens* (que de nada abre mão) ou vitimizado (que tudo pode querer) que habita em nossa complexidade.

Assim, procurou-se indexar também obras em vídeo disponíveis na *web*. Destaco que alguns livros estão replicados, em face de diversidade de edições ou traduções. Nesse tocante, observar-se-á referência a muitas edições da Martin Claret ou da Escala, costumeiramente criticadas pelas traduções (o que se observa até mesmo em traduções da excelente Martins Fontes, como é o caso da obra de lógica jurídica de Perelman ou de *A Política*, de Aristóteles, este último, completamente distorcido na tradução de um matemático (comumente competente) e primoroso na versão de Cury para a UNB. Efetivamente, muitas críticas são devidas, porém destaque-se que diversos autores somente foram possíveis de integrar minha biblioteca pessoal, em versões mais populares em razão de seu custo, posteriormente tendo seu *upgrade*. O livro ainda é um artigo caro no Brasil e no resto do mundo, seja para um graduando ou um doutorando, principalmente pelo volume de leitura exigido. Como tenho o costume de anotar meus pensamentos sobre o texto, glosando a obra no próprio livro, por melhor que seja uma biblioteca pública, trará limitações a esta prática pessoal. Com isso, mesmo obras que tenha lido em versão ou língua diversa, acabo por comprar todo o acervo possível que eu ainda não possua. Outro benefício são os textos prefaciais, sempre ricos e bem subscritados. Mas, gize-se, essa é uma característica minha, não necessariamente ecoante no leitor. Para casos distintos, sempre é indicado a aquisição da mais fiel tradução, clareza e estilo.

Para àquele (e aqui, àquele é você!!!) que não compreenda a razão de autores como Voltaire, Diderot, Einstein, Feyerabend ou Freud constarem na bibliografia de um livro técnico (??) de Direito (mormente Privado), sugiro encerrar a leitura por aqui e dar essa obra para um jovem (preferencialmente formando em Direito) com aparência mais irresignada diante da vida do que você (àquele!!). Ele (o jovem) necessita desse livro. Você (o àquele), necessita de terapia... ou não...

Por fim, impera dizer que trata-se de um rol sabidamente aberto, em mosaico, devendo ser constantemente revisitado e ampliado, mesmo no que diz, em conteúdo, ao que lhe antecede. Diversas obras aqui estão ausentes; diferente não poderia ser. Mesmo o acervo possível em DVD e VHS, importa de plano em ampliar em muito as fontes em vídeo, aqui fornecidas, com obras documentais como *Eugenics 1900* ou os nada triviais e cinematográficos *1984* de Orwell e *Casa dos Espíritos* de Isabel Allende.

2. Índice videográfico virtual

AKBAR, Mark; *et al. The corporation.* Filme: http://video.google.com/videoplay?docid=192012118972057552.

ARNTZ, William; CHASSE, Betsy; VICENTE, Mark. *Quem somos nós?* Filme. In: http://www.guba.com/watch/3000081608.

ARONNE, Ricardo. *Pós-Modernidade, Direito e Espetáculo: O ser perdido pelo ter.* Palestra. In: http://video.google.com/videoplay?docid=-1470508833261230883.

——. *A arquitetura das titularidades nos fractais do estado social.* Palestra. In: http://video.google.com/videoplay?docid=3406688296416561339&q=source%3A005288328354698281293&hl=pt-BR.

——. *Os direitos reais no paradigma do direito civil-constitucional.* Palestra. In: http://video.google.com/videoplay?docid=-9098098780850486630&q=source%3A005288328354698281293&hl=pt-BR.

——. *Razão e caos no pensamento e obra de Albert Camus.* Palestra. In: http://video.google.com/videoplay?docid=-4486220319142671294&q=source%3A005288328354698281293&hl=pt-BR

——. *Prismas fundamentais do direito civil-constitucional.* Palestra. In: http://video.google.com/videoplay?docid=7264520964480254263&q=source%3A005288328354698281293&hl=pt-BR.

——. *Direito, música e alteridade.* Palestra. In:http://video.google.com/videoplay?docid=8114306063198577660&q=source%3A005288328354698281293&hl=pt-BR.

CAPRA, Berndt. *Mindwalk: Ponto de mutação.* Filme. In: http://video.google.com/videoplay?docid=910740195930880877 6&ei=WvAgSqScGZL2-QHlmaj8DA&hl=pt-BR.

LEDERMAN. Leon; et al. *Tudo sobre incerteza*. Educativo. In: http://www.youtube.com/watch?v=Sd0CsdL8Rvo&hl=pt-BR.

MARCUSE. La democrazia totalitaria dei consumi. In: http://www.youtube.com/watch?v=UtyzU1D8K9k.

PRISMAS do Direito Civil-Constitucional (PUCRS/CNPq). Seminários de Pesquisa 2007 (Ano X): Col. Biblioteca de Seminários.

1. ARONNE, Ricardo. Determinismo e incerteza: Razão e Caos no Processo e Direito Civil-Constitucional. In: http://video.yahoo.com/watch/813626/3398056.
2. PORCHER Jr. O direito ao direito: Ética e estética no direito civil-constitucional. In: http://video.yahoo.com/watch/813899/3398850.
3. MEDEIROS, Olga Helena da Silva de. *Desconstrução e complexidade: O direito civil-constitucional entre Foucault e Morin*. In: http://video.yahoo.com/watch/817450/3407275.
4. CARDOSO, Simone Tassinari. Modernidade e Ambigüidade: Paradigma e método no direito civil-constitucional. In: http://video.yahoo.com/watch/829686/3437970.
5. ARONNE, Ricardo. Uma totalidade sem costuras: Sobre cordas e teoria m no direito civil-constitucional. In: http://video.yahoo.com/watch/995515/3774177.
6. ALMEIDA, Leila. Singulares, universais e relatividade: Sobre Einstein no direito civil-constitucional. In: http://video.yahoo.com/watch/1434785/4930955.
7. WALLAU, Gabriela. Teoria da comunicação e a lógica do poder: A construção da esfera pública e o direito civil-constitucional. In: http://video.yahoo.com/watch/1509865/5146814.
8. QUEVEDO, Ivan Rodrigues. Intencionalidade, hermenêutica e cognição: Edmund Husserl e o direito civil-constitucional. In: http://video.yahoo.com/watch/1514536/5162451.
9. PEREIRA, Gustavo; SABALLA, Andreza. O discurso jurídico perdido na multidão: Sartre, existencialismo e direito civil-constitucional. In: http://video.yahoo.com/watch/1530511/5200381.
10. ARONNE, Ricardo. Transdisciplinaridade e pós-modernidade: O direito civil-constitucional sem gavetas. In: http://video.yahoo.com/watch/1649812/5571275.
11. LIMA, Rodrigo Cassol. *A justiça e a hipótese: Henry Poincaré e o direito civil-constitucional.* In: http://video.yahoo.com/watch/1690614/5673298.
12. BRANDELLI, Juliana; ALMEIDA, Patrícia. *Entre sujeitos e sujeitados: Giles Delleuze e o direito civil-constitucional.* In: http://video.yahoo.com/watch/1834718/6030357.
13. TUTIKIAN, Cristiano. O jogo, a arte e a Constituição: Hans Georg Gadamer e o direito civil-constitucional. In: http://video.yahoo.com/watch/2380806/7429490.

SOUZA, Ricardo Timm de. *Kafka: Razão e tempo na modernidade prometida.* Palestra. In: http://video.google.com/videoplay?docid=3448250844962089997&q=source%3A005288328354698281293&hl=pt-BR.

3. Índice bibliográfico

AGAMBEN, Giorgio. *Homo sacer – O poder soberano e a vida nua.* Belo Horizonte: UFMG, 2007.

AKEL, Hamilton Eliot. O poder judicial e a criação da norma individual. São Paulo: Saraiva, 1995.

ALBORNOZ, Suzana. *Ética e utopia – Ensaio sobre Ernst Bloch. 2ª. ed.* Santa Cruz do Sul: EDUNISC, 2006.

ALDAZ, Carlos Martínez de Aguirre y. *El derecho civil a finales del siglo XX.* Madri: Tecnos, 1991.

ALEXY, Robert. *El concepto y la validez del derecho.* Trad. Jorge M. Seña. Barcelona: Gedisa, 1994.

——. *Teoria da argumentação jurídica.* São Paulo: Landy, 2008.

——. Problemas da teoria do discurso. *Revista notícia do direito brasileiro.* nº 1, jan-jun de 2006, UNB/LTr.

AMARAL, Francisco. *Direito civil: Introdução.* Rio de Janeiro: Renovar, 1998.

ANDERI, Maria Amália; et al. *Para compreender a ciência.* Rio de Janeiro: Espaço e Tempo, 1988.

ANDRADE, Fábio Siebeneichler de. *Da codificação: Crônica de um conceito.* Porto Alegre: Liv do Advogado, 1997.

ANDRADE, Manuel Domingues de. *Ensaio sobre a teoria da interpretação das leis.* Coimbra: Armênio Amado, 1987.

APPLE, Michel W. *Para além da lógica de mercado.* Rio de Janeiro: DP&A, 2005.

ARANGIO-RUIZ, Vincenzo. *Instituciones de derecho romano.* Buenos Aires: Depalma, 1986.

ARENDT, Hanna. *Responsabilidade e julgamento.* São Paulo: Cia. Das Letras, 2004.

——. *A condição humana.* Rio de Janeiro: forense universitária. 2004.

——. *O que é política?* Rio de Janeiro: Bertrand, 2006.

ARIÈS, Philippe, DUBY, Georges. (Coord.) *História da vida privada.* São Paulo: Cia das Letras, 1997, Vol. 4 e 5.

ARISTÓTELES. *Obra jurídica.* São Paulo: Ícone, 1997.

——. *A política.* Brasília: UNB, 1989.

——. *A política.* São Paulo: Martins Fontes, 1991.

——. *Ética à Nicômacos.* Brasília: UNB, 1992.

ARNTZ, William; CHASSE, Betsy; VICENTE, Mark. *Quem somos nós?* Rio de Janeiro: Prestígio, 2007.

ARONNE, Ricardo. Direito Civil-Constitucional e Teoria do Caos – Estudos Preliminares. Porto Alegre: Liv. do Advogado, 2006.

——. *Código Civil anotado.* São Paulo: IOB/Thomson, 2005.

——. Direito das coisas. In: PEREIRA, Rodrigo da Cunha (org.). *Código Civil anotado.* São Paulo: Síntese, 2004.

——. *O princípio do livre convencimento do juiz.* 1ª ed., Porto Alegre: FABRIS, 1994.

——. Titularidades e Apropriação no Novo Código Civil. Breve ensaio sobre a Posse e sua Natureza. In: SARLET, Ingo. (Org.). *O novo código civil e a Constituição.* 2ª ed., Porto Alegre: Livraria do Advogado, 2006.

——. Disposições finais. In: PEREIRA, Rodrigo da Cunha (org.). *Código Civil anotado.* São Paulo: Síntese, 2004.

——. *Propriedade e domínio.* Rio de Janeiro: Renovar, 1998.

——. *Por uma nova hermenêutica dos direitos reais limitados* – das raízes aos fundamentos contemporâneos. Rio de Janeiro: Renovar, 2001.

——. (Org.) *Estudos de direito civil-constitucional.* Porto Alegre: Liv do Advogado, 2004, Vol. 1.

——. (Org.) *Estudos de direito civil-constitucional.* Porto Alegre: Liv do Advogado, 2004, Vol. 2.

ARRUDA, José Jobson. *História moderna e contemporânea.* São Paulo: Ática, 1987.

ASCENSÃO, José de Oliveira. *O direito: Introdução e teoria geral.* Rio de Janeiro: Renovar, 1994.

ASHCROFT, Edward; *et al. Cem eventos que abalaram o mundo.* São Paulo: Melhoramentos, 1978, Vol. 2.

ATIENZA, Manuel. *As razões do direito*: Teorias da argumentação jurídica. São Paulo: Landy, 2006.

BAGNO, Marcos. *A norma oculta*: Língua e poder na sociedade brasileira. São Paulo: Parábola, 2003.

BARBOSA, Joaquim. (Org.) *Reflexões em torno da abordagem multirreferencial.* São Carlos: UFSCAR, 1998.

BARCELLONA, Pietro. *O egoísmo maduro e a insensatez do capital.* São Paulo: Ícone, 1995.

BARROSO, Luís Roberto. *Interpretação e aplicação da Constituição.* São Paulo: Saraiva, 1996.

BARTHES, Roland. *O neutro.* São Paulo: Martins Fontes, 2003.

——. *A aventura semiológica.* São Paulo: Martins Fontes, 2001.

——. et all. *Theórie d'emsemble. Tel Quel.* Ed. Du Seuil, 1968.

BAUDRILLARD. Jean. *Tela total.* 3ª ed. Porto Alegre: Sulina, 2005.

——. *O sistema dos objetos.* 4ª ed. São Paulo: Perspectiva, 2004.

——. *A troca impossível.* Rio de Janeiro: Nova Fronteira, 2002.

——. *De um fragmento ao outro.* São Paulo: Zouk, 2003.
——. *Simulacros e simulação.* São Paulo: Relógio D'agua, 1991.
——. *A sociedade de consumo.* Lisboa: Edições 70, 1978.
BAUMAN, Zigmunt. *Vidas desperdiçadas.* Rio de Janeiro: JZE, 2005.
——. *Confiança e medo na cidade.* Rio de Janeiro: JZE, 2009.
——. *A arte da vida.* Rio de Janeiro: JZE, 2009.
——. *O mal-estar da pós-modernidade.* Rio de Janeiro: JZE, 1998.
——. *Modernidade e ambivalência.* Rio de Janeiro: JZE, 1999.
——. *Em busca da política.* Rio de Janeiro: JZE, 2000.
——. *Amor líquido.* Rio de Janeiro: JZE, 2004.
——. *Comunidade* – A busca por segurança no mundo atual. Rio de Janeiro: JZE, 2003.
——. *Modernidade líquida.* Rio de Janeiro: JZE, 2001.
——. *Globalização – As conseqüências humanas.* Rio de Janeiro: JZE, 1999.
——. *Vida líquida.* Rio de Janeiro: JZE, 2007.
——. *Medo líquido.* Rio de Janeiro: JZE, 2008.
BALZAC, Honoré. *A comédia humana.* Porto Alegre: L&PM, 2007.
BECKER, Laércio Alexandre; SANTOS, E. L. *Elementos para uma teoria crítica do processo.* Porto Alegre: Fabris, 2002.
BECKER, Laércio Alexandre. (Org.) *A escola de Frankfurt no Direito.* Curitiba: EDIBEJ, 1999.
BERMAN, Marshall. *Tudo que é sólido desmancha no ar.* São Paulo: Cia das Letras, 2007.
BEVILÁQUA, Clóvis. *Direito das coisas.* 5ª ed., Rio de Janeiro: Forense, s.d., Vol. 1.
BLAINEY, Geofrey. *Uma breve história do mundo.* São Paulo: Fundamento, 2008.
——. *Uma breve história do século XX.* São Paulo: Fundamento, 2009.
BOBBIO, Norberto. *Teoria do ordenamento jurídico.* Trad. Maria Celeste dos Santos. 6.ed. Brasília: Ed. UNB, 1995.
——. *A teoria das formas de governo.* Brasília: UNB, 1995.
——. *Estado, governo, sociedade: para uma teoria geral da política.* São Paulo: Paz e Terra, 1995.
——. *Liberalismo e democracia.* 6.ed. Brasília: Ed. Brasiliense, 1994.
——. *As ideologias e o poder em crise.* Brasília: UNB, 1994.
——. *O futuro da democracia: uma defesa das regras do jogo.* 6.ed. São Paulo: Paz e Terra, 1986.
——. *O positivismo jurídico.* Trad. Edson Bini. São Paulo: Ícone Ed., 1995.
——. *Direita e esquerda:* Razões e significados de uma distinção política. São Paulo: UNESP, 1995.
BONAVIDES, Paulo. *Ciência política.* São Paulo: Malheiros, 1995.
——. *Curso de direito constitucional.* São Paulo: Malheiros, 1996.
——. *Teoria do estado.* São Paulo: Malheiros, 1995.
——. *Reflexões: Política e direito.* São Paulo: Malheiros, 1998.
——. *História constitucional do Brasil.* Brasília: Paz e Terra, 1990.
BONDUKI, Nabil. *Origens da habitação social no Brasil.* São Paulo: Est. Liberdade, 1998.
BORRADORI, Giovanna. *Filosofia em tempo de terror:* Diálogos com Habermas e Derrida. Rio de Janeiro: JZE, 2004.
BOURDIEU, Pierre. *Contrafogos – Táticas para enfrentar a invasão neoliberal.* Rio de Janeiro: JZE, 1998.
——. *Razões práticas – Sobre teoria da ação.* 8ª ed. Campinas: Papirus, 2007.
——. *Os usos sociais da ciência.* São Paulo: UNESP, 2003.
BOUQUET, Simon. *Introdução à leitura de Saussure.* São Paulo: Cultrix, 1997.
BOUTHOL, G. *História da sociologia.* São Paulo: Difel, 1976.
BUCHHOLZ, Kai, *Compreender Wittgenstein.* Petrópolis: Vozes, 2008.

BUENO, Eduardo. *A viagem do descobrimento.* Rio de Janeiro: Objetiva, 1998.

——. *Capitães do Brasil.* Rio de Janeiro: Objetiva, 1999.

——. *Náufragos, traficantes e degredados.* Rio de Janeiro: Objetiva, 1998.

BURKE, Peter. *Uma história social do conhecimento.* São Paulo: JZE, 2003.

——. *Sociologia e história.* Porto: Afrontamento, 1980.

BURTI-VINHOLES, Suzanne. *Notions de littérature française.* Paris: Galimard, 1946.

van CAENEGEM, R. C. *Uma introdução histórica ao direito privado.* São Paulo: Martins Fontes, 2000.

CAETANO, Marcello. *História do direito português.* Lisboa: Verbo, s.d.

CAMUS, Albert. *Actuais.* Trad. De J. C.González e J. Serrano, Ed. Livros do Brasil, Lisboa, s/d. Vols. 1 e 2.

——. *A Queda.* Trad. de J. Terra, Ed. Livros do Brasil, Lisboa, s/d.

——. *A Peste.* Trad. de A. Quadros, Ed. Livros do Brasil. Lisboa, s/d.

——. *Calígula.* Trad. de R. Carvalho, Ed. Livros do Brasil, Lisboa, s/d.

——. *Cartas a um Amigo Alemão.* Trad. de J. C. González e J. Serrano, Ed. Livros do Brasil, Lisboa, s/d.

——. *O Avesso e o Direito.* Trad. de Sousa Vitorino, Ed. Livros do Brasil, Lisboa, s/d.

——. *O Estrangeiro.* Trad. de A. Quadros, Ed. Livros do Brasil. Lisboa, s/d.

——. *O Homem Revoltado.* Trad. de Virgínia Motta, ed. Livros do Brasil, Lisboa. s/d.

——. *O Mal-entendido.* Trad. de Raúl de Carvalho, Ed. Livros do Brasil, Lisboa, s/d.

——. *O Mito de Sísifo.* Trad. de U. Tavares Rodrigues, Ed. Livros do Brasil, Lisboa, s/d.

CAMPOS, Jorge. *Os enigmas do nome: Na interface lógica/semântica/pragmática.* Porto Alegre: EDIPUCRS, 2004.

CANARIS, Claus. *Pensamento sistemático e conceito de sistema na ciência do direito.* Lisboa: Fund. Calouste Gulbenkian, 1989.

CANOTILHO, J. J. Gomes. *Direito constitucional.* 6. ed. Coimbra: Almedina, 1993.

——. *Protecção do ambiente e o direito de propriedade.* Coimbra: Combra Ed., 1995.

——. *Constituição dirigente e vinculação do legislador.* Coimbra: Coimbra Ed., 1994.

——; MOREIRA, Vital. *Fundamentos da Constituição.* Combra: Coimbra Ed, 1991.

CAPELLA, Juan Ramón. *Fruto proibido.* Porto Alegre: Liv do Advogado, 2002.

CARBONNIER, Jean. *Flexible droit: pour une sociologie du droit sans riguer.* Paris: LGDJ, 1992.

CARVALHO, Edgard de Assis; MENDONÇA, Terezinha. (Org) *Ensaios de complexidade 2.* Porto Alegre: Sulina, 2003.

CARVALHO, Orlando de. *A Teoria geral da relação jurídica*: Seu sentido e limites. 2. ed. Coimbra: Centelha, 1981.

CARVALHO, Salo de. Fonteiras entre ciência e arte: Aportes a partir das ciências jurídico-criminais. In: SÖHNGEN, Clarice Costa; PANDOLFO, Alexandre Costa. (Org.) *Encontros entre direito e literatura: Pensar a arte.* Porto Alegre: EDIPUCRS, 2008.

CASTELLS, Manuel. *O poder da identidade.* São Paulo: Paz e Terra, 2008.

——. *A sociedade em rede.*São Paulo: Paz e Terra, 2007.

CASTRO, Flávia Lages de. *História do Direito Geral e Brasil.* 6ª ed. Rio de Janeiro: Lumen Juris, 2008.

CÍCERO, Marcus Tulius. *A velhice saudável // O sonho de Cipião.* São Paulo: Escala, 2006.

——. *Os* deveres. São Paulo: Escala, 2008. T. I.

——. *Da república.* São Paulo: Ediouro, s.d.

CITELLI, Adilson. *Linguagem e persuasão.* São Paulo: Ática, 2004

CHALHUB, Samira. *Funções da linguagem.* São Paulo: Ática, 2004.

——. *A meta-linguagem.* São Paulo: Ática, 2002.

CHASSOT, Attico. *A ciência através dos tempos.* São Paulo: Moderna, 1994.

CHEVALIER, Jean; GHEERBRANT, Alain. *Dicionário de símbolos.* Rio de Janeiro: José Olímpio, 1991.

CHOMSKY, Noam. *O governo do futuro.* Rio de Janeiro: Record, 2007.

——. *O lucro ou as pessoas.* Rio de Janeiro: Bertrand Brasil, 2002.

COELHO, Fábio Ulhoa. *Roteiro de lógica jurídica.* São Paulo: Max Limonad, 1996.

COLE, K. C.. *O universo e a xícara de chá:* A matemática da verdade e da beleza. São Paulo: Record, 2006.

COMTE, Auguste. *Reorganizar a sociedade.* São Paulo: Escala, 2008.

——. *Discurso sobre o espírito* positivo. São Paulo: Escala, s.d.

CORDEIRO, António Menezes. Problemas de direitos reais. *Estudos de direito civil.* Coimbra: Almedina, 1991. v.1.

CORDERO, Franco. *Riti e sapienza dei diritto.* Roma: Laterza, 1985.

COSTA, Fernando Nogueira da. *Economia monetária e financeira.* São Paulo: Makron Books, 1999.

COULANGES, Fustel de. *A cidade antiga.* São Paulo: Martins Fontes, 1998.

COURTIANO Jr, Eroults. *O discurso jurídico da propriedade e suas rupturas.* Rio de Janeiro: Renovar, 2002.

COVIELLO, Nicola. *Manuale di diritto civile italiano.* Milano: Società Editice Libraria, 1924.

COX, Gary. *Compreender Sartre.* Petrópolis: Vozes, 2007.

CUTIN, Isadora Albornoz. *O princípio da segurança jurídica em matéria tributária.* In: MOLINARO, Carlos Alberto, et al. (Org.) *Constituição, jurisdição e processo.* Porto Alegre: Nota 10, 2008.

DEBORD, Guy. *A sociedade do espetáculo.* Rio de Janeiro: Contraponto, 1997.

——. *Crítica à sociedade do espetáculo.* 9ª ed., Rio de Janeiro: Contraponto, 2007.

——. *Oeuvres.* Paris: Gallimard, 2006.

——. *In girum imus nocte et consumimur igni.* Barcelona: Anagrama, 2000.

DELEUZE, Gilles. *Espinosa: Filosofia prática.* São Paulo: Escuta, 2002.

——; GUATTARI, Felix. *Mil platôs.* São Paulo: Ed. 34, 2005, Vol. 1, 2, 3 e 4.

DEL VECHIO, Giorgio. *Los principios generales del derecho.* Barcelona: BOSH, 1979.

——. *Lições de filosofia do direito.* Coimbra: Armênio Amado, 1979.

DERRIDA, Jacques. *A farmácia de Platão.* São Paulo: Iluminuras, 1991.

——. *Gramatologia.* 2ª ed. São Paulo: Perspectiva, 2004.

——. *Força de lei.* São Paulo: Martins Fontes, 2007

——. *O cartão-postal – De Sócrates a Freud e além.* Rio de Janeiro: Civilização Brasileira, 2007.

——. *A escritura e a diferença.* São Paulo: Perspectiva, 2005.

——. *Paixões.* Campinas: Papirus, 1995.

——. et all. *Théorie d'emsemble. Tel Quel.* Ed. Du Seuil, 1968.

——. (org.) *A religião.* São Paulo: Estação Liberdade, 2000.

DESCARTES, Renée. *Discurso do método.* Porto Alegre: L&PM, 2005.

DIDEROT, Denis. *Paradoxo sobre o comediante.* São Paulo: Escala, 2006.

——. *Carta sobre os cegos: endereçada àqueles que enxergam.* Carta sobre os surdos e mudos. São Paulo: Escala, 2006.

D'OLIVEIRA, Paulo Ricardo. Uma perspectiva da união estável e do casamento na Constituição Federal. *Direito & justiça.* Vol. 33, Porto Alegre: EDIPUCRS, 2007.

DUARTE, Écio Oto Ramos. *Teoria do discurso.* São Paulo: Landy, 2004.

DUARTE, Fábio. Do átomo ao bit – Cultura em transformação. Pinheiros: Annablume, 2003.

DURANT, Will. *História da filosofia.* São Paulo: Ed. Nacional, 1956.

DURKHEIM, Émile. *As regras do método sociológico.* São Paulo: Martins Fontes, 1995.

DWORKIN, Ronald. *The philosophy of law.* Oxford: Oxford University Press, 1986.

——. *O império do direito.* São Paulo: Martins Fontes, 1999.

——. *Los derechos em serio.* Buenos Aires: Planeta Agostini, 1993.

ECO, Umberto. *Tratado geral de semiótica.* 4ª ed., São Paulo: Perspectiva, 2002.

——. *Como se faz uma tese.* São Paulo, Perspectiva, 1996.

EINSTEIN, Albert. *Textos selecionados.* São Paulo: Martin Claret, 2003.

EKELAND, Ivar. *O caos.* Lisboa: Piaget, 1999.

ENGELS, Friedriech. *Escritos de juventud.* México: Cultura Econômico, 1981.

ENGELS, Friedriech; MARX, Karl. *Manifesto do Partido Comunista.* Porto Alegre: L&PM, 2002.

——; ——. *Escritos económicos menores.* México: Cultura Econômico, 1987.

——; ——. *Los grandes fundamentos.* México: Cultura Econômico, 1988, Vol. 1 e 2.

FACHIN, Luiz Edson. (org). *Repensando os fundamentos do direito civil brasileiro contemporâneo.* Rio de Janeiro: Renovar, 1998.

——. *A reforma no direito brasileiro: novas notas sobre um velho debate no direito civil.* Revista dos Tribunais. São Paulo: RT, n. 757, 1998, p. 64-69.

——. *Teoria crítica do direito civil.* Rio de Janeiro: Renovar, 2000.

——. *Estatuto jurídico do patrimônio mínimo.* Rio de Janeiro: Renovar, 2001.

——. *A função social da posse e a propriedade contemporânea.* Porto Alegre: Fabris, 1988.

——. *Elementos críticos do direito de família.* Rio de Janeiro: Renovar, 1999.

——. *Da paternidade.* Belo Horizonte: Del Rey, 1996.

——. Constituição e Relações Privadas: Questões de efetividade no tríplice vértice entre o texto e o contexto. In: *Constituição e estado social: Os obstáculos à concretização da Constituição.* (Separata) Coimbra: Coimbra Ed, 2008.

——; TEPEDINO, Gustavo; et all. (org.) *Diálogos sobre direito civil.* Rio de Janeiro: Renovar, 2002.

FACHINI NETO, Eugênio. Aspectos da responsabilidade civil e o novo código civil. *Revista da Procuradoria Geral do Estado,* n. 57, Porto Alegre, PGE, 2003.

——. In: SARLET, Ingo. (Org.). *O novo código civil e a Constituição.* 2ª ed., Porto Alegre: Livraria do Advogado, 2006.

——. In: SARLET, Ingo. (Org.) *Constituição, direitos fundamentais e direito privado.* Porto Alegre: Livraria do Advogado, 2006.

FARAGO, France. *Compreender Kierkegaard.* Petrópolis: Vozes, 2006.

FARIAS, Cristiano Chaves de; ROSENVALD, Nelson. *Direitos reais.* 6a. ed. Rio de Janeiro: Lumen Juris, 2006.

FARIAS, Victor. *Heidegger e o nazismo: Moral e política.* Rio de Janeiro: Paz e Terra, 1988.

FAUSTO, Boris. *História do Brasil.* São Paulo: EDUSP, 1999.

FAZENDA, Ivani Catarina Arantes. *Integração e interdisciplinaridade no ensino brasileiro.* São Paulo: Loyola, 2002.

FEIJÓ, Ricardo. *Metodologia e filosofia da ciência.* São Paulo: Atlas, 2003.

FERNANDES, Florestan. *Mudanças sociais no Brasil.* São Paulo: Difel, 1979.

FERNANDES, Florestan; FREITAG, Barbara; ROUANET, Sérgio Paulo. *Habermas.* São Paulo: Ática, 1993.

FERRARA, Francesco. *Interpretação e aplicação das leis.* Coimbra: Armênio Amado, 1987.

FERRAZ Jr, Tércio Sampaio de. *Introdução ao estudo do direito: técnica, decisão, dominação.* 4a. ed., São Paulo: Atlas, 2003.

FEYNMAN, Richard P. *Lições de física – The Feynman lectures on physics:* Mecânica, radiação e calor. Porto Alegre: Bookman, 2008, Vol. 1.

——. *Lições de física – The Feynman lectures on physics: Eletromagnetismo e matéria.* Porto Alegre: Bookman, 2008, Vol. 2.

——. *Lições de física – The Feynman lectures on physics: Mecânica quântica.* Porto Alegre: Bookman, 2008, Vol. 3.

——. *Dicas de física.* Porto Alegre: Bookman, 2008.

——. *O senhor está brincando: As estranhas aventuras de um físico excentrico.* São Paulo: Campus, 2006.

FEYERABEND, Paul. *Contra o método.* Rio de Janeiro: Francisco Alves, 1989.

——. *Problemas da microfísica.* In: MORGENBESSER, Sidney. (Org.) *Filosofia da ciência.* São Paulo: Cultrix, 1975.

FLEISCHER, Margot. (org.) *Filósofos do Século XX.* São Leopoldo: Unisinos, 2000.

FIGAL, Günter. *Oposicionalidade – O elemento hermenêutico e a filosofia.* Petrópolis: Vozes, 2007.

FIORIN, José Luiz. *Liguagem e ideologia.* São Paulo: Ática, 2005.

FONTANILLE, Jacques. *Semiótica do discurso.* São Paulo: Contexto, 2007.

FOUCAULT, Michel. *As Palavras e as Coisas.* São Paulo: Martins Fontes, 2002.

——. *A verdade e as formas jurídicas.* 3ª ed., Rio de Janeiro: PUCRJ/NAU, 2005.

——. *Arqueologia das ciências e a história dos sistemas de pensamento.* 2ª ed. Rio de Janeiro: Forense, 2005.

——. *A arqueologia do saber.* Rio de Janeiro: Forense, 2005.

——. *A ordem do discurso.* São Paulo: Loyola, 2006.

——. *Resumo dos cursos do Collège de France (1970-1982).* Rio de Janeiro: JZE, 1997.

——. *Microfísica do poder.* 22a. ed. São Paulo: Cultrix, 2006.

——. *Vigiar e punir.* Petrópolis: Vozes, 1997.

——. *et all. Théórie d'emsemble. Tel Quel.* Ed. Du Seuil, 1968.

FRANCA, Leonel. *Noções de história da filosofia.* Rio de Janeiro: Agir, 1973.

FRANCHETTO, Bruana; LEITE, Yonne. *Origens da linguagem.* São Paulo: JZE, 2004.

FRANK, Jürgen; et all. *Estado e capitalismo.* Rio de Janeiro: Tempo Brasileiro, 1980.

FRANCO, Maria Sylvia de Carvalho. *Homens livres na ordem escravocrata.* 4.ed. São Paulo: UNESP, 1997.

FREITAS FILHO, Paulo José de. *Introdução à modelagem e simulação de sistemas.* Florianópolis: Visual Books, 2001.

FREGE, Gottlob. *Investigações lógicas.* Porto Alegre: EDIPUCRS, 2002.

——. *Sobre a justificação científica de uma conceitografia.* São Paulo: Abril, 1974.

——. *Os fundamentos da aritmética.* São Paulo: Abril, 1974.

FREUD, Sigmund. *O Futuro de uma Ilusão,* o Mal Estar na Civilização e Outros Trabalhos – Vol. XXI. São Paulo: Imago, 2006.

——. *Textos selecionados.* São Paulo: Martin Claret, s.d.

GADAMER, Hans Georg. *Verdad y método.* Salamanca: Sigueme, 1994, Vol. 2.

——. *Verdade e método.* 3. ed. Petrópolis: Vozes, 1999, Vol. 1.

——. et all. *A religião.* São Paulo: Estação Liberdade, 2000.

GALBRAITH, John Kenneth. *A economia e o interesse público.* São Paulo: Pioneira, 1998.

GANE, Chris; SARSON, Trish. *Análise estruturada de sistemas.* Rio de Janeiro: LTC, 2002.

GASPARI, Elio. *A ditadura escancarada.* São Paulo: Cia das Letras, 2002.

GAUER, Ruth Maria Chittó. *A modernidade portuguesa e a reforma pombalina de 1772.* Porto Alegre: EDIPUCRS, 1996.

GELL-MANN, Murray. *O quark e o jaguar – aventuras no simples e no complexo.* São Paulo: Rocco, 1996.

GIANNOTTI, José Arthur. *Marx: Vida e obra.* Porto Alegre: L&PM, 2000.

GIDDENS, Anthony. *A terceira via.* São Paulo: Record, 1998.

GILISSEN, John. *Introdução histórica ao direito.* 2.ed. Lisboa: Fund. Calouste Gulbenkian, 1995.

GIORGIANNI, Michele. *O direito privado e as suas atuais fronteiras.* Revista dos Tribunais. São Paulo: RT, n. 747, 1998, p. 35-55.

GILES, Thomas Ransom. *História do existencialismo e da fenomenologia.* 2V. São Paulo: EDUSP, 1975.
——. *Introdução à filosofia.* São Paulo: EDUSP, 1979.
GINESTIER, Paul. *Pour Connaître la Pensée de Camus.* Paris: Ed. Bordas, 1971.
GLEICK, James. *Caos – a criação de uma nova ciência.* Rio de Janeiro: Campus, 1990.
GLEISER, Ilan. *Caos e complexidade – A evolução do pensamento econômico.* Rio de Janeiro: Campus, 2002.
GLEISER, Marcelo. *A dança do universo.* São Paulo: Cia das Letras, 2006.
GRAVES, Robert. *New Larousse encyclopedia of mythology.* London: Hamlyn, 1978.
GRECO, Alessandro. *Homens de Ciência.* São Paulo: Conrad, 2001.
GOLDSTEIN, Lawrence; BRENNAN, Andrew; DEUTSCH, Max; LAU, Joe Y. F.. *Lógica: Conceitos-chave em filosofia.* Porto Alegre: Artmed, 2007.
GOMES, Orlando. *Transformações gerais do direito das obrigações.* 2. ed. São Paulo: RT, 1980.
——. *Direitos reais.* Rio de Janeiro: Forense, 2007.
——. *Raízes históricas e sociológicas do código civil brasileiro.* São Paulo: Martins Fontes, 2003.
GONNARD, René. *La propriété dans la doctrine et dans l'histoire.* Paris: LGDJ, 1943.
GOODY, Jack. *A lógica da escrita e a organização da sociedade.* Lisboa, Ed. 70, s.d.
GUTFREIND, Cristiane Freitas; SILVA, Juremir Machado da. (org.) *Guy Debord antes e depois do espetáculo.* Porto Alegre: EDIPUCRS, 2007.
HABERMAS, Jürgen. *Técnica e ciência como "Ideologia".* Lisboa: Edições 70, 1997.
——. *Teoria de la acción comunicativa: Complementos y estudios previos.* Madrid: Catedra, 1997.
——. *Pensamento Pós-Metafísico: estudo filosófico.* Rio de Janeiro: Tempo Brasileiro 1990.
——. *Consciência moral e agir comunicativo.* Rio de Janeiro: Tempo Brasileiro 1989.
——. *A ética da discussão e a questão da verdade.* São Paulo, Martins Fontes, 2004.
——. *Conhecimento e Interesse.* Rio de Janeiro, Zahar Editores, 1982.
——. *A crise de legitimação do capitalismo tardio.* 2.ed. Rio de Janeiro: Tempo Brasileiro, 1994.
——. *Mudança estrutural da esfera pública.* Rio de Janeiro: Tempo Brasileiro, 1984.
——. *Passado como futuro.* Rio de Janeiro: Tempo Brasileiro, 1993.
——. *Direito e Democracia: Entre faticidade e validade.* Rio de Janeiro: Tempo Brasileiro, 2003, vols. 1 e 2.
——. *A crise de legitimação do capitalismo tardio.* Rio de Janeiro: Tempo Brasileiro, 1994.
——. *O futuro da natureza humana.* Martins Fontes: São Paulo, 2004.
HART, Stuart L. *O capitalismo na encruzilhada.* Porto Alegre: Bookman, 2003.
HARVEY, David. *Condição pós-moderna.* São Paulo: Loyola, 1992.
HAWKING, Stephen. *A brief history of time – from the big bang to black holes.* New York: Bantam Books, 1988.
——. *God play dices?.* http://www.hawking.org.uk/lectures/dices.html.
——. *O universo numa casa de noz.* São Paulo: Arx, 2002.
——. *Os gênios da ciência:* Sobre os ombros de gigantes. Rio de Janeiro: Ehevier, 2005.
HAYEK, Friedrich A. *Derecho, legislación y libertad: Normas y orden.* Madrid: Union Editorial, 1994, Vol. 1.
——. *Derecho, legislación y libertad:* El espeiismo de la justicia social. Madrid: Union Editorial, 1988, Vol. 2.
HAZZAN, Samuel; MORETTIN, Pedro; BUSSAB, Wilton. *Cálculo de funções variáveis.* São Paulo: Atual, 1986.
HECK, José N. *Da razão prática ao Kant tardio.* Porto Alegre: EDIPUCRS, 2007.
HEGEL, Georg Wilhelm Friedrich. *Enciclopédia das ciências filosóficas em epítome.* Lisboa: Ed. 70, 1992, Vol. 3.
——. *Princípios da filosofia do direito.* São Paulo: Martins Fontes, 1997.
HEIDEGGER, Martin. *Identidade e diferença.* Petrópolis: Vozes, 2006.
——. *Ser e tempo.* 2ª ed., Petrópolis: Vozes, 2006.

——. *A caminho da linguagem*. 2ª ed., Petrópolis: Vozes, 2004.

HEISENBERG, Werner. *A parte e o todo*. Rio de Janeiro: Contraponto, 1996.

HESSE, Konrad. *Escritos de derecho constitucional*. Madrid: Centro de Estudios Constitucionales, 1983.

——. *A força normativa da constituição*. Trad. de Gilmar F. Mendes. Porto Alegre: Fabris, 1991.

——. *Elementos de direito constitucional da República Federal da Alemanha*. Trad. Luís Afonso Heck. Porto Alegre: Fabris, 1998.

HOBBES, Thomas. *Diálogo entre un filósofo y un jurista y escritos autobiográficos*. Madrid: Tecnos, 1992.

——. *Leviatã*. São Paulo: Martin Claret, 2005.

HOBSBAWM, Eric. *Era dos extremos: o breve século XX – 1914-1991*. São Paulo: Cia. das Letras, 2003.

HOFSTADTER, Douglas R. *Gödel – Escher – Bach: Um entrelaçamento de gênios brilhantes*. Brasília: UNB, 2001.

HOMERO. *A odisséia*. São Paulo: Abril, 1981.

HOLANDA, Sérgio Buarque. *Raízes do Brasil*. São Paulo: Cia das Letras, 1997.

HUME, David. *Investigação sobre o entendimento humano*. São Paulo: Escala, s.d.

——. *Ensaios morais, políticos e literários*. Rio de Janeiro: Topbooks, s.d.

HUSSERL, Edmund. *Fenomelogia de la conciencia del tiempo inmanente*. Buenos Aires: Nova, 1959.

JAMES, William. *Pragmatismo*. São Paulo: Martim Claret, 2005.

JONAS, Hans. *O princípio responsabilidade*. Rio de Janeiro: Contraponto, 2006.

JORGE, Marco Antonio Coutinho; FERREIRA, Nadiá Paulo. *Lacan: O grande freudiano*. São Paulo: JZE, 2005.

JUNG, Carl Gustav. Aion: *Estudos sobre o simbolismo do si mesmo*. Petrópolis: Vozes, 1986.

JUSTO, A. Santos. *Direito privado romano: Direitos reais*. Coimbra: Coimbra Ed, 1997.

KAFKA, Franz. *A metamorfose*. São Paulo: Brasiliense, 1989.

——. *Carta ao pai*. Porto Alegre: L&PM, 2006.

——. O processo. Porto Alegre: L&PM, 2002.

KANT, Immanuel. *Fundamentação da metafísica dos costumes*. São Paulo: Martin Claret, 2003.

——. *Crítica da razão pura*. Lisboa: Calouste Gulbenkian, 1997.

——. *Crítica da razão prática*. São Paulo: Martin Claret, 2008.

KELSEN, Hans. *A teoria pura do direito*. Trad. João B. Machado. 4.ed. São Paulo: Martins Fontes, 1995.

——. *O problema da justiça*. São Paulo: Martins Fontes, 1996.

——. *Teoria geral das normas*. Trad. da ed. alemã de 1979 por José F. Duarte. Porto Alegre: Fabris, 1986.

——. *Teoria geral do direito e do estado*. Trad. João B. Machado. 2.ed. São Paulo: Martins Fontes, 1992.

KLEIN, Étienne. *A física quântica*. Lisboa: Piaget, 2000.

KOCH, Ingedore Villaça. *A inter-ação pela linguagem*. São Paulo: Contexto, 2006.

KOLAKOWSKI, Leszek. *Horror metafísico*. Campinas: Papirus, 1990.

KOPNIN, p. V. *Fundamentos lógicos da ciência*. Rio de Janeiro: Civilização Brasileira, 1972.

KRAWIETZ, Werner. *El concepto sociológico del derecho y otros ensayos*. México: Fontamara, 1991.

KRISTEVA, Julia; *et all*. *Théorie d'emsemble*. *Tel Quel*. Ed. Du Seuil, 1968.

KUHN, Thomas. *A estrutura das revoluções científicas*. 5ª. ed. São Paulo: Perspectiva, 1998.

——. *O caminho desde a estrutura*. São Paulo: UNESP, 2006.

KUMAR, Krishan. *Da sociedade pós-industrial à pós-moderna*. Rio de Janeiro: JZE, 1997.

LARENZ, Karl. *Derecho civil: parte general*. 3.ed. Madri: Rev. Derecho Privado, 1978.

——. *Metodologia da ciência do direito*. 5.ed. Lisboa: Ed. Calouste Gulbenkian, 1983.

LAWN, Chris. *Compreender Gadamer*. Petrópolis: Vozes, 2007.

LAYTANO, Dante de. *Origem da propriedade privada no Rio Grande do Sul*. Porto Alegre: Martins Livreiro, 1983.

LELOTTE, S. J. (Org.) *Convertidos do século XX.* Rio de Janeiro: Agir, 1960.

LÉVINAS, Emmanuel. *Entre nós: Ensaios sobre alteridade.* Petrópolis: Vozes, s.d.

LÉVY, Bernard-Henry. *O século de Sarte.* Rio de Janeiro: Nova Fronteira, 2001.

LIMA, Valderez Marina do Rosário. (org.) *A gestão da aula universitária na PUCRS.* Porto Alegre: EDIPUCRS, 2008.

LINHARES, José Manuel Aroso. *Habermas e a universalidade do direito*: A reconstrução de um modelo estrutural. Coimbra: Coimbra Ed., 1989.

LIRA, Ricardo Pereira. *Elementos de direito urbanístico.* Rio de Janeiro: Renovar, 1997.

LÔBO, Paulo Luiz Netto. *Contrato e mudança social. Revista dos Tribunais.* São Paulo: RT, n. 722, 1995, p. 40-45.

——. Constitucionalização do direito civil. *Revista de Informação Legislativa.* Brasília: senado federal, n. 141, 1999, p. 99-109.

LOCKE, John. *Segundo tratado sobre o governo.* São Paulo: Martin Claret, 2005.

LOPEZ, Luiz Roberto. *História do Brasil contemporâneo.* Porto Alegre: Mercado Aberto, 1997.

LORENZETTI, Ricardo Luis. *Fundamentos do direito privado.* São Paulo: RT, 1998.

LOTUFO, Renan. (Org.) *Direito civil-constitucional.* São Paulo: Max Limonad, 1999.

——. NANNI, Giovanni Ettore. (Org.) *Teoria geral do direito civil.* São Paulo: Atlas, 2008.

LUFT, Eduardo. *Para uma crítica interna ao sistema de Hegel.* Porto Alegre: EDIPUCRS, 1995.

LUHMANN, Niklas. *Sociologia do direito.* Rio de Janeiro: Tempo Brasileiro, 1983.v.1 e 2.

MACEDO, José Rivair. *A mulher na idade média.* São Paulo: Contexto, 1997.

MACHADO, Jorge Antônio Torres. Uma reflexão sobre arte e ciência. In: SÖHNGEN, Clarice Costa; PANDOLFO, Alexandre Costa. (Org.) *Encontros entre direito e literatura: Pensar a arte.* Porto Alegre: EDIPUCRS, 2008.

——. (org.) *Filosofia e psicanálise.* Porto Alegre: EDIPUCRS, 1999.

MACHADO, Roberto. *Foucault – A ciência e o saber.* 3ª ed., São Paulo: JZE, 2006.

MAC IVER, Robert Morrison, *As malhas do governo.* Rio de Janeiro: Civilização Brasileira, 1960.

MALATO, Maria Luísa. *Manual anti-tiranos: Retórica, poder e literatura.* Porto Alegre: Liv. do Advogado, 2009.

MANDELBROT, Benoït; HUDSON, Richard. *Mercados financeiros fora de controle* – a teoria dos fractais explicando o comportamento dos mercados. Rio de Janeiro: Campus, 2004.

MANDELBROT, Benoït. *The fractal geometry of nature.* S. Francisco: J. Wiley, 1982.

MANSO, Ramón Maciá. *Doctrinas modernas iusfilosóficas.* Madrid: Tecnos, 1996.

MARTINS, José de Souza. *O poder do atraso*: Ensaios de sociologia da história lenta. São Paulo: Hucitec, 1999.

MARTINS-COSTA, Judith. (org.) *A recontrução do direito privado.* São Paulo: RT, 2003.

——; BRANCO, Gerson Luiz Carlos. *Diretrizes teóricas do novo Código Civil.* São Paulo: Saraiva, 2002

MARX, Karl. *A miséria da filosofia.* São Paulo: Escala, 2007.

——. Widerpruch zwiden der grundlage der bürgerlichen produktion (WertmaB) und ihrer Entwicklung selbest. *Cadernos de Filosofia Alemã*, nº 4, São Paulo, USP, 1998.

——. Contradição entre o fundamento da produção burguesa (medida-valor) e seu próprio desenvolvimento. *Cadernos de Filosofia Alemã*, nº 4, São Paulo, USP, 1998.

MARX, Karl; ENGELS, Friedriech. *Manifesto do Partido Comunista.* Porto Alegre: L&PM, 2002.

——; ——. *Escritos económicos menores.* México: Cultura Econômico, 1987.

——; ——. *Los grandes fundamentos.* México: Cultura Econômico, 1988, Vol. 1 e 2.

MATTA, Emmanuel. *O realismo da teoria pura do direito.* Belo Horizonte: Nova Alvorada, 1984.

MAZZEO, Antonio Carlos. *Estado e burguesia no Brasil.* São Paulo: Cortez, 1997.

MEDINA, Cremilda. *Povo e personagem.* Canoas: Ulbra, 1996.

MEDNICOFF, Elizabeth. *Dossiê Freud.* São Paulo: Universo dos Livros, 2008.

MEIRELES, Jussara. O ser e o ter na codificação civil brasileira: do sujeito virtual à clausura patrimonial. In: FACHIN, Luiz Edson. *Repensando os fundamentos do direito civil brasileiro contemporâneo.* Rio de Janeiro: Renovar, 1998.

MELGARÉ , Plínio. Horizontes da democracia e do Direito: Um compromisso humano. In: MELGARÉ, Plínio; BELMONTE, Cláudio. *O Direito na sociedade contemporânea.* São Paulo: Forense, 2005.

MEMÓRIA GLOBO. *Jornal Nacional*: A notícia faz história. São Paulo: JZE, 2004.

MILL, John Stuart. *Utilitarismo.* São Paulo: Escala, 2007.

MILLS, C. Stuart. *A elite do poder.* Rio de Janeiro: Zahar, 1962.

MOLINARO, Carlos Alberto. Se educação é a resposta, qual era a pergunta? *Direitos fundamentais & justiça.* Porto Alegre, H.S. Editora, ano 1, n. 1, 2007.

——. Da crítica à crise do Direito (pós) moderno. *Direito & justiça.* Porto Alegre, EDIPUCRS, v. 33, n. 2, 2007.

——; et al. (Org.) *Constituição, jurisdição e processo.* Porto Alegre: Nota 10, 2008.

MONTAIGNE. *A arte da conferência.* São Paulo: Martins Fontes, 2004.

MONTESQUIEU, Charles Louis de Secondat (Baron de la Brède). *O espírito das leis.* Brasília: UNB, 1995.

MOORE, George Edward. *Princípios éticos* – e outros textos selecionados. São Paulo: Abril, 1974.

MORAES, Maria Cândida. *O paradigma educacional emergente.* Campinas: Papirus, 2004.

MORAES, Maria Celina. *Danos à pessoa humana*: Uma leitura civil-constitucional dos danos morais. Rio de Janeiro: Renovar, 2003.

MOREIRA, Luiz. *Fundamentação do direito em Habermas.* Belo Horizonte: Mandamentos, 1999.

MORGENBESSER, Sidney. (Org.) *Filosofia da ciência.* São Paulo: Cultrix, 1975.

MORIN, Edgar. *A cabeça bem-feita: repensar a reforma, reformar o pensamento.* 10.Ed. Rio de Janeiro: Bertrand Brasil, 2004.

——. *O método 1: A natureza da natureza.* Lisboa: Europa-América, 1992.

——. *Saberes globais e saberes locais*: um olhar transdiciplinar. Rio de Janeiro: Garamond, 2001.

——. *Introdução ao pensamento complexo.* Lisboa: Inst.Piaget, 1991.

——. *Ciência com consciência.* 10ª ed., Rio de Janeiro: Bertrand Brasil, 2007.

——. Para além da globalização e do desenvolvimento – Sociedade mundo ou império mundo? In: CARVALHO, Edgard de Assis; MENDONÇA, Terezinha. (Org) *Ensaios de complexidade* 2. Porto Alegre: Sulina, 2003.

——; PRIGOGINE, Ilya. (Org). *A sociedade em busca de valores*: Para fugira à alternativa entre o cepticismo e o dogmatismo. Lisboa: Piaget, 1998.

MORRIS, Clarence. (Org.) *Os grandes filósofos do direito.* São Paulo: Martins Fontes, 2002.

MÜHL, Eldon Henrique. *Habermas e a educação.* Passo Fundo: UPF, 2003.

MÜLLER, Marcos José. *Merleau-Ponty: acerca da expressão.* Porto Alegre: EDIPUCRS, 2001.

NALIN, Paulo. *Do contrato – Conceito pós-moderno.* Curitiba: Juruá, 2001.

——. (Org.) *Contrato e sociedade: A autonomia privada na legalidade constitucional.* Curitiba: Juruá, 2006.

NEDEL, José. *Maquiavel: Concepção antropológica e ética.* Porto Alegre: EDIPUCRS, 1996.

von NEUMANN, John; MORGENSTERN, Oskar. *Theory of games and economic behavior.* New Jersey: Princeton, 2004.

NEVES, A. Castanheira. *Metodologia jurídica.* Coimbra: Coimbra Ed., 1993.

NIETZSCHE, Friedrich Wilhelm. *Assim falou Zaratustra.* São Paulo: Martin Claret, 2003.

——. *Cinco prefácios para cinco livros não escritos.* 4ª ed., Rio de Janeiro: 7 Letras, 2007.

——. *Ecce homo.* Porto Alegre: L&PM, 2003.

——. *Ecce homo: como cheguei a ser o que sou.* São Paulo: Martin Claret, 2001.

——. *A gaia ciência*. São Paulo: Companhia das Letras, 2001.
——. *A gaia ciência*. São Paulo: Martin Claret, 2004.
——. *O livro do filósofo*. São Paulo: Escala, 2007.
——. *O anticristo*. 5. ed. Rio de Janeiro: INCM, 1978.
——. *O anticristo*. São Paulo: Escala, 2008.
——. *O anticristo*. São Paulo: Martin Claret, 2005.
——. *Para além do bem e do mal: Prelúdio a uma filosofia do futuro*. São Paulo: Martin Claret, 2006.
——. *O caso Wagner*. São Paulo: Escala, 2007.
——. *O viajante e sua sombra*. São Paulo: Escala, 2007.
——. *Miscelânea de opiniões e sentenças*. São Paulo: Escala, 2007.
——. *Schopenhauer educador*. São Paulo: Escala, 2008.
——. *O nascimento da tragédia*. São Paulo: Escala, 2007.
——. *A filosofia na época trágica dos gregos*. São Paulo: Escala, 2008.
——. *Crepúsculo dos ídolos*. São Paulo: Escala, 2008.
——. *Da utilidade e do inconveniente da história para a vida*. São Paulo: Escala, 2008.
NORDEAU, Max. *As mentiras convencionais da nossa civilização*. São Paulo: Brasil Ed, 1960.
NOVAES, Fernando A. (org.) *História da vida privada no Brasil*. São Paulo: Cia das Letras, 1997, Vol. 1.
NOVELLO, Mário. *O que é cosmologia? A revolução do pensamento cosmológico*. São Paulo: JZE, 2006.
OFFE, Claus; et all. *Estado e capitalismo*. Rio de Janeiro: Tempo Brasileiro, 1980.
OKUNO, Emico; CALDAS, Iberê; CHOW, Cecil. *Física para ciências biológicas e biomédicas*. São Paulo: Harper, 1982.
OLIVA, Alberto. *Racional ou social?* Porto Alegre: EDIPUCRS, 2005.
OLIVEIRA, Manfredo Araújo. *Tópicos sobre dialética*. Porto Alegre: EDIPUCRS, 1997.
OLIVEIRA, Neiva Afonso. *Propriedade e democracia liberal*: Um estudo em Crawford Brough Macpherson. Porto Alegre: EDIPUCRS, 2004.
ORTEGA Y GASSET, José. *El tema de nuestro tiempo*. Buenos Aires: Espasa, 1950.
OTTO, Ignacio. *Derecho constitucional*: Sistema de fuentes. Barcelona: Ariel, 1995.
PAIM, Antonio. *Momentos decisivos da história do Brasil*. São Paulo: Martins Fontes, 2000.
PASCAL, Blaise. *Pensées*. Paris: Galimard, 1962.
——. *Pensamentos*. São Paulo: Martin Claret, 2004.
——. *Do espírito geométrico*. Pensamentos. São Paulo: Escala, 2006.
——. *A arte de persuadir*. São Paulo: Martins Fontes, 2004.
PASCAL, Georges. *Compreender Kant*. Petrópolis: Vozes, 2005.
PASQUALINI, Alexandre. *Hermenêutica e sistema jurídico*. Porto Alegre: Livraria do Advogado, 1999.
——. *O público e o privado*. In: SARLET, Ingo (Org.). *O direito público em tempos de crise*. Porto Alegre: Livraria do advogado, 1999.
PEARCE, John K.; FRIEDMAN, Leonard J. *Family Therapy*. New York: Grune & Straton, 1980.
PECAUT, Pierre F. *Elementos de philosophia scientifica*. Rio de Janeiro: Garnier, s.d.
PEIRANO, Mariza. *Rituais ontem e hoje*. São Paulo: JZE, 2003.
PEIRCE, Charles Sanders. *Semiótica*. 3ª ed. São Paulo: Perspectiva, 2003.
——. *Escritos coligidos*. São Paulo: Abril, 1974.
PEREIRA, Gustavo Oliveira de Lima; SILVA FILHO, José Carlos Moreira da. Direitos humanos, dignidade da pessoa humana e a questão dos apátridas: da identidade à diferença. *Direito & justiça*. Vol. 34, n. 2, Porto Alegre: EDIPUCRS, 2008.
PEREIRA, Julio Cesar R. *Epistemologia e liberalismo: Uma introdução à filosofia de Karl Popper*. Porto Alegre: EDIPUCRS, 1993.

——. *Popper: As aventuras da racionalidade.* Porto Alegre: EDIPUCRS, 1995.

PERELMAN, Chaïm. *Retóricas.* São Paulo: Martins Fontes, 1997.

——. *Lógica jurídica.* São Paulo: Martins Fontes, 2004.

——. *Ética e direito.* São Paulo: Martins Fontes, 1996.

——; OLBRECHTS-TYTECA, Lucie. *Tratado da argumentação: A nova retórica.* São Paulo: Martins Fontes, 1996.

PEREZ, Jesús Gonzales. *El derecho a la tutela jurisdicional.* Madrid: Civitas, 1984.

PERLINGIERI, Pietro. *Perfis do direito civil: introdução ao direito civil constitucional.* Rio de Janeiro: Renovar, 1997.

PESAVENTO. Sandra Jatahy. *Os pobres e a cidade.* Porto Alegre: UFRGS, 1994.

PETIT, Eugene. *Tratado elemental de derecho romano.* Buenos Aires: Albatroz, 1958.

PINTO, Carlos Alberto da Mota. *Teoria geral do direito civil.* Coimbra: Coimbra Ed., 1997.

PINTO, Estevão. *História contemporânea.* São Paulo: Ed. do Brasil, 1964.

——. *História moderna.* São Paulo: Ed do Brasil, 1965.

PIZZI, Jovino. *Ética do discurso:* A racionalidade ético-comunicativa. Porto Alegre: EDIPUCRS, 1994.

PLATÃO. *Apologia de Sócrates.* Porto Alegre: LP&M, 2008.

——. *A republica.* São Paulo: Ediouro, 1996.

POINCARÉ, Jules Henri. *A ciência e a hipótese.* Brasília: UNB, 1988.

PORCHER Jr, Roberto. Direito e arte contemporâneos. In: SÖHNGEN, Clarice Costa; PANDOLFO, Alexandre Costa. (Org.) *Encontros entre direito e literatura: Pensar a arte.* Porto Alegre: EDIPUCRS, 2008.

PRADO Jr., Bento. *Erro, ilusão, loucura.* São Paulo: 34, 2004.

PRADO Jr., Caio. *História econômica do Brasil.* São Paulo: Brasiliense, 1998.

PRADE, Péricles. *Dugüit, Rousseal, Kelsen e outros ensaios.* Florianópolis: Obra Jurídica, 1997.

PRIGOGINE, Ilya. *O fim das certezas: tempo, caos e as leis da natureza.* São Paulo: UNESP, 1996.

——. *Étude thermodynamique des phénoménes irréversibles.* Liège: Desoer, 1947.

——. *As leis do caos.* São Paulo: UNESP, 2002.

——. *Criatividade da natureza, criatividade humana.* In: CARVALHO, Edgard de Assis; MENDONÇA, Terezinha. (Org) *Ensaios de complexidade 2.* Porto Alegre: Sulina, 2003.

PRIGOGINE, Ilya; MORIN, Edgar. (Org.) *A sociedade em busca de valores:* Para fugira à alternativa entre o cepticismo e o dogmatismo. Lisboa: Piaget, 1998.

——; STENGERS, Isabelle. *La novelle alliance.* Paris: Gallimard, 1979.

QUINE, Willard V. O. *Verdade necessária.* In: MORGENBESSER, Sidney. (Org.) *Filosofia da ciência.* São Paulo: Cultrix, 1975.

RADBRUCH, Gustav. *Filosofia do direito.* Coimbra: Armênio Amado, 1997.

RAWLS, John. *Uma teoria da justiça.* Lisboa: Presença, 1993.

REALE, Miguel. *O projeto do código civil* – situação atual e seus problemas fundamentais. São Paulo: Saraiva, 1986.

——. Visão geral do novo Código Civil. In: TAPAI, Giselle de Melo Braga. *Novo Código Civil Brasileiro* – Estudo Comparativo do Código Civil de 1916, Constituição Federal, Legislação Codificada e Extravagante. São Paulo: RT, 2002.

——. *Nova fase do direito moderno.* São Paulo: Saraiva, 1998.

——. *Estudos Preliminares do Código Civil.* São Paulo: RT, 2003.

——. *Teoria tridimensional do direito.* São Paulo: Saraiva, 1994.

——. *Lições preliminares de direito.* São Paulo: Saraiva, 2004.

——. *Filosofia do direito.* São Paulo: Saraiva, 2002.

——; *et all.* (org.) *Principais controvérsias no novo Código Civil.*São Paulo: Saraiva, 2006.

REED, John. *10 dias que abalaram o mundo.* Porto Alegre: L&PM, 2002.
REGIS, Ed. *Who got Eintein's office.* Massachussets: Addison-Wesley, 1987.
RÉMOND, René. *O século XIX.* São Paulo: Cultrix, 1997.
ROCHA, Edgar Aquino. *Princípios de economia.* São Paulo: CEN, 1975.
RHODEN, Humberto. *Einstein: O enigma do universo.* São Paulo: Martin Claret, 2005.
RIBEIRO, Darcy. *O Brasil como problema.* Rio de Janeiro: Francisco Alves, 1995.
——. *Os brasileiros*: 1. Teoria do Brasil. Petrópolis: Vozes, 1987.
——. *O processo civilizatório.* São Paulo: Cia das Letras, 1998.
RODRIGUES, Ernesto. (Org.) *No próximo bloco... O jornalismo brasileiro na tv e na internet.* Rio de Janeiro: Loyola, 2005.
ROJO, Margarita Beladiez. *Los principios jurídicos.* Madrid: Tecnos, 1994.
ROUSSEAU, Jean-Jacques. *Os devaneios do caminhante solitário.* Porto Alegre: L&PM, 2008.
——. *Do contrato social.* São Paulo: Martin Claret, 2005.
RUBIO, David Sanchez. *Filosofia, derecho y liberación em América Latina.* Bilbao: Desclée, 1999.
RUSSELL, Bertrand. *História do pensamento ocidental:* a aventura das idéias dos pré-socráticos a Wittgenstein. Rio de Janeiro: Ediouro, 2001.
——. *No que acredito.* Porto Alegre: L&PM, 2007.
——. *Princípios de reconstrução social.* São Paulo: Ed. Nacional, 1958.
——. *Liberdade e organização.* São Paulo: Ed. Nacional, 1959. Vol. 1.
——. *Liberdade e organização.* São Paulo: Ed. Nacional, 1959. Vol. 2.
——. *Ensaios céticos.* São Paulo: Ed. Nacional, 1955.
——. *Lógica e conhecimento* – e outros textos selecionados. São Paulo: Abril, 1974.
SANTOS, Boaventura de Souza. *Um discurso sobre as ciências.* São Paulo: Cortez, 2005.
——. *Conhecimento prudente para uma vida decente*: um discurso sobre as ciências revisitado. São Paulo: Cortez, 2004.
——. *Pela mão de Alice: o social e o político na pós-modernidade.* 8. ed. São Paulo: Cortez, 2001.
——. *O discurso e o poder: ensaio sobre a sociologia da retórica jurídica.* Porto Alegre, Fabris, 1988.
——. *A crítica da razão indolente: Contra o desperdício da experiência.* São Paulo: Cortez, 2004.
SANTOS, Milton. *A natureza do espaço: Técnica e tempo, razão e emoção.* São Paulo: Hucitec, 1999.
SARLET, Ingo Wolfgang. *A eficácia dos direitos fundamentais.* Porto Alegre: Livraria do Advogado, 2006.
——. (Org.). *O direito público em tempos de crise.* Porto Alegre: Livraria do Advogado, 1999.
——. (Org.). *O novo código civil e a Constituição.* 2ª ed., Porto Alegre: Livraria do Advogado, 2006.
—— (Org.). *Direitos fundamentais sociais: Estudos de direito constitucional, internacional e comparado.* Rio de Janeiro: Renovar, 2003.
——. (Org.). *A Constituição concretizada: construindo pontes com o público e o privado.* Porto Alegre: Livraria do advogado, 2000.
——. (Org.). *Constituição, direitos fundamentais e direito privado.* Porto Alegre: Livraria do Advogado, 2006.
——. (Org.). *Dimensões da dignidade: Ensaios de filosofia do direito e direito constitucional.* Porto Alegre: Livraria do Advogado, 2005.
——. (Org.). *Direitos fundamentais, informática e comunicação.* Porto Alegre: Livraria do Advogado, 2007.
——. (Org.). *Jurisdição e direitos fundamentais.* Porto Alegre: Livraria do Advogado, 2003, Vol. 1.
——; NEUNER, Jörg; MONTEIRO, António Pinto. (org.) *Direitos fundamentais e direito privado: Uma perspectiva de direito comparado.* Coimbra: Almedina, 2007.
SARTRE, Jean-Paul. *A idade da razão.* São Paulo: DIFEL, 1976.
——. *O ser e o nada.* Petrópolis: Vozes, 2007.
——. *O existencialismo é um humanismo.* São Paulo: Abril Cultural, 1984.

——. *Esboço para uma teoria das emoções.* Porto Alegre: LP&M, 2007.

——. *Entre quatro paredes.* Rio de Janeiro, Civilização Brasileira, 2005.

——. *Saint Genet – Ator e mártir.* Petrópolis: Vozes, 2002.

——. *Imaginação.* Porto Alegre: LP&M, 2008.

SAUSSURE, Ferdinand. *Curso de lingüística geral.* 26a. ed. Cultrix: São Paulo, 2004.

SCALON, Maria Celi. *Mobilidade social no Brasil.* Rio de Janeiro: IUPERJ, 1999.

SCHOPENHAUER, Arthur. *Metafísica de lo bello y estética.* Buenos Aires: Centro Editor, 1968.

——. *A arte de escrever.* Porto Alegre: L&PM, 2008.

——. *Ainda alguns esclarecimentos sobre a filosofia kantiana.* Cadernos de Filosofia Alemã, nº 4, São Paulo, USP, 1998.

SCHWARTZ, Germano. *A Constituição, a Literatura e o Direito.* Porto Alegre: Liv. do Advogado, 2006.

——; TRINDADE, André. *Direito e literatura: O encontro entre Themis e Apolo.* Curitiba: Juruá, 2008.

SCLIAR, Wremir. Kafka e o Direito. In: SÖHNGEN, Clarice Costa; PANDOLFO, Alexandre Costa. (Org.) *Encontros entre direito e literatura: Pensar a arte.* Porto Alegre: EDIPUCRS, 2008.

SEARS, Francis; ZEMANSKY, Mark; YOUNG, Hugh. *Física: Mecânica dos fluídos – calor – movimento ondulatório.* Rio de Janeiro: LTC, 2000, Vol. 2.

SERRES, Michel. *Genesis.* Michigan: Michigan Univ Press, 1999.

SEVERINO, Antonio Joaquim. *Metodologia do trabalho científico.* São Paulo: Cortez, 1999.

SEYMOUR-SMITH, Martin. *Os 100 livros que mais influenciaram a humanidade.* Rio de Janeiro: Difel, 2002.

SICHES, Luis Recaséns. *Tratado de sociologia.* São Paulo: Globo, 1965, Vol. 1 e 2.

SILVA. Franklin Leopoldo e. *Descartes: A metafísica da modernidade.* São Paulo: Moderna, 1993.

SINGER, Paul. *Apreender economia.* São Paulo: Contexto, 2004.

——. *Dominação e desigualdade*: Estrutura de classes e repartição de renda no Brasil. Rio de Janeiro: Paz e Terra, 1981.

SOBOTTKA, Emil Albert. Dignidade da pessoa humana e o décimo segundo camelo: sobre os limites da fundamentação de direitos. *Véritas.* Vol. 53, n. 2, Porto Alegre: EDIPUCRS, 2008.

SÖHNGEN, Clarice Costa. Epistemologia e metodologia científica. In: ARONNE, Ricardo. *Direito Civil-Constitucional e Teoria do Caos – Estudos Preliminares.* Porto Alegre: Liv. Do Advogado, 2006.

——. Hermenêutica e lingüística In: ARONNE, Ricardo. *Direito Civil-Constitucional e Teoria do Caos – Estudos Preliminares.* Porto Alegre: Liv. Do Advogado, 2006.

——. A Nova Retórica e Argumentação – A Razão Prática para uma Racionalidade Argumentativa de Perelman. In: ARONNE, Ricardo. *Direito Civil-Constitucional e Teoria do Caos – Estudos Preliminares.* Porto Alegre: Liv. do Advogado, 2006.

SÖHNGEN, Clarice Costa; PANDOLFO, Alexandre Costa. (Org.) *Encontros entre direito e literatura: Pensar a arte.* Porto Alegre: EDIPUCRS, 2008.

SOKAL, Alan. Rachaduras no Verniz Pós-Moderno. In: GRECO, Alessandro. *Homens de Ciência.* São Paulo: Conrad, 2001.

SOKAL, Alan; BRIECMONT, Jean. *Imposturas Intelectuais.* São Paulo: Record, 1999.

SOUZA, Edson. *Freud.* São Paulo: Abril, 2005.

SOUZA, José Crisóstemo. *Filosofia, racionalidade e democracia: os debates Rorty & Habermas.* São Paulo: UNESP, 2005.

SOUZA, Licia Soares. *Introdução às teorias semióticas.* Petrópolis: Vozes, 2006.

SOUZA, Ricardo Timm de. *Sentido e alteridade – Dez ensaios sobre o pensamento de Emmanuel Levinas.* Porto Alegre: EDIPUCRS, coleção filosofia – n° 120, 2005.

——. *Em torno à diferença. Aventuras da alteridade na complexidade da cultura contemporânea.* Rio de Janeiro: Lumen juris, 2008.

——. *O tempo e a máquina do tempo.* Porto Alegre: EDIPUCRS, 1998.

——. *A condição humana no pensamento filosófico contemporâneo.* Porto Alegre: EDIPUCRS, 2004.

——. *Totalidade e desagregação: Sobre as fronteiras do pensamento e suas alternativas.* Porto Alegre: EDIPUCRS, 1996.

——. *Sujeito, ética e história.* Porto Alegre: EDIPUCRS, 1999.

——. *Razões plurais: Itinerários da racionalidade ética no século XX.* Porto Alegre: EDIPUCRS, 2004.

——. *A dignidade humana desde uma antropologia dos intervalos*: Uma síntese. *Véritas.* Vol. 53, n. 2, Porto Alegre: EDIPUCRS, 2008.

——; *et al.* (Org.) *Alteridade e ética.* Porto Alegre: EDIPUCRS, 2008.

STEIN, Ernildo. *Aproximações sobre hermenêutica.* Porto Alegre: EDIPUCRS, 1996.

STIELJES, Claudio. *Jürgen Habermas: A desconstrução de uma teoria.* Jabaquara: Germinal, 2001.

STEWART, Ian. *Será que Deus joga dados? A nova matemática do caos.* Rio de Janeiro: JZE, 1991.

——. *The problems of mathematics.* Oxford: Oxford Univ. Press, 1987.

STRATHERN, Paul. *Hawking e os buracos negros.* São Paulo: JZE, 1998.

——. *Oppenheimer e a bomba atômica.* São Paulo: JZE, 1998.

——. *Galileu e o sistema solar.* São Paulo: JZE, 1999.

——. *Hume.* São Paulo: JZE, 1997.

——. *Nietzsche.* São Paulo: JZE, 1997.

——. *Descartes.* São Paulo: JZE, 1997.

——. *Locke.* São Paulo: JZE, 1997.

——. *Bertrand Russel.* São Paulo: JZE, 2003.

——. *Leibniz.* São Paulo: JZE, 2002.

——. *Berkeley.* São Paulo: JZE, 2003.

——. *Heidegger.* São Paulo: JZE, 2004.

——. *Derrida.* São Paulo: JZE, 2002.

——. *Wittgenstein.* São Paulo: JZE, 1997.

——. *Newton e a gravidade.* São Paulo: JZE, 1998.

——. *Darwin e a evolução.* São Paulo: JZE, 2001.

——. *Schopenhauer.* São Paulo: JZE, 1998.

STRECK, Lenio *Luiz. Hermenêutica jurídica e(m) crise.* Porto Alegre: Liv do Advogado, 2005.

STUDART, Heloneida. *Mulher: Objeto de cama e mesa.* Petrópolis: Vozes, 1999.

SUETÔNIO, Caius. *A vida dos doze césares.* São Paulo: Ediouro, s.d.

SZTOMPKA, Piotr. *A sociologia da mudança social.* Rio de Janeiro: Civilização Brasileira, 1998.

TASSINARI, Simone. Do contrato parental à socioafetividade. In ARONNE, Ricardo. *Estudos de direito civil-constitucional.* Porto Alegre: Liv. do Advogado, 2004, Vol. 2.

TEPEDINO, Gustavo. *Temas de direito civil.* 3.ed, Rio de Janeiro: Renovar, 2004. Vol. 1.

——. *Temas de direito civil.* 2.ed., Rio de Janeiro: Renovar, 2006. Vol. 2.

——. (Org.). *Problemas de direito civil-constitucional.* Rio de Janeiro: Renovar, 2001.

——. (Coord.) *Obrigações*: Estudos na perspectiva civil-constitucional. Rio de Janeiro: Renovar, 2005.

——. *Multipropriedade imobiliária.* São Paulo: Saraiva, 1993.

TEPEDINO, Gustavo; FACHIN, Luiz Edson; et all. (org.) *Diálogos sobre direito civil.* Rio de Janeiro: Renovar, 2002.

THOUREAU, Henry David. *A desobediência civil.* Porto Alegre: L&PM, 2002.

TIEPLER, Paul. *Física: Gravitação, ondas e termodinâmica.* Rio de Janeiro: LTC, 1995, Vol. 4.

TRABUCCHI, Alberto. *Istituzione di diritto civile.* 33.ed. Milão: CEDAM, 1992.

TUTIKIAN, Cristiano. Sistema e codificação: o Código Civil e as cláusulas gerais. *In*: ARONNE, Ricardo (org.), *Estudos de direito civil-constitucional*, Porto Alegre: Livraria do Advogado, 2004, p. 19-79, Vol. 1.

——. (org.) *Olhares sobre o público e o privado*. Porto Alegre: EDIPUCRS, 2008.

VASCONCELLOS, Maria José Esteves de. *Pensamento sistêmico – o novo paradigma da ciência*. 4ª. ed. Campinas: Papirus, 2002.

VEIT, Valentim. *História universal*. São Paulo: Martins, 1958.

VERAS, Lilia Ladeira. *Matemática aplicada à economia*. São Paulo: Atlas, 1999.

VIEIRA, Luiz Vicente. *A democracia em Rousseau: A recusa dos pressupostos liberais*. Porto Alegre: EDIPUCRS,1997.

VOGT, Winfried; et all. *Estado e capitalismo*. Rio de Janeiro: Tempo Brasileiro, 1980.

VOLTAIRE (ou François-Marie AROUET). *Zadig ou O destino*. São Paulo: Escala, 2008.

——. *O homem dos quarenta escudos*. São Paulo: Escala, 2007.

WALKER, Halliday Resnick. *Fundamentos da física: Ótica e física moderna*. Rio de Janeiro: LTC, 1996, Vol. 4.

WALTER-BENSE, Elisabeth. *A teoria geral dos signos*. São Paulo: Perspectiva, 2000.

WAHRLICH, Beatriz de Souza. *Uma análise das teorias de organização*. Rio de Janeiro: FGV 1989.

WEBER, Max. *A ética protestante e o espírito do capitalismo*. São Paulo: Thomson, 2005.

——. *A ética protestante e o espírito do capitalismo*. São Paulo: Martin Claret, 2006.

——. *Ciência e política: duas vocações*. São Paulo: Martin Claret, 2006.

WEBER, Thadeu. *Ética e filosofia política: Hegel e o formalismo kantiano*. Porto Alegre: EDIPUCRS, 1999.

WEHLING, Arno; WEHLING, Maria José. *Formação do Brasil colonial*. Rio de Janeiro: Nova Fronteira, 1994.

WIEACKER, Franz. *História do direito privado moderno*. Lisboa: Calouste Gulbenkian, 1980.

WILEY, Norbert. *O self semiótico*. São Paulo: Loyola, 1996.

WISNIK, José Miguel. *O som e o sentido: Uma outra história das músicas*. São Paulo: Cia das Letras, 1999.

WITTGENSTEIN, Ludwig. *Gramática filosófica*. São Paulo: Loyola, 2003.

——. *Observações filosóficas*. São Paulo: Loyola, s.d.

——. *Investigações filosóficas*. 4ed. Petrópolis: Vozes, 2005.

——. *Tractatus logico-philosophicus*. São Paulos: EDUSP, 1994.

WOLKMER, Antonio Carlos. *Fundamentos de história do direito*. Belo Horizonte: Del Rey, 1996.

WOLLMANN, Sérgio. *O conceito de liberdade no Leviatã de Hobbes*. Porto Alegre: EDIPUCRS, 1993.

ZILES, Urbano. (Coord.) *Miguel Reale: Estudos em homenagem a seus 90 anos*. Porto Alegre: EDIPUCRS, 2000.

Impressão:
Evangraf
Rua Waldomiro Schapke, 77 - P. Alegre, RS
Fone: (51) 3336.2466 - Fax: (51) 3336.0422
E-mail: evangraf.adm@terra.com.br